DIREITO PROCESSUAL DE POLÍCIA JUDICIÁRIA II

Os meios de obtenção de prova

Curso de Direito de Polícia Judiciária

CURSO DE DIREITO DE POLÍCIA JUDICIÁRIA

Eliomar da Silva Pereira
Márcio Adriano Anselmo
Organizadores

DIREITO PROCESSUAL DE POLÍCIA JUDICIÁRIA II

Os meios de obtenção de prova

5

Belo Horizonte

FÓRUM

CONHECIMENTO JURÍDICO

2020

Curso de Direito de Polícia Judiciária
Coordenador: Eliomar da Silva Pereira

© 2020 Editora Fórum Ltda.

É proibida a reprodução total ou parcial desta obra, por qualquer meio eletrônico, inclusive por processos xerográficos, sem autorização expressa do Editor.

Conselho Editorial

Adilson Abreu Dallari
Alécia Paolucci Nogueira Bicalho
Alexandre Coutinho Pagliarini
André Ramos Tavares
Carlos Ayres Britto
Carlos Mário da Silva Velloso
Cármen Lúcia Antunes Rocha
Cesar Augusto Guimarães Pereira
Clovis Beznos
Cristiana Fortini
Dinorá Adelaide Musetti Grotti
Diogo de Figueiredo Moreira Neto (*in memoriam*)
Egon Bockmann Moreira
Emerson Gabardo
Fabrício Motta
Fernando Rossi
Flávio Henrique Unes Pereira

Floriano de Azevedo Marques Neto
Gustavo Justino de Oliveira
Inês Virgínia Prado Soares
Jorge Ulisses Jacoby Fernandes
Juarez Freitas
Luciano Ferraz
Lúcio Delfino
Marcia Carla Pereira Ribeiro
Márcio Cammarosano
Marcos Ehrhardt Jr.
Maria Sylvia Zanella Di Pietro
Ney José de Freitas
Oswaldo Othon de Pontes Saraiva Filho
Paulo Modesto
Romeu Felipe Bacellar Filho
Sérgio Guerra
Walber de Moura Agra

CONHECIMENTO JURÍDICO

Luís Cláudio Rodrigues Ferreira
Presidente e Editor

Coordenação editorial: Leonardo Eustáquio Siqueira Araújo
Aline Sobreira de Oliveira

Av. Afonso Pena, 2770 – 15º andar – Savassi – CEP 30130-012
Belo Horizonte – Minas Gerais – Tel.: (31) 2121.4900 / 2121.4949
www.editoraforum.com.br – editoraforum@editoraforum.com.br

Técnica. Empenho. Zelo. Esses foram alguns dos cuidados aplicados na edição desta obra. No entanto, podem ocorrer erros de impressão, digitação ou mesmo restar alguma dúvida conceitual. Caso se constate algo assim, solicitamos a gentileza de nos comunicar através do *e-mail* editorial@editoraforum.com.br para que possamos esclarecer, no que couber. A sua contribuição é muito importante para mantermos a excelência editorial. A Editora Fórum agradece a sua contribuição.

Dados Internacionais de Catalogação na Publicação (CIP) de acordo com a AACR2

D598	Direito Processual de Polícia Judiciária II: os meios de obtenção de prova/ Eliomar da Silva Pereira, Márcio Adriano Anselmo (Org.).– Belo Horizonte : Fórum, 2020. 339p.; 14,5cm x 21,5cm Curso de Direito de Polícia Judiciária, v. 5 ISBN da coleção: 978-85-450-0615-2 ISBN do volume: 978-85-450-0620-6 1. Direito Público. 2. Direito Processual Penal. I. Pereira, Eliomar da Silva. II. Anselmo, Márcio Adriano. III. Curso de Direito de Polícia Judiciária. IV. Título. CDD: 341 CDU: 342

Elaborado por Daniela Lopes Duarte – CRB-6/3500

Informação bibliográfica deste livro, conforme a NBR 6023:2018 da Associação Brasileira de Normas Técnicas (ABNT):

PEREIRA, Eliomar da Silva; ANSELMO, Márcio Adriano (Org.). *Direito Processual de Polícia Judiciária II*: os meios de obtenção de prova. Belo Horizonte: Fórum, 2020. 339p. (Curso de Direito de Polícia Judiciária, v. 5). ISBN 978-85-450-0620-6.

Aos nossos alunos do curso de Especialização em Direito de Polícia Judiciária na Escola Superior de Polícia.

SUMÁRIO

APRESENTAÇÃO GERAL DO CURSO
Eliomar da Silva Pereira.. 13

PREFÁCIO
Eliomar da Silva Pereira.. 21

ATOS PROBATÓRIOS NO INQUÉRITO POLICIAL
Jaime Pimentel Júnior... 23

1	Introdução	23
2	Inquérito policial como procedimento autônomo e informativo: alocando sua característica e seu produto na contextualização de formação do elemento informativo, das provas cautelares, não repetíveis e antecipadas	25
3	Da necessidade de se reconhecer a nulidade dos atos investigatórios frente ao cenário de eventual ilicitude dos elementos informativos, provas cautelares e não repetíveis.	30
4	A consequente vedação às provas ilícitas no inquérito policial	41
5	Conclusão	46
	Referências...	48

PROVA TESTEMUNHAL
Ruchester Marreiros Barbosa.. 53

1	Conceito de Testemunha	53
2	Fundamento da Prova Oral...	56
2.1	Regra sobre recusa...	56
2.2	Regras de impedimento...	56
3	Classificação das Testemunhas...	57
3.1	Quanto ao modo	57
3.2	Quanto ao conteúdo..	57
3.3	Quanto ao objeto..	58
4	Características da prova testemunhal......................................	58
5	O dever de depor – Isenção e Proibição	63
6	Advertência e Compromisso	64

7	Falso Testemunho e Providências Possíveis	64
8	Retirada do Acusado da Sala de Audiência	65
9	Número Legal e momento para o arrolamento	66
9.1	Testemunhas numerárias	66
9.2	Extranumerária	66
9.3	Testemunha da coroa	67
9.4	Informante	67
9.5	Testemunha de beatificação	67
9.6	Prova Testemunhal Supletiva e Confissão do Acusado	67
10	Contradita	68
11	Sistema Presidencialista de Inquirição	69
12	Deveres da testemunha	69
13	Procedimento da prova testemunhal	71
14	A prova testemunhal na legislação extravagante	75
14.1	Na Lei 9.807/99: Lei de proteção à testemunha	75
14.2	Na Lei 13.431/17: sistema de garantia de direitos da criança e do adolescente vítima ou testemunha de violência	77
15	Regras constitucionais sobre prova testemunhal nas Imunidades processuais	79
16	Valoração da prova testemunhal	81
	Referências	83

INTERROGATÓRIO POLICIAL E A DEVIDA INVESTIGAÇÃO CRIMINAL

Rafael Francisco Marcondes de Moraes		85
1	Introdução	85
2	Devida investigação criminal	86
3	Indiciamento e interrogatório policial	88
3.1	Momento do indiciamento e do correlato interrogatório	93
4	Interrogatório e qualificação	95
4.1	Direito ao silêncio, o "aviso de Miranda" e o interrogatório sub-reptício	99
4.2	Prestação de dados falsos e recusa de dados sobre a própria identidade	104
4.3	Confissão	105
4.4	Tortura	106
4.5	Vida pregressa ou pregressamento	107
4.6	Identificação	108
5	Conclusão	108
	Referências	109

DOCUMENTOS E REQUISIÇÃO DIRETA DE DADOS E
INFORMAÇÕES PELO DELEGADO DE POLÍCIA

Sandro Lúcio Dezan 113

1   Introdução 113

2   Os conceitos de documento, de dados e de informações:
    semelhanças e distinções 114

3   O dever-poder de requisição de elementos de provas
    documentais (dados e informações) à luz da legislação
    pátria 121

4   Considerações finais 129

    Referências 130

RECONHECIMENTO DE PESSOAS

Rafael Francisco França 133

1   Introdução 133

2   Coleta de elementos de prova na fase preliminar 136

3   Reconhecimento pessoal 139

3.1 O procedimento preliminar: a descrição das características. 142

3.2 A sessão de reconhecimento 144

3.2.1 Requisitos mínimos e regramentos 147

3.2.2 O desenrolar da sessão de reconhecimento 151

3.2.3 O encerramento. A documentação pertinente e demais atos 153

4   Reconhecimento fotográfico 155

5   Posicionamento jurisprudencial 160

6   Considerações finais 164

    Referências 166

IDENTIFICAÇÃO CRIMINAL NA ATIVIDADE DE POLÍCIA
JUDICIÁRIA

Paulo Henrique de Godoy Sumariva 169

1   Introdução 169

2   O indiciamento 169

3   Identificação criminal 171

4   A identificação civil 173

5   Hipóteses de identificação criminal 174

6   Identificação de perfil genético 176

7   Conclusão 177

    Referências 178

PERÍCIAS: CORPO DE DELITO E EXAME DE CORPO DE DELITO
Emerson Silva Barbosa.......... 181
1 Introdução 181
2 Do local do crime.......... 182
3 Das dimensões limitadoras da prova 184
4 O sistema de prova brasileiro: a obrigatoriedade do exame de corpo de delito.......... 195
4.1 Corpo de delito 197
4.2 A formação do corpo de delito.......... 199
4.3 Da obrigatoriedade de exame de corpo de delito no direito brasileiro.......... 201
4.3.1 Do exame de corpo de delito indireto.......... 206
4.3.2 Da ausência do corpo de delito.......... 208
5 Considerações finais.......... 210
Referências.......... 211

AFASTAMENTO DO SIGILO BANCÁRIO, FISCAL E TELEMÁTICO PELO DELEGADO DE POLÍCIA
Sandro Lúcio Dezan 215
1 Introdução 215
2 O Delegado de Polícia e o dever de instrução imparcial da investigação.......... 216
3 O dever do Delegado de Polícia de agir com autoridade na investigação criminal 219
4 A inviolabilidade da intimidade, da vida privada, da honra e da imagem das pessoas e conceito de elementos de prova constitucionalmente sensíveis na jurisprudência do Supremo Tribunal Federal (STF).......... 225
5 O afastamento do sigilo de documentos bancários e fiscais e de dados telemáticos: análise sobre a legitimidade das autoridades públicas (em processos jurídicos formais) e do Delegado de Polícia na investigação criminal.......... 228
6 Considerações finais.......... 237
Referências.......... 238

INTERCEPTAÇÃO DE COMUNICAÇÕES NO INQUÉRITO POLICIAL
Stenio Santos Sousa.......... 241
1 Introdução 241
2 O inquérito policial constitucional como instrumento legítimo da interceptação de comunicações.......... 242

2.1	O dilema ético das interceptações de comunicações	244
2.2	Regramento constitucional e legal das interceptações de comunicações	246
2.2.1	O terceiro desconhecido nas interceptações de comunicações	248
2.2.2	Órgãos legitimados nas interceptações de comunicações	250
2.3	A jurisprudência dos Tribunais Superiores ante um direito processual penal de emergência	253
3	Conclusão	254
	Referências	256

INFILTRAÇÃO DE AGENTES
Juliana Resende Silva de Lima 259

1	Introdução	259
2	Organizações criminosas	263
3	Direitos fundamentais e dever de proteção do Estado (proibição de insuficiência)	270
4	A Lei nº 12.850/2013 e a infiltração de agentes	275
5	Considerações finais	282
	Referências	284

AÇÃO CONTROLADA
Milton Fornazari Junior 287

1	Introdução	287
2	Evolução Histórica	288
3	Conceito	291
4	Procedimento	294
	Referências	296

COLABORAÇÃO PREMIADA
Márcio Adriano Anselmo 299

1	Introdução	299
2	Da investigação e dos meios de obtenção da prova	301
3	A colaboração premiada	302
3.1	A colaboração na lei	306
3.2	A colaboração premiada na Lei nº 12.830/2013	307
3.3	Do momento da colaboração	307
3.4	Dos resultados	309
3.5	Do colaborador	310
3.6	Da legitimidade para propor	312

3.7	Dos benefícios	318
3.8	Do perdão judicial	319
3.9	Dos efeitos processuais	320
3.10	Da homologação judicial	321
3.11	Os direitos do colaborador	327
3.12	Das formalidades do acordo de colaboração	328
3.13	Do sigilo da colaboração	331
	Referências	334

SOBRE OS AUTORES 337

APRESENTAÇÃO GERAL DO CURSO

1. O CURSO DE DIREITO DE POLÍCIA JUDICIÁRIA (CDPJ) se estrutura a partir de dois postulados fundamentais que se assumem pela coordenação da obra, quais sejam, (i) *a Polícia Judiciária como instituição essencial à função jurisdicional do Estado*; e (ii) *o inquérito policial como processo penal*, visando à consolidação de um devido processo penal para o Estado de Direito.[1]

Esses postulados se podem remeter a "direitos a organização e procedimento", exigíveis a título de direitos a ações positivas, oponíveis ao legislador, como condições de efetividade prática de direitos fundamentais,[2] pois a proteção desses direitos depende de que o poder punitivo esteja organizado com uma divisão de funções intraprocessuais, que viabilize uma efetiva proporcionalidade no exercício da função jurisdicional.[3]

A considerar tudo que vem implicado nessa concepção, apenas uma dogmática jurídica compartimentada em disciplinas estanques, que já não é possível no atual estágio da ciência jurídica nacional, poderia remeter as matérias de Polícia Judiciária e inquérito policial exclusivamente ao direito administrativo, sem perceber o que há de constitucionalmente relevante e processualmente inevitável na atividade de investigação criminal, além da necessária incursão no campo do direito internacional em virtude da criminalidade organizada transnacional.

Daí a exigência metodológica de estruturar essa obra em volumes de direito constitucional, administrativo, processual (I e II) e internacional de Polícia Judiciária, além do volume dedicado às disciplinas

---

[1] Postulados que defendemos desde o nosso PEREIRA, Eliomar da Silva. Introdução: investigação criminal, inquérito policial e Polícia Judiciária. *In*: PEREIRA, Eliomar da Silva; DEZAN, Sandro Lúcio. *Investigação criminal conduzida por delegado de polícia*: comentários à Lei 12.830/2013. Porto Alegre: Juruá, 2013. p. 21-34 – embora tenhamos usado inicialmente a expressão "função essencial à Justiça", segundo a linguagem constitucional positiva que agora tentamos explicar melhor na perspectiva do direito de polícia judiciária.

[2] Cf. ALEXY, Robert. *Teoria dos direitos fundamentais*. 2. ed. 4. tir. São Paulo: Malheiros, 2015. p. 470 *et seq.*

[3] Cf. GÖSSEL, Karl Heinz. *El derecho procesal penal en el Estado de Derecho*. Buenos Aires: Rubinzal, 2007. p. 20 *et seq.*

extrajurídicas (teoria da investigação criminal, sistemas comparados de investigação criminal, gestão estratégica da investigação criminal, gestão pública da Polícia Judiciária), tudo precedido de uma introdução ao direito de Polícia Judiciária, buscando cobrir a totalidade das disciplinas do curso de Especialização em Direito de Polícia Judiciária do Programa de Pós-Graduação da Escola Superior de Polícia, que tem entre seus professores os coordenadores desta obra.

2. A ideia de uma Polícia Judiciária como instituição essencial à função jurisdicional do Estado, distinta rigidamente de uma polícia de segurança pública, vem acrescida de sua necessária autonomia institucional e funcional, bem como de um controle externo democrático e uma fiscalização interna no inquérito policial, não apenas pelo órgão oficial de acusação, assumido pelo Ministério Público, mas também por um órgão oficial de defesa que se deveria assumir pela Defensoria Pública.

Embora ao pensador jurídico dogmático esse postulado pareça estar em desconformidade com o constitucionalismo formal nacional, em verdade ele está, em perspectiva jurídica zetética, em conformidade material com o Estado (constitucional e democrático) de Direito, segundo a concepção de Luigi Ferrajoli, para quem:

> Na lógica do Estado de direito, as funções de polícia deveriam ser limitadas a apenas três atividades: a atividade investigativa, com respeito aos crimes e aos ilícitos administrativos, a atividade de prevenção de uns e de outros, e aquelas executivas e auxiliares da jurisdição e da administração. Nenhuma destas atividades deveria comportar o exercício de poderes autônomos sobre as liberdades civis e sobre os outros direitos fundamentais. As diversas atribuições, por fim, deveriam estar destinadas a corpos de polícia separados entre eles e organizados de forma independente não apenas funcional, mas também, hierárquica e administrativamente dos diversos poderes aos quais auxiliam. Em particular, a polícia judiciária, destinada à investigação dos crimes e à execução dos provimentos jurisdicionais, deveria ser separada rigidamente dos outros corpos de polícia e dotada, em relação ao Executivo, das mesmas garantias de independência que são asseguradas ao Poder Judiciário do qual deveria, exclusivamente, depender.[4]

Ademais, com essa ideia, pretende-se corrigir uma equivocada concepção do constituinte, que já Fábio Konder Comparato havia

---

[4] FERRAJOLI, Luigi. *Direito e razão*: teoria do garantismo penal. São Paulo: RT, 2002. p. 617.

APRESENTAÇÃO GERAL DO CURSO | 15

observado, ao propor ao Conselho Federal da Ordem dos Advogados do Brasil que se fizesse uma PEC para separar rigidamente as funções de polícia de prevenção e polícia de investigação, atribuindo a um Conselho Nacional de Polícia Judiciária o seu controle externo de maneira mais democrática, retirando o controle exclusivo do órgão oficial de acusação.[5]

3. A ideia de inquérito policial como processo penal, por sua vez, vem acrescida da sua indispensabilidade como fase prejudicial, opondo-se à doutrina tradicional que reivindica a investigação criminal como procedimento exclusivamente preparatório da ação penal, reduzido à mera peça informativa que se pode dispensar e, consequentemente, nunca transmite nulidades ao processo, em flagrante ofensa a direitos fundamentais ao devido processo penal.

A considerar a quantidade de provas que efetivamente se produzem no inquérito policial – numa distinção entre provas repetíveis e provas irrepetíveis, sob a perspectiva do que é efetivamente utilizado nas motivações de sentenças –, parece-nos que a ciência jurídico-processual brasileira já não se pode contentar com a tradição de obstruir a efetividade dos princípios jurídico-processuais na fase em que eles mais se fazem necessários ao devido processo. Trata-se, em última análise, de uma questão de justiça, que requer levar a sério os princípios garantistas do direito processual penal desde a fase de inquérito.

O fato de que a Polícia Judiciária atua mediante um aparelho administrativo, à semelhança de qualquer outra atividade estatal, não nos pode levar à confusão de considerar a investigação criminal como matéria exclusiva de direito administrativo, a considerar seus efeitos irremediavelmente processuais penais, bem como a função judicial que exsurge materialmente de parte essencial de seus atos.

Considerado como fase do processo penal, que produz irremediavelmente prova, o inquérito policial precisa passar a entender-se como fase obrigatória, imprescindível,[6] sem a qual não é possível a efetividade material da jurisdição que requer uma legitimidade cognitiva, trazendo a maior contrariedade possível no juízo de proporcionalidade de medidas restritivas de direito, chamando a Defensoria Pública ao inquérito,

---

[5] Cf., a respeito dessa proposta, COUTINHO, Jacinto Nelson de Miranda. Da autonomia funcional e institucional da polícia judiciária. *Revista de Direito de Polícia Judiciária*, Brasília, v. 1, n. 1, p. 13-23, jan./jul. 2017.

[6] Como se compreende a fase de inquérito no processo penal português, cf. SILVA, Germano Marques. *Processo penal preliminar*. Lisboa: Universidade Católica Portuguesa, 1990. p. 137 *et seq.*

como órgão oficial de defesa, investida na função de fiscalização da efetividade da proteção aos direitos fundamentais, no interesse do indivíduo (proibição de excesso de poder), em igualdade de condições com a fiscalização do Ministério Público, como órgão oficial de acusação, investido na função de fiscalização da efetividade da persecução penal, no interesse da coletividade (proibição de omissão de poder).

Essa nova arquitetura da divisão do poder intraprocessual está em conformidade com a concepção de um direito penal mínimo, cujo objetivo duplo justificante é tanto a prevenção dos delitos quanto a prevenção das penas informais, a exigirem necessariamente um espelhamento na estrutura do processo e na distinção dos interesses,[7] o que se deve observar desde a fase de inquérito, como processo de investigação penal.

4. Trata-se, aqui, de efetivamente distinguir, numa divisão profunda de poder intraprocessual, não apenas o órgão oficial de acusação do órgão de julgamento, mas também do órgão oficial de investigação, bem como de um órgão oficial de defesa,[8] como forma de assegurar uma acusatoriedade não meramente formal ao processo, instituindo assim uma igualdade efetiva de armas, com a limitação dos poderes do Ministério Público, a ser considerado "parte (naturalmente) parcial",[9] enterrando em definitivo o discurso legitimador de poder punitivo que ainda insiste na ideia de uma acusação que também zela pelos direitos de defesa, ao mesmo tempo em que é o titular da investigação criminal.[10]

É preciso, em definitivo, no direito brasileiro, entender-se que o sistema acusatório, ao separar as funções de acusar e julgar, não consente que a acusação possa ter sobre a defesa qualquer proeminência,[11] tampouco que possa produzir provas que serão utilizadas em julgamento, sem controle recíproco das partes, pois isso nos leva

---

[7] Cf. a respeito, FERRAJOLI, Luigi. *Direito e razão*: teoria do garantismo penal. São Paulo: RT, 2002. p. 267 *et seq.*

[8] GÖSSEL, Karl Heinz. *El derecho procesal penal en el Estado de Derecho*. Buenos Aires: Rubinzal, 2007. p. 39 *et seq.*

[9] Cf. expressão de MONTERO AROCA, Juan. *Proceso penal y libertad*: ensayo polémico sobre el nuevo proceso penal. Madrid: Civitas, 2008. p. 122 *et seq.*

[10] A chamar atenção para o criptoautoritarismo desse discurso, presente no Código Rocco, mas incompatível com um "giusto processo", cf. RICCIO, Giuseppe. *La procedura penale*. Napoli: Editoriale Scientifica, 2010. p. 27 *et seq.* A considerar isso um mito, cf. CASARA, Rubens R. R. *Mitologia processual penal*. São Paulo: Saraiva, 2015. p. 152 *et seq.*

[11] Nesse sentido, cf. FERRAJOLI, Luigi. *Direito e razão*: teoria do garantismo penal. São Paulo: RT, 2002. p. 450 *et seq.*

irremediavelmente de volta ao inquisitório, como o advertia Francesco Carrara.[12]

Em suma, é com esse espírito que se desenvolve todo o *Curso de Direito de Polícia Judiciária*, em sete volumes, no objetivo de estabelecer um novo marco à compreensão da Polícia Judiciária, ao mesmo tempo em que tenta atribuir-lhe o primeiro esboço sistemático de uma disciplina negligenciada pela dogmática jurídica nacional.

5. Contudo, embora se trate de um primeiro passo na sistematização doutrinária do direito de Polícia Judiciária, que para evoluir dependerá de discussões mais constantes e aprofundadas em torno das diversas questões jurídicas que se levantam, é importante que se reconheçam as diversas ações acadêmicas que lhe antecederam e viabilizaram essa nossa iniciativa, que possui débito com muitos colaboradores aos quais deixamos aqui nossos agradecimentos.

Em especial, registramos nossos agradecimentos aos componentes do Grupo de Pesquisa sobre Direito de Polícia Judiciária (2016-2017),[13] aos participantes do I Congresso de Direito de Polícia Judiciária (2017),[14] aos Membros do Conselho Científico da *Revista de Direito de Polícia Judiciária* (2017-)[15] e aos professores do Curso de Especialização em Direito de Polícia Judiciária (2017-),[16] pela adesão ao projeto geral de construção e discussão sobre o Direito de Polícia Judiciária. Nomeadamente, pedindo desculpas se tiver esquecido alguém: Alexandre Moraes da Rosa; Américo Bedê Freire Júnior; Anthony W. Pereira; Carlos Roberto Bacila; Célio Jacinto dos Santos; Diana Calazans Mann; Elisângela Mello Reghelin; Francisco Sannini Neto; Franco Perazzoni; Guilherme Cunha Werner; Henrique Hoffmann Monteiro de Castro; Jacinto Nelson de Miranda Coutinho; Jaime Pimentel Júnior; José Pedro Zaccariotto; Luiz Roberto Ungaretti de Godoy; Manuel Monteiro Guedes Valente; Márcio Adriano Anselmo; Mart Saad; Milton Fornazari Júnior; Octavio Luiz Motta Ferraz; Paulo Henrique de Godoy Sumariva; Rafael Francisco

---

[12] CARRARA, Francesco. *Programa do curso de direito criminal*: parte geral. São Paulo: Saraiva, 1957. v. 2. p. 319.

[13] Cf. CNPQ. *Grupo de Pesquisa Direito de Polícia Judiciária*. Disponível em: http://dgp.cnpq.br/dgp/espelhogrupo/4940013669176426.

[14] Cf. DELEGADOS se reúnem em Brasília para congresso da polícia judiciária. *Conjur*, 30 maio 2017. Disponível em: https://www.conjur.com.br/2017-mar-30/delegados-reunem-brasilia-congresso-policia-judiciaria.

[15] Cf. *Revista de Direito de Polícia Judiciária*, v. 2, n. 4, 2018. Disponível em: https://periodicos.pf.gov.br/index.php/RDPJ.

[16] Cf. ACADEMIA NACIONAL DE POLÍCIA. *Pós-Graduação*. Disponível em: http://www.pf.gov.br/anp/educacional/pos-graduacao/.

Marcondes de Moraes; Rodrigo Carneiro Gomes; Ruschester Marreiros Barbosa; Sandro Lucio Dezan; Vinicius Mariano de Carvalho; Wellington Clay Porcino.

Não poderíamos, ainda, deixar de manifestar nosso agradecimento ao apoio e incentivo que recebemos do coordenador da Escola Superior de Polícia, Dr. Júlio Cesar dos Santos Fernandes, quem por primeira vez suscitou a ideia da necessidade de uma disciplina especificamente orientada à discussão das questões de interesse da Polícia Judiciária.

É a todos que entregamos esta publicação, esperando ter atendido às expectativas geradas, desde o primeiro passo dado em 2016, quando anunciamos a criação de uma nova disciplina jurídica nacional: *Direito de Polícia Judiciária.*

Eliomar da Silva Pereira
Coordenador do Curso

PLANO GERAL DO CURSO
COORD. ELIOMAR DA SILVA PEREIRA

VOLUME 1
Introdução ao Direito de Polícia Judiciária
Eliomar da Silva Pereira

VOLUME 2
Direito Constitucional de Polícia Judiciária
Guilherme Cunha Werner

VOLUME 3
Direito Administrativo de Polícia Judiciária
Sandro Lucio Dezan

VOLUME 4
Direito Processual de Polícia Judiciária I
Eliomar da Silva Pereira e Márcio Adriano Anselmo (Org.)

VOLUME 5
Direito Processual de Polícia Judiciária II
Eliomar da Silva Pereira e Márcio Adriano Anselmo (Org.)

VOLUME 6
Direito Internacional de Polícia Judiciária
Eliomar da Silva Pereira e Milton Fornazari Junior (Org.)

VOLUME 7
Disciplinas Extrajurídicas de Polícia Judiciária
Eliomar da Silva Pereira (Org.)

PREFÁCIO

Direito Processual de Polícia Judiciária

A ideia de um *Direito Processual de Polícia Judiciária* poderá parecer inicialmente algo contraditório ao leitor brasileiro acostumado a ler em manuais tradicionais de processo penal que o inquérito policial é mero procedimento administrativo. Contudo, quem tiver a oportunidade de consultar a *Teoria do garantismo penal*, de Luigi Ferrajoli, poderá constatar que o autor dedica um título específico ao "direito processual de polícia", no qual explica:

> As medidas cautelares de polícia consistem numa longa série de poderes instrutórios autônomos, paralelos àqueles de competência da magistratura, que por vezes as forças policiais podem exercitar sem autorização prévia ou mandado da autoridade judiciária, em derrogação ao monopólio da função jurisdicional a esta reservada (...).[1]

A questão é que, no Brasil, essas medidas se realizam especificamente pela Polícia Judiciária como órgão autônomo, relativamente ao juiz e ao órgão de acusação, e distinto de outros corpos de polícia, dirigida por delegado de Polícia no conjunto de atos que se realizam no inquérito policial como procedimento processual penal. Trata-se de um subsistema processual de Polícia Judiciária que se insere no conjunto do sistema geral do processo penal.

O *Direito Processual de Polícia Judiciária* pressupõe, assim, que se compreenda a Polícia Judiciária como sujeito processual imparcial, a considerar sua posição distinta e equidistante tanto da acusação quanto da defesa, e que se compreenda o inquérito policial como procedimento processual penal, a considerar os diversos meios de obtenção de prova que se realizam pela Polícia Judiciária e que depois vão fundamentar a motivação de sentença penal sem maiores incrementos epistêmicos nas fases seguintes do processo penal.

Quanto à consideração da Polícia Judiciária como sujeito processual, pode-se citar na Itália o *Manuale di procedura penale*, de

---

[1] FERRAJOLI, Luigi. *Direito e razão*: teoria do garantismo penal. São Paulo: RT, 2002. p. 634.

Paolo Tonini, que expressamente a inclui no capítulo sobre "I soggetti del procedimento penale",[2] como assim igualmente já o faz, no Brasil, Gustavo Henrique Badaró em seu *Processo penal*, no capítulo sobre os "Sujeitos processuais".[3] Quanto à consideração do inquérito como processo penal, pode-se citar em Portugal o *Processo penal preliminar*, de Germano Marques da Silva, que expressamente o inclui como fase imprescindível sem a qual o processo se torna nulo,[4] o que temos igualmente defendido no Brasil sob o nome de "processo de investigação penal",[5] ao qual remetemos o leitor que queira compreender as razões dessa concepção.

Eliomar da Silva Pereira

---

[2] Cf. TONINI, P. *Manuale di procedura penale*. Milano: Giuffrè, 2013. p. 124 e ss.

[3] Cf. BADARÓ, G. H. *Processo penal*. São Paulo: RT, 2015. p. 288.

[4] Cf. MARQUES DA SILVA, G. *Do processo penal preliminar*. Lisboa: [s.n.], 1990; também, MARQUES DA SILVA, G. *Direito processual penal português*. Lisboa: UCE, 2014. v. III. p. 49 e ss.; p. 72 e ss.

[5] Cf. PEREIRA, E. S. *Saber e poder*. O processo (de investigação) penal. Madrid: Tirant lo Blanch, 2019. p. 201-232.

ATOS PROBATÓRIOS NO INQUÉRITO POLICIAL

JAIME PIMENTEL JÚNIOR

1 Introdução

O presente capítulo pretende demonstrar a importante relação de se compreender a formação dos atos probatórios no inquérito policial. Para tanto, será enfocada questão envolvendo a característica da autonomia e da fonte de informação do inquérito policial, transcorrendo na pontuação deste como mecanismo endógeno à investigação criminal e exógeno ao processo penal. Ademais, também será referendada a importância atual em se reconhecer no inquérito policial uma teoria que trate da adequada análise dos vícios que possam incidir no produto informativo e nas provas que o inquérito policial produz. Desaguando no consequente estudo da nulidade dos atos investigatórios viciados e no princípio da vedação às provas ilícitas produzidas no inquérito policial.

Para tanto, partir-se-á do entendimento do inquérito policial como um procedimento autônomo com caráter informativo que auxiliará, dentre outros aspectos, a instrução processual penal, contendo um papel fundamental na persecução penal, já que é um importante mecanismo de produção de conhecimento na fixação do devido processo penal. Importante reconhecer assim uma teoria que trate da nulidade dos atos investigatórios, já que estes, como efeito exógeno do inquérito policial, produzem o produto informativo e probatório ao processo penal.

Fato é que a ciência do Direito e seus operadores devem voltar à atenção e aproximarem-se o quanto mais desta fase processual, visto que nela está o nascedouro de efeitos processuais penais à acusação, à defesa e ao Estado-Juiz, tendo tais personagens processuais, na figura do Delegado de Polícia, ator por excelência da investigação criminal formalizada no inquérito policial, a garantia de um operador do direito qualificado pela formação policial de investigação.

Chama-se, portanto, a atenção para tal ofício fixando estudo sobre a intelecção conceitual dos elementos informativos e das provas coligidas no inquérito policial, reverenciando uma análise quanto à formação de tais cenários com ênfase para a conduta de expurgá-los quando forem viciados, carreando-os de nulidade, vedando-se, com isso, à ilicitude de tais elementos informativos e provas na fase preliminar do devido processo penal, de maneira a não contaminar a produção do conhecimento encetada na apuração dos fatos noticiados, neutralizando ofensas aos direitos fundamentais do ser humano investigado.

Nesse cenário, destaca-se a promulgação da Lei nº 13.245/2016 que aperfeiçoou e ressaltou o direito de defesa na etapa preliminar do processo penal, auxiliando numa necessária releitura da investigação criminal no Brasil, em especial da atividade de polícia judiciária.[1]

Para tanto, é importante reconhecer que a ordem jurídica Brasileira instituída pela Constituição Federal promulgada em 1988 exige uma releitura do papel de todas as instituições públicas brasileiras, de modo a se ajustarem e se harmonizarem com os postulados e comandos irradiados da Lei Maior, sobretudo considerando que a legislação infraconstitucional, mormente no campo criminal e processual criminal, permaneceu regida à estruturação do Código Penal (Decreto-lei nº 2.848/1940) e pelo Código de Processo Penal (Decreto-lei nº 3.689/1941), diplomas oriundos de momento político e histórico ditatorial e defasado em face da visão garantista reclamada pela Carta Magna.

Destarte, acredita-se que uma atual visão processual penal deve existir, guardando sintonia com o seguinte formato para os operadores do direito, protagonistas da persecução penal:[2] *Estado-Investigador* (exercido pelos órgãos de Polícia Judiciária – Polícia Civil e Polícia Federal) apurando os fatos concretos observados no meio social, formalizando e coligindo no inquérito policial os elementos informativos e provas que obtiverem nessa atividade, submetendo o expediente ao *Estado-Juiz*

---

[1] Nesse sentido: MORAES, Rafael Francisco Marcondes de; PIMENTEL JÚNIOR, Jaime. *Polícia judiciária e a participação da defesa na investigação criminal*. São Paulo: Verbatim, 2017.

[2] Nesse sentido: MORAES, Rafael Francisco Marcondes de; PIMENTEL JÚNIOR, Jaime. *Polícia judiciária e a participação da defesa na investigação criminal*. São Paulo: Verbatim, 2017. p. 31-32.

(incumbência do Poder Judiciário), que irá decidir de acordo com as provocações e ponderações consignadas tanto pelo *Estado-Acusador* ou pela parte a ele equivalente (papel do ofendido nas ações penais privadas e do Ministério Público nas ações penais públicas) quanto pelo *Estado-Defensor* ou pela parte que cumpra esse mister (função realizada pela Defensoria Pública ou pelo Advogado constituído pelo investigado). É neste contexto que se pretende enfocar o presente estudo.

2 Inquérito policial como procedimento autônomo e informativo: alocando sua característica e seu produto na contextualização de formação do elemento informativo, das provas cautelares, não repetíveis e antecipadas

O inquérito policial é um procedimento autônomo em relação ao processo judicial, embora possa subsidiá-lo. Afasta-se aqui o rótulo de "dispensável" com uma conotação depreciativa que alguns pretendem reconhecer deliberadamente ao inquérito policial, desconsiderando a relevante e quase sempre indispensável etapa investigatória preliminar da persecução penal,[3] ainda mais quando pensamos no "produto" que o inquérito policial estabelece ao processo penal, leia-se, produção de conhecimento para este.

A confusão de se pontuar o inquérito policial com a característica de ser "dispensável" à ação penal se faz pelo fato de ser possível (embora muito incomum na prática) haver processo judicial sem inquérito policial. Isso poderá ocorrer nos raros casos em que a acusação possua dados suficientes acerca da autoria e materialidade delitiva para formular a denúncia ou a queixa-crime (nos crimes de ação privada), com base em peças de informação ou em representação instruída com documentos.[4]

Destarte, a *autonomia do inquérito policial* é extraída da exegese dos artigos 28 e 46, §1º, ambos do Código de Processo Penal,[5] os quais

---

[3] Nesse sentido: MORAES, Rafael Francisco Marcondes de; PIMENTEL JÚNIOR, Jaime. *Polícia judiciária e a participação da defesa na investigação criminal*. São Paulo: Verbatim, 2017. p. 110 e ss.

[4] Nesse sentido: MACHADO, André Augusto Mendes. *Investigação criminal defensiva*. São Paulo: Revista dos Tribunais, 2010. p. 18.

[5] CPP, art. 28: "Se o órgão do Ministério Público, ao invés de apresentar a denúncia, requerer o arquivamento do inquérito policial ou de quaisquer peças de informação, o juiz, no caso de considerar improcedentes as razões invocadas, fará remessa do inquérito ou peças de

estabelecem a possibilidade do inquérito policial ser arquivado sem que haja processo judicial, e também admitem o oferecimento da exordial acusatória sem o procedimento investigativo, bem como do artigo 395 também do CPP,[6] revestindo o acervo contido no inquérito policial como substancial para a aferição das condições da ação penal pela Autoridade Judicial, destinatária imediata e principal do conteúdo angariado na investigação criminal.[7]

Sendo assim, a autonomia do inquérito policial revela que a atuação efetiva da defesa na fase extrajudicial contribui e muito para o acervo informativo produzido, de modo a assegurar a dialética e a argumentação dos envolvidos, e propiciar decisões estatais mais seguras e legítimas quanto à continuidade ou não da persecução penal em juízo, servindo o procedimento investigatório legal como um filtro garantista e poupando a promoção do processo judicial apenas para os casos criminais em que houver justa causa.

No mesmo contexto, outra importante característica apontada do inquérito policial consiste em ser ele um *procedimento informativo*, na medida em que objetiva a apuração dos fatos por meio de colheita dos chamados "elementos informativos" acerca da autoria, circunstâncias do crime e da materialidade deste.

A expressão *"elementos informativos"* tem sido empregada para se referir às provas produzidas em sede de inquérito policial, ou seja, ao conjunto de dados e de tudo que nele é haurido.

A *diferença entre os elementos informativos e as provas* era trabalhada por parcela da doutrina, e hoje se encontra no Código de Processo Penal, na redação de seu artigo 155, modificado pela Lei Federal nº 11.690/2008, *in verbis*:

---

informação ao procurador-geral, e este oferecerá a denúncia, designará outro órgão do Ministério Público para oferecê-la, ou insistirá no pedido de arquivamento, ao qual só então estará o juiz obrigado a atender".
CPP, art. 46, §1º: "Quando o Ministério Público dispensar o inquérito policial, o prazo para o oferecimento da denúncia contar-se-á da data em que tiver recebido as peças de informações ou a representação".

[6] CPP, art. 395: "A denúncia ou queixa será rejeitada quando: I - for manifestamente inepta; II - faltar pressuposto processual ou condição para o exercício da ação penal; ou, III - faltar justa causa para o exercício da ação penal".

[7] Nesse sentido: MORAES, Rafael Francisco Marcondes de; PIMENTEL JÚNIOR, Jaime. *Polícia judiciária e a participação da defesa na investigação criminal*. São Paulo: Verbatim, 2017. p. 110.

O juiz formará sua convicção pela livre apreciação da prova produzida em contraditório judicial, não podendo fundamentar sua decisão exclusivamente nos *elementos informativos* colhidos na investigação, ressalvadas as provas cautelares, não repetíveis e antecipadas. (Grifos nossos).

Pelo teor do dispositivo, conclui-se que os elementos informativos são aqueles obtidos na fase investigatória extrajudicial, cuja característica seria a inquisitividade, sem incidência plena de contraditório e ampla defesa, típicos da etapa judicial da persecução.

Infere-se também da redação do citado artigo, que a Autoridade Judicial não pode se pautar unicamente nesses elementos de informação para fundamentar sua decisão, salvo se forem cautelares, não repetíveis e antecipados.

Isso de modo algum significa que os elementos trazidos pelo inquérito policial não possam nortear e servir, de modo complementar, para a decisão judicial.

Visto que, na imensa maioria das vezes, é exatamente essa função que eles exercem, na medida em que representam a principal referência à instrução em juízo, ou seja, a produção de conhecimento da relação jurídica processual penal; já de início como parâmetro da justa causa para a promoção do processo judicial, e em seguida como orientação e indicação do conteúdo das versões de partes e testemunhas, da sequência cronológica dos acontecimentos, das circunstâncias que motivaram a prática delitiva e de muitos outros dados relevantes com os quais a polícia judiciária municia a instrução na etapa judicial de persecução.

Importante se atentar também para o fato de que os elementos informativos coligidos pelo inquérito policial prestam-se para a decretação de medidas cautelares e para determinar a formação da convicção do titular da ação penal (querelante ou órgão ministerial), para que haja ou não a respectiva propositura, bem como e precipuamente para a rejeição ou recebimento da inicial acusatória, de acordo com a avaliação da Autoridade Judicial, baseada no teor informativo do procedimento investigatório legal.

Em suma, ainda que os elementos informativos isoladamente considerados não possam embasar a decisão do Juiz de Direito, eles não devem jamais ser ignorados pelas partes processuais. Os elementos amealhados na etapa extrajudicial poderão ser somados (e normalmente o são) à fase de instrução processual, colaborando com a formação da convicção do Estado-Juiz.

Prudente perceber ainda que *tanto prova quanto elemento informativo são produtos de conhecimento* impulsionados pela demonstração de cenários que auxiliam na formação do convencimento de quem está apreciando um fato determinado, podendo ser enfrentados, tais cenários, diante de um *dado principal*, como por exemplo, demonstração e comprovação da autoria e materialidade do delito; ou, então, de um *dado secundário*, como por exemplo, demonstração da inexistência de um acontecimento prejudicial a apuração da autoria e materialidade delitiva.

Referidos cenários do órgão apreciador da prova ou do elemento informativo, geram, quando do convencimento, a obrigatoriedade de motivação, uma vez que o princípio de impulso deste contexto é o do *livre convencimento motivado*.

Ainda mais, no contexto do inquérito policial, a atenção deve ser direcionada para o desenvolvimento desse produto de conhecimento, uma vez que tal produto se encontra vinculado aos mecanismos de investigação, que inclusive, quando formatados como medidas cautelares, incidirão na classificação destas como *medidas cautelares probatórias*.

Nesse sentido, importante anotar o significado e as *diferenças entre as provas cautelares, não repetíveis e antecipadas*, citadas no artigo 155 do Código de Processo Penal.[8]

As *provas cautelares* são aquelas produzidas antes do processo principal em juízo, quando existe um risco de desaparecimento do objeto pelo decurso do tempo. A interceptação telefônica e a busca e apreensão são bons exemplos. Nas cautelares entende-se que o contraditório pleno é diferido, pois se dá em momento posterior.

No exemplo da interceptação telefônica, depois de encerrada a diligência, elabora-se um auto de degravação das conversas, documento este que é juntado aos autos principais, já que aquele é revestido de característica sigilosa, sufragado como medida cautelar e estabelecido no cenário de ato de investigação; e, aí sim, é possível a realização de contraditório, o que não inviabiliza que ocorra ainda na etapa extrajudicial, com manifestação da defesa ao ter acesso ao respectivo conteúdo, solicitando, por exemplo, a degravação de outras conversas interceptadas.

---

[8] Nesse sentido: MORAES, Rafael Francisco Marcondes de; PIMENTEL JÚNIOR, Jaime. *Polícia judiciária e a participação da defesa na investigação criminal*. São Paulo: Verbatim, 2017. p. 112-113.

As *provas não repetíveis*, a seu turno, são aquelas obtidas na fase investigatória e cuja reprodução na fase judicial é materialmente impossível. Também se submetem ao contraditório pleno diferido, e são consideradas "provas" (e não apenas "elementos informativos") obtidas na etapa extrajudicial. O melhor exemplo é o exame do corpo de delito realizado no local do crime, nos moldes dos artigos 6º, inciso I e 169, ambos do Código de Processo Penal.[9] Perceba que, não há como manter o local fechado aguardando a fase judicial para realização do exame pericial. A prova é produzida na fase investigatória e instrui o processo.

Segue o mesmo raciocínio da cautelar, sendo diferido o contraditório pleno, sem prejuízo de que a defesa sobre ela se manifeste já durante o inquérito policial, pleiteando a realização de contraprova ou impugnar eventuais pontos consignados no laudo pericial. Neste particular, anota-se que hoje existe expressamente a figura do assistente técnico no processo penal, para eventual discussão sobre questão complexa que fuja ao Direito, inserido pela Lei Federal nº 11.690/2008, que acrescentou o parágrafo 3º, ao artigo 159, do Código de Processo Penal,[10] combinado com o artigo 7º, XXI, do Estatuto da OAB (com alteração promovida pela Lei nº 13.245/16) que autoriza a apresentação de razões e quesitos pela defesa.

Já as chamadas *provas antecipadas* são aquelas produzidas antes de seu momento processual oportuno e até antes do início efetivo do processo judicial, porém, com a observância do contraditório pleno e real, em virtude da relevância e urgência de sua realização. Um exemplo de prova antecipada é o chamado depoimento *ad perpetuam rei memoriam*, consistente na oitiva antecipada de testemunha que poderá não sobreviver para ser ouvida posteriormente na etapa judicial que está

---

[9] CPP, art. 6º: "Logo que tiver conhecimento da prática da infração penal, a autoridade policial deverá: I - dirigir-se ao local, providenciando para que não se alterem o estado e conservação das coisas, até a chegada dos peritos criminais".
CPP, art. 169: "Para o efeito de exame do local onde houver sido praticada a infração, a autoridade providenciará imediatamente para que não se altere o estado das coisas até a chegada dos peritos, que poderão instruir seus laudos com fotografias, desenhos ou esquemas elucidativos. Parágrafo único. Os peritos registrarão, no laudo, as alterações do estado das coisas e discutirão, no relatório, as consequências dessas alterações na dinâmica dos fatos".

[10] CPP, art. 159, §3º: "Serão facultadas ao Ministério Público, ao assistente de acusação, ao ofendido, ao querelante e ao acusado a formulação de quesitos e indicação de assistente técnico".

previsto no artigo 225 do Código de Processo Penal,[11] ou até mesmo, pela ausência do acusado que já fora citado por edital e não comparece a audiência, decorrendo a suspensão do processo, mas possibilitando-se a produção antecipada de provas consideradas urgentes, conforme previsão contida no artigo 366 do Código de Processo Penal.[12]

Nota-se que nas *provas cautelares e não repetíveis*, o contraditório pleno é diferido. Já nas *antecipadas*, o contraditório é real, porquanto produzidas na presença do Juiz de Direito e com possibilidade de pronta manifestação da defesa e da acusação, o que não impede que, em todos os casos, quando já encartadas aos autos do inquérito policial, sobre elas o Advogado se manifeste e pleiteie qualquer providência legal que reputar necessária para os interesses de seu cliente.

Tal observação reforça uma importante conclusão, qual seja, *há no inquérito policial a produção de conhecimento com roupagem terminológica de "prova"* – cautelares e não repetíveis – que possuirão um contraditório pleno diferido.

3 Da necessidade de se reconhecer a nulidade dos atos investigatórios frente ao cenário de eventual ilicitude dos elementos informativos, provas cautelares e não repetíveis

Cumpre sinalizar que a Lei Federal nº 13.245/2016, ao inserir o novo inciso XXI ao artigo 7º, da Lei nº 8.906/94, gerou um importante reconhecimento técnico-jurídico ao cenário da investigação criminal,[13] ao cominar nulidade das oitivas em sede extrajudicial quando impedida a assistência da defesa aos autos da investigação, *in verbis*:

Art. 7º (...)

---

[11] CPP, art. 225: "Se qualquer testemunha houver de ausentar-se, ou, por enfermidade ou por velhice, inspirar receio de que ao tempo da instrução criminal já não exista, o juiz poderá, de ofício ou a requerimento de qualquer das partes, tomar-lhe antecipadamente o depoimento".

[12] CPP, art. 366: "Se o acusado, citado por edital, não comparecer, nem constituir advogado, ficarão suspensos o processo e o curso do prazo prescricional, podendo o juiz determinar a produção antecipada das provas consideradas urgentes e, se for o caso, decretar prisão preventiva, nos termos do disposto no art. 312".

[13] Nesse sentido: MORAES, Rafael Francisco Marcondes de; PIMENTEL JÚNIOR, Jaime. *Polícia judiciária e a participação da defesa na investigação criminal*. São Paulo: Verbatim, 2017. p. 127 e ss.

XXI. assistir a seus clientes investigados durante a apuração de infrações, *sob pena de nulidade absoluta* do respectivo *interrogatório* ou *depoimento* e, subsequentemente, de *todos os elementos investigatórios e probatórios dele decorrentes ou derivados, direta ou indiretamente*, podendo, inclusive, no curso da respectiva apuração:
a) Apresentar razões e quesitos
b) VETADO[14]
(Grifos nossos).

Repita-se que referido dispositivo representa uma importante valorização do cenário da investigação criminal preliminar. Isso porque, quando a lei aponta que os atos de investigação serão passíveis de nulidade absoluta, supera entendimento de que os vícios dos atos investigatórios formalizados no inquérito policial seriam "meras irregularidades" que não afetam o processo judicial.[15]

---

[14] A redação vetada previa que o Advogado poderia "requisitar" diligências investigatórias, sendo oportuna a reprodução das razões do veto: "Da forma como redigido, o dispositivo poderia levar à interpretação equivocada de que a requisição a que faz referência seria mandatória, resultando em embaraços no âmbito de investigações e consequentes prejuízos à administração da justiça. Interpretação semelhante já foi afastada pelo Supremo Tribunal Federal – STF, em sede de Ação Direita de Inconstitucionalidade de dispositivos da própria Lei nº 8.906, de 4 de julho de 1994 – Estatuto da Advocacia e a Ordem dos Advogados do Brasil (ADI 1127/DF). Além disso, resta, de qualquer forma, assegurado o direito de petição aos Poderes Públicos em defesa de direitos ou contra ilegalidade ou abuso de poder, nos termos da alínea 'a', do inciso XXXIV, do art. 5º, da Constituição" (Disponível em: http://www.planalto.gov.br/ccivil_03/_Ato2015-2018/2016/Msg/VEP-10.htm. Acesso em: 10 fev. 2016).

[15] Nesse sentido, vale mencionar alguns julgados: "Ementa: APELAÇÃO CRIMINAL – TRÁFICO DE ENTORPECENTES – INQUÉRITO POLICIAL – IRREGULARIDADES NÃO VICIAM A AÇÃO PENAL – CERCEAMENTO DEFESA – AUSÊNCIA DE LAUDO DE DEPENDÊNCIA TOXICOLÓGICA – DESNECESSIDADE – DESTINAÇÃO MERCANTIL CARACTERIZADA – DEPOIMENTO MILICIANOS – VALIDADE – DESCLASSIFICAÇÃO PARA O DELITO PREVISTO NO ART. 28 DA LEI 11.343 /06 – IMPOSSIBILIDADE. – Sendo o inquérito policial procedimento meramente informativo, eventuais irregularidades ocorridas durante a fase indiciária não acarretam a nulidade do processo, eis que não tem o condão de macular a ação penal. – A mera alegação de dependência química não obriga ao deferimento da realização do respectivo exame. Deve haver nos autos elementos que corroborem a afirmação do acusado ou até mesmo que esta suspeita se torne evidente. O art. 184 do CPP prevê que o referido exame poderá ser negado, caso seja dispensável ao esclarecimento da verdade. – Configura-se o tráfico de entorpecentes se a quantidade apreendida mostra-se suficiente a evidenciar sua destinação mercantil, mormente se tido em conta que a droga apreendida estava dividida em pequenos pacotes, prontos para o comércio. – Nas infrações penais concernentes a entorpecentes, o depoimento de policiais que efetuaram a prisão em flagrante do acusado, tem a validade dos testemunhos em geral e devem ser acolhidos, salvo no caso de ser apresentada razão concreta de suspeição" (TJ-MG – 1.0024.08.939921-6/001).
"Ementa: PROCESSO PENAL. Nulidade. Reconhecimento pessoal realizado em desconformidade com o artigo 226 do CPP. Acusado não colocado ao lado de outras pessoas que com ele apresentassem alguma semelhança. Exigência legal que não constitui

O citado inciso XXI confere como direito do Advogado assistir a seus clientes investigados durante a apuração de infrações penais, prerrogativa esta que, caso não atendida conforme literalidade do dispositivo, ensejará a nulidade absoluta do interrogatório ou "depoimento", assim como dos elementos investigatórios e probatórios decorrentes ou derivados da oitiva do suspeito, tanto direta quanto indiretamente.[16] Andou bem o legislador em ressaltar tal pontuação, reverenciado "a nulidades dos atos investigatórios". Certo é que, os reflexos dos elementos informativos coligidos no inquérito policial, podem ganhar contornos de provas (cautelares, não repetíveis e antecipadas), e influenciam diretamente – como efeito exógeno – o processo penal.

Antes deste destaque legislativo, o entendimento do ato viciado formalizado no inquérito policial se lastreava em considerar que este consistia em "mera peça informativa", servindo unicamente para subsidiar a ação penal em juízo, comportando total prescindibilidade.[17]

---

condição *sine qua non* para a validade do ato. Mera irregularidade do inquérito policial não vicia o processo penal. Reconhecimento ratificado em juízo. Nulidade. Alegada violação ao direito de silenciar. Artigo 5º, LXIII, da CF. Direito de não produzir prova contra si mesmo. Consideração do silêncio na polícia para prejudicar o acusado. Inocorrência. Condenação fundada em outros elementos de prova. Preliminares rejeitadas. ROUBO. Conduta de subtrair, mediante grave ameaça, exercida com emprego de arma de fogo, diversos objetos do interior de estabelecimento comercial. Configuração. Materialidade e autoria demonstradas. Prova. Palavra da vítima que efetuou o reconhecimento do acusado. Negativa isolada. Álibi não comprovado. Suficiência para a procedência da ação penal. Causa de aumento do emprego de arma. Configuração independente da apreensão. Condenação mantida. Penas ajustadas. Acréscimo de dois meses por conta da personalidade deturpada e da grave intensidade da culpabilidade. Inadmissibilidade. Diversas condenações ainda não transitadas em julgado. Princípio da presunção de inocência. Redução para 5 anos e 4 meses de reclusão, mais 13 dias-multa. Regime prisional fechado mantido. Apelo parcialmente provido (TJ-SP – Apelação 0015035-85.2012.8.26.0161). De se notar que o pretório excelso assim também já se pronunciou: O inquérito policial é peça meramente informativa, não suscetível de contraditório, e sua eventual irregularidade não é motivo para decretação da nulidade da ação penal (HC 83.233/RJ, rel. Min. Nelson Jobim, 2ª Turma, *DJ* 19.03.2004). Bem como: Eventuais vícios concernentes ao inquérito policial não têm o condão de infirmar a validade jurídica do subsequente processo penal condenatório. As nulidades processuais concernem, tão somente, aos defeitos de ordem jurídica que afetam os atos praticados ao longo da ação penal condenatória" (STF, 1ª Turma, rel. Min. Celso de Mello. *DJU*, 04.10.1996, p. 37100).

16   Nesse sentido: LIMA FILHO, Eujecio Coutrim. Defesa técnica e democratização do inquérito policial. *Jusbrasil*, Canal Ciências Criminais, 19 abr. 2016. Disponível em: https://canalcienciascriminais.jusbrasil.com.br/artigos/320020235/defesa-tecnica-e-democratizacao-do-inquerito-policial. Acesso em: 10 nov. 2019.

17   Parcela da doutrina processualista penal assim se posiciona: "não sendo o inquérito policial ato de manifestação do poder jurisdicional, mas mero procedimento informativo destinado à formação da *opinio delicti* do titular da ação penal, os vícios por acaso existentes nessa fase não acarretam nulidades processuais, isto é, não atingem a fase seguinte da persecução penal: a da ação penal. A irregularidade poderá, entretanto, gerar a invalidade e a ineficácia do ato inquinado, *v.g.*, do auto de prisão em flagrante como peça coercitiva; do reconhecimento

Em tempo, o legislador se atentou para a relevância do inquérito policial como instrumento autônomo ao processo judicial, servindo como ferramenta *efetivadora* e imparcial na apuração de autoria, materialidade e demais circunstâncias do fato potencialmente delituoso, que oferece suporte probatório mínimo para eventual ação judicial (justa causa) e ampara a instrução processual.

Dessa importância e autonomia instrumental, fica evidente que os atos de investigação preliminar reverberam diretamente no processo judicial e que eventual vício praticado no procedimento investigatório deverá ser refutado como nulo ou anulável, e não apenas as oitivas tomadas como consignadas no dispositivo do Estatuto da OAB em comento, como também os demais atos eventualmente maculados de ilicitude.

Hoje, pode-se afirmar que a teoria das nulidades se faz presente no inquérito policial. Contudo, por ser um instrumento extrajudicial, tal teoria ganha contornos característicos distintos do processo judicial, exigindo adaptação. Ressalta-se, contudo que os alicerces da teoria das nulidades processuais penais devem ser aproveitados e aplicados analogicamente ao inquérito policial, justamente porque é este um instrumento afeto ao processo judicial, que o subsidia na esmagadora maioria dos casos, e também porque atinge diretamente direitos fundamentais da pessoa humana.

Desse modo, conquanto a lei veicule o vício da investigação criminal como "nulidade absoluta", deve haver uma interpretação extensiva e aplicação analógica, em harmonia com o Código de Processo Penal, consoante admite seu artigo 3º.[18]

---

pessoal, da busca e apreensão, etc." (CAPEZ, Fernando. *Curso de Processo Penal*. São Paulo: Saraiva, 2012. p. 77). Esse também era o entendimento de Julio F. Mirabete: "O inquérito policial, em síntese, é mero procedimento informativo e não ato de jurisdição e, assim, os vícios nele acaso existentes não afetam a ação penal a que deu origem. A desobediência a formalidades legais pode acarretar, porém, a ineficácia do ato em si (prisão em flagrante, confissão etc.). Além disso, eventuais irregularidades podem e devem diminuir o valor dos atos a que se refiram e, em certas circunstâncias, do procedimento inquisitorial considerado globalmente" (MIRABETE, Júlio Fabbrini. *Processo Penal*. São Paulo: Atlas, 1994. p. 37). Seguido também de Paulo Rangel, para quem "pode haver ilegalidade nos atos praticados no curso do inquérito policial, a ponto de acarretar seu desfazimento pelo Judiciário, pois os atos nele praticados estão sujeitos à disciplina dos atos administrativos em geral. Entretanto, não há que se falar em contaminação da ação penal em face de defeitos ocorridos na prática dos atos do inquérito, pois este é peça meramente de informação e, como tal, serve de base à denúncia. No exemplo citado, o auto de prisão em flagrante, declarado nulo pelo Judiciário via *habeas corpus*, serve de peça de informação para que o Ministério Público, se entender cabível, ofereça denúncia" (2004, p. 87).

[18] CPP, art. 3º: "A lei processual penal admitirá interpretação extensiva e aplicação analógica, bem como o suplemento dos princípios gerais de direito".

A regra preliminar de análise é identificar eventual prejuízo do ato ao investigado, de maneira a fazer incidir a regra *pas de nullité sans grief*, também referendada como "princípio do prejuízo", reconhecendo que, para haver a nulidade do ato, deverá ser demonstrada a capacidade de causar prejuízos aos interesses do investigado, conforme preceitua o artigo 563 do diploma processual penal.[19]

Nesse sentido lecionam Ada Pellegrini Grinover, Antonio Scarance Fernandes e Antônio Magalhães Gomes Filho[20] ao comentar o aludido princípio do prejuízo:

> Constitui seguramente a viga mestra do sistema das nulidades e decorre da ideia geral de que as formas processuais representam tão-somente um instrumento para a correta aplicação do direito; sendo assim, a desobediência às formalidades estabelecidas pelo legislador só deve conduzir ao reconhecimento da invalidade do ato quando a própria finalidade pela qual a forma foi instituída estiver comprometida pelo vício.
>
> Sem ofensa ao sentido teleológico da norma não haverá prejuízo e, por isso, o reconhecimento da nulidade nessa hipótese constituiria consagração de um formalismo exagerado e inútil, que sacrificaria o objeto maior da atividade jurisdicional; assim, somente a atipicidade relevante dá lugar à nulidade; daí a conhecida expressão utilizada pela doutrina francesa: *pas de nullité sans grief*.

Também há de se atentar que o Código de Processo Penal consagra o sistema legal de reconhecimento da nulidade, conforme rol de situações constantes no artigo 564 do CPP, cabendo também aqui uma interpretação extensiva e uma aplicação analógica concomitante ao prejuízo do que o vício pode gerar.[21]

---

[19] CPP, art. 563: "Nenhum ato será declarado nulo, se da nulidade não resultar prejuízo para a acusação ou para a defesa".

[20] FERNANDES, Antonio Scarance; GOMES FILHO, Antonio Magalhães; GRINOVER, Ada Pellegrini. *As nulidades no processo penal.* São Paulo: Revista dos Tribunais, 1999. p. 26.

[21] Nesse sentido: "O art. 572 do CPP distingue as nulidades absolutas das relativas, prevendo, dentre as hipóteses arroladas pelo art. 564, casos em que o vício de forma estará sanado se a parte não arguir o fato na oportunidade própria (art. 571) ou tiver aceito, ainda que tacitamente, os efeitos do ato irregularmente praticado; nos demais, a nulidade será absoluta. Já a ofensa às garantias constitucionais implicará sempre nulidade de natureza absoluta, pois a obediência às regras do 'devido processo' constitui requisito essencial para a correção da prestação jurisdicional" (FERNANDES, Antônio Scarance; GOMES FILHO, Antônio Magalhães; GRINOVER, Ada Pellegrini. *As nulidades no processo penal.* São Paulo: Revista dos Tribunais, 1999. p. 20).

Adverte-se, todavia que, não se olvida para a designação utilizada pelo legislador (nulidade absoluta do ato investigado). Contudo, é preciso aproximar tal designação daquelas retratadas na ordem jurídica.

É de se reconhecer, portanto, que poderão existir *nulidades tidas como relativas*, que geram a anulabilidade do ato investigado viciado (o ato será tido como anulável), incumbindo à parte interessada alegar e demonstrar o prejuízo suportado, o que, em tese, seria um ato passível de ser sanado. E há aquelas nulidades designadas como absolutas, que acarretam a anulação do ato investigado viciado (o ato será tido como nulo), com presunção *iure et de iure*, ou seja, que não admitem prova em contrário e de reconhecimento obrigatório pelo Estado-Juiz.

Como enfatizado acima, o legislador estabeleceu no atual inciso XXI do artigo 7º da Lei 8.906/94 a nulidade absoluta do ato investigado quando não houver atenção ao direito de o Advogado assistir seu cliente na investigação criminal.

A *nulidade absoluta* deve ser assim entendida porque envolve questão de ordem pública, relacionando-se principalmente às garantias constitucionais da ampla defesa, do contraditório, da proibição de provas ilícitas, do direito ao silêncio, da não autoincriminação e da presunção de inocência.

Importa frisar desde já que os atos viciados na investigação criminal e formalizados no inquérito policial como regra se aproximam da ofensa às questões de ordem pública, exatamente porque estão atrelados à restrição de direitos fundamentais da pessoa investigada e, assim, quando eivados de vícios insanáveis, deverão ser considerados nulos; evidenciando-se, assim, a *mens legis*, que impulsionou o legislador quanto à utilização da nomenclatura prevista no inciso XXI do artigo 7º da Lei nº 8.906/94 (Estatuto da OAB).

Por se tratar de recente inovação legislativa, a designada nulidade absoluta das oitivas (interrogatórios ou declarações) do investigado e os atos delas decorrentes ou derivados demandará considerável tempo para depuração e acomodação de sua efetiva repercussão prático-jurídica.

Entretanto, vale explorar algumas hipóteses que poderão ensejar a anulabilidade (nulidade relativa – o ato poderá ser anulável – desde que gere prejuízo à parte investigada) ou a anulação (nulidade absoluta – o ato será nulo – com presunção absoluta de prejuízo ao investigado, porquanto relacionado a questões de ordem pública, principalmente enfatizados frente aos direitos públicos subjetivos do investigado) dos atos investigados.

Certo é que a fundamentação das decisões do Delegado de Polícia serão mecanismos essenciais para se refutar eventual alegação de ato anulável ou nulo, bem como para a devida fiscalização da atividade investigatória.

No contexto proposto, vislumbra-se uma primeira hipótese relacionada à imparcialidade do Delegado de Polícia presidente da apuração penal. A este deve incidir as formas de suspeição e impedimento para a presidência de investigação criminal.

Nesse sentido, cumpre frisar o correto entendimento segundo o qual não se aplica o artigo 107 do Código de Processo Penal brasileiro, no ilógico trecho que prevê não ser possível opor suspeição às Autoridades Policiais, disposição que estaria superada, não tendo sido recepcionada, pela Constituição Federal de 1988.[22]

Assim, o procedimento investigatório dirigido por Delegado de Polícia suspeito ou impedido desafia impetração de mandado de segurança,[23] sem prejuízo de que seja antes formulado pedido administrativo ao superior hierárquico para designação de outra Autoridade Policial.[24]

Quanto ao ato praticado pelo Delegado de Polícia suspeito ou impedido e formalizado no inquérito policial, contaminado estará sua imparcialidade de maneira que poderá ser alegada sua suspeição nos casos previstos no artigo 254 do CPP, sob pena de nulidade relativa, e seu impedimento nos casos previstos no artigo 252 do CPP, ensejadores de nulidade absoluta, já que, neste caso, trata-se de questão de ordem pública contaminadora direta da imparcialidade do Delegado de Polícia.

Ressalta-se que a imparcialidade do Delegado de Polícia, mais que um atributo para a legitimidade da investigação criminal, deve ser vista como essencial ao princípio da legalidade e da igualdade do Estado Democrático de Direito, afirmando nela a paridade de armas entre a

---

[22] Nesse sentido: CABRAL, Bruno Fontenele; SOUZA, Rafael Pinto Marques. *Manual prático de polícia judiciária*. Salvador: Juspodivm, 2013. p. 68-69. Referidos autores reputam que o artigo 107 do CPP não teria sido recepcionado pela Constituição Federal, reforçando que, no que se refere ao impedimento da autoridade policial, pode ser aplicado, por analogia, a Lei Federal nº 9.784/99, que cuida das hipóteses em que a autoridade ou agente público é considerado impedido (arts.18 a 21).

[23] SAAD, Marta. *O direito de defesa no inquérito policial*. São Paulo: Revista dos Tribunais, 2004. p. 370.

[24] NUCCI, Guilherme de Souza. *Código de processo penal comentado*. São Paulo: Revista dos Tribunais, 2011. p. 108. Referido entendimento foi citado em decisão do Tribunal de Justiça do Estado de São Paulo: Ap. 00496575.3/8, 8ª C., 4º Grupo, rel. Eduardo Braga, j. 24.01.2008, v.u.

defesa do investigado e a acusação pública ou privada. Assim, além de direito subjetivo do investigado, um Delegado de Polícia imparcial consiste em garantia de uma justa investigação criminal.

Prosseguindo na análise de atos investigatórios viciados, também é possível pensar na restrição ao advogado em assistir seu cliente, ou o fato de não se oportunizar ao investigado referida assistência jurídica profissional.

Para tal vício, incidirá hipótese de nulidade absoluta já que a norma encontra fundamento direto na Constituição Federal (artigo 5º, LXIII)[25] estando, inclusive, em consonância com a Súmula nº 523 do Supremo Tribunal Federal.[26]

De igual sorte, no caso de decretação de prisão em flagrante delito, peça que inicia o inquérito policial no qual serão coligidos todos os elementos informativos de respectiva apuração criminal flagrancial, eventuais vícios por ofensa a preceitos constitucionais, como a ausência de comunicação ao juiz competente (CF, art. 5º, LXII) ou de identificação dos responsáveis pela prisão (CF, art. 5º, LXIV), ensejarão nulidade absoluta, culminando, dentre outras questões, no relaxamento da prisão conforme garantia do artigo 5º, inciso LXV, da Lei Maior.[27]

Nota-se que a Constituição Federal assegura como direito fundamental da pessoa presa a liberdade provisória com ou sem fiança, conforme dispõe seu artigo 5º, inciso LXVI.[28]

Em tal situação, a concessão de fiança consubstancia direito público subjetivo do indiciado. Logo, nas hipóteses passíveis de se conceder liberdade provisória com o arbitramento de fiança pelo Delegado de Polícia (CPP, artigo 322),[29] só poderá a Autoridade Policial deixar de arbitrá-la de modo fundamentado, ademais, eventual cerceamento injustificado da liberdade pela manutenção da prisão deverá ser considerada nula.[30] Entenda-se que, pela intelecção do artigo 310 do

---

[25] CF, art. 5º, LXIII: "O preso será informado de seus direitos, entre os quais o de permanecer calado, sendo-lhe assegurada a assistência da família e de advogado".

[26] STF, Súmula nº 523: "No processo penal, a falta de defesa constitui nulidade absoluta, mas a sua deficiência só o anulará se houver prova de prejuízo para o réu".

[27] CF, art. 5º, LXV: "A prisão ilegal será imediatamente relaxada pela autoridade judiciária".

[28] CF, art. 5º, LXVI: "Ninguém será levado à prisão ou nela mantido, quando a lei admitir a liberdade provisória, com ou sem fiança".

[29] CPP, art. 322: "A autoridade policial somente poderá conceder fiança nos casos de infração cuja pena privativa de liberdade máxima não seja superior a 4 (quatro) anos".

[30] Vale notar que o Artigo 332 do CPP estabelece que: "Em caso de prisão em flagrante, será competente para conceder a fiança a autoridade que presidir ao respectivo auto, e, em caso de prisão por mandado, o juiz que o houver expedido, ou a autoridade judiciária ou

CPP, a prisão em flagrante delito não compõe o rol de medida cautelar ao indicado.

O mecanismo para pleitear referida nulidade será uma "petição" dirigida ao Estado-Juiz, conforme redação do artigo 335 do CPP que diz: "Recusando ou retardando a autoridade policial a concessão da fiança, o preso, ou alguém por ele, poderá prestá-la, mediante simples petição, perante o juiz competente, que decidirá em 48 (quarenta e oito) horas".

Vale destacar que o inquérito policial não se compõe de um ato de investigação isolado, e tampouco compreende procedimento que formaliza atos investigatórios aleatórios. Deve existir um liame entre tais atos, desencadeados em série lógica e concatenada de providências, objetivando coligir elementos informativos que propiciem a regular persecução penal.

Desse modo, preciso se faz analisar a *extensão de um ato viciado na investigação criminal* que poderá atingir tanto os demais atos investigatórios, quanto, até mesmo, o processo judicial a ele relacionado.[31]

Nesse contexto, os parágrafos 1º e 2º do artigo 573 do Código de Processo Penal regulamentam a matéria e dispõem que "a nulidade de um ato, uma vez declarada, causará a dos atos que dele diretamente dependam ou sejam consequência", e que "o juiz que pronunciar a nulidade declarará os atos a que ela se estende".

---

policial a quem tiver sido requisitada a prisão"; bem como, o Artigo 322 do CPP, noticia que: "A autoridade policial somente poderá conceder fiança nos casos de infração cuja pena privativa de liberdade máxima não seja superior a 4 (quatro) anos" (Redação dada pela Lei nº 12.403, de 2011). Parágrafo único: "Nos demais casos, a fiança será requerida ao juiz, que decidirá em 48 (quarenta e oito) horas" (Redação dada pela Lei nº 12.403, de 2011). E ainda: Artigo 326 do CPP: "Para determinar o valor da fiança, a autoridade terá em consideração a natureza da infração, as condições pessoais de fortuna e vida pregressa do acusado, as circunstâncias indicativas de sua periculosidade, bem como a importância provável das custas do processo, até final julgamento"; Artigo 327 do CPP: "A fiança tomada por termo obrigará o afiançado a comparecer perante a autoridade, todas as vezes que for intimado para atos do inquérito e da instrução criminal e para o julgamento. Quando o réu não comparecer, a fiança será havida como quebrada"; Artigo 328 do CPP: "O réu afiançado não poderá, sob pena de quebramento da fiança, mudar de residência, sem prévia permissão da autoridade processante, ou ausentar-se por mais de 8 (oito) dias de sua residência, sem comunicar àquela autoridade o lugar onde será encontrado"; Artigo 329 do CPP: "Nos juízos criminais e delegacias de polícia, haverá um livro especial, com termos de abertura e de encerramento, numerado e rubricado em todas as suas folhas pela autoridade, destinado especialmente aos termos de fiança. O termo será lavrado pelo escrivão e assinado pela autoridade e por quem prestar a fiança, e dele extrair-se-á certidão para juntar-se aos autos". Parágrafo único. "O réu e quem prestar a fiança serão pelo escrivão notificados das obrigações e da sanção previstas nos arts. 327 e 328, o que constará dos autos".

[31] Nesse sentido: MORAES, Rafael Francisco Marcondes de; PIMENTEL JÚNIOR, Jaime. *Polícia judiciária e a participação da defesa na investigação criminal.* São Paulo: Verbatim, 2017. p. 136 e ss.

Referidas previsões legais expressam o *princípio da causalidade do ato nulo e suas consequências.*

Pensando na consequência do ato investigatório anulável (causa que enseja nulidade relativa), esta será movida, de início, pela premissa de manutenção do ato pela superação de seu vício, frente à aplicação do princípio do prejuízo ao investigado, vale dizer, desde que não gere prejuízo para a parte investigada.

Conforme já destacado, em sentido diferente encontra-se a hipótese do reconhecimento de nulidade absoluta do ato investigatório, na medida em que este deve ser tido como nulo diante da presunção absoluta de prejuízo para a parte investigada. Logo, deverá ser desconsiderado e desentranhado dos autos do inquérito policial, acarretando também o reconhecimento da nulidade dos atos correlatos e derivados daquele.

A desconsideração do ato investigatório ilícito significa dizer que ele *não poderá gerar efeitos na fase preliminar* e, assim, não poderá servir de subsídio para fundamentar outros atos investigatórios, como, por exemplo, ser invocado para fundamentar representação de medida cautelar e tampouco para embasar despacho de indiciamento.

Ademais, *o ato investigatório eivado de vício atingirá a fase judicial,* na medida em que não poderá respaldar eventual lastro probatório para a justa causa da ação penal e também não poderá ser utilizado como elemento informativo na instrução em juízo.

Exemplificando referida situação: havendo procuração do Advogado juntada aos autos de inquérito policial contendo expresso pedido para ser notificado, deverá, como regra, o causídico ser cientificado para acompanhar os atos que digam respeito ao seu cliente, mormente as oitivas que ele vier a prestar (declarações ou interrogatório), em homenagem à ampla defesa, sob o aspecto da defesa técnica do investigado, de maneira que, caso injustificadamente referida comunicação não se realize a despeito de manifestação do suspeito pleiteando a presença de seu defensor constituído, os atos subsequentes, principalmente o indiciamento do investigado desprovido da assistência do Advogado regularmente constituído, poderá ser tido como nulo, devendo em virtude disso ser desconsiderado de maneira a não poder subsidiar representação por medidas cautelares (e.g. prisão cautelar do investigado) e tampouco a justa causa para o oferecimento de eventual exordial acusatória e de seu respectivo recebimento em juízo.

O mesmo raciocínio pode ser empregado para o fato de se negar sem justificativa a vista dos autos de inquérito policial ao Advogado.

Logo, os atos subsequentes que digam respeito ao investigado que contaria com a assistência jurídica (defesa técnica), também poderão ser tidos como nulos.

Tais hipóteses guardam íntima relação com os aspectos da autodefesa e da defesa técnica do investigado, conforme interpretação extensiva da garantia constitucional reconhecida no inciso LV, do artigo 5º da Carta Magna.

Urge consignar ainda que o artigo 565 do CPP[32] estabelece que a parte investigada não poderá arguir nulidade a que tenha dado causa, ou para a qual tenha concorrido, ou acerca da observância de formalidade que só à parte contrária interesse (leia-se, acusação).

Sobreleva notar que, invocado e aceito o vício do ato investigatório, ter-se-á a decisão de *desentranhamento de tal ato declarado inadmissível no procedimento investigatório*, devendo, por decisão judicial, ser inutilizado, facultado às partes acompanhar referido incidente, conforme regra contida no artigo 157, §3º do CPP.

Nada impede que a própria Autoridade Policial, ao se deparar com eventual ilicitude em ato que instrui o procedimento investigatório, determine de ofício e motivadamente o devido desentranhamento, já que o Delegado de Polícia é o presidente do inquérito policial.

Registra-se que as *consequências do ato investigatório nulo* são evidenciadas no seguinte sentido: tal ato não poderá embasar representações por medidas cautelares restritivas de direitos da pessoa investigada, não poderá amparar a fundada suspeita para determinação do indiciamento; ensejará o relaxamento de eventual prisão em flagrante delito, não poderá ser considerada como condição da ação penal; carreará de ilicitude eventual prova advinda do ato viciado; deverá ser desconsiderado como parâmetro na fase de instrução processual.

Os atos investigatórios nulos maculam de ilicitude o elemento informativo a ser considerado na persecução penal, sobretudo porque o inquérito policial auxilia e subsidia o processo judicial, tendo em vista o caráter íntimo que advém da formação desta fase judicial que possui parâmetro retratado nos elementos informativos e nas provas (cautelares, não repetíveis e antecipadas) produzidas no inquérito policial.

---

[32] CPP, art. 565: "Nenhuma das partes poderá arguir nulidade a que haja dado causa, ou para que tenha concorrido, ou referente a formalidade cuja observância só à parte contrária interesse".

4 A consequente vedação às provas ilícitas no inquérito policial

Do que fora exposto até este momento, fica cristalino enxergar que os *elementos informativos estão intimamente ligados ao contexto probatório*, o qual por sua vez é regido pelo *princípio da vedação às provas ilícitas*, determinando serem inadmissíveis, no processo, as provas obtidas por meios ilegais, conforme literalidade do inciso LVI, do artigo 5º, da Constituição Federal.[33]

Seguindo esse preceito constitucional, torna-se evidente a importância da produção do acervo probatório com estrito respeito às exigências legais, sobretudo na etapa extrajudicial, visto que a imensa maioria dos processos judiciais é embasada nos elementos amealhados no inquérito policial. Assim, nos termos do artigo 157 e seus parágrafos, do Código de Processo Penal, obtida a prova por meio ilícito, esta será desentranhada do processo, o mesmo ocorrendo com aquelas que dela derivarem, por vezes fulminando ou dificultando a viabilidade da responsabilização penal, ainda mais nos casos de provas cautelares, não repetíveis ou antecipadas, as quais, como regra, não são passíveis de reprodução na fase persecutória judicial.

Por esse motivo, é imprescindível que o Delegado de Polícia adote todas as precauções cabíveis durante as investigações, para que as provas coligidas no inquérito policial não venham a padecer de vícios e futuramente prejudicar a regularidade da persecução penal. Exemplificando, a busca domiciliar para apreensão de objetos relacionados com a infração penal apurada, os dados e conversas decorrentes de interceptações telefônicas e a captura e custódia cautelar de investigados devem ser precedidas dos respectivos mandados judiciais, obtidos mediante representações fundamentadas.

Ademais, importa frisar que a legislação processual penal só concede ao Delegado de Polícia, no caso de infrações penais da Justiça Comum, a atribuição de determinar e representar por diligências para a apuração criminal, não havendo respaldo legal para outras instituições pleitearem representações por tais medidas investigativas, conquanto, lamentavelmente, na prática, alguns agentes de polícia do

---

[33] Nesse sentido: MORAES, Rafael Francisco Marcondes de; PIMENTEL JÚNIOR, Jaime. *Polícia judiciária e a participação da defesa na investigação criminal.* São Paulo: Verbatim, 2017. p. 139 e ss.

patrulhamento ostensivo, incumbidos de realizar o policiamento de prevenção geral, ainda insistam em ingressar com pedidos espúrios nesse sentido junto ao Poder Judiciário, ato ilícito que implica também em desvio e usurpação de função pública.

Entendido o princípio da vedação da prova ilícita, prudente é enfatizar a relação consequencial e dependente que pode advir da prova ilícita, consubstanciada na disposição contida na primeira parte do parágrafo 1º do artigo 157 do CPP, que trata da denominada "teoria dos frutos da árvore venenosa", apontando, como regra, que a prova ilícita ensejará, por derivação, a ilicitude das demais provas dela derivadas.[34]

Todavia, a doutrina reconhece que há *limitação no reconhecimento da derivação da prova ilícita:*[35]

> Há várias limitações à doutrina dos frutos da arvore venenosa, como a limitação da fonte independente (*independent source limitation*), a limitação da descoberta inevitável (*inevitable discovery limitation*) e a limitação da contaminação expurgada (*purged taint limitation*) ou, como também é denominada, limitação da conexão atenuada (*attenuated connection limitation*).

O legislador brasileiro não foi desatento a tais limitações e, em 2008, pela Lei Federal nº 11.690, alterou dos parágrafos 1º e 2º do artigo 157 do CPP reconhecendo limitações à teoria da prova ilícita por derivação, por meio do que denominou de "fonte independente", *in verbis:*

> Art. 157, §1º: "São também inadmissíveis as provas derivadas das ilícitas, *salvo quando* não evidenciado o nexo de causalidade entre umas e outras, ou quando as derivadas puderem ser obtidas por uma fonte independente das primeiras".

---

[34] Sobre esse ponto, Denilson Feitoza (2008, p. 197-198) assim esclarece: "Neste sentido, surgiu a teoria da prova ilícita por derivação, mais conhecida como teoria ou doutrina dos frutos da árvore venenosa ou, como também costuma ser denominada em português, doutrina da árvore envenenada (*fruits of the poisonous tree doctrine*). No caso *Silverthorne Lumber Co. v. U.S.* (1920), a Suprema Corte considerou inválida uma intimação que tinha sido expedida com base numa informação obtida por meio de busca ilegal. A acusação não poderia usar no processo a prova obtida diretamente da busca ilegal, nem a prova obtida indiretamente por meio da intimação baseada nessa busca. (…). Com a nova redação dada pela Lei 11.690/2008, o art. 157, §1º do CPP reconhece, no Brasil, a teoria da prova ilícita por derivação: 'São também inadmissíveis as provas derivadas das ilícitas (…)'".

[35] Nesse sentido: FEITOZA, Denilson. *Reforma do processo penal.* Rio de Janeiro: Impetus, 2008. p. 198.

Artigo 157, §2º: "Considera-se *fonte independente* aquela que por si só, seguindo os trâmites típicos e de praxe, próprios da investigação ou instrução criminal, seria capaz de conduzir ao fato objeto da prova". (Grifos nossos).

Assim, tem-se entendido como *fonte independente*, aquela prova produzida a partir de uma fonte autônoma que não guarde qualquer dependência e nem guarde nexo causal com a prova originalmente ilícita.[36]

Dois casos estadunidenses quanto à origem desta teoria demonstram sua aplicabilidade pragmática na investigação criminal:[37]

Quanto à aplicação da doutrina ou limitação da fonte independente (*independent source limitation*), num caso (*Bynum v. U.S.*, 1960), inicialmente a corte excluiu a identificação dactiloscópica que havia sido feita durante a prisão ilegal do "acusado" Bynum. Quando este foi novamente "processado", o "governo" utilizou um antigo conjunto de planilhas dactiloscópicas de Bynum que se encontrava nos arquivos do FBI e que correspondiam às impressões digitais encontradas no local do crime. Como a polícia tinha razão para verificar as antigas planilhas de Bynum independentemente da prisão ilegal e como as impressões digitais de tais planilhas tinham sido colhidas anteriormente sem qualquer relação com o roubo investigado dessa vez, as antigas planilhas foram admitidas como uma prova obtida independentemente, de maneira alguma relacionada à prisão.

Num outro caso (*Murray v. U.S.*, 1988), uma corte inferior aplicou a doutrina da fonte independente, entendendo que a polícia: a) inicialmente tinha "causa provável" ("indícios" probatórios necessários) para obter um mandado de busca e apreensão para contrabando; b) então, ilicitamente entrou na "casa" sem mandado, onde verificou que o contrabando procurado estava realmente ali; c) depois, deixou a "casa" e obteve um mandado baseado unicamente na "causa provável" obtida previamente [isto é, sem qualquer referência à informação obtida durante a entrada ilegal]; d) então, retornou com o mandado e apreendeu o contrabando na execução deste mandado. A maioria da Suprema Corte americana entendeu que a doutrina da fonte independente se aplicaria à situação descrita, desde que, nesse caso concreto, uma avaliação adicional das provas fosse feita, baixando, então, o processo para a instância inferior.

---

[36] Nesse sentido: LIMA, Renato Brasileiro de. *Curso de processo penal*. Rio de Janeiro: Impetus, 2013, p. 878.

[37] FEITOZA, Denilson. *Reforma do processo penal*. Rio de Janeiro: Impetus, 2008. p. 198-199.

Contudo, sobreleva notar que o Código de Processo Penal Brasileiro conceitua equivocadamente como prova advinda de fonte independente "aquela que, por si só, seguindo os trâmites típicos e de praxe, próprios da investigação ou instrução criminal, seria capaz de conduzir ao fato objeto de prova". Isso porque, tal conceito diz respeito ao que a doutrina aponta como sendo a "teoria da descoberta inevitável", originária dos Estados Unidos da América.[38]

Por seu turno, a *"descoberta inevitável"*, também designada como "exceção da fonte hipotética independente",[39] é aquela que considera lícita a prova que deriva de uma prova originalmente ilegal pelo fato de que seria produzida inevitavelmente. Ou seja, sua descoberta seria inevitável, de maneira que ela independe da prova originalmente viciada.

Um exemplo de aplicabilidade e origem desta teoria é assim registrado por Denilson Feitoza:[40]

> Ainda como limitação à doutrina dos frutos da árvore venenosa, a doutrina ou limitação da descoberta inevitável (*inevitable Discovery limitation*) foi aplicada num caso (*Nix v. Williams – Williams II*, 1934) em que uma declaração obtida ilegalmente do "acusado" revelou o paradeiro do corpo da vítima de homicídio numa vala de beira de estrada, mas um grupo de duzentos voluntários já estava procurando pelo cadáver conforme um plano desenvolvido cuidadosamente, que eventualmente teria abrangido o lugar onde o corpo foi encontrado. A Suprema Corte entendeu que a "doutrina dos frutos" não impediria a admissão de prova derivada de uma violação constitucional, se tal prova teria sido

---

[38] Nesse sentido Renato Brasileiro de Lima (2013, p. 880) assevera que "apesar de o dispositivo fazer menção à fonte independente, parece ter havido um equívoco por parte do legislador, pois, ao empregar o verbo no condicional, o conceito aí fornecido (*seria capaz de conduzir ao fato objeto de prova*) refere-se ao da limitação da descoberta inevitável". Na mesma linha, Denilson Feitoza (2008, p. 199) afirma que "a fonte independente foi definida, no Brasil, nos termos do que se entende como descoberta inevitável".

[39] Nesse sentido: LIMA, Renato Brasileiro de. 2013, p. 880.

[40] FEITOZA, Denilson. 2008, p. 199-200. Nessa linha, Renato Brasileiro de Lima (2013, p. 882-883) destaca julgado do STJ (HC nº 52.995/AL) admitindo a teoria da descoberta inevitável: "Em pioneiro julgado acerca do assunto, em que se discutia a ilicitude de extrato bancário obtido por herdeiro da vítima, sem autorização judicial, a 6ª Turma do STJ fez uso da teoria da descoberta inevitável. Na dicção do Relator Min. Og Fernandes, o §2º do artigo 157 do CPP serve para mitigar a teoria da contaminação da prova, restringindo-a para os casos em que a prova ilícita for absolutamente determinante para a descoberta da prova derivada que sem aquela não existiria, o que teria acontecido no caso apreciado pelo STJ. Isso porque, no caso concreto, o sobrinho da vítima, na condição de herdeiro, teria, inarredavelmente, após a habilitação no inventário, não havendo, portanto, razoabilidade alguma em anular todo o processo e demais provas colhidas, não só durante a instrução criminal, mas também aquelas colhidas na fase pré-processual investigativa".

descoberta "inevitavelmente" por meio de atividades investigatórias lícitas sem qualquer relação com a violação, bem como que a "descoberta inevitável" não envolve elementos especulativos, mas concentra-se em fatos históricos demonstrados capazes de pronta verificação. Segundo Israel e LaFave, circunstâncias que justifiquem a aplicação da regra da descoberta inevitável são improváveis de ocorrerem, a menos que, no momento da conduta policial ilícita, já houvesse uma investigação em andamento que eventualmente teria resultado na descoberta da prova por meio de procedimento investigatório rotineiros.

Nesse ponto, uma advertência deve ser feita:[41]

A aplicação dessa teoria não pode ocorrer com base em dados meramente especulativos, sendo indispensável a existência de dados concretos a confirmar que a descoberta seria inevitável. Somente com base em fatos históricos demonstrados capazes de pronta verificação será possível dizer que a descoberta seria inevitável. Em outras palavras, não basta um juízo do possível. É necessário um juízo do provável, baseado em elementos concretos de prova.

Como última causa de limitação à contaminação da prova ilícita, encontra-se a chamada doutrina da "*conexão atenuada*", também designada como "*contaminação expurgada*", "*mancha purgada*", "*vícios sanados*" ou ainda "*tinta diluída*", assim definida:[42]

De acordo com essa limitação, não se aplica a teoria da prova ilícita por derivação se o nexo causal entre a prova primária e a secundária for atenuado em virtude do decurso do tempo, de circunstâncias supervenientes na cadeia probatória, da menor relevância da ilegalidade ou da vontade de um dos envolvidos em colaborar com a persecução penal. Nesse caso, apesar de já ter havido a contaminação de um determinado meio de prova em face da ilicitude ou ilegalidade da situação que o gerou, um acontecimento futuro expurga, afasta, elide esse vício, permitindo-se, assim, o aproveitamento da prova inicialmente contaminada.

Como exemplo de aplicabilidade desta teoria, Denilson Feitoza menciona mais um caso dos Estados Unidos da América:[43]

---

[41] LIMA, Renato Brasileiro de. 2013, p. 881.
[42] LIMA, Renato Brasileiro de. 2013, p. 883.
[43] FEITOZA, Denilson. 2008, p. 201.

No caso *Wong Sun v. U.S.* (1963), policiais da "delegacia de entorpecentes" entraram num domicílio sem "causa provável" (indícios probatórios necessários para tal) e prenderam ilegalmente "A", o qual, quase imediatamente depois, acusou "B", o qual, por sua vez, implicou "C", que também foi preso ilegalmente. Vários dias mais tarde, depois de "C" ter sido libertado, "C" voluntariamente confessou oralmente aos policiais da delegacia de entorpecentes, durante seu interrogatório policial. A Suprema Corte excluiu a apreensão da droga encontrada com "B" e as declarações de "B", por terem sido "fruto" da entrada ilegal na sua casa e da sua prisão ilegal. Entretanto, rejeitou que a confissão de "C" fosse fruto da sua prisão ilegal, pois, embora "C" pudesse nunca ter confessado se ele jamais tivesse sido preso ilegalmente, sua ação voluntária de confessar, depois de ter sido solto e alertado de seus direitos, tinha tornado a conexão entre a prisão e a declaração tão atenuada que a "nódoa" da ilegalidade tinha se dissipado.

Assim, pela doutrina da conexão atenuada, uma prova ilegal poderá ser expurgada se houver um ato que rompa com a causalidade da ilegalidade, de maneira a ficar destacado que a prova não tenha sido adquirida pelo aproveitamento da ilegalidade.[44]

5   Conclusão

Pode-se perceber do que ficou registrado neste trabalho que o cenário jurídico contemporâneo ressaltado na fase preliminar de persecução penal do devido processo penal suportado na formalização dos atos de investigação criminal pelo inquérito policial, deve guardar sintonia à roupagem constitucional democrática do Estado de Direito Brasileiro de maneira que hoje, uma necessária releitura deve ser feita de tal contexto.

Por primeiro, o inquérito policial é um procedimento autônomo ao processo judicial criminal, podendo iniciá-lo e devendo auxiliá-lo, já

---

[44] Renato Brasileiro de Lima assim adverte (2013, p. 885): "Apesar de guardar certa semelhança com a limitação da fonte independente, a teoria da mancha purgada com ela não se confunde. Na teoria da fonte independente, o nexo causal entre as provas é atenuado em razão da circunstância de a prova secundária possuir existência independente da prova primária. Na limitação da mancha purgada, o lapso temporal decorrido entre a prova primária e a secundária, as circunstâncias intervenientes na cadeia probatória, a menor relevância da ilegalidade ou a vontade do agente em colaborar com a persecução criminal atenuam a ilicitude originária, expurgando qualquer vício que possa recair sobre a prova secundária".

que é um importante (e inicial) produção de conhecimento ao devido processo penal.

Ademais, como regra, o inquérito policial produz elementos informativos que atingem diretamente direitos fundamentais do investigado e que não estão necessariamente cercados da característica do contraditório e da ampla defesa. Contudo, há casos de formação de elementos informativos que conta com a participação direta e ativa dos autores do processo penal, tudo a depender da forma de condução do inquérito policial que a necessária discricionariedade do Delegado de Polícia, formatando a característica inquisitiva (e não inquisitória[45]) do procedimento investigatório – pontuada em decisão fundamentada, com destaque à eficiência e garantismo da investigação.

Importante frisar também que, se a produção do conhecimento no inquérito policial pode ensejar a qualificação de "prova", quando guardar sintonia com os contextos de cautelares e não repetíveis, vez que o contraditório pleno será diferido.

Uma estreita afinidade surge deste contexto informativo e probatório sufragado no inquérito policial, qual seja o reconhecimento do princípio do livre convencimento motivado na tomada de decisão, bem como, de que os atos investigados viciados ensejarão sua nulidade carreando-os das demais consequências deste contexto com a necessária intelecção e associação cognitiva do princípio da vedação à prova ilícita produzida na fase de investigação, bem como das limitações que tal princípio sofre diante do reconhecimento dos casos tidos como produção de fonte independente (*independent source limitation*), da descoberta inevitável (*inevitable discovery limitation*) e da conexão atenuada (*attenuated connection limitation*).

---

[45] Sobre a necessária distinção – inquisitivo e inquisitório – enfatiza-se que a doutrina processual penal quase não se atenta. Destaca-se, contudo o escólio de Marta Saad para quem: "O modelo inquisitório, portanto, não permitia qualquer ingerência do interessado no procedimento, acumulando o inquisidor as funções de acusar, defender e julgar. Nesse cenário, nada podia o acusado. De forma diferente, o poder-dever inquisitivo não afasta a participação dos interessados, acusado ou ofendido. Ao contrário, os esforços se somam, trabalhando juntos na busca da verdade" (*O direito de defesa no inquérito policial*. São Paulo: Editora Revista dos Tribunais, 2004, p. 156-157). Assim, a característica inquisitiva do inquérito policial deve ser entendida como imprescindível para uma eficiente investigação, amparada na independência funcional da autoridade presidente da apuração preliminar, que referendará a atuação endógena da defesa na investigação por meio da aplicação de um contraditório possível. Ou seja, a inquisitividade do inquérito policial revela em sua substancia a efetivação garantista e democrática da investigação criminal.

Referências

ALMEIDA, Joaquim Canuto Mendes. O direito de defesa no inquérito policial. *Revista da Faculdade de Direito da Universidade de São Paulo*, São Paulo, v. 52. São Paulo, p. 80-115, 1957.

ALMEIDA, Joaquim Canuto Mendes. *Princípios fundamentais do processo penal*. São Paulo: Revista dos Tribunais, 1973.

ALMEIDA, José Raul Gavião de; FERNANDES, Antônio Scarance; MORAES, Maurício Zanóide de (Coord.). *Sigilo no processo penal*: eficiência e garantismo. São Paulo: Revista dos Tribunais, 2008.

ANSELMO, Márcio Adriano. Os limites da participação privada na investigação criminal. *Revista Consultor Jurídico*, 9 fev. 2016. Disponível em: http://www.conjur.com.br/2016-fev-09/academia-policia-limites-participacao-privada-investigacao-criminal. Acesso em: 17 fev. 2016.

BALDAN, Édson Luis. Devida investigação legal como derivação do devido processo legal e como garantia fundamental do imputado. *In*: KHALED JR., Salah (Coord.). *Sistema penal e poder punitivo*: estudos em homenagem ao prof. Aury Lopes Jr. Florianópolis: Empório do Direito, 2015. p. 155-182.

BALDAN, Édson Luis; AZEVEDO, André Boiani e. A preservação do devido processo legal pela investigação defensiva. *Jus Navigandi*, Teresina, ano 11, n. 1013, 10 abr. 2006. Disponível em: https://jus.com.br/artigos/8220. Acesso em: 24 mar. 2016.

BALTAZAR JÚNIOR, José Paulo. Limites constitucionais à investigação. O conflito entre o direito fundamental à segurança e o direito de liberdade no âmbito da investigação criminal. *In*: CUNHA, Rogério Sanches; GOMES, Luiz Flávio; TAQUES, Pedro. *Limites constitucionais da investigação*. São Paulo: Revista dos Tribunais, 2009. p. 184-221.

BARBOSA, Ruchester Marreiros. A que veio a Lei 13.245/2016? Canal Ciências Criminais, 19 jan. 2016. Disponível em: http://canalcienciascriminais.com.br/artigo/a-que-veio-a-lei-13-2452016/. Acesso em: 17 fev. 2016.

BARBOSA, Ruchester Marreiros. Delegado natural é princípio basilar da devida investigação criminal. *Revista Consultor Jurídico*, 6 out. 2015. Disponível em: http://www.conjur.com.br/2015-out-06/academia-policia-delegado-natural-principio-basilar-investigacao-criminal. Acesso em: 29 mar. 2016.

BARBOSA, Ruchester Marreiros. O contraditório e a ampla defesa na Lei 13.245/2016. *Canal Ciências Criminais*, 19 jan. 2016. Disponível em: http://canalcienciascriminais.com.br/artigo/o-contraditorio-e-a-ampla-defesa-na-lei-13-2452016/. Acesso em: 17 fev. 2016.

CABETTE, Eduardo Luiz Santos. Primeiros comentários à Lei 13.245/16 que altera o Estatuto da OAB e regras da investigação criminal. *Jus Navigandi*, Teresina, fev. 2016. Disponível em: https://jus.com.br/artigos/45887. Acesso em: 17 fev. 2016.

CABRAL, Bruno Fontenele; SOUZA, Rafael Pinto Marques. *Manual prático de polícia judiciária*. Salvador: Juspodivm, 2013.

CAPEZ, Fernando. *Curso de Processo Penal*. São Paulo: Saraiva, 2012.

CASTRO, Henrique Hoffman Monteiro de. Missão da Polícia Judiciária é buscar a verdade e garantir direitos fundamentais. *Revista Consultor Jurídico*, jul. 2015. Disponível em: http://www.conjur.com.br/2015-jul-14/academia-policia-missao-policia-judiciaria-buscar-verdade-garantir-direitos-fundamentais. Acesso em: 14 fev. 2016.

CHOUKE, Fauzi Hassan. *Garantias constitucionais na investigação criminal*. São Paulo: Revista dos Tribunais, 1995.

CUNHA, Rogério Sanches; GOMES, Luiz Flávio; MACIEL, Silvio. *Prisões e medidas cautelares*: Comentários à Lei 12403, de 4 de maio de 2011. São Paulo: Revista dos Tribunais, 2011.

FEITOZA, Denilson. *Reforma do processo penal*. Rio de Janeiro: Impetus, 2008.

FERNANDES, Antônio Scarance. *Reação defensiva à imputação*. São Paulo: Revista dos Tribunais, 2002.

FERNANDES, Antônio Scarance. *Processo penal constitucional*. São Paulo: Revista dos Tribunais, 2007.

FERNANDES, Antônio Scarance. Reflexões sobre as noções de eficiência e de garantismo no processo penal. *In*: ALMEIDA, José Raul Gavião de; FERNANDES, Antônio Scarance; MORAES, Maurício Zanóide de (Coord.). *Sigilo no processo penal*: eficiência e garantismo. São Paulo: Revista dos Tribunais, 2008. p. 9-28.

FERNANDES, Antônio Scarance; GOMES FILHO, Antônio Magalhães; GRINOVER, Ada Pellegrini. *As nulidades do processo penal*. São Paulo: Revista dos Tribunais, 1999.

KEEDY, Edwin. The preliminary investigation of crime in France. *University of Pennsylvania Law Review*, v. 88, n. 4, p. 385-424, Febr. 1940.

LIMA. Renato Brasileiro de. *Curso de processo penal*. São Paulo: Impetus, 2013.

LIMA FILHO, Eujecio Coutrim. Defesa técnica e democratização do inquérito policial. *Jusbrasil*, Canal Ciências Criminais, 19 abr. 2016. Disponível em: https://canalcienciascriminais.jusbrasil.com.br/artigos/320020235/defesa-tecnica-e-democratizacao-do-inquerito-policial. Acesso em: 10 nov. 2019.

LOPES JR., Aury Lopes. *Direito processual penal*. São Paulo: Saraiva, 2015.

LOPES JR., Aury Lopes. *Fundamentos do processo penal*: introdução crítica. São Paulo: Saraiva, 2015.

MACHADO, André Augusto Mendes. *Investigação criminal defensiva*. São Paulo: Revista dos Tribunais, 2010.

MALAN, Diogo Rudge. Investigação defensiva no processo penal. *Revista Brasileira de Ciências Criminais – IBCCrim.*, ano 20, n. 96, p. 279-309, maio/jun. 2012.

MARTINS, Ives Gandra da Silva. Prefácio. *In*: PEREIRA, Eliomar da Silva; DEZAN, Sandro Lucio (Coord.). *Investigação criminal conduzida por delegado de polícia*: comentários à Lei 12.830/2013. Curitiba: Juruá, 2013. p. 15-17.

MASI, Carlo Velho. Nulidades na investigação podem contaminar toda a ação penal. *Canal Ciências Criminais*, 17 fev. 2016. Disponível em: http://canalcienciascriminais.com.br/artigo/nulidades-na-investigacao-podem-contaminar-toda-a-acao-penal/. Acesso em: 17 fev. 2016.

MASI, Carlo Velho. Presença de advogado na investigação preliminar beneficia clientes e sociedade. *Revista Consultor Jurídico*, 07 fev. 2016. Disponível em: http://www.conjur.com.br/2016-fev-07/carlo-masi-advogado-investigacao-preliminar-beneficia-sociedade. Acesso em 17 fev. 2016.

MIRABETE, Júlio Fabbrini. *Processo Penal*. São Paulo: Atlas, 1994.

MORAES, Maurício Zanóide de. Esgrimando com o professor Sérgio Marcos de Moraes Pitombo: os inexistentes poderes investigatórios criminais do Ministério Público. *Revista do Advogado*, n. 78, v. 24, p. 67-74, 2004.

MORAES, Maurício Zanóide de. Publicidade e proporcionalidade na persecução penal brasileira. *In*: ALMEIDA, José Raul Gavião de; FERNANDES, Antônio Scarance; MORAES, Maurício Zanóide de (Coord.). *Sigilo no processo penal*: eficiência e garantismo. São Paulo: Revista dos Tribunais, 2008. p. 29-55.

MORAES, Rafael Francisco Marcondes de. A apuração do crime de "embriaguez ao volante" e a "nova lei seca" (Lei Federal nº 12.760/2012). *Jus Navigandi*, Teresina, mar. 2013. Disponível em: https://jus.com.br/artigos/26086. Acesso em: 31 mar. 2016.

MORAES, Rafael Francisco Marcondes de. A hodierna apresentação espontânea em face da prisão em flagrante. *Jus Navigandi*, Teresina, abr. 2013. Disponível em: https://jus.com. br/artigos/24187. Acesso em: 17 fev. 2016.

MORAES, Rafael Francisco Marcondes de. Condução coercitiva e polícia judiciária. *Jus Navigandi*, Teresina, out. 2015. Disponível em: https://jus.com.br/artigos/34866. Acesso em: 04 dez. 2015.

MORAES, Rafael Francisco Marcondes de. Morte decorrente de intervenção policial: o debate em torno do "auto de resistência". *Jus Navigandi*, Teresina, abr. 2013. Disponível em: https://jus.com.br/artigos/24119. Acesso em: 20 fev. 2014.

MORAES, Rafael Francisco Marcondes de. O indiciamento sob o enfoque material e a Lei Federal nº 12.830/2013 (investigação criminal conduzida pelo delegado de polícia). *Revista eletrônica da Academia de Polícia Civil do Estado de São Paulo – Acadepol News*, São Paulo, v. 2, n. 2, dez. 2013.

MORAES, Rafael Francisco Marcondes de. *O inquérito policial como instrumento de apuração das infrações penais à luz dos princípios constitucionais*. 2012. 78 p. Monografia (Processo Seletivo de Professor de Inquérito Policial) – Academia de Polícia Dr. Coriolano Nogueira Cobra, São Paulo, 2012.

MORAES, Rafael Francisco Marcondes de; BARROS FILHO, Mário Leite de; LESSA, Marcelo de Lima. Polícia judiciária de Estado e a independência funcional do delegado de polícia. *In*: SÃO PAULO (Estado). *Arquivos da Polícia Civil*. São Paulo: Acadepol, 2015. v. 53. p. 10-29.

MORAES, Rafael Francisco Marcondes de; PIMENTEL JÚNIOR, Jaime. *Polícia judiciária e a atuação da defesa na investigação criminal*. São Paulo: Verbatim, 2017.

NUCCI, Guilherme de Souza. *Código de processo penal comentado*. São Paulo: Revista dos Tribunais, 2011.

NUCCI, Guilherme de Souza. *Manual de processo penal e execução penal*. São Paulo: Revista dos Tribunais, 2013.

PEREIRA, Eliomar da Silva. *Teoria da investigação criminal*: uma introdução jurídica-científica. Coimbra: Almedina, 2011.

PIMENTEL JÚNIOR, Jaime. *Pressuposto para o poder constituinte estruturar e manter o estado democrático de direito*: a constituição brasileira de 1988 e a figura do delegado de polícia. Dissertação (Mestrado) – Instituição Toledo de Ensino, Centro de Pós-Graduação, Bauru-SP, 2012.

PIMENTEL JÚNIOR, Jaime. *Poder constituinte.* Pressuposto para estruturar e manter o estado democrático de direito. Rio de Janeiro: Lumen Juris, 2016.

PITOMBO, Sérgio Marcos de Moraes. Inquérito policial: exercício do direito de defesa. *Boletim IBCCRIM – Instituto Brasileiro de Ciências Criminais,* ano 7, Edição Especial, n. 83, out. 1999.

PITOMBO, Sérgio Marcos de Moraes. *Inquérito policial:* novas tendências. Belém: CEJUP, 1987.

QUEIJO, Maria Elizabeth. *O direito de não produzir prova contra si mesmo:* o princípio nemo tenetur se detegere e suas decorrências no processo penal. São Paulo: Saraiva, 2003.

RANGEL, Paulo. *Direito processual penal.* São Paulo: Atlas, 2004.

ROSA, Alexandre de Morais da; MOREIRA, Rômulo de Andrade. *Lei nova 13.245/16:* saiba quando, onde e como o advogado deve ter vista da investigação preliminar. Empório do Direito, 13 jan. 2016. Disponível em: http://emporiododireito.com.br/lei-nova-13-24516-saiba-quando-onde-e-como-o-advogado-deve-ter-vista-da-investigacao-preliminar-por-romulo-de-andrade-moreira-e-alexandre-morais-da-rosa/. Acesso em: 17 fev. 2016.

SAAD, Marta. Indiciamento como ato fundamentado da autoridade policial. *Boletim informativo IBRASPP – Instituto Brasileiro de Direito Processual Penal,* ano 3, n. 5, p. 19-21, 2013.

SAAD, Marta. *O direito de defesa no inquérito policial.* São Paulo: Revista dos Tribunais, 2004.

SANNINI NETO, Francisco. *Inquérito policial e prisões provisórias.* São Paulo: Ideias e Letras, 2014.

Informação bibliográfica deste texto, conforme a NBR 6023:2018 da Associação Brasileira de Normas Técnicas (ABNT):

PIMENTEL JÚNIOR, Jaime. Atos probatórios no inquérito policial. *In*: PEREIRA, Eliomar da Silva; ANSELMO, Márcio Adriano (Org.). *Direito Processual de Polícia Judiciária II:* os meios de obtenção de prova. Belo Horizonte: Fórum, 2020. p. 23-51. (Curso de Direito de Polícia Judiciária, v. 5). ISBN 978-85-450-0620-6.

PROVA TESTEMUNHAL

RUCHESTER MARREIROS BARBOSA

1   Conceito de Testemunha

É imperioso iniciar o estudo do tema, utilizando os conceitos clássicos sobre a prova testemunhal pelo prisma tradicional, para podermos progredir sobre as devidas reflexões críticas que ousaremos realizar.

Nas palavras de Adalberto José Q. T. Camargo Aranha, "testemunha é todo o homem, estranho ao feito e equidistante às partes, capaz de depor, chamado ao processo para falar sobre fatos caídos sob seus sentidos e relativos ao objeto do litígio. É a pessoa idônea, diferente das partes, convocada pelo juiz, por iniciativa própria ou a pedido das partes, para depor em juízo sobre fatos sabidos concernentes à causa".[1] Em sentido semelhante, Nestor Távora, é a pessoa desinteressada que declara sua percepção sensorial sobre as circunstâncias fáticas.

Seguindo a proposição do início de nosso estudo, a doutrina clássica apregoa que a testemunha na investigação criminal possui valor probatório relativo, pois os elementos de informação não são colhidos sob a égide do contraditório e da ampla defesa, tampouco na presença do Juiz de Direito, o que a descaracterizaria como uma prova em sentido estrito. Esse raciocínio restou positivado no art. 155 do CPP, alterado pela Lei 11.680/08:

---

[1]   ARANHA, Adalberto José Q. T. de Camargo. *Da prova no processo penal*. São Paulo: Saraiva, 2006. p. 127.

Art. 155. O juiz formará sua convicção pela livre apreciação da prova produzida em contraditório judicial, não podendo fundamentar sua decisão exclusivamente nos elementos informativos colhidos na investigação, ressalvadas as provas cautelares, não repetíveis e antecipadas.

No entanto, no trecho disposto de que o juiz não poderá "fundamentar sua decisão exclusivamente nos elementos informativos colhidos na investigação", ressalvando somente "as provas cautelares, não repetíveis e antecipadas", o legislador disse menos do que devia, esquecendo outras hipóteses de decisões com base nos elementos probatórios do inquérito policial, e que estão implícitas no art. 397 do CPP, alterado pela Lei 11.719/08:

Art. 397. Após o cumprimento do disposto no art. 396-A (resposta no prazo de 10 dias após a denúncia), e parágrafos, deste Código, o juiz deverá absolver sumariamente o acusado quando verificar:
I - a existência manifesta de causa excludente da ilicitude do fato;
II - a existência manifesta de causa excludente da culpabilidade do agente, salvo inimputabilidade;
III - que o fato narrado evidentemente não constitui crime; ou
IV - extinta a punibilidade do agente.

Este dispositivo permite que o juiz absolva sumariamente o réu após sua defesa prévia, admitindo implicitamente, que o *decisum* se realize com base nos elementos probatórios colhidos na investigação penal, que essencialmente são documentais, ainda que haja elementos materializados por declarações de testemunhas e vítima, documentadas e assinadas, e que poderiam ter sido produzidos pelo réu, mas na qualidade de investigado.

Além disso, as provas documentais eventualmente juntadas no momento da defesa prévia, já poderiam ter sido juntadas na investigação pela iniciativa do investigado ou de seu advogado, acaso tivessem lhe conferida esta oportunidade por notificação nos autos da investigação, antes do oferecimento da denúncia, conforme permite o art. 14 do CPP e pelo art. 7º, XXI da Lei 8.906/94, alterada pela Lei 13.245/16.

Ainda assim, por mais que não haja defesa prévia o juiz está autorizado a absolver o réu, até mesmo em razão do princípio do favor rei, no momento do recebimento primeiro da denúncia, não obstante estar o juiz proibido de fundamentar a decisão "condenatória" exclusivamente nos "elementos informativos" colhidos na investigação, a mesma regra não se aplica à hipótese de absolvição "antecipada", for força até mesmo da aplicação da "teoria da causa madura" ao processo penal. Nesta hipótese estaria o juiz fundamentando sua decisão exclusivamente nos elementos probatórios colhidos na investigação.

Diante dessa possibilidade as provas realizadas na fase investigativa podem ser declaradas nulas e contaminar a ação penal, rechaçando a clássica jurisprudência do STJ (HC 353.232, Rel. Min. Jorge Mussi, *DJe* 01.08.2016), de que as nulidades ocorridas nessa fase não contaminariam a fase instrutória.

Contudo, nos parece que a tendência hodiernamente é que o mesmo STJ altere seu entendimento, conforme transcrevemos o julgado do STJ que trata da possibilidade de anulação do processo penal por ilicitude das provas colhidas na fase investigatória:

> NULIDADES. FASE PRÉ-PROCESSUAL. PROVAS ILÍCITAS. CONTAMINAÇÃO. AÇÃO PENAL. Trata-se de paciente denunciado na Justiça Federal pela suposta prática do crime de corrupção ativa previsto no art. 333, caput, c/c o art. 29, caput, ambos do CP. A ação penal condenou-o em primeira instância e, contra essa sentença, há apelação que ainda está pendente de julgamento no TRF. (…) O Min. Relator aderiu ao parecer do MPF e concedeu a ordem para anular a ação penal desde o início, visto haver a participação indevida e flagrantemente ilegal do órgão de inteligência e do investigador particular contratado pelo delegado, o que resultou serem as provas ilícitas – definiu como prova ilícita aquela obtida com violação de regra ou princípio constitucional. Considerou que a participação de agentes estranhos à autoridade policial, que tem a exclusividade de investigação em atividades de segurança pública, constituiria violação do art. 144, §1º, IV, da CF/1988, da Lei n. 9.883/1999, dos arts. 4º e 157 e parágrafos do CPP e, particularmente, dos preceitos do Estado democrático de direito. (…) Para o voto de desempate do Min. Jorge Mussi, entre outras considerações, o órgão de inteligência não poderia participar da investigação na clandestinidade sem autorização judicial; essa participação, na exposição de motivos da Polícia Federal, ficou evidente. Assim, a prova obtida por meio ilícito não é admitida no processo penal brasileiro, tampouco pode condenar qualquer cidadão. Explica que não há supressão de instância quando a ilicitude da prova foi suscitada nas instâncias ordinárias e, nesses casos, o remédio jurídico é o habeas corpus ou a revisão criminal. A Turma, ao prosseguir o julgamento, por maioria, concedeu a ordem. Precedentes citados do STF: HC 69.912-RS, *DJ* 26.11.1993; RE 201.819-RS, *DJ* 27.10.2006; do STJ: HC 100.879-RJ, *DJe* 8.9.2008, e HC 107.285-RJ, *DJe* 7.2.2011. HC 149.250-SP, Rel. Min. Adilson Vieira Macabu (Desembargador convocado do TJ-RJ), julgado em 7.6.2011. 5ª Turma. Informativo 476.

Com base nessas premissas, é possível concluir que não obstante a testemunha esteja prevista como um meio de prova, com regramentos próprios, inclusive alteradas algumas delas pela Lei 11.690/08 e Lei 13.431/17, quando produzidas na investigação criminal, essas regras são mitigadas e são valoradas como elemento informativo, o que nos parece inadequado se adotar um posicionamento generalizado, acarretando inúmeras vezes uma violação às regras processuais, e consequentemente uma prova ilegítima.

Apesar da finalidade da valoração da prova testemunhal na fase investigativa ser diferente da instrução criminal, não a torna neutra. Não à toa possui valor para efeitos da detenção em flagrante pelo Delegado para exarar a nota de culpa, fase que caracteriza o encarceramento do capturado, bem como viabiliza eventual deferimento de medidas cautelares, sejam elas pessoais, reais ou probatórias.

2 Fundamento da Prova Oral

A prova testemunhal se fundamenta na necessidade do Delegado e o Juiz se valerem da percepção humana, mais próxima ao fato, mas sempre temperando a transmissão dos fatos com o seu livre convencimento, em vista da falibilidade dessa prova, inclusive pela constatação hodierna pelas falsas memórias, tema que será abordado mais adiante.

2.1 Regra sobre recusa

Apesar da testemunha ser obrigada a dizer a verdade, algumas possuem a prerrogativa de se recusarem, sem que com isso pratiquem o delito de falso testemunho, conforme art. 206 c/c art. 208, CPP, que em síntese, é um elenco de pessoas ligadas por laço matrimonial ou familiar.

Devemos ressaltar que os laços descritos acima devem ser entre a testemunha e as partes ou entre aquelas e o investigado, não possuindo essa mesma prerrogativa quando a relação é entre a testemunha e a vítima.

2.2 Regras de impedimento

Pelas mesmas premissas do item anterior, as pessoas elencadas no art. 207, CPP, denominam-se de pessoas proibidas de testemunhar em razão de seu dever funcional, como Deputados, Senadores art.

53, §6º c/c 27, §1º, estes sobre informações recebidas ou prestadas em razão do exercício do mandato ou sobre as pessoas que lhes confiaram ou deles receberam informações e agentes diplomáticos, por força da Convenção de Viena sobre Relações Diplomáticas.

3 Classificação das Testemunhas

Existem diversas formas de se classificar a prova testemunhal. As classificações não são excludentes podendo ser mescladas entre si. Em geral, pode ser analisada sob tríplice aspecto:

3.1 Quanto ao modo

Pode ser *instrumental*, quando a presença da testemunha é exigida para assistir ao ato, dando-lhe força de veracidade e autenticidade. É o que ocorre com as *testemunhas instrumentárias* como no caso do art. 245, §7º e art. 304, §2º, ambos do CPP. A título de exemplo, podemos ilustrar a hipótese em que um servidor público policial é chamado para informar se o ato assinado pelo mesmo efetivamente foi realizado ou se a sua assinatura confere com o que consta no documento.

Ainda sobre o prisma do modo, pode ser *judicial*, quando a pessoa é chamada ao processo para reproduzir fatos conhecidos e relativos à causa, seja sobre o fato diretamente ou indiretamente.

3.2 Quanto ao conteúdo

Esta testemunha se refere à relação direta ou circunstancial sobre o *fatum probandum*. Assim, será *direta* quando a testemunha se expressa sobre um fato que presenciou, reproduzindo a sensação obtida de ciência própria seja sobre o fato principal que se quer saber ou fato indiciário.

Em outras palavras, a testemunha direta pode ser em razão do fato principal ou dos indícios. Seria classificada como uma testemunha direta do fato principal se o que se quer saber é quem efetuou o disparo na vítima, então, a testemunha direta é aquela que viu a vítima recebê-lo e a pessoa responsável pela lesão. Já a testemunha direta dos indícios seria aquela que viu as roupas sujas de sangue, mas não viu as lesões da vítima.

Indireta, quando a testemunha depõe sobre conhecimentos obtidos com terceiros, que as transmitem por ouvir dizer. Neste caso, denomina-se também de "testemunha de ouvi dizer" ou possui percepção sensorial de circunstâncias adjacentes ao fato investigado, como por exemplo, ouvir o disparo de arma de fogo somente dentro de sua casa ou escritório, no crime de homicídio que ocorreu na rua.

Para Tornaghi a exigência que deve ser feita para se admitir o testemunho indireto é que o depoente indique "as fontes de sua ciência como, aliás, ordena o art. 203 do Código de Processo Penal. Não se pode tolerar que alguém vá a juízo repetir a *vox publica*". Observa o mesmo jurista que "o testemunho indireto é, ademais, por vezes, o único possível, como no caso de ausentes, de pessoas que, no leito de morte, fazem alguma declaração etc.".[2]

3.3 Quanto ao objeto

Quanto ao objeto a testemunha pode ser *própria* quando é chamada para ser ouvida sobre o fatos relativos à causa penal, ou *imprópria* quando prestará depoimento sobre um ato processual, também denominadas de *fedatárias*.

4 Características da prova testemunhal

Alguns autores apontam a oralidade e a objetividade como características da prova testemunhal. Conforme expressa o art. 204, do CPP, o testemunho, em regra, será oral, o que dá ao juiz e às partes a oportunidade de "sentirem" o depoimento, ou seja, as reações da testemunha. Por se tratar de uma prova de natureza pessoal, a mesma se formaliza pela comunicação espontânea, seja pela fala ou gestos.

Há exceções a essa regra, nos casos do depoimento do surdo, do mudo ou do surdo-mudo, conforme art. 192 c/c 223, do CPP e no caso em que se permite a determinadas pessoas, em razão da autoridade que exercem, fossem autorizadas a se comunicarem por escrito, o que retira a característica da espontaneidade, como no caso previsto no art. 221, §1º, do CPP.

Como dito, a prova testemunhal deve ser produzida de forma oral, consoante o art. 203 e 204, ambos do CPP, sob pena de nulidade. Assim, por exemplo, não é possível que o magistrado, na fase judicial, e o delegado de polícia, na fase investigativa, limitar-se a perguntar

---

[2] TORNAGHI, Hélio. *Curso de Processo Penal*. 8. ed. São Paulo: Saraiva, 1991. v. 1. p. 217.

às testemunhas se ratificam suas declarações anteriores, prestadas em outra ocasião. Seja porque depuseram em sede de inquérito e foram intimadas a depor no processo, seja no inquérito policial, quando são intimadas para depor novamente sobre o fato.

No processo geraria nulidade e no inquérito policial, por faltar ao filtro da credibilidade sobre o depoimento, pode-se olvidar em ausência de justa causa, se foram nestes mesmos depoimentos, os fundamentos ao suporte probatório mínimo para a denúncia ou queixa.

Sobre este aspecto o a Sexta Turma do STJ se pronunciou, conforme registrado no informativo 491:

> TESTEMUNHAS. INQUIRIÇÃO. JUIZ. DEPOIMENTO POLICIAL. LEITURA. RATIFICAÇÃO. (...) Na espécie, o juiz leu os depoimentos prestados perante a autoridade policial, indagando, em seguida, das testemunhas se elas ratificavam tais declarações. O tribunal *a quo* afastou a ocorrência de nulidade, por entender que a defesa encontrava-se presente na audiência na qual teve oportunidade para formular perguntas para as testemunhas. Nesse panorama, destacou a Min. Relatora que, segundo a inteligência do art. 203 do CPP, o depoimento da testemunha ingressa nos autos de maneira oral. Outrossim, frisou que, desse comando, retiram-se, em especial, duas diretrizes. A primeira, ligada ao relato, que será oral, reforçado, inclusive, pelo art. 204 do CPP. A segunda refere-se ao filtro de fidedignidade, ou seja, ao modo pelo qual a prova ingressa nos autos. Dessa forma, ressaltou que a produção da prova testemunhal, por ser complexa, envolve não só o fornecimento do relato oral, mas também o filtro de credibilidade das informações apresentadas. *In casu*, tal peculiaridade foi maculada pelo modo como empreendida a instrução, na medida em que o depoimento policial foi chancelado como judicial com uma simples confirmação, não havendo como, dessa maneira, aferir sua credibilidade. Assim, concluiu não se mostrar lícita a mera leitura do magistrado das declarações prestadas na fase inquisitória, para que a testemunha, em seguida, ratifique-a. Com essas, entre outras considerações, a Turma, prosseguindo o julgamento, concedeu a ordem para anular a ação penal a partir da audiência de testemunhas de acusação, a fim de que seja refeita a colheita da prova testemunhal, mediante a regular realização das oitivas, com a efetiva tomada de depoimento, sem a mera reiteração das declarações prestadas perante a autoridade policial. Precedentes citados do STF: HC 75.652-MG, *DJ* 19.12.1997, e HC 54.161-RJ, DJ 22.4.1976. HC 183.696-ES, Rel. Min. Maria Thereza de Assis Moura, julgado em 14.2.2012.

No caso concreto a decisão se cinge a sua impropriedade como prova no processo. Entendemos que se da mesma forma agir o Delegado, como por exemplo, ouvindo a testemunha para apenas ratificar o que já tenha dito, seja nos próprios autos, seja em outro procedimento, como uma CPI que é encaminhada à Polícia Judiciária para apuração de infração penal, esse testemunho poderia ser impugnado como prova ilegítima.

Além disso, o testemunho deve ser também objetivo, pois a testemunha deve relatar os fatos percebidos pelos sentidos e que tenham relação com o objeto do processo, não podendo emitir juízo de valor, conforme determina o art. 213, do CPP. Quando se diz que a testemunha não exerce juízo de valor sobre os fatos significa não emitir sua opinião sobre se o réu ou investigado seja culpado ou inocente, ou se uma pessoa estaria bêbada ou intoxicada por drogas lícitas ou ilícitas. Deve narrar objetivamente o que percebe sobre a pessoa, como narrar o estado de sua coordenação motora, da fala, do caminhar ou do olhar.

Marcellus Polastri Lima ainda aponta uma terceira característica, qual seja, a *retrospectividade*, que significa que a testemunha irá se referir sempre a um fato pretérito. Significa que as testemunhas devem sempre se referir a fatos passados e não futuros, restando proibido a vítima realizar prognósticos sobre os fatos, ou seja, realizar juízo de valor conferindo diagnósticos sobre os fatos, como se quisessem aconselhar o juiz ou o delegado para realizar seu mister.

Por último, e de questionável rigor científico, alguns autores apontam ainda, a *judicialidade*. Trata-se de uma orientação doutrinária por força da incidência do art. 155 do CPP, que denomina de elemento informativo as evidências documentadas nos autos da investigação criminal, sustentando que essas peças seriam meramente ilustrativas ou informativas, na qual não podemos concordar.

Em outras palavras, o entendimento majoritário é de que a prova *stricto sensu* ou propriamente dita é somente aquela realizada mediante o contraditório perante o Juiz. Afirma a doutrina, é tudo aquilo que serve de meio ou instrumento utilizado pelos sujeitos processuais para formar a convicção do julgador sobre a verdade demonstrável no processo. É possível verificar, que por esse conceito o doutrinador assevera que só existe prova quando há processo.

Essa conclusão leva em consideração a prova somente na sua acepção instrumental, ou seja, como meio de prova, ignorando as demais concepções que o termo "prova" possa significar.

A prova advém do latim *probatio*, que pode significar inspeção, exame, razão, verificação, argumento, aprovação ou confirmação. O próprio legislador não pode deixar de considerar, no mesmo art. 155 do CPP, as denominadas "provas irrepetíveis", cautelares e antecipadas. Um laudo de exame de corpo de delito sobre o objeto jurídico do crime de lesão corporal realizado na investigação criminal por ordem do Delegado de polícia, à luz do art. 155 do CPP, é prova irrepetível, consequentemente caberia uma reflexão: esse laudo é elemento informativo ou é prova?

A toda evidência que por coerência científica se o legislador denominar o que se produz no inquérito como prova, teremos magistrados condenando réus com base somente no instrumento investigatório, o que fulminaria de morte o princípio constitucional do contraditório e da ampla defesa, razão pela qual faz sentido que haja regras sobre produção da verdade na fase investigativa e na fase acusatória.

Contudo, não é essa, a regra do art. 155 do CPP, a melhor forma de se determinar a construção da verdade, podendo sim, determinar o ponto de partida. Por exemplo, quando o Delegado deduz em juízo uma representação com o objetivo de acautelar um veículo que se encontra no interior de uma residência, para exame pericial de coleta de material papiloscópico ou genético, buscar e apreender instrumentos do crime ou uma interceptação telefônica, o realiza com base em prova ou elemento informativo?

À luz do que explicamos até agora seria com base em elementos informativos, como declarações de diversas pessoas documentadas formalmente. Esse mecanismo não seria um instrumento levado ao conhecimento do juiz para convencê-lo sobre a necessidade daquelas medidas? É de lógica cartesiana que essas medidas podem ensejar a indisposição de bens do investigado, bem como a intromissão do Estado na esfera da sua intimidade da forma mais invasiva possível, o que certamente não poderíamos denominar de "meras peças de informação". Chega a ser hipócrita e jocoso conceituar o que se instrumentaliza na investigação criminal como "elemento informativo".

Por rigor científico, qual seria o conceito de elemento informativo, tendo em vista que possui eficácia suficiente para convencer o julgador e ter o investigado em seu desfavor toda sorte de atingimento de seus bens, honra, imagem e até mesmo da liberdade? Será que seria o suficiente que o conceito se chegasse por exclusão? Em outras palavras, elementos informativos seria tudo o que não pudesse ser chamado de prova *stricto sensu*?

Isso resolveria a ausência sistêmica de regramento sobre a instrumentalização da investigação, como a cadeia de custódia da prova, proposta de colaboração premiada, ação controlada ou nulidade, como a prevista no art. 7º, XXI da Lei 8.906/94, *in verbis*:

> assistir a seus clientes investigados durante a apuração de infrações, sob pena de nulidade absoluta do respectivo interrogatório ou depoimento e, subsequentemente, de todos os *elementos investigatórios e probatórios* dele decorrentes ou derivados, direta ou indiretamente, podendo, inclusive, no curso da respectiva apuração. (Grifo nossos).

E a prova ilícita? Seria esta, ilícita somente no processo porquanto elemento informativo ilícito não vem previsto na constituição da República? Ou quando o elemento informativo tiver sido produzido de forma ilícita ele alcançaria a qualidade de prova (ilícita)?

Prova também é o conjunto de elementos sobre a demonstração material de circunstâncias, que reunidos permitem a declaração da existência da algo, ou seja, de uma verdade. A isso podemos denominar de *elemento de prova* ou *elemento probatório*. A mancha de sangue em uma parede é uma evidência que pode se transformar em elemento de prova quando colida e documentada com foto e análise da presença de material humano da substância encontrada.

Disso será possível afirmar uma verdade, qual seja, que a mancha de aparência avermelhada e líquida ou escurecida e endurecida se trata de sangue humano. O sangue humano para estar na parede significa que foi retirado, e uma faca de cozinha encontrada no mesmo cenário com o mesmo tipo sanguíneo é outro elemento de prova que afirma uma verdade sobre a circunstância de seu lugar na cena do crime, podendo-se afirmar que pode ser o instrumento que causou uma lesão, por onde o sangue escapou.

Como se vê, um conjunto de circunstâncias que ao serem documentadas formalmente nos autos denomina-se de elementos de prova, pois são materializações sobre uma verdade que demonstram algo a ser analisado pelo Delegado e pelo Juiz. A materialização deve respeitar um sistema de cadeia de custódia da prova, sob pena de se tornar imprestável juridicamente, não obstante exista naturalisticamente.

Chegamos ao ponto. Os fatos naturais podem possuir os contornos jurídicos que estejam previstos em lei. Por sua vez a legislação pode definir as regras sobre a valoração sobre os elementos de prova na investigação e no processo. Na investigação podem se limitar a provar a necessidade de medidas cautelares, enquanto no processo podem se limitar a provar a pretensão acusatória ou defensiva, inclusive, cautelares, contudo, nesta fase, as regras devem ser outras, como por exemplo, o contraditório.

Como se percebe, nosso sistema processual penal em nada avançou como acusatório na fase da investigação criminal, e denominar a instrumentalização da investigação de peça informativa é adotar um discurso reducionista sobre a proteção dos direitos fundamentais e humanos. É dizer cientificamente simplista e inconsistente.

5 O dever de depor – Isenção e Proibição

Não se pode olvidar que qualquer pessoa, em regra, pode figurar como testemunha, inclusive o menor de 18 anos. É o que se extrai da leitura do art. 202, do CPP. De acordo com o que estabelece o art. 206, do CPP, a testemunha tem um verdadeiro dever de depor. Porém, existem casos legais de incompatibilidade o exercício desse mister. É o que ocorre nos casos expressos da segunda parte do art. 206, do CPP.

A regra expressa no dispositivo acima mencionado traz uma dispensa do dever de depor, cabendo a quem for instado a prestar depoimento dizer se deseja ou não relatar o que sabe. O vínculo de parentesco que pode ensejar a dispensa deve ser aferido no momento do depoimento e não no momento em que o fato ocorreu.

Entretanto, ressalva o dispositivo que tais pessoas deverão depor quando não houver outro meio de se apurar o ocorrido. Trata-se de previsão que vem privilegiar o princípio da verdade processual, como aquela eticamente construída.

Além daquelas dispensadas de prestar depoimento, há também as pessoas que são proibidas de depor, consoante dispõe o art. 207, do CPP. A proibição nasce quando, em razão de função (exercício de atividade pública), ministério (atividade decorrente de condição individual, principalmente de cunho religioso), ofício (atividade de serviços manuais) ou profissão (qualquer atividade com fim de lucro), tais pessoas tomam conhecimento de fatos que devam permanecer em segredo. É o caso, por exemplo, de um psicólogo que, durante uma sessão de psicanálise, fica sabendo que seu paciente cometeu determinado delito.

No caso das proibições, diferentemente do que ocorre com a dispensa, a pessoa não pode ser obrigada a prestar depoimento, mesmo que seja a única forma de se chegar à verdade. É possível, entretanto, que, dispensada do dever de sigilo pela parte interessada, o indivíduo queira prestar seu testemunho.

6 Advertência e Compromisso

Comparecendo a testemunha, seja no processo ou na investigação criminal, deverá ser identificada e, não sendo o caso de proibição de depor e sendo-lhe impossível recusar o depoimento, será prestado compromisso de dizer a verdade, na forma do que determina o art. 203, do CPP, advertindo o juiz ou o delegado de polícia sobre as consequências do falso testemunho, conforme art. 210, do CPP.

Caso o relato da testemunha possa vir a ser usado contra ela mesma, poderá haver recusa em depor com base no princípio do *nemo tenetur se detegere*. Não se pode esquecer o art. 208, do CPP, que determina não ser deferido compromisso aos doentes e deficientes mentais, aos menores de 14 anos e às pessoas a que se refere o art. 206.

Há autores que chegam a afirmar que os doentes mentais não poderiam prestar depoimento em hipótese alguma, mas o CPP admite que as pessoas que apresentem as características previstas no art. 208 prestem declarações, devendo o juiz ou o delegado dar aos depoimentos o valor que entender coerente.

7 Falso Testemunho e Providências Possíveis

No caso de se verificar, pelo confronto com as demais provas, que houve falso testemunho, em caso de constatação pelo juiz no curso do processo deverá ser requerida a extração de peças, a pedido da acusação (MP ou querelante) ou da defesa, para que a mesma seja remetida à Polícia Judiciária, a quem incumbe apuração de infração penal e indícios de autoria acerca da prática do delito previsto no art. 342, do CP, de acordo com o que prevê o art. 211, do CPP, que expressamente prevê a remessa de cópia dos autos para a "autoridade policial", que em nosso ordenamento jurídico é o Delegado de Polícia.

Salientamos que essa afirmativa é corroborada com o parágrafo único do art. 211 do CPP, que se refere às medidas relativas à ocorrência do delito de falso testemunho, quando o depoimento tiver sido prestado em plenário de julgamento, o juiz, no caso de proferir decisão na audiência, o tribunal, ou o conselho de sentença, após a votação dos quesitos, poderão fazer apresentar imediatamente a testemunha à autoridade policial, que a toda evidência é o Delegado de Polícia, para averiguar se o caso é de lavratura de auto de prisão em flagrante. Neste particular o Código de Processo Penal guarda simetria com a nova ordem constitucional, que pelo sistema democrático acusatório, não deve o juiz requisitar a instauração de inquérito policial, porém como qualquer do povo e qualquer agente público que se depare com a existência de uma infração penal deve noticiar o fato à Polícia Judiciária a quem incube o dever constitucional de apurá-la.

Não se pode olvidar, entretanto, que o art. 342, do CP prevê a possibilidade de extinção da punibilidade pela retratação do agente e, assim, a promoção da ação penal antes da prolação da sentença no processo em que ocorreu o falso testemunho pode ser inútil, haja vista que pode ocorrer a retratação do autor do falso testemunho.

8   Retirada do Acusado da Sala de Audiência

A presença do acusado no processo ou conduzido em situação flagrancial durante o depoimento pode vir a provocar na testemunha temor, constrangimento ou humilhação, situação que se resolve da forma prevista no art. 217, do CPP, no qual incide durante a lavratura do auto de prisão em flagrante, que preferimos denominar de auto de captura em flagrante, posto que capturar qualquer do povo pode e os agentes devem, porém, deter para o cárcere após a nota de culpa somente o Delegado de Polícia. Salientamos que para a ONU, Res. 43/173 de dezembro de 1988, as regras de captura, detenção e prisão são distintas e não se confundem.

Assim, presentes os motivos elencados no dispositivo supra, deverá o juiz ou o delegado colher o depoimento da testemunha, inclusive por videoconferência e, somente na impossibilidade dessa forma de inquirição, poderá determinar a retirada do réu, prosseguindo a inquirição, na fase judicial na presença do defensor e na fase investigativa, pela inexistência de contraditório os atos conduzidos pelo Delegado possuem presunção de legitimidade, cabendo a garantia da assistência jurídica do conduzido acompanhar os atos, desde que presentes no momento da lavratura e podendo, nesse caso, realizar perguntas à mesma após as perguntas realizadas pelo Delegado que preside o ato.

9 Número Legal e momento para o arrolamento

Trata-se de uma regra que se utiliza somente na fase judicial não cabendo essa enumeração na fase investigatória, tendo em vista que a apuração dos fatos pode contar com o número necessário para a elucidação do caso penal.

9.1 Testemunhas numerárias

Segundo o entendimento da doutrina pátria são denominadas de numerárias aquelas que devem obedecer a previsão de uma quantidade limite prevista em lei, como a do art. 203, primeira parte do CPP. O número de testemunhas dependerá do procedimento a ser adotado. No procedimento comum ordinário o número é de 8 (oito) testemunhas para cada parte e para cada fato, não se computando os informantes, testemunhas instrumentais e referidas. Esta regra também se aplica à primeira fase do rito do Tribunal do Júri.

No procedimento comum sumário, o número previsto é de 5 (cinco) testemunhas para cada parte e para cada fato, número esse que também é aplicado analogicamente ao procedimento sumaríssimo, posto não haver na Lei 9.099/95 previsão expressa quanto ao número de testemunhas.

A acusação (MP ou Querelante) deverão arrolar suas testemunhas ao oferecer a inicial acusatória (denúncia ou queixa), a defesa, na apresentação da defesa prévia. Nos procedimentos relativos aos crimes dolosos contra a vida, o número de testemunhas na primeira fase é de, no máximo, 8 (oito), na forma do art. 406, §§2º e 3º, do CPP. Já na segunda fase, o número máximo de testemunhas que podem ser arroladas é de até 5 (cinco), art. 422, do CPP.

9.2 Extranumerária

São aquelas provas testemunhais ou equivalentes, que não integram o número limite estabelecida na lei. Estas se dividem em:

a) Testemunha *referida*, conforme art. 209, §1º, CPP);
b) Testemunha *judicial*, na forma do art. 209 c/c art. 156, in fine, ambos do CPP;
c) Testemunha *aparente*, aquelas pessoas que nada souberem sobre os fatos, conforme art. 209, §2º, CPP.

9.3 Testemunha da coroa

É o policial que atual como agente infiltrado, na forma prevista pela Lei 12.850/13, e que posteriormente é arrolado na fase investigativa ou judicial para narrar o que presenciou enquanto estava atuando naquela qualidade.

9.4 Informante

Informante, que não é formalmente uma testemunha, por não prestar o compromisso legal, conforme art. 208 c/c art. 206, parte final, do CPP, que se inclui o menor de 14, que possui regramento próprio, na forma da Lei 13.431/17 e o doente mental, por analogia, aqueles previstos no art. 26, *caput* e parágrafo único do CP.

9.5 Testemunha de beatificação

O laudador ou testemunha de beatificação é o entendimento doutrinário que classifica as pessoas que testemunham sobre os antecedentes do réu. No interrogatório o legislador o dividiu em duas etapas. Uma delas é sobre a pessoa do réu e a outra parte é sobre o mérito, ou seja, sobre o caso penal.

9.6 Prova Testemunhal Supletiva e Confissão do Acusado

De acordo com Guilherme de Souza Nucci, comentando o art. 167, do CPP, "inexistindo possibilidade dos peritos terem acesso, ainda que indireto ao objeto a ser analisado, pode-se suprir o exame de corpo de delito por testemunhas".[3] Alerta o autor, entretanto, que se era possível a realização do exame de corpo de delito e esta não ocorreu de acordo com as normas pertinentes, a prova testemunhal não suprirá sua falta, pois o art. 167, do CPP, tem caráter supletivo.

Com relação à confissão do acusado ou investigado, deve ser analisada com cautela. Conforme visto acima, em razão do sistema do livre convencimento motivado, não subsistiria mais a parte final

---

[3] NUCCI, Guilherme de Souza. *Manual de Processo Penal e Execução Penal*. 7. ed. São Paulo: Revista dos Tribunais, 2011. p. 292.

do art. 158, do CPP, que veda o suprimento da perícia pela confissão do "acusado".

Entretanto, é necessário utilizar o princípio da razoabilidade. Guilherme de Souza Nucci entende que a única forma de suprir a prova pericial é por meio de testemunhas, conforme expressa o art. 167, do CPP, não havendo previsão para o suprimento através da confissão do acusado. O mesmo autor, porém, afirma que "a confissão isolada não presta para comprovar a existência de vestígios materiais"[4] o que significa que, *a contratio sensu*, se corroborada por prova testemunhal, pode embasar sentença condenatória.

Como visto, trata-se de um tema extremamente controvertido, exigindo-se do jurista que valora a prova, seja o juiz ou delegado, um cuidado extremo a fim de evitar injustiças. Negar valor à confissão seria contrariar o princípio da liberdade da prova, mas, por outro lado, aceitá-la como única prova para formar convencimento é extremamente perigoso, haja vista que a inexistência de um controle sobre a forma com que a confissão possa ser obtida, poderá ensejar seu uso de critérios arbitrários ou o uso abusivo como prova.

10 Contradita

Nos casos em que a testemunha for suspeita, seja pela idade, por doença mental ou por qualquer outra causa, cabe à parte, na fase judicial e ao investigado na fase investigativa, contraditá-la e o juiz ou o delegado, indagando a causa da suspeição, poderá tomar o depoimento e depois irá valorá-lo de acordo com o princípio do livre convencimento motivado.

A contradita vem prevista no art. 214, do CPP que, apesar de determinar que seja apresentada antese de iniciado o depoimento, não veda sua apresentação ao final deste, quando a razão de suspeição não for conhecida antes e surgir até mesmo durante o depoimento. O juiz ou o delegado só poderão excluir a testemunha ou deixar de lhe deferir compromisso, desqualificando-a como testemunha nos casos previstos nos arts. 207 e 208, do CPP.

---

[4] NUCCI, Guilherme de Souza. *Manual de Processo Penal e Execução Penal*. 7. ed. São Paulo: Revista dos Tribunais, 2011. p. 292.

11 Sistema Presidencialista de Inquirição

De acordo com o que expressa o art. 212, do CPP, com a reforma introduzida pela Lei 11.690/2008, adotou-se no Brasil o sistema do exame cruzado, abandonando-se o sistema presidencialista anterior para oitiva de testemunhas, no qual as perguntas, na fase judicial, eram formuladas pelo juiz. Na fase investigativa a testemunha é inquirida diretamente pelo Delegado de Polícia ou pelo agente policial responsável pela investigação sob orientação do Delegado.

Assim, na fase judicial, quanto às testemunhas da acusação, o MP ou Querelante, este representado por seu advogado, fará as perguntas em primeiro lugar, passando-se, a seguir, a palavra para a parte contrária, e vice-versa. O juiz somente irá complementar a inquirição sobre os pontos não esclarecidos das respostas dadas às partes, mas deverá exercer o controle da audiência, não admitindo perguntas que não tiverem relação com a causa, importarem repetição de outra já apresentada ou puderem induzir a resposta.

12 Deveres da testemunha

Quando a lei cria vínculo jurídico por uma imputação legal, sem conteúdo patrimonial podemos dizer que existe um dever e não uma obrigação, por isso a expressão dever é tecnicamente a mais correta a ser utilizada, e assim, foi bem o legislador desta vez.

a) Dever de comparecimento quando é notificado ou intimado pelo Juiz ou Delegado de Polícia, na forma do art. 218 e 219, CPP, acarretando como consequência pelo seu não descumprimento a sua condução coercitiva pelo Delegado de Polícia,[5] pagamento de multa, custas da diligência, bem como responder pelo crime de desobediência.

Há exceções a esse dever quando a testemunha é enferma ou idosa (art. 220), em caso de imunidade ou prerrogativa da função, art. 221, CPP,

---

[5] STJ, RHC nº 25.475/SP, Rel. Ministro Jorge Mussi, 5ª Turma, j. 16.09.2010, admitindo condução coercitiva em razão dos poderes implícitos; STF, HC nº 107.644-SP, 1ª Turma, rel. Min. Ricardo Lewandowski, j. 06.09.2011. Informativo 639 do STF de 05 a 09 de setembro de 2011, entendendo desnecessário se invocar a teoria dos poderes implícitos para se justificar a condução coercitiva. HC/SP 83.703 18.12.2003 Rel. Marco Aurélio.

quando a testemunha que for domiciliada morar fora da competência do juízo ou circunscrição da delegacia, ocasião em que será inquirida pelo juiz ou delegado do lugar de sua residência, expedindo-se, para esse fim, carta precatória, com prazo razoável, conforme art. 222, *caput*, CPP e quando se tratar de agentes diplomáticos, art. 1º., I, CPP c/c a Convenção de Viena sobre Relações Diplomáticas, de 24 de abril de 1963, que não deixa de ser uma hipótese de imunidade não prevista no CPP.

b) Dizer a verdade, conforme art. 210, CPP c/c art. 342, CP

Impende salientar que a testemunha não possui o direito de permanecer calada. Em um caso concreto nos deparamos com uma situação em que foi realizada uma captura em flagrante de uma pessoa pela prática de medicamentos controlados sem a devida regulamentação da ANVISA e os funcionários do estabelecimento foram conduzidos até a delegacia para a lavratura do auto de prisão em flagrante. Naquela ocasião, compareceu o advogado do dono do estabelecimento informando que acompanharia o procedimento e que assistiria um dos funcionários conduzido. No momento da lavratura o causídico orientou as testemunhas que as mesmas ficariam caladas, certamente para não atingir interesses do empresário, contudo o mesmo foi advertido que se assim prosseguisse seria partícipe de um crime de falso testemunho, ocasião em que retirou a orientação e a lavratura do auto transcorreu normalmente.

É comum os alunos da graduação ou dos centros de treinamento da polícia militar e da polícia civil questionarem sobre a condução coercitiva de vítimas e testemunhas quando se depararem com uma circunstância flagrancial e a ciência de que existe testemunha ou testemunhas do fato, além da vítima, dependendo do tipo da infração penal e se a condução coercitiva dessas estaria abarcado pelo poder-dever do agente da autoridade assim proceder de forma legítima. A resposta que se impõe é positiva. A testemunha tem o dever de dizer a verdade e em uma circunstância flagrancial calar a verdade ensejaria sua condução coercitiva em razão do crime de falso testemunho, razão pela qual a mesma não tem a opção de não se dirigir à delegacia. A vítima, segundo o código de processo penal em seu art. 201, §1º admite a condução coercitiva para oitiva da vítima, contudo, deve ser analisado *cum grano salis* no caso concreto a sua real necessidade acaso a vítima se recusar a comparecer, tendo em vista, que para a mesma a legislação não prevê consequências jurídicas advinda do descumprimento de colaborar com o Estado-investigador.

c) Informação, art. 224, CPP (status de testemunha faltante)

A ausência de prestação de informações ao juiz, dentro de um ano, sobre mudança de residência, reza o dispositivo que se sujeitará às penas do não comparecimento, que estão previstas nos arts. 218 e 219, ambos do CPP.

13 Procedimento da prova testemunhal

A prova testemunhal faz parte do rol dos meios de prova e que possui um regramento para que seja considerada válida, sob pena se de declarar sua ilegitimidade por violação à uma norma de direito processual, tendo como consequência seu desentranhamento dos autos.

No processo penal após a Constituição de 1988 a forma é uma garantia de aplicação justa da lei, podendo-se acarretar a decretação de sua nulidade pela sua realização de forma proibida ou ilegal. Cabe ressaltar que a prova ilegítima é espécie de prova ilegal, na qual se subdivide em ilícita e ilegítima. Nesta feita a produção desta prova deve obedecer às seguintes regras:

a) A testemunha precisa ser *compromissada*, ou seja, ser advertida de que deve dizer a verdade, cuja inobservância acarretaria crime de falso testemunho, conforme art. 203, primeira parte e 210, in fine, CPP e art. 342, CP

b) Deve ser *qualificada*, conforme o art. 205, CPP

c) Após a qualificação, as partes ou a vítima, seja na fase judicial e o investigado ou a vítima na fase investigativa pode: c.1) *contradita*-la, na forma do art. 214, CPP); c.2) realizar *impugnação*, que pode acarretar seu impedimento, conforme art. 207, CPP, que neste caso se dispensa do compromisso (206 c/c 208) ou mera advertência sobre a testemunha.

d) É possível também a *arguição de defeito ou indignidade*, como dispõe o art. 214, CPP, que se caracteriza quando se apontam *"circunstâncias ou defeitos"*, que denotem ser a testemunha interesse direto em tumultuar ou induzir a erro o delegado ou juiz, respectivamente na investigação ou processo. A testemunha precisa ser desinteressada. Trata-se de uma regra de prevenção e exclusão de um meio de prova contaminado pela parcialidade, que melhor se explica pelo seu interesse em prejudicar a efetividade processual, seja para absolver ou condenar. É por essa razão que o testemunho é objetivo, não podendo a mesma emitir seu juízo de valor sobre os fatos, sobre as partes ou sobre o investigado.

e) As testemunhas, na fase judicial, devem ser *inquiridas necessariamente na ordem da acusação para a defesa*, ou seja, por força do princípio da presunção de inocência, cabe a acusação a prova da alegação, consequentemente, as testemunhas arroladas por ela devem depor em primeiro lugar, posteriormente as arroladas pela defesa. Na fase investigativa não há uma ordem predefinida.

f) *Perguntas*: na fase judicial devem seguir uma ordem, qual seja as perguntas da acusação começam pelas testemunhas arroladas por ela. Em seguida a parte contrária pergunta às arroladas por ela, posteriormente cabe ao juiz as perguntas complementares, se houver. Deve-se adotar o sistema direto de inquirição, exceto quando se tratar de jurados, que deve se dirigir ao juiz para perguntar à testemunha, que neste particular, ainda adota o sistema presidencialista, por força do necessário filtro judicial, diante de se tratar de pessoas leigas, podendo as perguntas serem indeferidas de impertinentes. Sendo hipótese de inquirição da testemunha em Plenário do Júri, reza o art. 473, do CPP, o juiz é quem faz as perguntas em primeiro lugar, ou seja, quando da oitiva das testemunhas da acusação, a ordem de perguntas é: Juiz; MP ou Querelante; Assistente de Acusação, se houver; Defesa. Na oitiva das testemunhas de defesa, a ordem é: Juiz; Defesa; Acusação (MP ou Querelante); Assistente de Acusação, se houver. Permite-se que os jurados façam perguntas, mas devem fazê-las por intermédio do juiz, não lhes sendo permitido perguntar diretamente às testemunhas, adotando-se, nesta situação em espécie o sistema presidencialista tradicional.

O que ocorre se o Juiz *inverter a ordem da oitiva das testemunhas*, ouvindo primeiro a testemunha de defesa e depois a de acusação? Segundo o entendimento de Luiz Flávio Gomes e Áurea Maria Ferraz de Sousa e, inicialmente, da jurisprudência haverá *nulidade absoluta* do ato, conforme precedente fixado no HC 153.140-MG, cuja relatoria da Quinta Turma, do Ministro Felix Fischer, no *informativo 442, STJ*, e reafirmando entendimento também do STF:

> Trata-se de paciente condenado como incurso nas sanções do art. 33, §4º, da Lei n. 11.343/2006, à pena de um ano e dez meses de reclusão, em regime fechado, e pagamento de 188 dias-multa. Busca-se, no *habeas corpus*, entre outros: o direito de apelar em liberdade; a nulidade da instrução, do julgamento e dos atos subsequentes, *visto que o juiz inverteu a ordem de oitiva de testemunhas, em desacordo com a previsão do art. 212 do CPP. No entanto, a Turma só concedeu a ordem para anular a audiência de instrução e julgamento realizada em desconformidade com a previsão do citado artigo.* Dessa forma, tendo em vista a anulação da audiência, os outros pleitos da impetração perderam o objeto. Para o Min. Relator, de acordo com precedentes, após a nova redação do art. 212, dada pela Lei n. 11.690/2008, as perguntas são formuladas diretamente pelas partes às testemunhas, e o magistrado, se achar conveniente, somente pode complementar a inquirição com esclarecimentos, bem como pode inadmitir perguntas já feitas ou não pertinentes ao caso. Assim, esclareceu que, na espécie, como *houve inversão da inquirição das testemunhas, inclusive admitida pelo tribunal a quo, o juízo singular incorreu em error in procedendo, caracterizando constrangimento, por ofensa ao devido processo legal, sanável pela via do habeas corpus.* Por outro lado, entre outras colocações, destacou decisão do STF e de sua relatoria quanto ao pedido referente à progressão de regime. Segundo essas decisões, a aplicação da causa de diminuição de pena disposta no art. 33, §4º, da Lei n. 11.343/2006, interfere na quantidade de pena, mas não na qualificação ou natureza do crime de tráfico de drogas, já que as circunstâncias levadas em consideração para diminuir a pena não têm o condão de mitigar o juízo de reprovação incidente sobre a conduta de traficar. Precedentes citados do STF: HC 102.881-SC, *DJe* 11.3.2010; do STJ: HC 137.091-DF, *DJe* 13.10.2009; HC 121.216-DF, *DJe* 1º.6.2009, e HC 149.942-MG, *DJe* 3.5.2010. HC 153.140-MG, Rel. Min. Felix Fischer, julgado em 12.8.2010.

Posteriormente o STJ, mudou de entendimento e passou ministrar a tese de que sua inobservância acarretaria *nulidade relativa*, como assevera a Quinta Turma, o Ministro Relator Jorge Mussi, no informativo 485, *in verbis*:

> A Turma, considerando as peculiaridades do caso, concedeu a ordem para determinar a anulação da ação penal desde a audiência de inquirição das testemunhas, realizada sem observância da norma contida no art.

212 do CPP, com a redação dada pela Lei n. 11.690/2008. Observou o Min. Relator que as alterações promovidas pela referida legislação trouxeram o método de exame direto e cruzado de colheita de prova oral, conhecido como cross-examination, consistente na formulação de perguntas diretas às testemunhas pelas partes, cabendo, tão somente, a complementação da inquirição sobre pontos não esclarecidos, ao final, pelo juiz. Aduziu que, após aprofundado estudo dos institutos de Direito Processual Penal aplicáveis à espécie, o Superior Tribunal de Justiça sedimentou entendimento no sentido de que a inobservância do modelo legal de inquirição das testemunhas constituiria nulidade relativa, sendo necessário para o reconhecimento do vício arguição em momento oportuno e comprovação de efetivo prejuízo. Na hipótese, a defesa requereu devidamente, no momento da oitiva das testemunhas, a aplicação da norma prevista no art. 212 do CPP, o que não foi atendido pelo juiz. No tocante à demonstração do prejuízo, não se tem notícia de eventual sentença condenatória. Contudo, destacou o Min. Relator que, anteriormente, em outro writ impetrado nesta Corte, com origem na mesma ação penal, já havia sido deferida a ordem para anular a colheita de prova oral, quando aplicado posicionamento já superado no sentido do reconhecimento da nulidade absoluta. Dessa forma, considerando a particularidade do caso em apreço, sustentou a necessidade de concessão da ordem para evitar soluções díspares dentro do mesmo processo, tendo como escopo último o postulado da segurança jurídica. HC 210.703-SP, Rel. Min. Jorge Mussi, julgado em 20.10.2011.

O STJ mudou seu entendimento para acompanhar o mesmo sentido jurisprudencial do STF, que foi reafirmado pela 2ª Turma no informativo 658 de Março de 2012:

A 2ª Turma negou provimento a recurso ordinário em habeas corpus no qual se pretendia fosse anulada audiência de instrução e julgamento em face de suposta inversão na ordem de perguntas formuladas às testemunhas, em contrariedade ao que alude o art. 212 do CPP ("As perguntas serão formuladas pelas partes diretamente à testemunha, não admitindo o juiz aquelas que puderem induzir a resposta, não tiverem relação com a causa ou importarem na repetição de outra já respondida"). O Ministério Público Federal, ora recorrente, sustentava que a magistrada de 1º grau, ao elaborar suas perguntas em primeiro lugar, teria afrontado os princípios do devido processo legal, do contraditório e da iniciativa daquele órgão para a ação penal pública, além de causar constrangimento ilegal na liberdade de locomoção dos recorridos. Asseverou-se que, conforme assentada jurisprudência deste Tribunal, para o reconhecimento de eventual nulidade, necessário demonstrar-se o prejuízo por essa pretensa inversão no rito inaugurado por alteração no CPP, o que não teria ocorrido. RHC 110623/DF, rel. Min. Ricardo Lewandowski, 13.3.2012. (RHC-110623).

No mesmo sentido, no STF: HC 103.525/PR e HC 102.881-SC, *DJe* 11.3.2010, do STJ: HC 159460/TO; HC 137.091-DF, *DJe* 13.10.2009; HC 121.216-DF, *DJe* 1º.6.2009, e HC 149.942-MG, *DJe* 3.5.2010. HC 153.140-MG, Rel. Min. Felix Fischer, julgado em 12.8.2010. A doutrina também analisa a inversão como nulidade relativa conforme lições de Nucci.

Por fim, para Fernando Capez, assevera que "a inobservância do novo sistema de inquirição poderá configurar *mera irregularidade*. Além disso, as próprias partes podem anuir quanto à adoção do sistema presidencialista, sem que se possa cogitar em prejuízo à acusação ou à defesa. Aliás, no procedimento do júri, no tocante às perguntas diretas formuladas pelas partes, já se decidiu que o indeferimento pelo magistrado não causa nulidade, ante a falta de prejuízo, pois, de uma forma ou de outra, a pergunta acabou sendo feita (*RT*, 279/161)".[6]

Quando se tratar de testemunha servidor público, aplica-se a regra do art. 221, §3º do CPP, que prevê intimação pessoal. O servidor público civil, seja da qualquer esfera de poder, o chefe imediato será notificado da intimação para que providencie alterações na rotina administrativa de forma que o serviço público não seja prejudicado. Em se tratando de militares, incide o art. 221, §2º do CPP, na qual prevê requisição ao seu superior hierárquico para que providencie a apresentação do militar na audiência.

14 A prova testemunhal na legislação extravagante

14.1 Na Lei 9.807/99: Lei de proteção à testemunha

A Lei 12.483/11, que entrou em vigor na data de sua publicação, criou a possibilidade de produção antecipada da prova oral de indiciado, acusado, vítima ou réu colaboradores, vítima ou testemunha protegidas pelos programas de proteção a vítimas e testemunhas que tenham voluntariamente prestado efetiva colaboração à investigação policial e ao processo criminal, *in verbis*:

---

[6] CAPEZ, Fernando. *Curso de processo penal*. 13. ed. São Paulo: Saraiva, 2010. p. 333.

Art. 1º. A Lei nº 9.807, de 13 de julho de 1999, passa a vigorar acrescida do seguinte art. 19-A:

Terão prioridade na tramitação o inquérito e o processo criminal em que figure indiciado, acusado, vítima ou réu colaboradores, vítima ou testemunha protegidas pelos programas de que trata esta Lei.

Parágrafo único. Qualquer que seja o rito processual criminal, o juiz, após a citação, tomará antecipadamente o depoimento das pessoas incluídas nos programas de proteção previstos nesta Lei, devendo justificar a eventual impossibilidade de fazê-lo no caso concreto ou o possível prejuízo que a oitiva antecipada traria para a instrução criminal.

A hipótese trazida pela lei equipara a produção antecipada de provas, a uma tutela de natureza cautelar, presumindo a necessidade e o *periculum in mora*, que em regra nos deparemos em situações que antecipação da prova da acusação, posto que o legislador está prevendo aquelas hipóteses em que o réu, pessoalmente ou ao seu mando, esteja ameaçando a vida da vítima ou da testemunha, que evidentemente irá depor em seu desfavor.

No entanto, é possível, por exemplo, o corréu Tício, em processo que esteja colaborando voluntariamente com o esclarecimento da verdade e suas provas, inclusive, testemunhais, venham a corroborar com seu auxílio à autoridades, fundamentando inclusive como uma de suas teses defensivas, para isenção de pena, por exemplo, e para isso, arrole como testemunha de defesa, pessoa capaz de confirmar os fatos por ele narrados e que colaborem com a prova de acusação para gerar maior probabilidade de condenação a outros corréus, Mévio, Semprônio e Caio.

Diante deste quadro, os demais, membros de uma organização criminosa, ameaça de vida a testemunha de defesa de Tício, obrigando o governo a realizar seu ingresso no mesmo programa de proteção a testemunha que já fazia parte, Tício.

Nesta hipótese haverá nitidamente a inversão da marcha processual, ou seja, parte da prova de defesa, ou toda ela, por exemplo, será realizada antes da prova de acusação, salvo, se nesta hipótese, o juiz justificar que o prejuízo seria a violação ao princípio do sistema acusatório, ampla defesa e devido processo legal, no entanto, nos parece que a lei permitiu que o juiz, avaliando o caso concreto, possa em razão da ponderação entre a direito a vida da testemunha e a garantia material do devido processo legal, prevaleça aquele em detrimento deste.

Em se tratando de testemunha em fase de investigação criminal deverá o Delegado representar pela produção antecipada de prova nos moldes do art. 225 do CPP.

14.2 Na Lei 13.431/17: sistema de garantia de direitos da criança e do adolescente vítima ou testemunha de violência

O art. 28, §1º e 100, parágrafo único, inciso XII do ECA, assegura à criança e ao adolescente o direito de terem sua opinião devidamente considerada e de serem previamente ouvidos por equipe Inter profissional, respeitado seu estágio de desenvolvimento e grau de compreensão sobre os fatos ocorrido e as medidas adotada no intuito de protegê-la.

Ademais, a Convenção Internacional sobre os Direitos da Criança, ratificado pelo Decreto 99.710/90, em seu artigo 12, assegura à criança e ao adolescente o direito de serem ouvidos em todo processo judicial que possa afetar seu interesse e a Resolução 20/05 do Conselho Econômico e Social das Nações Unidas (ECOSOC), traz diretrizes sobre pessoas em desenvolvimento vítimas e testemunhas de crimes.

Neste sentido, a Lei 13.431/17 veio para dar maior efetividade aos ditamos do ECA e da Convenção de Direitos Humanos para proteção de menores de 18 anos. A nova estabeleceu a distinção entes escuta especializada e depoimento especial para o que a doutrina denominada de depoimento sem dano, da seguinte forma:

> Art. 7º Escuta especializada é o procedimento de entrevista sobre situação de violência com criança ou adolescente perante órgão da rede de proteção, limitado o relato estritamente ao necessário para o cumprimento de sua finalidade.
> Art. 8º Depoimento especial é o procedimento de oitiva de criança ou adolescente vítima ou testemunha de violência perante autoridade policial ou judiciária.

Salientamos que a escuta especializada e o depoimento especial serão realizados em local apropriado e acolhedor, com infraestrutura e espaço físico que garantam a privacidade da criança ou do adolescente vítima ou testemunha de violência.

Importante salientar que no caso do depoimento especial se tratar de criança com menos de 7 (sete) anos, vítima ou testemunha de qualquer ilícito penal praticado com violência, ou quando a criança ou adolescente, sem restrição de idade, for a vítima ou testemunha de violência sexual o procedimento será o de representação pela produção antecipada de prova, na forma do art. 225 do CPP.

Insta salientar que a legislação considera violência para efeitos do sistema de proteção da criança e adolescente:

a) A violência física, entendida como a ação infligida à criança ou ao adolescente que ofenda sua integridade ou saúde corporal ou que lhe cause sofrimento físico;

b) A violência psicológica:

b.1) qualquer conduta de discriminação, depreciação ou desrespeito em relação à criança ou ao adolescente mediante ameaça, constrangimento, humilhação, manipulação, isolamento, agressão verbal e xingamento, ridicularização, indiferença, exploração ou intimidação sistemática (bullying) que possa comprometer seu desenvolvimento psíquico ou emocional;

b.2) o ato de alienação parental, assim entendido como a interferência na formação psicológica da criança ou do adolescente, promovida ou induzida por um dos genitores, pelos avós ou por quem os tenha sob sua autoridade, guarda ou vigilância, que leve ao repúdio de genitor ou que cause prejuízo ao estabelecimento ou à manutenção de vínculo com este;

b.3) qualquer conduta que exponha a criança ou o adolescente, direta ou indiretamente, a crime violento contra membro de sua família ou de sua rede de apoio, independentemente do ambiente em que cometido, particularmente quando isto a torna testemunha;

c) A violência sexual, entendida como qualquer conduta que constranja a criança ou o adolescente a praticar ou presenciar conjunção carnal ou qualquer outro ato libidinoso, inclusive exposição do corpo em foto ou vídeo por meio eletrônico ou não, que compreenda:

c.1) abuso sexual, entendido como toda ação que se utiliza da criança ou do adolescente para fins sexuais, seja conjunção carnal ou outro ato libidinoso, realizado de modo presencial ou por meio eletrônico, para estimulação sexual do agente ou de terceiro;

c.2) exploração sexual comercial, entendida como o uso da criança ou do adolescente em atividade sexual em troca de remuneração ou qualquer outra forma de compensação, de forma independente ou sob patrocínio, apoio ou incentivo de terceiro, seja de modo presencial ou por meio eletrônico;

c.3) tráfico de pessoas, entendido como o recrutamento, o transporte, a transferência, o alojamento ou o acolhimento da criança ou do adolescente, dentro do território nacional ou para o estrangeiro, com o fim de exploração sexual, mediante ameaça, uso de força ou outra forma de coação, rapto, fraude, engano, abuso de autoridade, aproveitamento de situação de vulnerabilidade ou entrega ou aceitação de pagamento, entre os casos previstos na legislação;

d) A violência institucional, entendida como a praticada por instituição pública ou conveniada, inclusive quando gerar revitimização.

15 Regras constitucionais sobre prova testemunhal nas Imunidades processuais

As imunidades dividem-se em materiais e processuais. Quanto às processuais, que nos interessam para esse pequeno estudo, subdividem-se em *stricto sensu* – direito de não ser preso, salvo em caso de flagrante por crime inafiançável – e *lato sensu* – direito de não ser obrigado a depor como testemunha. Prerrogativa de foro.

A imunidade parlamentar é irrenunciável, pois, é inerente ao mandato não visa proteger o congressista, mas sim o regime representativo. Ainda que o parlamentar autorizasse a instauração de inquérito policial ou ajuizamento de ação, isso não poderia ser efetivado.

A imunidades concedidas aos deputados federais são estendias aos deputados estaduais automaticamente, por força do art. 27, §1º da CR/88, ao dispor que ao mandato dos Deputados Estaduais, se aplica "as regras desta Constituição sobre sistema eleitoral, inviolabilidade, imunidades, remuneração, perda de mandato, licença, impedimentos e incorporação às Forças Armadas".

Com relação aos Vereadores, dispõe a Constituição Federal que a sua imunidade está circunscrita aos limites do Município a qual exerce seu mandato, na forma do artigo 29, VIII da Constituição Federal, que assim dispõe: "a inviolabilidade dos Vereadores por suas opiniões, palavras e votos no exercício do mandato e na circunscrição do Município".

Por oportuno, que os vereadores, ao contrário do que ocorre com os membros do Congresso Nacional, a teor dos §§2º, 3º e 4º do art. 53 da Constituição Federal (na redação da EC 35), bem assim com os deputados estaduais, por força do §1º do art. 27 do mesmo diploma, não gozam da denominada *"incoercibilidade pessoal relativa"* (*freedom from arrest*), ou seja, não são, como aqueles, imunes à prisão, salvo em flagrante de crime inafiançável, inobstante sejam estes detentores da chamada "imunidade material" com relação às palavras, opiniões e votos que proferem no exercício do mandato e na circunscrição do Município, segundo dispõe o art. 29, VIII, da Lei Maior, e ainda que alguns Estados lhes assegure, na respectiva Constituição, eventual prerrogativa de foro. Neste sentido: HC 94.059, rel. min. Ricardo Lewandowski, 1ª T, j. 6.5.2008, *DJe* 107 de 13.6.2008.

A rigor, portanto, os parlamentares estaduais detêm imunidade de ordem material, bem como processual. Por seu turno, os vereadores são agraciados apenas com a imunidade material, que assegura a inviolabilidade dos atos empreendidos em função da atividade parlamentar que exercem.

Encontra-se superada a limitação territorial das garantias parlamentares em tela, por força na nova ordem constitucional, que nos permitimos transcrever: "A imunidade material e formal foi estendida ao deputado estadual" (art. 27, §1º, CF).

Contudo, havia um entendimento, segundo Supremo Tribunal Federal, de que as imunidades e prerrogativas concedidas aos Deputados Estaduais se limitariam àquelas concedidas pelas constituições Estaduais dos respectivos Estados-membros, conforme apregoa a Súmula nº 03, do STF: "A imunidade concedida ao Deputado Estadual é restrita à Justiça do Estado-membro".

Entretanto, o verbete de súmula se encontra superado por se tratar de entendimento anterior à Constituição da República de 88, mais precisamente em 13 de dezembro de 1963. É possível o afastamento da imunidade parlamentar formal de Deputados Estaduais para que possam depor como testemunhas?

Em determinado caso concreto, o STF mencionou a existência de hipótese de conexão entre inquéritos (tradicionalmente é entre processos), bem como admitiu excepcionalmente que a prisão preventiva fosse decretada porquanto 99% dos deputados Estaduais de Rondônia estavam indiciados em diversos inquéritos. Assim manifestou-se o STF:

> (…) Prisão decretada em ação penal por ministra do Superior Tribunal de Justiça. Deputado Estadual. (…) 2. Os elementos contidos nos autos impõem interpretação que considere mais que a regra proibitiva da prisão de parlamentar, isoladamente, como previsto no art. 53, §2º, da Constituição da República. Há de se buscar interpretação que conduza à aplicação efetiva e eficaz do sistema constitucional como um todo. (…).

A Assembléia Legislativa do Estado de Rondônia, composta de vinte e quatro deputados, dos quais, vinte e três estão indiciados em diversos inquéritos, afirma situação excepcional e, por isso, não se há de aplicar a regra constitucional do art. 53, §2º, da Constituição da República, de forma isolada e insujeita aos princípios fundamentais do sistema jurídico vigente (HC 89.417, rel. min. Cármen Lúcia, 1ª T, j. 22.8.2006, *DJ* de 15.12.2006).

Neste sentido, em se tratando a proibição de testemunho de parlamentar federal e estadual uma norma de imunidade formal idêntica ao da prisão, tal quadro poderia ser aplicado se em outro caso similar fosse necessária intimação do mesmo para depor, admitindo-se, portanto, excepcionalmente que possa o parlamentar depor como testemunha.

Por fim, havia no âmbito do STF uma discussão sobre a extensão das imunidades formais de Congressistas aos membros do parlamento estadual desde 2017, se inquinando inicialmente a Suprema Corte pela sua negativa. Contudo, em 08 de maio de 2019 o Plenário do STF no julgamento conjunto das ADIs 5.823, 5.824 e 5.825 que discutiam se as Constituições Estaduais, respectivamente do Rio Grande do Norte, Rio de Janeiro e Mato Grosso poderiam estender as imunidades dos Congressistas aos Deputados Estaduais, concluíram que as imunidades processuais dos parlamentares federais se estendem aos Estaduais, consequentemente, além da imunidade contra prisões, salvo em flagrante por crime inafiançável, também a vedação de depor como testemunha nos moldes já mencionados acima.

16   Valoração da prova testemunhal

A valoração segue a observação que aduzimos no início do capítulo, quanto ao art. 155 do CPP, ou seja, segue a regra geral. Contudo, é importante deixar registrado estudos contemporâneos sobre o instituto do *testis unus testis nullus*, das falsas memórias e sobre a testemunha acreditada.

Testis unus testis nullus significa uma testemunha, nenhuma testemunha. Trata-se da crítica que se realiza a possibilidade de se lavrar auto de prisão em flagrante com apenas uma testemunha ou condenar alguém da mesma forma. O instituto já existiu no Direito Romano, contudo, segundo a doutrina ele não vigora mais por se aplicar em nosso ordenamento o princípio da livre apreciação da prova. Poucas são as manifestações doutrinárias e jurisprudenciais sobre o tema. Para efeitos acadêmicos, contudo podemos citar:

> Já não mais vigora a orientação do Direito Romano do testis unus testis nullus. Uma única testemunha faz prova, desde que seu depoimento seja convincente e contemporâneo aos fatos, como ocorreu no caso dos autos (TRT 2ª R, 3ª T., Proc. 01291004220105020045 (20110090521), AC. 20020782645, j. 7.1.2003, Sergio Pinto Martins).

Apesar disso, atualmente vem sendo estudado mais detidamente as denominadas "falsas memórias". As falsas memórias se diferenciam da mentira, essencialmente, porque, nas primeiras, o agente crê honestamente no que está relatando, pois a sugestão é externa (ou interna, mas inconsciente), chegando a sofrer com isso. Já a mentira é um ato consciente, em que a pessoa tem noção do seu espaço de criação e manipulação.

A doutrina demonstra preocupação com a prova oral, principalmente quando ela é a única. A testemunha tem como recurso o resgate da memória, que segundo a doutrina não é armazenada de forma estática como uma fotografia ou um filme, mas sim como uma cópia. Como toda cópia ela pode possuir falhas e essas falhas são preenchidas pelo imaginário ou estímulos externos, tornando-a uma prova perigosa face a sua credibilidade, que pode estar em cheque.

A *testemunha acreditada* é resgatada pela doutrina como aquela cujo valor está na posição que a pessoa que testemunha ocupe perante a sociedade. Metodologia típica de países autoritários ou de herança de práticas autoritárias, segundo aos quais, determinadas pessoas teriam maior credibilidade que outras, não importando o conteúdo do testemunho.

Em linhas gerais, a prova testemunhal tem sua regra de valoração livre, seja na fase investigatória ou judicial, contudo, diante o seu conteúdo imanente de relacionar-se com os aspectos sensoriais da pessoa humana, o que se deve perquirir de forma cuidadosa caso a caso é o grau de distanciamento ou imparcialidade entre a testemunha e o investigado ou partes e se sua retórica possui sentido lógico com as demais evidências constantes dos autos. É dessa forma que se perquire o grau de credibilidade da prova e é sob esse juízo que ela é analisada, seja em cognição sumária (fase investigativa) ou exauriente (fase judicial).

Referências

AMARAL, Augusto Jobim. *Política da prova e cultura punitivista*: a governabilidade inquisitiva do processo penal brasileiro contemporâneo. São Paulo: Almedina, 2014.

ANSELMO, Márcio. Investigação de Autoridades com Foro Privilegiado. *In*: HOFFMANN, Henrique; MACHADO, Leonardo Marcondes; ANSELMO, Márcio Adriano; GOMES, Rodrigo Carneiro; BARBOSA, Ruchester Marreiros. *Polícia Judiciária no Estado de Direito*. Rio de Janeiro: Lumen Juris, 2017.

ARANHA, Adalberto José Q. T. de Camargo. *Da prova no processo penal*. São Paulo: Saraiva, 2006.

AVOLIO, Luiz Torquato. *Provas ilícitas*: interceptações telefônicas, ambientais e gravações clandestinas. 3. ed. São Paulo: Revista dos Tribunais, 2003.

BARBOSA, Ruchester Marreiros. Polícia judiciária enquanto dispositivo democrático. *In*: HOFFMANN, Henrique; MACHADO, Leonardo Marcondes; ANSELMO, Márcio Adriano; GOMES, Rodrigo Carneiro; BARBOSA, Ruchester Marreiros. *Investigação criminal pela polícia judiciária*. Rio de Janeiro: Lumen Juris, 2016.

CAPEZ, Fernando. *Curso de processo penal*. 13. ed. São Paulo: Saraiva, 2010.

CONDE, Francisco Muñoz. *Prohibiciones probatórias*: de las prohibiciones probatorias al Derecho procesal penal del enemigo. §2: La autoinculpación conseguida mediante engaño. La tesis de Roxin. Buenos Aires: Hammurabi, 2008.

FILHO, Fernando da Costa Tourinho. *Código de Processo Penal Comentado*. 5. ed. São Paulo: Saraiva, 1999. v. 1.

GOMES, Luiz Flávio; SOUSA, Áurea Maria Ferraz de. *Inquirição de testemunha*: sistema da "cross-examination". Inobservância. Nulidade. Disponível em: http://ww3.lfg.com. br/public_html/article.php?story=20100824184233882. Acesso em: 23 jun. 2019.

GRECO, Leonardo. Garantias Fundamentais do Processo: o Processo Justo. *In*: *Estudos de Direito Processual*. Rio de Janeiro: Ed. Faculdade de Direito de Campos, 2005.

GRINOVER, Ada Pellegrini *et al*. *As nulidades no Processo Penal*. São Paulo: Malheiros, 1994.

LOPES JR., Aury. *Direito Processual Penal*. 11. ed. São Paulo: Saraiva, 2014.

LOPES JR., Aury. *Direito Processual Penal e sua Conformidade Constitucional*. 8. ed. Rio de Janeiro: Lumen Juris, 2011. v. 1.

LIMA, Marcellus Polastri. *Curso de Processo Penal*. Rio de Janeiro: Lumem Júris, 2010. v.1 e v. 2.

LIMA, Renato Brasileiro de. *Curso de Processo Penal*. Rio de Janeiro: Impetus, 2013.

MARQUES, Frederico José. *Tratado de Direito Processual Penal*. São Paulo: Saraiva, 1997.

MAZZUOLI, Valério de Oliveira. Teoria geral do controle de convencionalidade no direito brasileiro. *Revista Informação Legislativa*, Brasília, ano 46, n. 18,1 jan./mar. 2009.

NUCCI, Guilherme de Souza. *Manual de Processo Penal e Execução Penal*. 7. ed. São Paulo: Revista dos Tribunais, 2011.

RANGEL, Paulo. *Direito Processual Penal*. 21. ed. São Paulo: Atlas, 2013.

SERAFIM, Antonio de Pádua *et al*. Perfil psicológico e comportamental de agressores sexuais de crianças. *Rev. psiquiatr. clín.*, v. 36, n. 3, p. 107, 2009.

TÁVORA, Nestor; ALENCAR, Rosmar Rodrigues. *Curso de Direito Processual Penal*. 10. ed. Bahia: Juspodivm, 2015.

TORNAGHI, Hélio. *Curso de Processo Penal*, 8. ed. São Paulo: Saraiva, 1991. v. 1.

Informação bibliográfica deste texto, conforme a NBR 6023:2018 da Associação Brasileira de Normas Técnicas (ABNT):

BARBOSA, Ruchester Marreiros. Prova testemunhal. *In*: PEREIRA, Eliomar da Silva; ANSELMO, Márcio Adriano (Org.). *Direito Processual de Polícia Judiciária II:* os meios de obtenção de prova. Belo Horizonte: Fórum, 2020. p. 53-84. (Curso de Direito de Polícia Judiciária, v. 5). ISBN 978-85-450-0620-6.

INTERROGATÓRIO POLICIAL E A DEVIDA INVESTIGAÇÃO CRIMINAL

RAFAEL FRANCISCO MARCONDES DE MORAES

1 Introdução

O interrogatório retrata a audiência de um sujeito ao qual seja imputado envolvimento em um fato delituoso, presidida pela autoridade estatal legitimada para o ato, que pode ser uma Autoridade Policial (Delegado de Polícia) ou Judiciária (Juiz de Direito), de acordo com instante processual penal que seja realizado, respectivamente, na etapa extrajudicial ou judicial da persecução criminal.

Com efeito, o interrogatório consiste na oitiva do indiciado ou do réu e consubstancia momento relevante de sua participação na persecução penal, ao viabilizar o exercício do seu direito fundamental de defesa nos variados aspectos, vale dizer, a autodefesa positiva, ao prestar sua versão sobre os fatos, a autodefesa negativa, ao manifestar o direito ao silêncio e ainda ao facultar o acionamento de sua defesa técnica, via assistência por um procurador, contratado (Advogado) ou concedido pelo Estado (Defensor Público).

Este trabalho se concentrará na abordagem do interrogatório extrajudicial, conduzido pelo Delegado de Polícia e um dos principais atos decorrentes da decisão de indiciamento exarada pela Autoridade Policial, à luz do devido processo e de sua derivação na etapa policial da persecução penal, a devida investigação criminal.

2 Devida investigação criminal

A Carta Magna, no inciso LIV de seu artigo 5º, assegura o princípio do devido ou justo processo ao dispor que "ninguém será privado da liberdade ou de seus bens sem o devido processo legal".

A garantia do devido processo legal representa uma cláusula geral, e consagra expressão indeterminada cujo conteúdo sofre perene evolução, ampliando seu conceito, motivo pelo qual são extraídas do devido processo praticamente todas as garantias processuais penais como a legalidade, o contraditório, a ampla defesa, a proibição de provas ilícitas e a motivação das decisões, servindo de eixo normativo para a atuação dos três Poderes Públicos.

Gustavo Badaró assim destaca o devido processo como princípio síntese:[1]

> O princípio do devido processo legal, em seu aspecto processual, é um princípio síntese, que engloba os demais princípios e garantias processuais assegurados constitucionalmente. Assim, bastaria que a Constituição assegurasse o devido processo legal e todos os demais princípios dele defluiriam.

A aplicação das garantias processuais penais integrantes do devido processo, em grande parcela dos casos criminais, torna-se indispensável na fase policial da persecução, notadamente no interrogatório extrajudicial, de maneira que sua inobservância pode macular o rito legal, quando não inviabilizar ou inutilizar a promoção da ação penal em juízo.

Ao ajustar a etapa extrajudicial da persecução penal ao devido processo, Édson Luís Baldan[2] projeta como garantia fundamental a *devida investigação legal* ou *devida investigação criminal*:

> Premissa basilar, como acentuado, é que a persecução penal apresenta dois momentos distintos: o da investigação e o da ação penal. Embora dotada de dois instantes, a persecução é, em si, una, indivisível. Daí

---

[1] BADARÓ, Gustavo Henrique Righi Ivahy. *Processo penal*. Rio de Janeiro: Elsevier, 2014. p. 39-40.

[2] BALDAN, Édson Luís. Devida investigação legal como derivação do devido processo legal e como garantia fundamental do imputado. *In*: KHALED JUNIOR, Salah (Coord.). *Sistema penal e poder punitivo*: estudos em homenagem ao prof. Aury Lopes Jr. Florianópolis: Empório do Direito, 2015. p. 165.

que a cláusula do devido processo legal (*due process of law*, ou do *giusto processo*) deva ungir a ação estatal durante esse todo indivisível. Por esse raciocínio, não só o acusado (na fase judicial) mas também o imputado (na fase preliminar de investigação ou, mesmo, aquém desta) deve gozar, na plenitude, da garantia individual do devido processo legal.

O citado jurista estrutura a devida investigação legal nos seguintes princípios configuradores:[3] 1º) legalidade; 2º) investigante natural, 3º) contraditório, 4º) defesa, 5º) publicidade, 6º) paridade de armas; 7º) imparcialidade; 8º) reserva de jurisdição; 9º) inadmissibilidade de provas ilícitas; 10º) duração razoável da investigação; 11º) presunção de não culpa e; 12º) não autoincriminação.

Frisa-se que a devida investigação criminal[4] e os princípios que a integram devem incidir no interrogatório policial, na medida em que este consubstancia um dos principais atos que demandam a efetiva aplicação das garantias processuais penais na fase extrajudicial, essencial para a consecução do processo justo e da dignidade humana.[5]

De fato, a leitura constitucional da investigação e do interrogatório policial reivindica a reflexão quanto às supostas características sustentadas ao inquérito policial, de modo a afastar rótulos depreciativos como *inquisitório, dispensável* e *sigiloso*, a serem substituídos, respectivamente, por *apuratório*,[6] *autônomo*[7] e de *publicidade restringível*,[8] atributos do procedimento investigatório criminal que melhor correspondem aos comandos da Carta Magna e às garantias processuais penais dela emanadas.[9]

---

[3] BALDAN, Édson Luís. Devida investigação legal como derivação do devido processo legal e como garantia fundamental do imputado. *In*: KHALED JUNIOR, Salah (Coord.). *Sistema penal e poder punitivo*: estudos em homenagem ao prof. Aury Lopes Jr. Florianópolis: Empório do Direito, 2015. p. 169-178.

[4] COELHO, Emerson Ghirardelli. *Investigação criminal constitucional*. Belo Horizonte: Del Rey, 2017. p. 47-48.

[5] SAMPAIO FILHO, Walter Francisco. *Prisão em flagrante*: a aplicação do devido processo legal. São Paulo: Rideel, 2005. p. 73-74.

[6] CASTRO, Henrique Hoffmann Monteiro de. Inquérito policial tem sido conceituado de forma equivocada. *Revista Consultor Jurídico*, 21 fev. 2017; MORAES, Rafael Francisco Marcondes de; PIMENTEL JÚNIOR, Jaime. *Polícia judiciária e a atuação da defesa na investigação criminal*. Salvador: Juspodivm, 2018. p. 156-162.

[7] MORAES, Rafael Francisco Marcondes de; PIMENTEL JÚNIOR, Jaime. *Polícia judiciária e a atuação da defesa na investigação criminal*. Salvador: Juspodivm, 2018. p. 163-168.

[8] MORAES, Rafael Francisco Marcondes de; PIMENTEL JÚNIOR, Jaime. *Polícia judiciária e a atuação da defesa na investigação criminal*. Salvador: Juspodivm, 2018. p. 205-212.

[9] A origem da terminologia "inquisitório" remete à Santa Inquisição promovida pela Igreja Católica, marcada pela concentração das funções estatais de investigar, acusar, defender

Vale registrar que, sob esse prisma, o conteúdo da chamada característica *inquisitória* do inquérito policial não é exatamente retirado do procedimento, mas exige revisão, na medida em que é o sistema processual penal que pode ser acusatório ou, de modo antagônico, inquisitório, não o inquérito policial, sobre o qual deve incidir o contraditório (nas dimensões formal e substancial), ainda que não em sua plenitude.

3 Indiciamento e interrogatório policial

O indiciamento é considerado o ato pelo qual o Delegado de Polícia manifesta sua convicção jurídica motivada ao imputar a uma pessoa a condição de provável autor ou partícipe da infração penal investigada no inquérito policial,[10] acepção esta decorrente de um enfoque material do instituto. Trata-se do indiciamento propriamente dito, denominado *indiciamento material*.[11]

Enquanto não determinado o indiciamento, o indivíduo é tratado como investigado, ou seja, um mero suspeito ou apenas uma parte envolvida no fato apurado, sem definição precisa se há ou não evento potencialmente delituoso a ele imputado. Uma vez deliberado e formalizado o ato, o sujeito passa a ser designado *indiciado* e, de acordo com o convencimento técnico-jurídico justificado da autoridade presidente do inquérito policial, figura então como *provável autor* do fato objeto da investigação criminal. Trata-se, pois, da transposição de um juízo de possibilidade (mera suspeita) para outro de probabilidade (fundada suspeita), lastreado em acervo indiciário-probatório mínimo revelador da justa causa *(fumus commissi delicti)* para a decisão de indiciamento.

A Lei Federal nº 12.830, de 20 de junho de 2013, que cuida da investigação criminal conduzida pelo Delegado de Polícia, sedimentou

---

e julgar, algo mais apropriado para a diferenciação entre os sistemas processuais penais (acusatório ou inquisitório) e não para classificar um aspecto do procedimento apuratório criminal que hoje, ao contrário de representar um acúmulo de funções, na realidade reparte devida e explicitamente as funções de investigar, de acusar, de defender e de julgar para órgãos estatais e sujeitos distintos.

10 CABETTE, Eduardo Luiz Santos. Uma análise sobre a coerência da jurisprudência do STJ quanto ao tema do indiciamento intempestivo. *Jus Navigandi*, Teresina, mar. 2007. Teresina, mar. 2007. Disponível em: http://jus.com.br/artigos/9667. Acesso em: 17 jun. 2018.

11 MORAES, Rafael Francisco Marcondes de. *Prisão em flagrante delito constitucional*. Salvador: Juspodivm, 2018. p. 162.

a exigência de deliberação motivada para o indiciamento,[12] consoante se depreende da literalidade do §6º, de seu artigo 2º:

> O indiciamento, privativo do delegado de polícia, dar-se-á por ato fundamentado, mediante análise técnico-jurídica do fato, que deverá indicar a autoria, materialidade e suas circunstâncias.

Anota-se que, no âmbito da Polícia Civil do Estado de São Paulo, o artigo 5º, da Portaria DGP nº 18, datada de 25 de novembro de 1998, já demandava que o indiciamento fosse determinado mediante despacho fundamentado da Autoridade Policial.[13]

Da mesma forma, na órbita da Polícia Federal, mesmo antes da mencionada Lei nº 12.830/2013, existia obrigatoriedade de motivação para o ato de indiciamento, por força da antiga Instrução Normativa nº 11/2001,[14] hoje regulado na Instrução Normativa nº 108/2016.[15]

---

[12] SAAD, Marta. Indiciamento como ato fundamentado da autoridade policial. *Boletim informativo IBRASPP – Instituto Brasileiro de Direito Processual Penal*, ano 3, n. 5, p. 19-21, 2013, p. 20; ANSELMO, Márcio Adriano. Indiciamento: fundamentação e efeitos. *In*: ANSELMO, Márcio Adriano *et al*. *Investigação criminal pela polícia judiciária*. Rio de Janeiro: Lumen Juris, 2016. p. 83-96.

[13] Portaria DGP nº 18/1998, art. 5º: "Logo que reúna, no curso das investigações, elementos suficientes acerca da autoria da infração penal, a autoridade policial procederá ao formal indiciamento do suspeito, decidindo, outrossim, em sendo o caso, pela realização da sua identificação pelo processo datiloscópico.
Parágrafo único. O ato aludido neste artigo deverá ser precedido de *despacho fundamentado*, no qual a autoridade policial pormenorizará, com base nos elementos probatórios objetivos e subjetivos coligidos na investigação, os motivos de sua convicção quanto à autoria delitiva e à classificação infracional atribuída ao fato, bem assim, com relação à identificação referida, acerca da indispensabilidade da sua promoção, com a demonstração de insuficiência de identificação civil, nos termos da Portaria DGP – 18, de 31.1.92".

[14] Instrução Normativa MJ/DPF nº 11/2001, item 89.

[15] Instrução Normativa nº 108-DG/PF, de 7 de novembro de 2016, art. 84: "O Delegado de Polícia Federal, mediante análise técnico-jurídica, procederá ao indiciamento do investigado em *despacho fundamentado*, e determinará:
I - lavratura do termo de qualificação e interrogatório;
II - elaboração do boletim de vida pregressa;
III - elaboração do boletim de identificação criminal, o qual será acompanhado de cópia autenticada de documento de identificação civil ou das planilhas contendo as individuais datiloscópicas, para posterior remessa à área de identificação criminal; e
IV - expedição da folha de antecedentes criminais.
§1º Quando não for possível a realização de interrogatório do indiciado, o Delegado de Polícia Federal justificará e determinará a confecção do boletim de identificação criminal de forma indireta, dispensando-se a lavratura dos termos previstos nos incisos I e II.
§2º Em caso de indiciamento de pessoa jurídica, após a lavratura do *despacho fundamentado*, o Delegado de Polícia Federal determinará o interrogatório por meio de seu representante legal ou preposto, a elaboração do boletim de identificação criminal de pessoa jurídica, acompanhado de extrato do Cadastro Nacional da Pessoa Jurídica – CNPJ, e a expedição de folha de antecedentes criminais de pessoa jurídica.

Assim, tanto o indiciamento exarado em despacho decisório no curso de procedimento investigatório iniciado via portaria, quando aquele promovido no auto prisional afeto à fundada suspeita imprescindível para a determinação da prisão em flagrante delito (CPP, art. 304, §1º), como espécies do gênero indiciamento, demandam deliberação motivada. Ensejam o "formal indiciamento" do sujeito, ao encerrar um juízo de probabilidade calcado no convencimento pela análise jurídica do fato, conquanto o segundo (na decretação da prisão flagrancial) seja realizado em sede de cognição sumaríssima, pelo qual o indivíduo autuado em flagrante delito passa a figurar como o provável autor da infração penal apurada.[16]

Destarte, sob o prisma formal, além do despacho decisório motivado ou do auto de prisão em flagrante delito que o determinam, do indiciamento resultam três peças ou atos:

1) o auto de qualificação e interrogatório do sujeito;
2) as informações acerca de sua vida pregressa (pregressamento) e;
3) o boletim de identificação (ou documento equivalente), que pode ser acompanhado da identificação criminal pelo processo datiloscópico caso o indiciado, ainda que apresente documento de identificação civil, esteja nas exceções previstas na Lei Federal nº 12.037/2009.

O referido trio de peças integra o intitulado na praxe policial e forense *de formal indiciamento*, imediatamente oriundo do citado *indiciamento material* que, como visto, consiste na exteriorização da convicção jurídica fundamentada do Delegado de Polícia ao reputar determinada pessoa como provável autor ou partícipe do fato delituoso investigado.

Em suma, o indiciamento formal consiste na documentação resultante do indiciamento material, representado pela manifestação

---

§3º O *despacho fundamentado* exporá os motivos fáticos e jurídicos do ato, indicará a materialidade, a autoria, os indícios e as circunstâncias da prática do crime, e conterá:
I - exposição sucinta dos fatos;
II - descrição da conduta, do resultado e do nexo causal, com a indicação das provas produzidas; e
III - tipificação penal".

[16] MORAES, Rafael Francisco Marcondes de. *Prisão em flagrante delito constitucional*. Salvador: Juspodivm, 2018. p. 160-172.

decisória motivada da Autoridade Policial via despacho fundamentado ou lavratura do auto de prisão em flagrante delito.

O fundamento legal das mencionadas peças resultantes do indiciamento encontra-se nos incisos V (qualificação e interrogatório), IX (vida pregressa) e VIII (identificação), do artigo 6º do Código de Processo Penal (Decreto-lei nº 3.689/1941).

Na deliberação pelo indiciamento, seja no auto de prisão em flagrante delito seja mediante despacho no curso do inquérito policial, o Delegado de Polícia aponta os elementos fáticos e jurídicos motivadores de seu convencimento quanto à materialidade e autoria delitivas,[17] assim como no que tange à classificação jurídica do fato apurado.

O indiciamento resulta, pois, de um conjunto de indícios, vocábulo que por sua vez é conceituado no artigo 239 do CPP, como "a circunstância conhecida e provada, que, tendo relação com o fato, autorize, por indução, concluir-se a existência de outra ou outras circunstâncias".

O indício, como circunstância concreta que aponta, com grau de probabilidade, a existência de algo, compreende os vestígios, os sinais, as marcas relacionadas ao fato delituoso apurado,[18] viabilizando a construção legítima de hipóteses acerca da autoria e da dinâmica do evento.

Logo, para determinar o indiciamento, os indícios devem ser plurais e fidedignos para justificar a atribuição do fato delituoso apurado a um determinado suspeito,[19] juízo de probabilidade desenvolvido por indução, consistente no raciocínio que parte de dados particulares (fatos, experiências, enunciados empíricos) e, por meio de uma sequência de operações cognitivas, chega a conceitos e conclusões mais gerais. Guia-se dos efeitos à causa, das consequências ao princípio, da experiência à teoria.[20] Em síntese, de um aspecto particular, revelado no conjunto de indícios, a uma concepção geral, representada pela inferência obtida e pelo conhecimento da regra de experiência fundamentada.

---

[17] MOTA, Juliana Rosa Gonçalves. *Crítica livre*: o gongorismo forense que permeia os atos de polícia judiciária – necessidade ou preciosismo. 2013. 53 p. Monografia (Processo Seletivo de Professor de Redação Oficial) – Academia de Polícia Dr. Coriolano Nogueira Cobra, São Paulo, 2013. p. 36.

[18] HOUAISS, Antônio (1915-1999); VILLAR, Mauro de Salles (1939-). *Dicionário Houaiss da língua portuguesa*. Rio de Janeiro: Objetiva: 2001. p. 1604.

[19] TÁVORA, Nestor; ALENCAR, Rosmar Rodrigues. *Curso de direito processual penal*. Salvador: Juspodivm, 2016. p. 988-989.

[20] HOUAISS, Antônio (1915-1999); VILLAR, Mauro de Salles (1939-). *Dicionário Houaiss da língua portuguesa*. Rio de Janeiro: Objetiva: 2001. p. 1608.

De fato, o raciocínio indutivo parte de um ideia particular para uma geral para extrair uma conclusão. A concepção particular compreende a premissa menor e consiste no indício (circunstância conhecida e provada) que, aplicada a uma ideia geral (premissa maior), expressa na regra de experiência (presunção – o que normalmente acontece), resulte em uma conclusão acerca do fato investigado. Quanto mais indícios identificados, maior será a robustez da conclusão, vale dizer, o juízo de probabilidade que caracteriza o indiciamento.

A mencionada Lei nº 12.830/2013 (art. 2º, §6º) assentou o indiciamento, vale dizer, a manifestação do juízo de probabilidade pela convicção jurídica motivada, como ato privativo do Delegado de Polícia, razão pela qual não pode ser requisitado por Autoridade Judicial ou por agente de órgão ministerial.[21]

Da mesma maneira que o Delegado de Polícia determinará o indiciamento quando entender que o sujeito investigado é o provável autor do fato delituoso perscrutado, deixará de deliberar pelo indiciamento quando reputar que o conjunto probatório coligido seja insuficiente para afirmar tal juízo de probabilidade. Assim também procederá quando vislumbrar circunstâncias que afastem a responsabilidade penal do suspeito, como a presença e o reconhecimento provisório de causas excludentes de ilicitude ou mesmo de culpabilidade, consignando tais situações por meio de manifestação fundamentada, sobretudo em se tratando de possível estado flagrancial delitivo, assim como no curso do inquérito policial, via despacho decisório motivado, ou ainda no corpo do relatório final do procedimento investigatório criminal, exaurindo as providências que o caso prático reclamar.[22]

Oportuno enfatizar que a deliberação e a convicção jurídica do Delegado de Polícia, conquanto não vinculem a Autoridade Judiciária

---

[21] SAAD, Marta. Indiciamento como ato fundamentado da autoridade policial. *Boletim informativo IBRASPP – Instituto Brasileiro de Direito Processual Penal*, ano 3, n. 5, 2013, p. 21. É também a posição sintetizada na Súmula nº 5, do I Seminário Integrado da Polícia Judiciária da União e do Estado de São Paulo – Repercussões da Lei 12.830/13 na Investigação Criminal: "O indiciamento policial é ato privativo do Delegado de Polícia e exclusivamente promovido nos autos de inquérito policial adrede instaurado, devendo ser necessariamente antecedido de despacho circunstanciado contendo os fundamentos fáticos e jurídicos da decisão, bem como a completa tipificação provisória da conduta incriminada".

[22] Nessa linha dispõe a Súmula nº 6, do I Seminário Integrado da Polícia Judiciária da União e do Estado de São Paulo – Repercussões da Lei 12.830/13 na Investigação Criminal: "É lícito ao Delegado de Polícia reconhecer, no instante do indiciamento ou da deliberação quanto à subsistência da prisão-captura em flagrante delito, a incidência de eventual princípio constitucional penal acarretador da atipicidade material, da exclusão de antijuridicidade ou da inexigibilidade de conduta diversa".

nem a acusação, pública ou particular, tampouco a defesa, também particular ou estatal, servirão de diretriz primordial para o prosseguimento ou não e para o deslinde de eventual ação penal.

Tais juízos decorrentes da análise técnico-jurídica do fato investigado ilustram a necessária independência funcional do Delegado de Polícia, identificada na aplicação do princípio da motivação pelo sistema da liberdade na apreciação das provas,[23] consentâneo à "livre convicção motivada" (ou "persuasão racional"), pela qual há independência na apreciação legal dos elementos probatórios pelos órgãos públicos julgadores, sem escala de valores entre as provas coligidas, desde que a decisão seja devidamente fundamentada.[24]

3.1 Momento do indiciamento e do correlato interrogatório

Como assinalado, o indiciamento pode ocorrer tanto no curso do inquérito policial inaugurado via portaria quanto no momento da deliberação do Delegado de Polícia pela prisão em flagrante delito, ocasião em que o respectivo auto prisional ensejará o formal indiciamento.

Desse modo, na hipótese de prisão flagrancial, o instante do indiciamento e a lavratura dos atos materiais que dele resultam, sobretudo do interrogatório policial, coincide com a própria elaboração do auto prisional, que também desencadeia a instauração de inquérito policial, servindo como peça inaugural do procedimento investigatório criminal previsto em lei.[25]

Já o indiciamento durante o trâmite do inquérito policial instaurado via portaria, concretizado mediante despacho decisório

---

[23] Em atenção ao princípio da motivação, a base do referido sistema da liberdade da apreciação das provas reside no artigo 93, inciso IX, da Constituição Federal, e no artigo 155, do CPP, no tocante às Autoridades Judiciárias, também aplicável às Autoridades Policiais, prestigiando a motivação nas manifestações estatais e a indispensável independência funcional nos atos de polícia judiciária. Esse entendimento foi reforçado pela Lei nº 13.655/2018, que incluiu disposições na LINDB e em especial o artigo 20, que exige que sejam consideradas as consequências práticas nas decisões estatais, e que a motivação demonstrará a necessidade e a adequação da medida imposta.

[24] LESSA, Marcelo de Lima. *A independência funcional do delegado de polícia paulista.* São Paulo: Adpesp – Associação dos Delegados de Polícia do Estado de São Paulo, 2012, p. 4. Vale lembrar que a Constituição Estadual Paulista assegura expressamente aos Delegados de Polícia independência funcional pela livre convicção nos atos de polícia judiciária (art. 140, §3º).

[25] SANTOS, Cleopas Isaías; ZANOTTI, Bruno Taufner. *Delegado de polícia em* ação – teoria e prática no Estado Democrático de Direito. Salvador: Juspodivm, 2013. p. 162.

fundamentado, deverá ocorrer quando e se a Autoridade Policial vislumbrar que os elementos amealhados são suficientes para apontar a autoria da infração penal perscrutada a determinado sujeito investigado, isto é, se houver justa causa (*fumus commissi delicti*). Por essa razão, espera-se que o indiciamento, nesses casos, somente seja levado a efeito após a obtenção de lastro probatório mínimo que, consoante privativo juízo técnico-jurídico do Delegado de Polícia presidente da investigação criminal, permita conferir a condição de provável autor ou partícipe ao indivíduo, que deixa de ser mero suspeito na visão da Autoridade Policial.[26]

Por tal razão, como medida salutar para o adequado rumo da persecução penal extrajudicial a depender da dinâmica com que os elementos probatórios sejam obtidos, recomenda-se que o sujeito investigado, antes do indiciamento, seja ouvido em declarações e não interrogatório, enquanto ainda figurar como parte ou mero suspeito, ocasião em que poderá ofertar argumentos defensivos e versão que lhe seja favorável e que implique a realização de diligências para a justa apuração dos fatos e revelação da verdade atingível.

Nessa senda, Aury Lopes Junior e Roberta Coelho Klein,[27] ao comentarem o momento do indiciamento após o advento da Lei Federal nº 12.830/2013, sustentam que o ideal é que o investigado seja previamente ouvido para só então ser determinado ou não, devendo a Autoridade Policial expor claramente caso delibere pelo indiciamento, permitindo o exercício do direito de defesa antes da conclusão do procedimento investigatório.

Após o encerramento do inquérito policial via relatório final e remessa ao Poder Judiciário para apreciação, não há mais que se falar em indiciamento. Ou os autos são arquivados mediante pedido do titular da ação penal e homologação da Autoridade Judiciária, ou há oferecimento da peça acusatória ou, no máximo, requisição de novas diligências de polícia judiciária imprescindíveis para tanto, nos termos

---

[26] RODRIGUES, Nathalie Murcia. O indiciamento sob um viés garantista. *Jusbrasil*, Salvador, fev. 2017. Disponível em: https://nathaliemurcia.jusbrasil.com.br/artigos/433673789/o-indiciamento-sob-um-vies-garantista. Acesso em: 21 jun. 2018.

[27] LOPES JR., Aury; KLEIN, Roberta Coelho. O indiciamento e a Lei 12.830/2013: um avanço, mas não o suficiente. *Boletim IBCCRIM – Instituto Brasileiro de Ciências Criminais*, ano 21, n. 249, p. 5-6, ago. 2013.

do artigo 16 do CPP.[28]A lei não admite o retorno dos autos investigatórios requisitando unicamente o indiciamento.[29]

Como visto, ao alterar a situação jurídica formal do sujeito imputado na investigação, de investigado (mero suspeito) para indiciado (provável autor), o indiciamento acarreta um maior grau de sujeição do indiciado aos atos legais e medidas cautelares afetos à polícia judiciária.

Ademais, o indiciamento reforça os reflexos da ampla defesa e do contraditório na investigação criminal, na medida em que promove a expressa ciência do conjunto probatório coligido e oportuniza ao indiciado, por meio do interrogatório, ofertar sua versão (autodefesa), constituir Advogado ou Defensor Público (defesa técnica), requerer diligências ou mesmo intentar medidas judiciais (defesa exógena) como a impetração de Habeas Corpus. Nessa linha leciona Marta Saad:[30]

> Indispensável e necessário, portanto, desde quando reunida prova que aponte o suspeito como provável autor do delito, o indiciamento deve ser visto como um marco, a partir do qual uma série de deveres e direitos – notadamente o direito de defesa – pode e deve ser exercida.

4   Interrogatório e qualificação

A qualificação compreende a obtenção dos dados pessoais do sujeito: seu nome completo, filiação, naturalidade e data de nascimento, bem como endereço domiciliar e é acompanhada de seu interrogatório, vale dizer, da oitiva do indiciado, observando-se, na etapa policial, no que for aplicável, a disciplina da fase judicial dos artigos 185 a 200 do CPP, consoante disposto no inciso V, do artigo 6º, do aludido diploma de rito criminal.

---

[28]   CPP, art. 16: "O Ministério Público não poderá requerer a devolução do inquérito à autoridade policial, senão para novas diligências, imprescindíveis ao oferecimento da denúncia".

[29]   BADARÓ, Gustavo Henrique Righi Ivahy. *Processo penal*. 2. ed. Rio de Janeiro: Elsevier, 2014, p. 83; FERNANDEZ, José Eduardo Gonzalez. A investigação policial conduzida pelo delegado de polícia à luz da Lei 12.830/13. *Jus Navigandi*, Teresina, nov. 2015. Disponível em: http://jus.com.br/artigos/45003. Acesso em: 10 jun. 2018. Conforme já reportado e de acordo com entendimento doutrinário e jurisprudencial expressamente firmado no artigo 2º, §6º, da Lei Federal nº 12.830/2013, o indiciamento consubstancia ato privativo do Delegado de Polícia presidente da investigação criminal, pelo qual a Autoridade Policial exara sua livre convicção jurídica motivada, posicionamento consolidado nos Tribunais Superiores (STF, HC nº 115.015/SP, 2ª Turma, Min. Teori Zavascki, j. 27.08.2013; STJ, RHC nº 47.984-SP, Rel. Min. Jorge Mussi, j. 04.11.2014).

[30]   SAAD, Marta. Indiciamento como ato fundamentado da autoridade policial. *Boletim informativo IBRASPP – Instituto Brasileiro de Direito Processual Penal*, ano 3, n. 5, 2013, p. 20.

Conquanto possam estar contidos no mesmo documento ("auto de qualificação e interrogatório"), é usual, sobretudo na lavratura do auto de prisão em flagrante delito (CPP, art. 304, *caput*, parte final), que o interrogatório e a qualificação sejam formalizados em peças autônomas. É admissível, também, por economia procedimental, que à qualificação venham agregadas as informações sobre a vida pregressa e o interrogatório do indiciado, pela formalização do documento intitulado "auto de qualificação, interrogatório e vida pregressa".

Frisa-se que será no bojo do interrogatório policial, mormente por ocasião de sua prisão em flagrante delito, que o indiciado poderá exercer seu direito de defesa, tanto a autodefesa positiva, ofertando sua versão, quanto a negativa (direito ao silêncio), como também acionar defesa técnica por Advogado ou Defensor Público para entrevista reservada, orientações e quaisquer outras manifestações e solicitações que desejar.[31]

Ainda quanto à autodefesa, importante observar que será no interrogatório, notadamente na etapa policial, que suas respectivas subdivisões, consubstanciadas no direito de presença (comparecimento físico), no direito de audiência (ser ouvido pela autoridade estatal legitimada) e no direito de postular pessoalmente (formular pedidos à autoridade pública)[32] podem ser exercidas com maior proeminência, legitimando e efetivando a atuação do imputado na persecução criminal.

Em sentido amplo, o interrogatório é dividido em duas partes: a primeira sobre a pessoa do acusado e a segunda sobre os fatos (CPP, art. 187, *caput*).

Assim, a primeira parte abrange a confirmação da qualificação do interrogando (dados pessoais como nome, filiação, data de nascimento, naturalidade e endereço) e o pregressamento do sujeito (meio de vida ou profissão, oportunidades sociais, vida pregressa criminal, dados familiares etc.), atos estes que na fase policial são formalizados de modo autônomo pelos atos que resultam do indiciamento, já citados: termo de qualificação e interrogatório (CPP, art. 6º, V), boletim de identificação (CPP, art. 6º, VIII) e informações sobre a vida pregressa (CPP, art. 6º, IX), embora nada impeça que todos os dados sejam reunidos num mesmo documento, como já adiantado.

---

[31] LOPES, Fábio Motta. *Os direitos de informação e de defesa na investigação criminal*. Porto Alegre: Livraria do Advogado, 2009. p. 133-139.

[32] BADARÓ, Gustavo Henrique Righi Ivahy. *Processo penal*. 2. ed. Rio de Janeiro: Elsevier, 2014. p. 19.

Já na segunda parte, que versa sobre os fatos propriamente ditos, primeiro é importante lembrar que o imputado é cientificado do direito de permanecer calado (CF, art. 5º, LXIII e CPP, art. 186, *caput*). Caso opte por se manifestar (autodefesa positiva), o interrogando será perguntado sobre os pontos essenciais do evento criminoso: a veracidade ou não da imputação, eventuais suspeitos ou álibis em caso de negativa de autoria, seu conhecimento acerca da vítima, testemunhas e instrumentos da infração e quaisquer outras questões relevantes, de acordo com as circunstâncias do fato perscrutado, além de alegações que possam ser prestadas em defesa do interrogando (CPP, art. 187, §2º, incisos I a VIII).

No que tange ao interrogatório policial, conquanto não seja obrigatória a presença de Defensor, diverso do que ocorre na etapa judicial (CPP, art. 185, *caput*), o indiciado poderá exercer seu direito de permanecer calado (autodefesa negativa) e, desejando falar, será inquirido nos mesmos moldes das indagações previstas para o interrogatório judicial.

Como destacado, será no interrogatório extrajudicial, notadamente naquele integrante da audiência de apresentação e do correlato auto de prisão em flagrante delito (CPP, art. 304), que serão asseguradas as garantias processuais penais e principalmente oportunizado ao indiciado exercer seu direito de defesa, seja a autodefesa positiva manifestando sua versão, seja a autodefesa negativa permanecendo calado, viabilizando também a comunicação de familiares e o acionamento de Advogado para a defesa técnica, com entrevista reservada, aconselhamentos e quaisquer outras reivindicações que lhe interessem.

Na hipótese do interrogatório decorrente de prisão flagrancial, o §3º do artigo 304 do CPP prevê a assinatura por duas testemunhas instrumentárias caso o indiciado (que a lei chama de modo genérico de "acusado") se recusar, não souber ou não puder assinar seu interrogatório.

Já o interrogatório de indiciados mudos, surdos ou surdos-mudos é assim regrado no artigo 192 do CPP:

> O interrogatório do mudo, do surdo ou do surdo-mudo será feito pela forma seguinte:
> I - ao surdo serão apresentadas por escrito as perguntas, que ele responderá oralmente;
> II - ao mudo as perguntas serão feitas oralmente, respondendo-as por escrito;

Parágrafo único. Caso o interrogando não saiba ler ou escrever, intervirá no ato, como intérprete e sob compromisso, pessoa habilitada a entendê-lo.

Por sua vez, quando o indiciado for estrangeiro, que não fale a língua portuguesa, o artigo 193 do CPP estabelece que o interrogatório será feito por meio de intérprete. Outrossim, a Convenção de Viena sobre Relações Consulares, promulgada no ordenamento brasileiro pelo Decreto nº 61.078, de 26 de julho de 1967, assim dispõe no §1º de seu artigo 36 sobre a prisão e interrogatório de cidadão estrangeiro no Brasil:

> A fim de facilitar o exercício das funções consulares relativas aos nacionais do Estado que envia:
>
> (...)
>
> b) se o interessado lhes solicitar, as autoridades competentes do Estado receptor deverão, sem tardar, informar à repartição consular competente quando, em sua jurisdição, um nacional do Estado que envia for preso, encarcerado, posto em prisão preventiva ou detido de qualquer outra maneira.
>
> Qualquer comunicação endereçada à repartição consular pela pessoa detida, encarcerada ou presa preventivamente deve igualmente ser transmitida sem tardar pelas referidas autoridades. Estas deverão imediatamente informar o interessado de seus direitos nos termos do presente subparágrafo.

Desse modo, por conta dessa garantia de ordem processual penal veiculada no destacado tratado internacional, o estrangeiro que venha a ser preso em flagrante delito deve ser cientificado acerca da possibilidade de manter contato com a repartição consular de seu país de origem por ocasião de sua oitiva em interrogatório, além dos demais direitos fundamentais a serem preservados e assegurados a todos os presos.[33]

---

[33] Na Polícia Civil do Estado de São Paulo, a Portaria DGP nº 21, de 22 de agosto de 2017, invoca em seus "considerandos" a citada Convenção de Viena, e assim dispõe: "Artigo 1º - Toda prisão de estrangeiro será imediatamente comunicada ao Delegado de Polícia de Permanência do Centro de Comunicações e Operações da Polícia Civil (CEPOL), preliminarmente às providências de formalização do ato, indicando:
a) qualificação completa do preso;
b) data, hora e local da prisão;
c) breve histórico do fato;
d) número de registro da ocorrência e unidade que será responsável pelo prosseguimento das providências.

Ressalta-se que as oitivas coligidas por ocasião da decretação da prisão flagrancial, conquanto formalizadas de modo individual, integram o auto prisional e acompanham o expediente encaminhado para a comunicação da prisão ao Juiz de Direito, com cópia ao órgão ministerial e, caso o autuado não possua Advogado, à Defensoria Pública. O prazo legal para a comunicação é de 24 horas, quando também será formalizada e entregue ao preso a respectiva "nota de culpa" subscrita pelo Delegado de Polícia, constando o motivo da prisão e o nome do condutor (responsável pela captura ou apresentação) e das testemunhas, em atenção ao artigo 306 e respectivos parágrafos do CPP, com a redação dada pela Lei nº 12.403/2011.[34]

4.1 Direito ao silêncio, o "aviso de Miranda" e o interrogatório sub-reptício

O direito ao silêncio representa a tônica do exercício do direito de defesa na persecução penal, não apenas pela autodefesa negativa, mas porque deixa patente a lógica de que cabe ao Poder Público a produção probatória e, na ausência de lastro suficiente, a interpretação será pela absolvição do imputado, que em nenhum momento está obrigado a se manifestar sobre os fatos.

Entretanto, embora possa se quedar silente e não esteja compromissado em dizer a verdade, caso escolha se manifestar, não há propriamente ao indiciado um "direito de mentir". Se o sujeito ofertar versão inverídica, os fatos falsos alegados, ainda que em sede de declarações, antes de ser formalmente indiciado, poderão lhe ser desfavoráveis no cotejo dos dados amealhados na investigação criminal e poderão resultar na deliberação pelo indiciamento, inclusive na decretação da prisão em flagrante delito quando presentes os requisitos

---

Parágrafo único - O CEPOL comunicará a prisão à repartição consular respectiva e ao Departamento da Polícia Federal, informando, imediatamente à origem as providências adotadas.

Artigo 2º - O *estrangeiro preso* será cientificado sobre seus direitos constitucionais e esclarecido a respeito da possibilidade de *manter contato com a repartição consular de seu país antes de sua oitiva*.

Artigo 3º - A Autoridade Policial consignará em documento relativo à formalização da prisão todas as providências adotadas e os resultados obtidos em decorrência das normas estabelecidas nesta Portaria.

Artigo 4º - O Departamento de Inteligência da Polícia Civil – Dipol adotará medidas visando à celeridade das comunicações do CEPOL com as repartições consulares".

[34] A Lei nº 12.403/2011 atualizou o diploma processual criminal aos comandos constitucionais, mormente aos incisos LXII a LXIV do artigo 5º da Carta Magna.

temporal (estado flagrancial – CPP, art. 302) e probatório (fundada suspeita – CPP, art. 304, §1º).[35]

O fato de não existir infração penal de perjúrio ao indiciado (tampouco ao acusado) no ordenamento brasileiro não significa que os eventuais argumentos falaciosos e distorcidos que vier a expor em seu interrogatório não possam ser avaliados e interpretados em seu prejuízo, embora sempre se exigindo complementação e confronto com outras provas, ao contrário do que ocorre com o silêncio que, por si só, não é suficiente nem para condenar e tampouco para indiciar alguém (CPP, art. 186, p.u.).

Nessa linha, o artigo 198 do CPP, ao dispor que "o silêncio do acusado não importará confissão, mas poderá constituir elemento para a formação do convencimento do juiz", veicula parte final que não aparenta ter sido recepcionada pela Carta Magna de 1988, por incompatibilidade ao direito constitucional ao silêncio.

Não há dúvidas que um dos momentos mais relevantes de desempenho do direito ao silêncio situa-se no interrogatório extrajudicial, sobretudo à luz dos princípios constitucionais do contraditório e da ampla defesa, além de outras garantias como a não autoincriminação em sede policial e mesmo como desdobramento da presunção de não culpabilidade enquanto regra de produção de prova,[36] com fundamento expresso no inciso LXIII do artigo 5º da Lei Maior.

Há, contudo, outras implicações dessa garantia processual penal que merecem atenção e mais reflexões.

O primeiro aspecto a ser destacado consiste em indagar se a advertência ao indiciado quanto ao seu direito de permanecer calado antes do início do formal interrogatório garante a efetividade e amplitude do direito ao silêncio. Em outras palavras, cabe ponderar se o direito ao silêncio está restrito ao interrogatório policial formal ou se o suspeito, no momento em que é abordado e capturado já deve ser advertido que pode permanecer calado.

A solução para a questão emerge da aplicação da tese desenvolvida no famoso "aviso de Miranda" (*Miranda warning* ou *Miranda rights*), segundo a qual a pessoa precisa ser advertida pelos agentes

---

[35] MORAES, Rafael Francisco Marcondes de. *Prisão em flagrante delito constitucional*. Salvador: Juspodivm, 2018. p. 160-172.

[36] SAAD, Marta. Direito ao silêncio na prisão em flagrante. *In*: PRADO, Geraldo; MALAN, Diogo (Org.). *Processo penal e democracia*: estudos em homenagem aos 20 anos da Constituição da República de 1988. Rio de Janeiro: Lumen Juris, 2009. p. 425.

policiais já no momento de sua abordagem e captura acerca do seu direito de permanecer calado, além de acionar assistência advocatícia e de não produzir prova contra si.

O *aviso de Miranda* tem origem em julgamento do ano de 1966 pela Corte Suprema dos Estados Unidos da América, no caso Miranda *versus* Arizona, envolvendo a pessoa de Ernesto Miranda, preso pela polícia de Phoenix e submetido a interrogatório em que confessou prática delituosa, porém sem que fosse alertado quanto ao direito de ter um Advogado presente.[37] Na decisão, firmou-se o entendimento de que não são válidas as declarações prestadas aos órgãos policiais por uma pessoa sem que antes ela seja informada de que tem o direito de não responder, que tudo que disser poderá ser utilizado contra ela e que tem direito a um defensor escolhido ou nomeado.[38]

Destarte, sob essa perspectiva, sobretudo em se tratando de prisão em flagrante delito, eventual confissão ou qualquer suposta informação ou declaração prestada informalmente pelo suspeito aos responsáveis pela sua captura, antes de ser apresentado para o Delegado de Polícia e sem que tenha sido avisado de seu direito ao silêncio, inquinam de nulidade referido trecho ou ponto no conteúdo nas oitivas prestadas pelo agente estatal ou outras testemunhas e devem ser desconsideradas na avaliação da Autoridade Policial para o juízo de probabilidade próprio do indiciamento, em especial na hipótese de fundada suspeita em estado flagrancial, vale dizer, para aferir a justa causa exigida para determinar a custódia flagrancial e elaborar o auto prisional.

David Tarciso Queiroz de Souza assim exemplifica o cenário em comento:[39]

> O desrespeito ao direito ao silêncio fere o princípio da ampla defesa, violando assim as regras previstas no art. 5º, LV e LXIII, da CF/88, devendo, portanto, ser considerada prova ilícita o depoimento do policial

---

[37] CARVALHO, Gabriela Ponte; DUARTE, Evandro Piza. As Abordagens Policiais e o Caso Miranda v. Arizona (1966): violência institucional e o papel das cortes constitucionais na garantia da assistência do defensor na fase policial. *Revista Brasileira de Direito Processual Penal*, Porto Alegre, v. 4, n. 1, jan./abr. 2018. p. 306-313.

[38] ANSELMO, Márcio Adriano. Direito ao silêncio e sua devida interpretação. *In*: ANSELMO, Márcio Adriano *et al*. *Investigação criminal pela polícia judiciária*. Rio de Janeiro: Lumen Juris, 2016, p. 105-110; SOUZA, David Tarciso Queiroz de. Direito ao silêncio na fase policial. *Empório do Direito*, Florianópolis, 27 jul. 2016.

[39] SOUZA, David Tarciso Queiroz de. Direito ao silêncio na fase policial – segunda parte. *Empório do Direito*, Florianópolis, 27 jul. 2016. Disponível em: www.emporiododireito.com. br. Acesso em: 19 jun. 2018.

que revela conversa informal que manteve com o suspeito, sem a devida advertência do direito de permanecer calado.

O depoimento dos policiais revelando uma confissão obtida sem a devida advertência do direito de permanecer calado burla o direito fundamental ao silêncio e, portanto, deve ser considerada prova ilícita, ou seja, um "nada" jurídico, que não deve ser introduzido no auto de prisão em flagrante, por ser considerada inadmissível, e, caso seja, deverá ser desentranhada.

Desse modo, sobretudo na prisão em flagrante delito, o direito ao silêncio deve ser informado desde a abordagem e captura do suspeito para que seja apresentado à Autoridade Policial responsável. Nada que o sujeito diga sem que esteja ciente dessa garantia poderá ser considerado em seu prejuízo, propiciando idoneidade no exercício dos demais direitos integrantes da autodefesa, consistentes no direito de presença, de audiência e de postular pessoalmente ao Delegado de Polícia por ocasião da decisão acerca da decretação ou não da custódia flagrancial. Evita-se, assim, o denominado *interrogatório sub-reptício*,[40] obtido em conversa ou entrevista informal, sem as garantias processuais penais ao investigado.

Essa também tem sido a orientação jurisprudencial, conforme se observa do julgado do Superior Tribunal de Justiça ora colacionado:[41]

HABEAS CORPUS. PEDIDO NÃO EXAMINADO PELO TRIBUNAL DE ORIGEM. WRIT NÃO CONHECIDO. PROVA ILÍCITA. *CONFISSÃO IN-FORMAL.* ORDEM CONCEDIDA DE OFÍCIO PARA *DESENTRANHAR DOS AUTOS OS DEPOIMENTOS CONSIDERADOS IMPRESTÁVEIS.* CONSTITUIÇÃO FEDERAL. ART. 5º, INCISOS LVI E LXIII.
1 - Torna-se inviável o conhecimento de habeas corpus, se o pedido não foi enfrentado pelo Tribunal de origem.
2 - *A eventual confissão extrajudicial obtida por meio de depoimento informal, sem a observância do disposto no inciso LXIII, do artigo 5º, da Constituição Federal, constitui prova obtida por meio ilícito, cuja produção é inadmissível nos termos do inciso LVI, do mencionado preceito.*
3 - Habeas corpus não conhecido. Ordem concedida de ofício.

---

[40] Expressão utilizada em julgado do Supremo Tribunal Federal, considerando ilícita eventual confissão obtida sem as formalidades legais, em especial sem as garantias fundamentais de defesa como o direito ao silêncio e à não autoincriminação: STF, HC nº 80.949/RJ, Rel. Min. Sepúlveda Pertence, j. 30.10.2001.

[41] STJ, HC nº 22.371/RJ, Rel. Min. Paulo Gallotti, j. 22.10.2002, *DJ* 31.02.2003, p. 275.

Nesse sentido, Marta Saad elucida a dimensão do direito ao silêncio e correlata garantia contra autoincriminação nos casos de prisão em flagrante delito, ao estabelecer a captura do suspeito como primeiro parâmetro de aplicação:[42]

> A aceitação de tal marco inicial para o exercício do direito ao silêncio é de grande importância para que se evitem manobras, decorrentes da prática viciada de privilégio à confissão como forma mais simples de obtenção de meios de prova.
> Tais fórmulas, que burlam o direito ao silêncio plenamente assegurado no ordenamento pátrio, consistem:
> (i) Nas chamadas "declarações informais" prestadas pelo preso em flagrante aos policiais, sem que seja alertado de seu direito ao silêncio. O teor de tal confissão depois é reproduzido pelos policiais em seus testemunhos ou, ainda, a conversa entre policiais e preso é gravada e a gravação é levada aos autos como meio de obtenção de prova;
> (ii) Na entrevista concedida pelo preso à imprensa, sem que o agente do Estado que o detém o informe sobre o direito ao silêncio. Posteriormente, a entrevista é juntada aos autos como documento que servirá como prova ou, ainda, o próprio repórter é ouvido como testemunha, relatando o que foi revelado pelo preso na entrevista;
> (iii) Por fim, durante o interrogatório policial, o direito ao silêncio pode ser desrespeitado, com a omissão da explicitação ao preso de seu direito ou com a explicitação parcial deste direito, sem o aviso de que a opção pelo silêncio não importa prejuízo para sua defesa. Diante disso, sem a ciência de seu direito, ou com ciência parcial do seu conteúdo e alcance, o preso acaba prestando declarações, quando poderia permanecer silente, para assegurar sua melhor defesa, caso conhecesse plenamente tal prerrogativa.

Como se observa, eventual "confissão informal" prestada aos responsáveis pela captura do investigado e obtida sob ignorância de permanecer calado, indevidamente introduzida nos depoimentos no auto prisional deve ser desconsiderada, aliás, nem deve constar nas oitivas porquanto ilícita.[43] O mesmo vício se verifica nas entrevistas porventura

---

[42] SAAD, Marta. Direito ao silêncio na prisão em flagrante. *In*: PRADO, Geraldo; MALAN, Diogo (Org.). *Processo penal e democracia*: estudos em homenagem aos 20 anos da Constituição da República de 1988. Rio de Janeiro: Lumen Juris, 2009. p. 438.

[43] SOUZA, David Tarciso Queiroz de. Tem alguém aí? O direito ao silêncio na fase policial – terceira parte. *Empório do Direito*, Florianópolis, 28 set. 2016. Disponível em: www.emporiododireito.com.br. Acesso em: 19 jun. 2018.

exploradas nos meios midiáticos[44] e na comunicação incompleta do direito ao suspeito, que maculam os elementos probatórios assim coligidos, tornando-os espúrios e imprestáveis à persecução penal diante do filtro do devido processo, sob pena de alijar o direito fundamental ao silêncio como garantia processual penal.

4.2 Prestação de dados falsos e recusa de dados sobre a própria identidade

Prevalece o entendimento segundo o qual a oferta de dados qualificativos falsos pelo indiciado caracteriza o delito de falsa identidade (CP, art. 307), enquanto a negativa omissiva em fornecer referidas informações pessoais configura a contravenção penal de recusa de dados sobre própria identidade ou qualificação (Lei das Contravenções Penais – Decreto-lei nº 3.688/1941, art. 68, *caput*).

Quanto a tais circunstâncias, o indiciado não pode invocar o direito de não produzir prova contra si, tampouco o seu desdobramento de direito ao silêncio porquanto não implicam assunção de responsabilidade pelo fato investigado.[45]

Destarte, caso o indiciado não forneça elementos suficientes para esclarecer sua identidade, além de responder criminalmente, poderá permanecer preso preventivamente e a lei confere ao Delegado de Polícia representar ao Magistrado nesse sentido, inclusive por ocasião da comunicação ao Poder Judiciário sobre a prisão flagrancial, de acordo com os artigos 313, p.u., 310, inciso II, 311, 312 (conveniência da instrução e garantia da aplicação da lei penal), 282, §2º e artigo 13, inciso IV, todos do CPP.

---

[44] No Estado de São Paulo, visando tutelar os direitos fundamentais dos envolvidos em investigações criminais e em especial de pessoas presas de indevidas exposições na imprensa, há a citada Portaria DGP nº 18/1998, que assim estabelece em seu artigo 11, parágrafo único, que cuida da preservação dos direitos à imagem, ao nome, à privacidade e à intimidade das pessoas submetidas à investigação policial, detidas em razão da prática de infração penal: "As pessoas referidas nesse artigo, após orientadas sobre seus direitos constitucionais, somente serão fotografadas, entrevistadas ou terão suas imagens por qualquer meio registradas, se expressamente o consentirem mediante manifestação explícita de vontade, por escrito por termo devidamente assinado, observando-se ainda as correlatas normas editadas pelos Juízos Corregedores da Polícia Judiciária das Comarcas".

[45] A jurisprudência tem se posicionado nesse sentido e o Supremo Tribunal Federal já entendeu que o fato do agente se identificar com nome falso ao ser preso, para esconder seus maus antecedentes, tipifica o delito de falsa identidade (STF, 2ª Turma, HC nº 72.377/SP, Rel. Min. Ricardo Lewandowski, *DJe* 02.04.2009).

4.3 Confissão

A confissão consiste, no âmbito policial, no reconhecimento pelo indiciado da prática do fato investigado. Opera-se, como regra, em sede de interrogatório, embora possa ocorrer fora dele, como mediante incomum juntada de requerimento de diligências pela defesa, por exemplo. O instituto é disciplinado nos artigos 197 a 200 do CPP, os quais, como de costume, aplicam-se ao inquérito policial no que couberem.

É certo que a confissão possui força probatória relativa e precisa ser confrontada com os demais elementos coligidos. Para tanto, independentemente do suspeito admitir ou não a prática delitiva, devem ser angariados todos os elementos probatórios que estejam ao alcance do Delegado de Polícia, justamente para confirmar ou infirmar a versão do indiciado (CPP, art. 197).

Por tal razão, a análise da confissão deve levar em conta a verossimilhança (probabilidade da versão confessada), a clareza (narrativa compreensível e com sentido inequívoco) e a coincidência entre o relato do confitente e o conjunto probatório haurido.

Ademais, por ser divisível e retratável (CPP, art. 200), nada impede que o indiciado confesse apenas parte do fato investigado ou mesmo que ele posteriormente mude sua versão.

Como dito, a confissão ocorre, em regra, no bojo do interrogatório. Quando o indiciado apenas admite a prática delitiva, é denominada de *confissão simples*. Se houver alegação de excludente de ilicitude ou de culpabilidade, recebe o batismo doutrinário de *confissão qualificada* e, por fim, rotula-se *confissão delatória*[46] na hipótese do sujeito, além de confessar o cometimento do delito, delatar terceiros concorrentes do fato ilícito, quando poderá se estar diante do instituto da *delação premiada* se resultar em benefícios legais e essa confissão não será mais inserida diretamente no interrogatório e sim no acordo de colaboração, com disciplina diferenciada, inclusive com previsão de *status* de *depoimento* da oitiva da colaborador (como uma testemunha), com renúncia ao direito ao silêncio e sujeição ao compromisso legal de dizer a verdade (Lei Federal nº 12.850/13, art.4º, §14).[47]

---

[46] LIMA. Renato Brasileiro de. *Curso de processo penal*. São Paulo: Juspodivm, 2013. p. 665.

[47] Até o advento da Lei nº 12.850/13, o diploma de repressão ao chamado "crime organizado", a doutrina costumava designar "delação premiada" o instituto que considera como causa de diminuição ou de isenção de pena a "delação" de criminosos ou de outros dados

4.4 Tortura

A obtenção de confissão mediante constrangimento com emprego de violência ou ameaça, causando sofrimento físico ou mental ao interrogando, além de imprestável como prova, caracteriza prática de tortura, conduta criminalizada no artigo 1º, inciso I, "a" da Lei Federal nº 9.455, de 7 de abril de 1997,[48] figura penal conhecida como *tortura-confissão* ou *tortura-prova*.[49]

Como fruto de manifesta ilegalidade, eventual confissão derivada de tortura conspurca todos elementos de convicção dela provenientes e acarreta a nulidade dos atos realizados, sem prejuízo da responsabilização criminal e funcional dos agentes envolvidos.

Marcante no período da ditadura castrense no Brasil pelos servidores que atendiam os interesses do governo militar, a mudança de cultura e de mentalidade tanto da sociedade quanto de seus policiais (dela integrantes) acerca do emprego da tortura como meio para se extrair confissões coagidas e ilícitas é ainda um desafio, que depende de opções políticas e de investimentos em áreas de resultado a longo prazo, notadamente em educação. Nesse sentido, adverte Eduardo Augusto Paglione:[50]

---

relevantes, por parte de um dos comparsas ou cúmplices de determinado fato delituoso. O instituto, como meio de obtenção de prova, passou a ser legalmente intitulado "colaboração premiada", com seus parâmetros de aplicação veiculados nos artigos 3º, inciso I, e artigos 4º a 7º, todos da mencionada Lei nº 12.850/13. Vale destacar que a legitimidade para o Delegado de Polícia celebrar acordos de colaboração na presidência da investigação criminal foi confirmada pelo STF, ao julgar improcedente a ADI nº 5.508 (Rel. Marco Aurelio, j. 21.06.2018) que questionava os dispositivos que atribuem tal prerrogativa às Autoridades Policiais. GOMES, Rodrigo Carneiro. Delegado tem o poder-dever de representar ao juízo e propor colaboração premiada. *Consultor Jurídico*, São Paulo, 26 jun. 2018. Disponível em: www.conjur.com.br. Acesso em: 28 jun. 2018.

[48] A Lei nº 9.455/97 decorreu do comando do inciso XLIII, do artigo 5º da Constituição Federal de 1988, segundo o qual "a lei considerará crimes inafiançáveis e insuscetíveis de graça ou anistia a prática da tortura, o tráfico ilícito de entorpecentes e drogas afins, o terrorismo e os definidos como crimes hediondos, por eles respondendo os mandantes, os executores e os que, podendo evitá-los, se omitirem", acompanhando também tratados internacionais contra a tortura, em especial a Convenção Contra a Tortura e Outros Tratamentos ou Penas Cruéis, Desumanos ou Degradantes e a Convenção Interamericana para Prevenir e Punir a Tortura, promulgadas no ordenamento brasileiro, respectivamente, pelos Decretos nº 40, de 15 de fevereiro de 1991, e nº 98.386, de 9 de dezembro de 1989.

[49] GONÇALVES, Victor Eduardo Rios. *Legislação penal especial*. São Paulo: Saraiva, 2010. p. 90.

[50] PAGLIONE, Eduardo Augusto. *O regime militar e a ação policial civil: a tortura como meio, o poder como fim*. Orientador: Dalmo de Abreu Dallari. 2014. 403 f. Tese (Doutorado em Direito) – Faculdade de Direito, Universidade de São Paulo, São Paulo, 2014. p. 368.

Enquanto a Segurança Pública não aprender a tratar o criminoso como ser humano e não acreditar que é a eficiência do Estado, e não a criação de normas punitivas, que pode efetivamente garantir segurança à população, a violência policial – e seu produto imediato, a tortura – será vista (pelas polícias, pelos meios de comunicação e até mesmo por parcela da população), como meio rápido e eficaz de obtenção de resultados.

4.5 Vida pregressa ou pregressamento

Em observância ao citado inciso IX, do artigo 6º, do CPP, a chamada "vida pregressa" ou "pregressamento" consiste na coleta de informações acerca do passado do indiciado, mormente quanto aos seus eventuais antecedentes criminais e também sob o ponto de vista individual, social e familiar, bem como no tocante à sua condição econômica e seu estado de ânimo antes, durante e depois da prática delitiva, assim como dos demais elementos que auxiliem na apreciação de seu temperamento e caráter.

Trata-se de formalidade que objetiva auxiliar a instrução extrajudicial no primeiro momento, direcionando eventuais diligências a serem realizadas e que também corrobora para definir os parâmetros da instrução em juízo, tanto para a primeira parte do interrogatório judicial (CPP, art. 187, §1º) quanto no momento da consideração das circunstâncias para a dosimetria da sanção penal a ser imposta (CP, art. 59).[51]

O pregressamento também costuma ser instruído com os dados atualmente mencionados no inciso X do artigo 6º do CPP, acrescido pela Lei Federal nº 13.257/2016, que incumbe à Autoridade Policial "colher informações sobre a existência de filhos, respectivas idades e se possuem alguma deficiência e o nome e o contato de eventual responsável pelos cuidados dos filhos, indicado pela pessoa presa".

Como já anunciado, a vida pregressa também pode ser formalizada em peça autônoma ou conjuntamente com a qualificação ou ainda com o interrogatório do indiciado. Em suma, podem ser elaborados três documentos distintos ou uma única peça com todas as informações nela incluídas.

---

[51] QUEIROZ, Carlos Alberto Marchi de. *Prática do inquérito policial*. São Paulo: Iglu, 1997. p. 49-50.

4.6 Identificação

A identificação, ainda que esteja diretamente atrelada aos dados que integram a qualificação do indiciado, com eles não se confunde. Retrata, na verdade, a confirmação ou o reconhecimento desses dados qualificativos (nome, filiação, nascimento e naturalidade) e a identidade ofertada, para regular individualização do sujeito a quem a conduta está sendo imputada.

A identificação se opera pela obtenção de elementos individualizadores como fotografias pessoais e impressões datiloscópicas, utilizadas pelos institutos de identificação dos Estados da Federação para o cadastro das carteiras de identidade (também chamadas "cédulas de identidade"), mediante registro em ordem numérica, popularmente conhecido como "RG" ("Registro Geral").

A referida identificação compreende a denominada identidade civil, que todos os cidadãos devem possuir para o regular exercício de seus direitos e cumprimento de seus deveres, cuja formalização em regra é baseada na certidão de nascimento do indivíduo, gerando também outros documentos pessoais que permitem a identificação civil de cada ser humano.

5 Conclusão

Foram destacados, em apertada síntese, os principais aspectos que envolvem o interrogatório extrajudicial, pela menção às peculiaridades da investigação criminal, serviço público mais próximo da ocorrência dos fatos concretos e da dinâmica da repressão penal, com suas respectivas dificuldades e desafios enfrentados no desempenho da atividade de polícia judiciária para uma atuação estatal legalista e profissional.

À luz das ponderações lançadas, a leitura constitucional do interrogatório policial o torna instrumento fundamental para a reta e efetiva aplicação das garantias processuais penais, sob pena de sacrificar a higidez da persecução e a consecução da Justiça Criminal.

Referências

ANSELMO, Márcio Adriano. Direito ao silêncio e sua devida interpretação. *In*: ANSELMO, Márcio Adriano *et al*. *Investigação criminal pela polícia judiciária*. Rio de Janeiro: Lumen Juris, 2016. p. 105-110.

ANSELMO, Márcio Adriano. Indiciamento: fundamentação e efeitos. *In*: ANSELMO, Márcio Adriano *et al*. *Investigação criminal pela polícia judiciária*. Rio de Janeiro: Lumen Juris, 2016. p. 83-96.

BADARÓ, Gustavo Henrique Righi Ivahy. *Processo penal*. 2. ed. Rio de Janeiro: Elsevier, 2014.

BALDAN, Édson Luís. Devida investigação legal como derivação do devido processo legal e como garantia fundamental do imputado. *In*: KHALED JUNIOR, Salah (Coord.). *Sistema penal e poder punitivo*: estudos em homenagem ao prof. Aury Lopes Jr. Florianópolis: Empório do Direito, 2015. p. 155-182.

CABETTE, Eduardo Luiz Santos. Uma análise sobre a coerência da jurisprudência do STJ quanto ao tema do indiciamento intempestivo. *Revista Jus Navigandi*, Teresina, mar. 2007. Disponível em: http://jus.com.br/artigos/9667. Acesso em: 17 jun. 2018.

CARVALHO, Gabriela Ponte; DUARTE, Evandro Piza. As Abordagens Policiais e o Caso Miranda v. Arizona (1966): violência institucional e o papel das cortes constitucionais na garantia da assistência do defensor na fase policial. *Revista Brasileira de Direito Processual Penal*, Porto Alegre, v. 4, n. 1, p. 303-334, jan./abr. 2018.

CASTRO, Henrique Hoffmann Monteiro de. Inquérito policial tem sido conceituado de forma equivocada. *Revista Consultor Jurídico*, 21 fev. 2017. Disponível em: www.conjur. com.br. Acesso em: 10 jun. 2018.

COELHO, Emerson Ghirardelli. *Investigação criminal constitucional*. Belo Horizonte: Del Rey, 2017.

FERNANDEZ, José Eduardo Gonzalez. A investigação policial conduzida pelo delegado de polícia à luz da Lei 12.830/13. *Jus Navigandi*, Teresina, nov. 2015. Disponível em: http:// jus.com.br/artigos/45003. Acesso em: 10 jun. 2018.

GOMES, Rodrigo Carneiro. Delegado tem o poder-dever de representar ao juízo e propor colaboração premiada. *Consultor Jurídico*, São Paulo, 26 jun. 2018. Disponível em: www. conjur.com.br. Acesso em: 28 jun. 2018.

GONÇALVES, Victor Eduardo Rios. *Legislação penal especial*. São Paulo: Saraiva, 2010.

HOUAISS, Antônio (1915-1999); VILLAR, Mauro de Salles (1939-). *Dicionário Houaiss da língua portuguesa*. Rio de Janeiro: Objetiva: 2001.

LESSA, Marcelo de Lima. *A independência funcional do delegado de polícia paulista*. São Paulo: Adpesp – Associação dos Delegados de Polícia do Estado de São Paulo, 2012.

LIMA. Renato Brasileiro de. *Curso de processo penal*. São Paulo: Juspodivm, 2015.

LOPES JR., Aury; KLEIN, Roberta Coelho. O indiciamento e a Lei 12.830/2013: um avanço, mas não o suficiente. *Boletim IBCCRIM – Instituto Brasileiro de Ciências Criminais*, ano 21, n. 249, p. 5-6, ago. 2013.

LOPES, Fábio Motta. *Os direitos de informação e de defesa na investigação criminal*. Porto Alegre: Livraria do Advogado, 2009.

MORAES, Rafael Francisco Marcondes de. *Prisão em flagrante delito constitucional*. Salvador: Juspodivm, 2018.

MORAES, Rafael Francisco Marcondes de; PIMENTEL JÚNIOR, Jaime. *Polícia judiciária e a atuação da defesa na investigação criminal*. Salvador: Juspodivm, 2018.

MOTA, Juliana Rosa Gonçalves. *Crítica livre*: o gongorismo forense que permeia os atos de polícia judiciária – necessidade ou preciosismo. 2013. 53 p. Monografia (Processo Seletivo de Professor de Redação Oficial) – Academia de Polícia Dr. Coriolano Nogueira Cobra, São Paulo, 2013.

PAGLIONE, Eduardo Augusto. A prisão em flagrante e as causas excludentes da antijuridicidade. *Boletim IBCCRIM – Instituto Brasileiro de Ciências Criminais*, v. 15, p. 15-17, set. 2007.

PAGLIONE, Eduardo Augusto. *O regime militar e a ação policial civil: a tortura como meio, o poder como fim*. Orientador: Dalmo de Abreu Dallari. 2014. 403 f. Tese (Doutorado em Direito) – Faculdade de Direito, Universidade de São Paulo, São Paulo, 2014.

QUEIROZ, Carlos Alberto Marchi de. *Prática do inquérito policial*. São Paulo: Iglu, 1997.

RODRIGUES, Nathalie Murcia. O indiciamento sob um viés garantista. *Jusbrasil*, Salvador, fev. 2017. Disponível em: https://nathaliemurcia.jusbrasil.com.br/artigos/433673789/o-indiciamento-sob-um-vies-garantista. Acesso em: 21 jun. 2018.

SAAD, Marta. A defesa técnica dos presos em flagrante delito. *Boletim IBCCRIM – Instituto Brasileiro de Ciências Criminais*, São Paulo, n. 173, v. 14, 2007.

SAAD, Marta. Direito ao silêncio na prisão em flagrante. *In*: PRADO, Geraldo; MALAN, Diogo (Org.). *Processo penal e democracia*: estudos em homenagem aos 20 anos da Constituição da República de 1988. Rio de Janeiro: Lumen Juris, 2009. p. 423-453.

SAAD, Marta. Indiciamento como ato fundamentado da autoridade policial. *Boletim informativo IBRASPP – Instituto Brasileiro de Direito Processual Penal*, ano 3, n. 5, p. 19-21, 2013.

SAAD, Marta. *O direito de defesa no inquérito policial*. São Paulo: Revista dos Tribunais, 2004.

SAMPAIO FILHO, Walter Francisco. *Prisão em flagrante*: a aplicação do devido processo legal. São Paulo: Rideel, 2005.

SANTOS, Cleopas Isaías; ZANOTTI, Bruno Taufner. *Delegado de polícia em* ação – teoria e prática no Estado Democrático de Direito. Salvador: Juspodivm, 2013.

SOUZA, David Tarciso Queiroz de. Direito ao silêncio na fase policial. *Empório do Direito*, Florianópolis, 29 jun. 2016. Disponível em: www.emporiododireito.com.br. Acesso em: 19 jun. 2018.

SOUZA, David Tarciso Queiroz de. Direito ao silêncio na fase policial – segunda parte. *Empório do Direito*, Florianópolis, 27 jul. 2016. Disponível em: www.emporiododireito. com.br. Acesso em: 19 jun. 2018.

SOUZA, David Tarciso Queiroz de. Tem alguém aí? O direito ao silêncio na fase policial – terceira parte. *Empório do Direito*, Florianópolis, 28 set. 2016. Disponível em: www.emporiododireito.com.br. Acesso em: 19 jun. 2018.

TÁVORA, Nestor; ALENCAR, Rosmar Rodrigues. *Curso de direito processual penal.* Salvador: Juspodivm, 2016. p. 988-989.

Informação bibliográfica deste texto, conforme a NBR 6023:2018 da Associação Brasileira de Normas Técnicas (ABNT):

MORAES, Rafael Francisco Marcondes de. Interrogatório policial e a devida investigação criminal. *In*: PEREIRA, Eliomar da Silva; ANSELMO, Márcio Adriano (Org.). *Direito Processual de Polícia Judiciária II:* os meios de obtenção de prova. Belo Horizonte: Fórum, 2020. p. 85-111. (Curso de Direito de Polícia Judiciária, v. 5). ISBN 978-85-450-0620-6.

DOCUMENTOS E REQUISIÇÃO DIRETA DE DADOS E INFORMAÇÕES PELO DELEGADO DE POLÍCIA

SANDRO LÚCIO DEZAN

1 Introdução

O presente capítulo busca analisar os aspectos normativos e jurisprudenciais que envolvem o *ato administrativo e processual penal* (ato administrativo-processual penal) de requisição direta, *manu propria*, de dados e de informações pelo delegado de polícia no exercício da condução da investigação criminal.

Por via do método hipotético-dedutivo, concernente à relatividade dos direitos fundamentais à vista da celeridade e certeza da investigação criminal em um Estado verdadeiramente Constitucional e Democrático de Direito, concluir-se-á que ao delegado de polícia cabe atuar, nos ditames da lei, diretamente para a obtenção de dados e de informações – assim como ter franco acesso a esses elementos de interesse da investigação criminal –, sem que isso atraia qualquer ilegalidade ou ofensa a direitos fundamentais do investigado, mas, sobretudo, visa à resguardar esses direitos, pela face relacional da segurança jurídica e da verdade processual a dar certeza jurídica para a justa causa da *presecutio criminis in judicio*. Assim a possibilidade legal de requisição e de acesso direito a dados e a informações de interesse da investigação propicia celeridade e evita o escândalo do processo, o *strepitus processus*.

Com efeito, serão abordados *(i)* os conceitos de documento, de dados e de informações, semelhanças e distinções, e *(ii)* o *dever-poder* de requisição de elementos de provas documentais (dados e informações) à luz da legislação pátria.

2 Os conceitos de documento, de dados e de informações: semelhanças e distinções

No *direito processual*, o tema *documento* possui pertinência com um dos pilares dos escopos jurídico, político e social do processo, qual seja, o tema *prova*, esta, sobretudo, concebida como a forma de demonstração inequívoca de algo, de algum acontecimento, ou de específica condição de coisas ou pessoas.

Para os fins do processo como instrumento de *concreção do Direito*, como via estatal de aplicação da justiça e de pacificação social, e, quanto ao que nos detemos à pesquisa, para os fins da *investigação criminal como fase do processo penal* em um contexto de Estado Democrático e *Constitucional* de Direito,[1] considera-se *documento* (do latim *documentum*) toda e qualquer coisa[2] ou objeto,[3] de origem pública ou privada

---

[1] Cf. ANSELMO, Márcio Adriano. *Temas avançados de polícia judiciária*. 2. ed. Salvador: Juspodivm, 2018; DEZAN, Sandro Lúcio. Prólogo sobre a investigação criminal e sua teoria comum: o inquérito policial como fase do processo criminal. *In*: ZANOTTI, Bruno Taufner; SANTOS, Cleopas Isaías (Org.). *Temas avançados de polícia judiciária*. Salvador: Juspodivm, 2015, p. 21-34; DEZAN, Sandro Lúcio. Os contornos jurídicos da cognição no indiciamento do investigado no inquérito policial: breves notas sobre o caráter objetivo e subjetivo-mitigado, limitado e não exauriente do ato de indiciamento. *In*: ZANOTTI, Bruno Taufner; SANTOS, Cleopas Isaías (Org.). *Temas atuais de polícia judiciária*. Salvador: Juspodivm, 2015, p. 255-276; PEREIRA, Eliomar da Silva. *Teoria da investigação criminal*: uma introdução jurídico-científica. Lisboa: Almedina, 2010; PEREIRA, Eliomar da Silva. *Investigação, verdade e justiça*: a investigação criminal como ciência na lógica do Estado de Direito. Porto Alegre: Núria Fabris, 2014; PEREIRA, Eliomar da Silva. *Introdução às ciências policiais*: a polícia entre ciência e política. Lisboa: Almedina, 2015; PEREIRA, Eliomar da Silva. *O processo (de investigação) penal*: o "nó górdio" do devido processo. Orientador: Germano Marques da Silva. 2018. 603 fl. Tese (Doutorado em Direito) – Escola de Direito de Lisboa, Universidade Católica Portuguesa, Lisboa, 2018; PEREIRA, Eliomar da Silva. *Introdução ao direito de polícia judiciária*. Belo Horizonte: Fórum, 2019; PEREIRA, Eliomar da Silva; DEZAN, Sandro Lucio (Coord.). *Investigação criminal conduzida por delegado de polícia*: comentários à Lei 12.830/2013. Curitiba: Juruá, 2013; e SANTOS, Célio Jacinto. *Investigação criminal especial*: seu regime no marco do Estado Democrático de Direito. Porto Alegre: Núria Fabris, 2013.

[2] Em síntese, o *documento* é *coisa* que possui tem relevância para o Direito. Sobre o conceito de *coisa*, cf. MONTEIRO, Washington de Barros. *Curso de direito civil*: direito das coisas. 37. ed. São Paulo: Saraiva, 2003.

[3] *Objeto* é *bem* que tem relevância para o Direito, a partir da concepção de que *bem* é uma espécie de *coisa* que possui relevância para o Direito; logo, compreendem-se sinônimos *bem* e *objeto*. Sobre o tema, ainda cf. MONTEIRO, *op. cit.*

(criados, respectivamente, pelo Estado[4] ou por particular, pessoa física e pessoa jurídica), a comportar-se, por força de lei (sem confundir-se com a *prova formada por dedução e ou indução lógico-jurídica – elementos de prova*), como suporte material de *conteúdo*, continente, que armazene e conserve informações (anote-se aqui, em primeiro momento, que o *conteúdo* veicula *informação*), de forma fidedigna, em meio, ou formato, impresso ou digital.[5]

A definição do conceito de *documento*, por essa óptica – e eis aqui a sua característica objetiva ou material –, concentra-se no suporte utilizado para o *registro de informações*, sem se questionar a veracidade do próprio *conteúdo* – e, aqui, a característica subjetiva do conceito de documento –, da informação em si veiculada pelo meio ou formato físico ou digital.[6] Com efeito, as informações registradas correspondem ao conteúdo do documento.

O aspecto material *isolado* do documento, salvo quanto à análise do *documento na qualidade de corpo de delito*, não interessa à investigação criminal, fazendo-se imperioso o conteúdo dos dados e das informações, para a prova de interesse do processo penal, *com a demonstração inequívoca de algo, de algum acontecimento, ou de específica condição de coisas ou pessoas*, relacionada à *autoria*, à *materialidade*, ou, ainda às *elementares* e às *circunstâncias* do ilícito penal. Os dados e as informações propiciam a formação dos elementos de prova na investigação criminal e no processo penal estrito (fase em contraditório).

A concepção jurídica de *informação* perpassa pela necessidade de reprodução de um acontecimento, uma situação ou uma circunstância e, destarte, o documento possui essa *finalidade* correlacionada ao seu conteúdo, isto é, a reprodução, ou a retratação, de um acontecimento,

---

[4] Aqui, insere-se o conceito de pessoas políticas e pessoas jurídicas, públicas e privadas, e seus órgãos, na tradicional estrutura da Administração Pública Direta e Indireta, órgãos independentes, autônomos, superiores e subalternos, dos três Poderes (MEIRELLES, Hely Lopes. *Direito administrativo brasileiro*. 24. ed. São Paulo: Malheiros, 1999). Esse conceito engloba, também, os *documentos públicos por equiparação*, correspondente a "todo documento emanado de entidade paraestatal, bem como os títulos ao portador ou que possam circular mediante endosso, como os cheques, as notas promissórias, as duplicatas, entre outros, as ações de sociedade comercial e o testamento particular são equiparados a documentos públicos" (NUCCI, Guilherme de Souza. *Código de Processo Penal comentado*. 16. ed. Rio de Janeiro: Forense, 2017. p. 947).

[5] O meio digital é também um suporte material e não há que se confundir digital com imaterial, mas sim, utiliza-se a denominação "digital" para a distinção do suporte material impresso, em papel ou em meio análogo, madeira, vidro, plásticos, por exemplo.

[6] Cf. NUCCI, *op. cit.*

de uma situação ou de uma circunstância fática, envolvendo ou não pessoas determinadas.[7] Sob esse aspecto, o simples *meio, suporte* ou *formato*, independentemente de sua natureza, contendo informações, confere o caráter documental ao objeto de interesse jurídico, passível, todavia, de caracterizar-se como *válido* ou *inválido*, à vista das formalidades legais observadas e da veracidade das informações nele contidas.[8] Quanto a este último aspecto, a veracidade corresponde ao conteúdo subjetivo, ideológico do documento.

Queremos, com isso, formular, primeiramente, a distinção *(i)*entre o *corpo de delito que incide sobre um documento* e *(ii)* o *documento que se presta a funcionar como elemento documental de prova*. O primeiro independe do conteúdo verdadeiro, na medida em que, apesar disso, pode ser materialmente falso e, com isso, atrair a incidência de tipificações penais que assim façam tal previsão. Por outro lado, o segundo, o *elemento documental de prova*, só servirá à formação do convencimento para as decisões no bojo da investigação criminal e do processo penal contraditorial estrito à luz da veracidade de seu conteúdo.

Com efeito, provas ilícitas (com ofensa a direito material) ou ilegítimas (com ofensa a direito processual) não se prestam à formação de convencimento jurídico no processo penal.

Informação e *convencimento* são conceitos e fenômenos relacionais e os documentos destinam-se à prova de algo, por via de informação verossímil, para a formação do convencimento de alguém. Assim é quanto ao convencimento jurídico dos operadores do Direito e, mormente, dos responsáveis por emissão de atos jurídicos de decisão em todo o processo penal. O juiz de Direito manifesta-se no processo penal à vista de provas ou de indícios contínuos e concordantes[9] que

---

[7] A Lei de Acesso a Informações, Lei 12.527/2011, em seu artigo 4º, Inciso I e II apresenta o conceito de informação e de documento: "Art. 4º Para os efeitos desta Lei, considera-se: I - informação: dados, processados ou não, que podem ser utilizados para produção e transmissão de conhecimento, contidos em qualquer meio, suporte ou formato; II - documento: unidade de registro de informações, qualquer que seja o suporte ou formato; (...)".

[8] Cf. NUCCI, *op. cit.*

[9] A Lei de Introdução ao Direito Brasileiro, Decreto-lei 4.657/1942, apresenta normatização a esse respeito que, combinada com disposição do Novo Código de Processo Civil brasileiro, estende a técnica de jurisdicionalidade para os demais diplomas normativos brasileiros. Assim, o Decreto-lei 4.657/1942 prescreve, *in verbis*: "Art. 4º Quando a lei for omissa, o juiz decidirá o caso de acordo com a analogia, os costumes e os princípios gerais de direito. Art. 5º Na aplicação da lei, o juiz atenderá aos fins sociais a que ela se dirige e às exigências do bem comum" (...) "Art. 20. Nas esferas administrativa, controladora e judicial, não se decidirá com base em valores jurídicos abstratos sem que sejam consideradas as consequências práticas

se comportam, também, como prova, e, do mesmo modo, o *delegado de polícia* externa a sua *vontade jurídica*[10] ao amparo de fatos provados (a licitude documental é intrínseca à dedução e ou à indução da existência/ ocorrência de um fato de interesse da investigação criminal), malgrado de modo preliminar e sujeito à revisão do órgão do Ministério Público – na fase apropriada para tal, *ex vi* do momento de oferecimento da denúncia – e, por fim, do Juiz de Direito, acaso provocado.

Sob essa óptica, imperioso se faz reter sobre o tema *documento*, os conceitos jurídico-operacionais de *dados e informações, prova* e *decisão*.

Na investigação criminal, os documentos podem demonstrar fatos direitos e ou relacionados a indícios de autoria, à prova da materialidade e às circunstâncias do ilícito penal e, assim, prestam-se à formação de convencimento da autoridade policial (e dos demais atores processuais penais, que levam a efeito as respectivas fases da persecução criminal), constituindo, destarte, em *elemento de prova*.[11] Sob esse aspecto, frise-se mais uma vez, *o documento* não se confunde com o *corpo de delito*, mas, externo a ele, fornece informações a seu respeito. Reportamo-nos, deste modo, aos *documentos* que demonstram *fatos* direitos e ou relacionados a *indícios de autoria*, à *prova da materialidade* ou às *circunstâncias do ilícito penal*, que incidem sobre determinado *corpo de delito* – este a figurar como objeto material da conduta criminosa.

Para a investigação criminal e para o processo penal como um todo, o *documento* veicula *informação* fidedigna (*juri et de juris* ou *juris*

---

da decisão. (Incluído pela Lei nº 13.655, de 2018). Parágrafo único. A motivação demonstrará a necessidade e a adequação da medida imposta ou da invalidação de ato, contrato, ajuste, processo ou norma administrativa, inclusive em face das possíveis alternativas. (Incluído pela Lei nº 13.655, de 2018). Art. 21. A decisão que, nas esferas administrativa, controladora ou judicial, decretar a invalidação de ato, contrato, ajuste, processo ou norma administrativa deverá indicar de modo expresso suas consequências jurídicas e administrativas. (Incluído pela Lei nº 13.655, de 2018)". Nesse sentido, assinala o novo Código de Processo Civil brasileiro, Lei 13.105/2015, *in verbis*: "Art. 371. O juiz apreciará a prova constante dos autos, independentemente do sujeito que a tiver promovido, e indicará na decisão as razões da formação de seu convencimento".

[10] Cf. DEZAN, Sandro Lúcio. Art. 2º, §3º (vetado). O delegado de polícia conduzirá a investigação criminal de acordo com seu livre convencimento técnico-jurídico, com isenção e imparcialidade. *In*: PEREIRA, da Silva Eliomar; DEZAN, Sandro Lúcio. *Investigação criminal conduzida por delegado de polícia*: comentários à Lei 12.830/2013. Curitiba: Juruá, 2013. p. 119-162.

[11] Cf. PEREIRA, Eliomar da Silva. *Teoria da investigação criminal*: uma introdução jurídico-científica. Lisboa: Almedina, 2010; PEREIRA, Eliomar da Silva. *Investigação, verdade e justiça*: a investigação criminal como ciência na lógica do Estado de Direito. Porto Alegre: Núria Fabris, 2014; e SANTOS, Célio Jacinto. *Investigação criminal especial*: seu regime no marco do Estado Democrático de Direito. Porto Alegre: Núria Fabris, 2013.

tantum) – e aí advém a definição do conceito de *prova* –, a justificar a tomada de decisão jurídica (de acordo com a *lei* e com o *Direito*: *princípio da juridicidade*)[12] que guarde pertinência com determinado fato e a sua demonstração de ocorrência.

Os documentos, públicos ou privados, são, mais comumente, objetos de *busca e apreensão*, conforme art. 240 e ss. do CPP,[13] mas não de *requisição de dados e informações*. Em que pese a esses contornos da legislação, advirta-se que em raras circunstâncias, cabe no processo penal, mormente na investigação criminal, a *inversão* dessas diligências, com a *requisição de documentos* e a *busca e apreensão de dados e informações*.[14] Nesse contexto, como regra, o delegado de polícia, na qualidade de autoridade policial e presidente da investigação, *(i) representa* à autoridade judicial pela *busca e apreensão de documentos* e *(ii) requisita*, aos particulares, pessoas físicas e jurídicas, e à Administração Pública, Direta e Indireta, *dados e informações*, que, entretanto – ambas as modalidades instrumentais à conclusão da apuração –, ingressam nos autos da investigação criminal como *elementos documentais de prova*.

Assim, os documentos arrecadados e apreendidos e os dados e as informações fornecidos[15] à vista de requisições (desde que juntados aos autos) compreendem *provas documentais* (ou, como sinônimo, *elementos documentais de prova*) de que se pode valer o delegado de polícia, para a formação de seu convencimento e, destarte, fundamentação dos atos de *indiciamento* e de *relatório final* da investigação, e de outros de interesse do apuratório.[16] Aqui, há de se atentar para o fato de *o conceito de prova documental* ser mais abrangente que *o conceito de documento*, na medida

---

[12] Cf. DEZAN, *op. cit.*

[13] "Art. 240. A busca será domiciliar ou pessoal. §1º Proceder-se-á à busca domiciliar, quando fundadas razões a autorizarem, para: a) prender criminosos; b) apreender coisas achadas ou obtidas por meios criminosos; c) apreender instrumentos de falsificação ou de contrafação e objetos falsificados ou contrafeitos; d) apreender armas e munições, instrumentos utilizados na prática de crime ou destinados a fim delituoso; e) descobrir objetos necessários à prova de infração ou à defesa do réu; f) apreender cartas, abertas ou não, destinadas ao acusado ou em seu poder, quando haja suspeita de que o conhecimento do seu conteúdo possa ser útil à elucidação do fato; g) apreender pessoas vítimas de crimes; h) *colher qualquer elemento de convicção*" (grifos nossos).

[14] Exemplo de *requisição de documentos* afere-se com a possibilidade de o documento de interesse da investigação criminal encontrar-se em poder (posse provisória ou mera detenção) de pessoa física ou jurídica não proprietária do bem (do documento); e exemplo de *busca e apreensão de dados e informações*: em casos de negativa ou omissão de remessa pela pessoa que detenha os dados e ou os elementos para a composição das informações.

[15] Sem embargo do fato de que muitos dados e informações são fornecidos à autoridade policial por meio de documentos particulares ou públicos.

[16] Cf. DEZAN, *op. cit.*

em que o primeiro engloba o segundo e o sobrepuja, para abarcar outros objetos, a exemplo dos dados e das informações que, sem se revestirem na origem da qualidade de documento público ou privado, ingressem nos autos por requisição da autoridade policial.

Com o evoluir tecnológico, passaram a compreender no âmbito das definições do conceito de documentos, além dos tradicionalmente conhecidos, *v.g.*, *(a)* as gravações e degravações de interceptações de voz; *(b)* as gravações e degravações (transcrições) de interceptações telemáticas; *(c)* as informações, em tempo real, sobre a localização de terminais ou de IMEI (*International Mobile Equipment Identity* – Identidade Internacional de Equipamento Móvel), referente a um número único de 15 algarismos para cada telefone celular e equipamentos similares, realizado por meio de ERB (sigla que representa a estação base de transmissão, correspondente aos equipamentos que realizam a conexão entre os terminais de telefones celulares (ou equipamentos com as mesmas propriedades dos celulares) e as empresas de telefonia móvel – são, assim, as antenas de telefonia celular); *(d)* os extratos de ERB; *(e)* os dados cadastrais de usuários de IP (*Internet Protocol* – protocolo de *internet*), número que é atribuído a cada dispositivo que se conecte à *internet*, que abarcam dados de usuários que, em determinado dia, data, hora e fuso, utilizaram um IP para acesso à *internet*; *(f)* dados cadastrais dos terminais fixos não figurantes em lista telefônica divulgável e de terminais móveis; *(g)* os extratos de chamadas telefônicas; *(h)* os extratos de mensagens de texto SMS (sigla de *short message service*: serviço de mensagem curta), que designa mensagens enviadas por telefones celulares e equipamentos similares, conhecidas popularmente no Brasil como "torpedos"; *(i)* os extratos e os áudios e ou imagens, armazenados em suporte de mensagens MMS (*multimedia messaging service*), correspondente a serviço de mensagens multimídia, que designa mensagens enviadas por telefones celulares e equipamentos similares com imagens, sons e gráficos; *(j)* os serviços de agenda virtual, fornecidos por empresas de telefonia; e *(k)* os dados cadastrais de correio eletrônico (*e-mail*).

Sem embargo disso, *documentos* e *elementos documentais de prova* (*provas documentais*) não são termos sinônimos, mas guardam correlação.

A *requisição de dados e de informações*, a par dos documentos públicos e privados, também busca formar a convicção da autoridade policial e dos demais agentes públicos que atuam na fase processual. Assim, *a requisição de dados e de informações* busca coligir para os autos da investigação criminal "documentos" que compreendam elementos de prova da autoria, da materialidade e das eventuais circunstâncias do ilícito penal – transforma-se, assim, em "documentos" com a decisão de "juntada" aos autos da investigação criminal proferida pela autoridade policial. O juízo de valor, neste momento, alça as informações e dados à condição de elemento de prova documental que, todavia, deve ser assim referendada pela indicação de seus efeitos e alcance, nos atos jurídicos administrativo-processuais de indiciamento e de relatório final conclusivo da apuração penal.

No que tange à contemporaneidade, os documentos podem ser pré-existente à investigação criminal ou após a sua instauração. Também podem ser contemporâneos, anteriores ou posteriores aos fatos investigados e, mesmo, serem objeto de delito. O que importa, entretanto, é o fato de que as provas documentais devem ingressar nos autos por decisão da autoridade policial, *(i) ex officio, (ii)* por requisição do membro do Ministério Público que atua no feito, ou, ainda, à vista de *(iii)* requerimento do investigado (que, nessa fase pré-contraditorial do processo penal possui legitimidade para exercício de uma ampla defesa constitucionalmente qualificada, sobretudo, ao amparo da necessidade de deferência à *verdade processual,* que também vigora nessa fase do processo penal).

A deferência à *verdade processual* não valida a ausência de *juízo valorativo*[17] formulado pela autoridade policial e a decisão de juntada de elementos de prova documentais, mormente sob o crivo de sua *pertinência, necessidade* e *adequado* momento para integrarem os autos da investigação criminal é, sempre, do delegado de polícia que a preside.

Assim, não se há de falar, *licitamente,* de juntada de documentos aos autos do inquérito policial procedida por ato *ex officio* do Ministério Público, o que, comumente ocorre na prática, quando os autos físicos são submetidos ao *parquet* para a concessão de novo prazo, ou seja, para a prorrogação de prazo, com vistas à continuidade das apurações. Não em raras ocasiões, os autos do inquérito policial retornam do Ministério Público com o prazo renovado, mas, entretanto, contudo, permeado de documentos que foram inadvertidamente juntados, sem a prévia submissão ao juízo valorativo da autoridade policial, que conduz as investigações.

---

[17] Cf. DEZAN, *op. cit.*

3 O dever-poder de requisição de elementos de provas documentais (dados e informações) à luz da legislação pátria

À vista da teoria e tendência de *constitucionalização do direito* que, em consonância com a tutela ocidental de direitos fundamentais, permeia o direito brasileiro,[18] e, no presente caso sob pesquisa, da *constitucionalização do direito administrativo*[19] aplicado ao direito processual penal, cumpre ao delegado de polícia concretizar direitos fundamentais – estes hauridos diretamente da Constituição Federal –, sem interposição de lei que venha a regulamentar e, destarte, em muitos casos, colocar-se como barreira a efetividade desse mister: exemplo disso era o entendimento legal e jurisprudencial de que ao delegado de polícia não cabia o dever-poder de requisição de documentos, mas, tão somente, de solicitação, pedido, pleito, às pessoas físicas e jurídicas, públicas e privadas. Situação nada mais absurda para o trato do interesse público investigativo, vertido em direito fundamental.

Entretanto, uma sequência de leis ordinárias adveio para sanar essa eiva que acometia a nossa ordem jurídica brasileira, para propiciar ao delegado de polícia o direito (dever-poder) de requisição de elementos de prova (informações e dados). Não há mais espaço no direito penal e no direito processual penal – e em todo que qualquer ramo do direito epistemologicamente autônomo que lide com direitos fundamentais – para reserva de atribuições elitistas em detrimento da real efetividade dos direitos fundamentais, mormente, quanto ao objeto da presente pesquisa, no que se refere ao sopesamento da justa causa para o processo penal.

---

[18] BARROSO, Luís Roberto. Neoconstitucionalismo e constitucionalização do direito: o triunfo tardio do direito constitucional no Brasil. *Revista de Direito Administrativo*, Rio de Janeiro, v. 240, p 1-42, abr./jun. 2005.

[19] Cf. BARROSO, Luís Roberto. A constitucionalização do direito e suas repercussões no âmbito administrativo. *In*: ARAGÃO, Alexandre Santos de; MARQUES NETO, Floriano de Azevedo (Coord.). *Direito administrativo e seus novos paradigmas*. Belo Horizonte: Fórum, 2012, p. 31-63; BINENBOJM, Gustavo. A constitucionalização do direito administrativo no Brasil: um inventário de avanços e retrocessos. *Revista Brasileira de direito Público (RBDP)*, Belo horizonte, ano 4, n. 14, p. 9-53, jul./set. 2006; CADEMARTORI, Luiz Henrique Urquhart; OLIVEIRA, Vitória Cristina. Constitucionalização do direito administrativo e a sindicabilidade do ato discricionário. *Revista Estudos Institucionais*, v. 2, n. 1, p. 168-191, 2016; FERNANDES, André Dias. A constitucionalização do Direito Administrativo e o controle judicial do mérito do ato administrativo. *Revista de Informação Legislativa (RIL)*, ano 51, n. 203, p. 143-164, jul./set. 2014; e BITENCOURT NETO, Eurico. Transformações do Estado e da Administração Pública no século XXI. *Revista de Investigações Constitucionais*. Curitiba, v. 4, n. 1, p. 207-225, jan./abr. 2017.

Nisso, apresentam-se os fundamentos há muito reclamados para que o delegado de polícia possa desempenhar as suas atribuições em consonância com o atual *Estado Constitucional e Democrático de Direito*:[20] lançando mão dos instrumentos a seu cargo para a apuração dos indícios da autoria e da prova da materialidade delitiva e a legislação processual penal cuidou de acompanhar essa necessária evolução do direito e dos métodos de proteção dos direitos fundamentais. Imprescindível reparar nesse contexto que não se trata apenas de um afastamento de direitos fundamentais não absolutos[21] (intimidade, vida privada, honra e imagem das pessoas, conforme descreve a inviolabilidade prevista no artigo 5º X, da Constituição Federal de 1988), mas de *tutela ponderada* de direitos fundamentais prevalentes,[22] a exemplo do direito à vida, à propriedade, e, *v.g.* à segurança,[23] firmada não pelo intérprete e aplicador do Direito, em um juízo de aplicação, de fundamentação,[24] mas *ex legis*, pelo legislador ordinário em momento anterior à concepção de vigência da lei, pelas vias de um juízo de justificação.[25] Afirma-se, com efeito, que a ponderação de princípios constitucionais colidentes efetivou-se em momento pretérito ao caso concreto – no momento da concepção da lei –, à luz do escopo de garantia de uma investigação criminal que, por meio da certeza e da celeridade, obste o *strepitus processus* de uma injusta *persecutio criminis in judicio* desprovida de justa causa.

Sob esses novos vértices, uma série de leis processuais penais extravagantes positivou, ora de forma genérica, para toda e qualquer espécie de ilícito penal, ora de para alguns tipos de crime, a possibilidade de o delegado de polícia empregar meios extraordinários de obtenção de

---

[20] Ver nota 1.

[21] Cf. SARLET, Ingo Wolfgang. *Dignidade da pessoa humana e direitos fundamentais na Constituição Federal de 1988*. 9. ed. Porto Alegre: Livraria do Advogado, 2012; BARROSO, Luís Roberto. *O direito constitucional e a efetividade de suas normas*. Rio de Janeiro: Renovar, 2002; e BARROSO, Luís Roberto. *Interpretação e aplicação da constituição*. 6. ed. São Paulo: Saraiva, 2004.

[22] ALEXY, Robert. *Teoría de los derechos fundamentales*. Madrid: Centro de Estudios Constitucionales, 1993.

[23] Cf. os seguintes preceitos de direitos fundamentais da Constituição Federal de 1988, *in verbis*: "Art. 5º - Todos são iguais perante a lei, sem distinção de qualquer natureza, garantindo-se aos brasileiros e aos estrangeiros residentes no País a inviolabilidade do direito à vida, à liberdade, à igualdade, à segurança e à propriedade, nos termos seguintes: (…) X - são invioláveis a intimidade, a vida privada, a honra e a imagem das pessoas, assegurado o direito a indenização pelo dano material ou moral decorrente de sua violação".

[24] GÜNTHER, Klaus. *Teoria da argumentação no direito e na moral*: justificação e aplicação. Tradução de Claudio Molz. Introdução à edição brasileira de Luiz Moreira. São Paulo: Landy, 2004.

[25] *Ibidem*.

elementos de prova, através do que se concebe denominar de *dever-poder de requisição direta de documentos, dados e informações*. Importante citar, *v.g.*, as Leis 9.613/1998 (alterada pela Lei 12.683/2012), 12.830/2013, 12.850/2013 e 13.344/2016, que tendem a formar um microssistema[26] de instrumentos normativos manejados pelo delegado de polícia, para a tutela *(i)* da segurança jurídica, *(ii)* da existência de justa causa para o *jus persequendi* e *(iii)* da celeridade da investigação criminal.

A Lei 9.613/1998, que dispõe sobre os crimes de "lavagem" ou ocultação de bens, direitos e valores; a prevenção da utilização do sistema financeiro para os ilícitos previstos nesta Lei; cria o Conselho de Controle de Atividades Financeiras – COAF (atualmente denominado UIF), e dá outras providências, foi alterada pela Lei 12.683/2012, para incluir o artigo 17-B, de modo a permitir à autoridade policial (Delegado de Polícia) e ao Ministério Público, independentemente de autorização judicial, o acesso "aos dados cadastrais do investigado que informam qualificação pessoal, filiação e endereço, mantidos pela Justiça Eleitoral, pelas empresas telefônicas, pelas instituições financeiras, pelos provedores de internet e pelas administradoras de cartão de crédito".[27] Mister anotar que o objeto em que se cinge o dever de fornecimento que vincula a Justiça Eleitoral, as empresas telefônicas, as instituições financeiras, os provedores de *internet* e as administradoras de cartão de crédito compreende apenas os dados cadastrais, concebidos como os registros afetos à qualificação pessoal, à filiação e ao endereço de domicílio e ou de residência de *pessoa investigada*. Não há na lei a permissão para a requisição de dados de testemunhas, de informantes, ou de terceiros não investigados pela prática de ilícitos penais. Por outro lado, o preceito legal abrange a pessoa jurídica por ventura investigada pela prática de

---

[26] Anote-se ainda dispositivo da Lei 12.965/2014, que estabelece princípios, garantias, direitos e deveres para o uso da *internet* no Brasil, ao tratar da proteção aos registros, aos dados pessoais e às comunicações privadas, prescrever a obtenção direta de dados pelo delegado de polícia, nos seguintes termos: "Art. 10. A guarda e a disponibilização dos registros de conexão e de acesso a aplicações de internet de que trata esta Lei, bem como de dados pessoais e do conteúdo de comunicações privadas, devem atender à preservação da intimidade, da vida privada, da honra e da imagem das partes direta ou indiretamente envolvidas. (...) §3º O disposto no *caput* não impede o acesso aos dados cadastrais que informem qualificação pessoal, filiação e endereço, na forma da lei, pelas autoridades administrativas que detenham competência legal para a sua requisição".

[27] "Art. 17-B. A autoridade policial e o Ministério Público terão acesso, exclusivamente, aos dados cadastrais do investigado que informam qualificação pessoal, filiação e endereço, independentemente de autorização judicial, mantidos pela Justiça Eleitoral, pelas empresas telefônicas, pelas instituições financeiras, pelos provedores de internet e pelas administradoras de cartão de crédito" (Artigo 17-B da Lei 9.613/1998, com redação dada pela Lei 12.683/2012).

ilícito penal ou cujos sócios, proprietários, administradores ou gerentes, encontrem-se nessa condição jurídica, mesmo antes do ato formal de indiciamento em inquérito policial.

Por outro giro, à vista do texto de lei, não se permite ao delegado de polícia o acesso *(i)* às informações do quantitativo geral e ou individual referentes aos valores movimentados em instituições financeiras, *(ii)* as informações sobre os sítios visitados na rede mundial de computadores e, *v.g.*, *(iii)* os valores gastos e ou os dados das empresas ou das pessoas físicas com as quais transacionou tais valores.

Por seu turno, a Lei 12.830/2013, que dispõe sobre a investigação criminal conduzida pelo delegado de polícia, permite, por força do art. 2º, §2º, "a requisição de perícia, informações, documentos e dados que interessem à apuração dos fatos".[28]

A *requisição* não é conceito sinônimo de *solicitação*, pedido, e sim, como conceito jurídico, compreende uma *determinação* decorrente de uma atribuição legal e constitucional para que alguém proceda de algum modo à vista do ordenamento jurídico. No caso em tela, a requisição denota uma determinação exarada pelo delegado de polícia – quando imbuído da condução do inquérito policial e com vistas à apuração das circunstâncias, da materialidade e da autoria das infrações penais – e direcionada a específicas pessoas físicas ou jurídicas, públicas ou privadas, para que realizem, forneçam ou encaminhem "perícia, informações, documentos e dados que interessem à apuração dos fatos".

A Lei 12.850/2013, que define organização criminosa e dispõe sobre a investigação criminal, os meios de obtenção da prova, infrações penais correlatas e o procedimento criminal e dá outras providências, ao tratar do "acesso a registros, dados cadastrais, documentos e informações", estabelece, em seu artigo 15 (com redação semelhante à do Artigo 17-B da Lei 9.613/1998, com redação dada pela Lei 12.683/2012), que "o delegado de polícia e o Ministério Público terão acesso, independentemente de autorização judicial, apenas aos dados cadastrais do investigado que informem exclusivamente a qualificação pessoal, a filiação e o endereço mantidos pela Justiça Eleitoral, empresas telefônicas, instituições financeiras, provedores de internet e administradoras de cartão de crédito".

---

[28] "Art. 2º As funções de polícia judiciária e a apuração de infrações penais exercidas pelo delegado de polícia são de natureza jurídica, essenciais e exclusivas de Estado. (…) §2º Durante a investigação criminal, cabe ao delegado de polícia a requisição de perícia, informações, documentos e dados que interessem à apuração dos fatos" (Lei 12.830/2013).

Deste modo, como já afirmado para a prescrição da Lei 9.613/1998 e não é demais refrisar, o objeto em que se cinge o dever de fornecimento que vincula a Justiça Eleitoral, as empresas telefônicas, as instituições financeiras, os provedores de *internet* e as administradoras de cartão de crédito compreende apenas os dados cadastrais, concebidos como os registros afetos à qualificação pessoal, à filiação e ao endereço de domicílio e ou de residência de *pessoa investigada*. Não há na lei a permissão para a requisição de dados de testemunhas, de informantes, ou de terceiros não investigados pela prática de ilícitos penais. Por outro lado, o preceito legal abrange a pessoa jurídica por ventura investigada pela prática de ilícito penal ou cujos sócios, proprietários, administradores ou gerentes, encontrem-se nessa condição jurídica, mesmo antes do ato formal de indiciamento em inquérito policial. Por outro giro, à vista do texto de lei, não se permite ao delegado de polícia o acesso *(i)* às informações do quantitativo geral e ou individual referentes aos valores movimentados em instituições financeiras, *(ii)* as informações sobre os sítios visitados na rede mundial de computadores e, *v.g., (iii)* os valores gastos e ou os dados das empresas ou das pessoas físicas com as quais transacionou tais valores.

Sem embargo da similitude de alcance do dever-poder de requisição contido na Lei 9.613/1998 e Lei 12.850/2013, este último diploma legal encarregou-se de permitir o acesso aos registros de identificação dos números dos terminais de origem e de destino das ligações telefônicas internacionais, interurbanas e locais[29] e de estipular prazos de obrigações de as empresas manterem à disposição das autoridades o acesso direito e permanente, para as empresas de transporte, dos bancos de dados de reservas e registro de viagens,[30] e para as concessionárias de telefonia fixa ou móvel, e os registros de

---

[29] A lei pacificou tema outrora polêmico, conquanto, até o advento da lei em comento, compreendido por muitos estudiosos e pela jurisprudência dominante como submetido à reserva de jurisdição, na medida em que se encontrava abarcado na definição do conceito de interceptação telefônica e, destarte, protegido nos termos do Artigo 5º, XII, da CF/1988, que estatui, *in verbis*: "Art. 5º Todos são iguais perante a lei, sem distinção de qualquer natureza, garantindo-se aos brasileiros e aos estrangeiros residentes no País a inviolabilidade do direito à vida, à liberdade, à igualdade, à segurança e à propriedade, nos termos seguintes: (...) XII - é inviolável o sigilo da correspondência e das comunicações telegráficas, de dados e das comunicações telefônicas, salvo, no último caso, por ordem judicial, nas hipóteses e na forma que a lei estabelecer para fins de investigação criminal ou instrução processual penal" (Constituição Federal de 1988).

[30] "Art. 16. As empresas de transporte possibilitarão, pelo prazo de 5 (cinco) anos, acesso direto e permanente do juiz, do Ministério Público ou do delegado de polícia aos bancos de dados de reservas e registro de viagens" (Lei 12.850/2013).

identificação dos números dos terminais de origem e de destino das ligações telefônicas internacionais, interurbanas e locais[31] – o que se dá por cinco anos.

Com efeito, a Lei 12.850/2013, a par de permitir o acesso direito aos elementos de prova sensíveis por meio do dever-poder requisitório, prescreve em seu artigo 21 uma forma de intimidar o cumprimento da requisição, com a criminalização da recusa e da omissão do fornecimentos de dados cadastrais, registros, documentos e informações, requisitadas pelo juiz, Ministério Público ou delegado de polícia, no curso de investigação ou do processo.[32]

Na mesma linha dos diplomas legais já referidos, a Lei 13.344/2016 apresenta positivado o dever-poder de requisição do delegado de polícia, ao acrescentar ao Código de Processo Penal Brasileiro, Decreto-lei 3.689/1941, os Artigos 13-A[33] e 13-B, com vistas à maior efetividade da investigação criminal para os crimes "sequestro e cárcere privado" (art. 148 do CPB), "redução à condição análoga à de escravo" (Art. 149 do CPB), "tráfico de pessoas" (Art. 149-A do CPB), "extorsão" (Art. 158 do CPB), "extorsão mediante sequestro" (Art. 159 do CPB) e "tráfico internacional de criança e de adolescente" (Art. 239 da Lei da Lei no 8.069/1990, Estatuto da Criança e do Adolescente). Nessas balizas, estipula que as requisições (contendo o nome da autoridade requisitante, o número do inquérito policial e a identificação da unidade de polícia judiciária responsável pela investigação) deverão ser atendidas no prazo de 24 horas.

---

[31] "Art. 17. As concessionárias de telefonia fixa ou móvel manterão, pelo prazo de 5 (cinco) anos, à disposição das autoridades mencionadas no art. 15, registros de identificação dos números dos terminais de origem e de destino das ligações telefônicas internacionais, interurbanas e locais" (Lei 12.850/2013).

[32] "Art. 21. Recusar ou omitir dados cadastrais, registros, documentos e informações requisitadas pelo juiz, Ministério Público ou delegado de polícia, no curso de investigação ou do processo: Pena - reclusão, de 6 (seis) meses a 2 (dois) anos, e multa. Parágrafo único. Na mesma pena incorre quem, de forma indevida, se apossa, propala, divulga ou faz uso dos dados cadastrais de que trata esta Lei" (Lei 12.850/2013).

[33] "Art. 13-A. Nos crimes previstos nos arts. 148, 149 e 149-A, no §3º do art. 158 e no art. 159 do Decreto-Lei no 2.848, de 7 de dezembro de 1940 (Código Penal), e no art. 239 da Lei nº 8.069, de 13 de julho de 1990 (Estatuto da Criança e do Adolescente), o membro do Ministério Público ou o delegado de polícia poderá requisitar, de quaisquer órgãos do poder público ou de empresas da iniciativa privada, dados e informações cadastrais da vítima ou de suspeitos. Parágrafo único. A requisição, que será atendida no prazo de 24 (vinte e quatro) horas, conterá: I - o nome da autoridade requisitante; II - o número do inquérito policial; e III - a identificação da unidade de polícia judiciária responsável pela investigação" (Código de Processo Penal Brasileiro, Decreto-lei 3.689/1941).

Nesses crimes referidos e nomeadamente para o crime de tráfico de pessoas, em que pese à gravidade das condutas e à importância do bem jurídico tutelado pela norma penal, é importante anotar que se submete à reserva de jurisdição – sob a dependência de existência de "ordem judicial" validadora da requisição direta do delegado de polícia ou do membro do Ministério Público – a disponibilização, pelas empresas prestadoras de serviço de telecomunicações e ou telemática, dos meios técnicos adequados, tais quais sinais, informações e outros, que permitam a localização da vítima ou dos suspeitos do delito em curso. Nesse caso, o Código de Processo Penal faz uma distinção entre *ordem judicial* e *autorização judicial*, assim como, prevê a possibilidade de *requisição direta cautelar*, exarada pelo delegado de polícia ou pelo membro do Ministério Público.[34]

Destarte, a lei inova com a previsão de três conceitos operacionais: (1) *autorização judicial*, (2) *ordem judicial*, e (3) *requisição direita cautelar*.

Quanto à *autorização judicial* (requisição por autorização judicial) (1) para a disponibilização, pelas empresas prestadoras de serviço de telecomunicações e ou telemática, dos meios técnicos adequados, tais quais sinais, informações e outros, que permitam a localização da vítima ou dos suspeitos do delito em curso, esta compreende ato menos formal que a *ordem judicial*, na medida em que permite ao delegado de Polícia e ao membro do Ministério Público a atuação "de ordem", ou seja, procederem imediatamente à requisição direta às empresas prestadoras de serviço de telecomunicações e ou telemática a partir

---

[34] "Art. 13-B. Se necessário à prevenção e à repressão dos crimes relacionados ao tráfico de pessoas, o membro do Ministério Público ou o delegado de polícia poderão requisitar, mediante autorização judicial, às empresas prestadoras de serviço de telecomunicações e/ou telemática que disponibilizem imediatamente os meios técnicos adequados – como sinais, informações e outros – que permitam a localização da vítima ou dos suspeitos do delito em curso. §1º Para os efeitos deste artigo, sinal significa posicionamento da estação de cobertura, setorização e intensidade de radiofrequência. §2º Na hipótese de que trata o *caput*, o sinal: I - não permitirá acesso ao conteúdo da comunicação de qualquer natureza, que dependerá de autorização judicial, conforme disposto em lei; II - deverá ser fornecido pela prestadora de telefonia móvel celular por período não superior a 30 (trinta) dias, renovável por uma única vez, por igual período; III - para períodos superiores àquele de que trata o inciso II, será necessária a apresentação de ordem judicial. §3º Na hipótese prevista neste artigo, o inquérito policial deverá ser instaurado no prazo máximo de 72 (setenta e duas) horas, contado do registro da respectiva ocorrência policial. §4º Não havendo manifestação judicial no prazo de 12 (doze) horas, a autoridade competente requisitará às empresas prestadoras de serviço de telecomunicações e/ou telemática que disponibilizem imediatamente os meios técnicos adequados – como sinais, informações e outros – que permitam a localização da vítima ou dos suspeitos do delito em curso, com imediata comunicação ao juiz" (Código de Processo Penal Brasileiro, Decreto-lei 3.689/1941).

de prévia comunicação dos fatos ao Juiz competente e após o seu aval, mesmo informal, todavia, comunicada a existência desse aval judicial, no bojo da requisição endereçada às empresas prestadoras de serviço de telecomunicações e ou telemática, a atuação "de ordem", por autorização judicial.[35]

Por sua vez, a *ordem judicial* (requisição por ordem judicial) (2) compreende medida bem mais formal e escrita, não permitindo a atuação direta requisitória por parte do delegado de polícia ou do membro do Ministério Público, uma vez que emprega meios mais invasivos para a apuração dos fatos, como prevê o Código de Processo Penal, em sua nova redação do Artigo 13-B, §2º, III, para o caso de os dados carecerem de disponibilização por mais de 60 dias.[36] Compreende instituto que prescreve a *reserva absoluta de jurisdição*, ao passo que as medidas investigativas submetidas à *autorização judicial* e à *requisição direita cautelar* quedam adstritas à *reserva relativa de jurisdição*, à vista do princípio da inafastabilidade da jurisdição.

A *requisição direita cautelar* (3) perfaz medida intermediária entre *a requisição por autorização judicial* e a *requisição por ordem judicial* e se dá à vista da gravidade dos fatos e da ausência de manifestação judicial no prazo de 12 dias, diante da necessidade de obtenção dos dados para impedir a consumação do crime, ou minimizar seus danos, ou, ainda, elucidar a autoria, a materialidade e as circunstâncias do crime. Neste caso, o delegado de polícia ou o membro do Ministério Público age *ad referendum*[37] de manifestação do Juiz competente.[38][39]

---

[35] A atuação da polícia judiciária dependente de autorização judicial prévia não perfaz instituto novo no direito brasileiro, a exemplo da necessidade de autorização do juiz competente para a realização da *infiltração policial virtual*, conforme prescreve o Artigo 190-A, Inciso I, do Estatuto da Criança e do Adolescente, Lei 8.069/1990. Com efeito, cf.: "Art. 190-A. A infiltração de agentes de polícia na internet com o fim de investigar os crimes previstos nos arts. 240, 241, 241-A, 241-B, 241-C e 241-D desta Lei e nos arts. 154-A, 217-A, 218, 218-A e 218-B do Decreto-Lei nº 2.848, de 7 de dezembro de 1940 (Código Penal), obedecerá às seguintes regras: I – será precedida de autorização judicial devidamente circunstanciada e fundamentada, que estabelecerá os limites da infiltração para obtenção de prova, ouvido o Ministério Público" (Lei 8.069/1990).

[36] "§2º Na hipótese de que trata o *caput*, o sinal: (...) II - deverá ser fornecido pela prestadora de telefonia móvel celular por período não superior a 30 (trinta) dias, renovável por uma única vez, por igual período; III - para períodos superiores àquele de que trata o inciso II, será necessária a apresentação de ordem judicial" (Artigo 13-B, §2º, Inciso III, do Código de Processo Penal Brasileiro, Decreto-lei 3.689/1941).

[37] Aplica-se no caso o princípio da ubiquidade ou da inafastabilidade da jurisdição: "Art. 5º Todos são iguais perante a lei, sem distinção de qualquer natureza, garantindo-se aos brasileiros e aos estrangeiros residentes no País a inviolabilidade do direito à vida, à liberdade, à igualdade, à segurança e à propriedade, nos termos seguintes: (...) XXXV - a

Por fim, importa considerar que o acesso direto a dados e a informações decorrentes de outras medidas de polícia judiciária, a exemplo da prisão em flagrante delito, desde que compreendidas dentro do conceito de dados e de informações estáticas, *v.g.*, o acesso direto efetivado pela autoridade de polícia judiciária e ou pelos seus agentes à agenda eletrônica de aparelhos de celulares e aos registros dos dados das chamadas enviadas e recebidas, contidas nos aparelhos celulares, não depende de autorização ou de ordem judicial. Obra-se, destarte, de *manu propria* e de forma lícita.[40]

4 Considerações finais

Em linhas de conclusão, há de se aceitar a vigência de um microssistema de legislação processual penal extravagante, formado, especialmente, pelas Leis 9.613/1998, alterada pela Lei 12.683/2012, 12.830/2013, 12.850/2013, 12.965/2014 e 13.344/2016, que legitima o dever-poder de requisição direta de dados e de informações pelo delegado de polícia.

Em que pese às Ações Diretas de Inconstitucionalidades (ADIs 4906, 5059, 5063 e 5642), que questionam a verticalidade de licitude constitucional dos referidos diplomas normativos, sob o argumento de ofensa ao direito fundamental de inviolabilidade à intimidade, à vida privada, à honra e à imagem das pessoas, há de se considerar que o Poder Constituinte deixou margem ao Legislador Ordinário para a efetivação de juízos de justificação que pondere, *a priori*, colisão de princípios, envolvente de direitos fundamentais.

---

lei não excluirá da apreciação do Poder Judiciário lesão ou ameaça a direito" (Constituição Federal de 1988).

[38] "§4º Não havendo manifestação judicial no prazo de 12 (doze) horas, a autoridade competente requisitará às empresas prestadoras de serviço de telecomunicações e/ou telemática que disponibilizem imediatamente os meios técnicos adequados – como sinais, informações e outros – que permitam a localização da vítima ou dos suspeitos do delito em curso, com imediata comunicação ao juiz" (Artigo 13-B, §4º, do Código de Processo Penal Brasileiro, Decreto-lei 3.689/1941).

[39] Anote-se que tramitam no ao Supremo Tribunal Federal as ADIs 4906, 5059, 5063 e 5642, ainda pendente de julgamento, propostas pela Abrafix (Associação Brasileira de Concessionárias de Serviço Telefônico Fixo Comutado) e a ACEL (Associação Nacional das Operadoras Celulares).

[40] Cf. STF, HC 91.867, Rel. Min. Gilmar Mendes, 19.09.2012; e STJ, HC 66.368, Rel. Min. Gilson Dipp, DP 29.06.2007.

Isso se deu, *v.g.*, com as previsões legais de requisição direita de elementos probatórios de interesse da investigação criminal, a cargo do delegado de polícia, o que, sem embargo, acompanha o fenômeno de *constitucionalização do direito*, que se estende, também, a par de outros ramos epistemológicos das ciências jurídicas, ao direito processual penal, como face de um verdadeiro Estado Democrático e Constitucional de Direito.

Referências

ALEXY, Robert. *Teoría de los derechos fundamentales*. Madrid: Centro de Estudios Constitucionales, 1993.

ANSELMO, Márcio Adriano. *Temas avançados de polícia judiciária*. 2. ed. Salvador: Juspodivm, 2018.

BARROSO, Luís Roberto. *O direito constitucional e a efetividade de suas normas*. Rio de Janeiro: Renovar, 2002.

BARROSO, Luís Roberto. A constitucionalização do direito e suas repercussões no âmbito administrativo. *In*: ARAGÃO, Alexandre Santos de; MARQUES NETO, Floriano de Azevedo (Coord.). *Direito administrativo e seus novos paradigmas*. Belo Horizonte: Fórum, 2012. p. 31-63.

BARROSO, Luís Roberto. *Interpretação e aplicação da constituição*. 6. ed. São Paulo: Saraiva, 2004.

BARROSO, Luís Roberto. Neoconstitucionalismo e constitucionalização do direito: o triunfo tardio do direito constitucional no Brasil. *Revista de Direito Administrativo*, Rio de Janeiro, v. 240, p 1-42, abr./jun. 2005.

BINENBOJM, Gustavo. A constitucionalização do direito administrativo no Brasil: um inventário de avanços e retrocessos. *Revista Brasileira de direito Público (RBDP)*, Belo horizonte, ano 4, n. 14, p. 9-53, jul./set. 2006.

BITENCOURT NETO, Eurico. Transformações do Estado e da Administração Pública no século XXI. *Revista de Investigações Constitucionais*. Curitiba, v. 4, n. 1, p. 207-225, jan./abr. 2017.

CADEMARTORI, Luiz Henrique Urquhart; OLIVEIRA, Vitória Cristina. Constitucionalização do direito administrativo e a sindicabilidade do ato discricionário. *Revista Estudos Institucionais*, v. 2, n. 1, p. 168-191, 2016.

DEZAN, Sandro Lúcio. Art. 2º, §3º (vetado). O delegado de polícia conduzirá a investigação criminal de acordo com seu livre convencimento técnico-jurídico, com isenção e imparcialidade. *In*: PEREIRA, da Silva Eliomar; DEZAN, Sandro Lúcio. *Investigação criminal conduzida por delegado de polícia*: comentários à Lei 12.830/2013. Curitiba: Juruá, 2013. p. 119-162.

DEZAN, Sandro Lúcio. Os contornos jurídicos da cognição no indiciamento do investigado no inquérito policial: breves notas sobre o caráter objetivo e subjetivo-mitigado, limitado e não exauriente do ato de indiciamento. *In*: ZANOTTI, Bruno Taufner; SANTOS, Cleopas Isaías (Org.). *Temas atuais de polícia judiciária*. Salvador: Juspodivm, 2015, p. 255-276.

DEZAN, Sandro Lúcio. Prólogo sobre a investigação criminal e sua teoria comum: o inquérito policial como fase do processo criminal. *In*: ZANOTTI, Bruno Taufner; SANTOS, Cleopas Isaías (Org.). *Temas avançados de polícia judiciária*. Salvador: Juspodivm, 2015. p. 21-34.

FERNANDES, André Dias. A constitucionalização do Direito Administrativo e o controle judicial do mérito do ato administrativo. *Revista de Informação Legislativa (RIL)*, ano 51, n. 203, p. 143-164, jul./set. 2014.

GÜNTHER, Klaus. *Teoria da argumentação no direito e na moral*: justificação e aplicação. Tradução de Claudio Molz. Introdução à edição brasileira de Luiz Moreira. São Paulo: Landy, 2004.

MEIRELLES, Hely Lopes. *Direito administrativo brasileiro*. 24. ed. São Paulo: Malheiros, 1999.

MONTEIRO, Washington de Barros. *Curso de direito civil*: direito das coisas. 37. ed. São Paulo: Saraiva, 2003.

NUCCI, Guilherme de Souza. *Código de* Processo Penal *comentado*. 16. ed. Rio de Janeiro: Forense, 2017.

PEREIRA, Eliomar da Silva. *Teoria da investigação criminal*: uma introdução jurídico-científica. Lisboa: Almedina, 2010.

PEREIRA, Eliomar da Silva. *Investigação, verdade e justiça*: a investigação criminal como ciência na lógica do Estado de Direito. Porto Alegre: Núria Fabris, 2014.

PEREIRA, Eliomar da Silva. *Introdução às ciências policiais*: a polícia entre ciência e política. Lisboa: Almedina, 2015.

PEREIRA, Eliomar da Silva. *O processo (de investigação) penal*: o "nó górdio" do devido processo. Orientador: Germano Marques da Silva. 2018. 603 fl. Tese (Doutorado em Direito) – Escola de Direito de Lisboa, Universidade Católica Portuguesa, Lisboa, 2018.

PEREIRA, Eliomar da Silva . *Introdução ao direito de polícia judiciária*. Belo Horizonte: Fórum, 2019.

PEREIRA, Eliomar da Silva; DEZAN, Sandro Lucio (Coord.). *Investigação criminal conduzida por delegado de polícia*: comentários à Lei 12.830/2013. Curitiba: Juruá, 2013.

SANTOS, Célio Jacinto. *Investigação criminal especial*: seu regime no marco do Estado Democrático de Direito. Porto Alegre: Núria Fabris, 2013.

SARLET, Ingo Wolfgang. *Dignidade da pessoa humana e direitos fundamentais na Constituição Federal de 1988*. 9. ed. Porto Alegre: Livraria do Advogado, 2012.

Informação bibliográfica deste texto, conforme a NBR 6023:2018 da Associação Brasileira de Normas Técnicas (ABNT):

DEZAN, Sandro Lúcio. Documentos e requisição direta de dados e informações pelo delegado de polícia. *In*: PEREIRA, Eliomar da Silva; ANSELMO, Márcio Adriano (Org.). *Direito Processual de Polícia Judiciária II*: os meios de obtenção de prova. Belo Horizonte: Fórum, 2020. p. 113-131. (Curso de Direito de Polícia Judiciária, v. 5). ISBN 978-85-450-0620-6.

RECONHECIMENTO DE PESSOAS

RAFAEL FRANCISCO FRANÇA

1 Introdução

O presente capítulo analisa o procedimento para a produção de elementos de prova a partir de sessões de reconhecimento pessoal ou fotográfico dentro do contexto da investigação preliminar criminal no Brasil. É evidente que o posicionamento de algumas Cortes Superiores acaba por fragilizar esse mecanismo de investigação ao definir que a forma exigida pelo artigo 226 do Código de Processo Penal pode ser mitigada, pelo que este texto definirá as condições que devem ser observadas para a apresentação do resultado, indicando-se alguns dos mais importantes requisitos que devem estar presentes antes do início da mesma, durante seu desenvolvimento e também na produção dos documentos que passarão a fazer parte do inquérito policial após o encerramento da sessão. Admite-se que a forma é essencial ao procedimento de reconhecimento na fase preliminar de investigação policial, reforçando-se a obrigatoriedade do atendimento aos requisitos básicos e também a outros recomendados pela técnica investigativa.

A produção de provas durante a instrução de inquéritos policiais no sistema criminal brasileiro vem sendo alvo constante de estudos doutrinários e, nesse mesmo contexto, objeto de contundentes críticas acerca de seu *procedimentalismo*. Ora é dito ser este exacerbado, demorando mais do que o necessário para a formação dos elementos de prova; ora é demasiado célere, ultrapassando etapas e pecando pela ausência de parâmetros claros para a demonstração do preenchimento dos requisitos necessários para a adoção desta ou daquela providência investigativa. O volume de artigos e livros publicados sobre o assunto revela a importância da investigação preliminar e do inquérito policial para a medida certa do processo penal no Brasil. Por isso, quanto maior o debate e o conhecimento sobre este procedimento, melhor para o processo penal em sua acuidade.

Esse foco no papel da fase inicial ou de investigação acima citado também traz embutida a necessidade de maior atenção ao que antes passava despercebido. Somente como exemplo, pergunta-se: quem decide qual linha de investigação adotar e quais medidas ou métodos de apuração serão implementados ou desenvolvidos no decorrer da instrução do inquérito policial? As respostas a essa questão são cruciais para que o inquérito policial seja concluído a contento, com o emprego das melhores técnicas para o deslinde do caso criminal estudado. Dentre os recursos para a investigação policial existentes nesse mesmo sistema, evidencia-se a possibilidade de escolha por parte da Autoridade acerca de qual linha adotar, de qual método produzirá melhores e mais eficazes resultados e qual medida produzirá os efeitos esperados no menor prazo, tudo dentro da necessária observância da devida *proporcionalidade* na adoção das providências investigativas. A investigação preliminar criminal é dever do Estado, mas figura como "obrigação de meio", não sendo possível garantir o resultado esperado, ou seja, o sucesso do procedimento. Por isso, esta escolha é tão importante, podendo *pôr a pique* o esforço de toda equipe ou, por outro lado, significar o sucesso da investigação. De qualquer modo, o *Princípio da Proporcionalidade* abalizará a forma adotada nesses casos, evitando-se o emprego de métodos mais incisivos do que necessário para a juntada de elementos de prova que conduzam ao mesmo resultado. Assim, e somente como exemplo, se o investigador puder empregar seguimentos e vigilâncias em locais públicos e com essas medidas resolver o caso, não há embasamento para deferimento de interceptações de sinais telemáticos ou de outros métodos que invistam mais a fundo contra a intimidade dos investigados.

Uma das medidas de investigação que podem ser escolhidas pela Autoridade Policial e sua equipe durante o inquérito policial é o *reconhecimento*, conforme está previsto no *artigo 226 do Código de Processo Penal*. Por este método, uma pessoa, mormente a vítima de um crime ou uma testemunha, observa indivíduos e objetos que lhe são mostrados em procedimento previamente estabelecido, comparando-os mentalmente com o que já tenha antes visto, emitindo então parecer sobre a conformidade dos traços descritos e entre o que está lhe sendo mostrado e o que foi anteriormente visualizado. Trata-se de um *ato procedimental*, realizado dentro do inquérito policial e já na ação penal, na presença de testemunhas e com elaboração de auto circunstanciado ao final, confirmando este documento perante a Autoridade Policial ou Judiciária. As consequências desse reconhecimento podem ser bastante graves se corroborados os indícios com outros elementos de prova eventualmente presentes na investigação, conforme será visto a seguir.

O reconhecimento pessoal, no entanto, não é uma diligência investigativa tão comum como se tem retratado. Mesmo que se tenha indicado que há liberdade na escolha dos mecanismos de produção de elementos de prova, no caso do reconhecimento a situação é diferente: uma vez realizada a sessão na fase preliminar, ou seja, no inquérito policial, e havendo apontamento de que a mesma resultou em indicação positiva quanto ao mesmo, não é possível a simples confirmação por nova submissão já durante o processo sem que sejam novamente adotados os mesmos parâmetros exigidos pelo Código de Processo Penal. Ou seja, o reconhecimento é prova *irrepetível*, embora os entendimentos jurisprudenciais apontem para outros parâmetros.

Apesar da introdução já demonstrar aspectos necessários à discussão, é imperioso o desenvolvimento do tema, haja vista as lacunas existentes e a possibilidade latente de adequação aos princípios que têm influência nas decisões tomadas durante a investigação criminal. Algumas perguntas devem ser feitas ao estudo: como se dá a escolha pela melhor medida de apuração? Todos os delitos evocam a aplicação do reconhecimento de pessoas e coisas? Feita a opção, há sequência a ser obrigatoriamente obedecida? São muitos os questionamentos e o tema é de interesse para qualquer investigador criminal.

Admite-se que este estudo tem seu foco principal no reconhecimento de pessoas, não sendo citado mais do que necessário o reconhecimento de coisas e de objetos. Em relação ao reconhecimento fotográfico, a abordagem é *subsidiária* em relação ao tema principal, mesmo que se considere este como possível preâmbulo à sessão presencial. Mesmo assim, basta abrir os manuais e compêndios de Direito Processual Penal disponíveis atualmente para se verificar a falta de aprofundamento sobre a matéria, mesmo que seja contundentemente mencionada em diversos julgados nos tribunais superiores e nas cortes estaduais, mormente em sede de crimes patrimoniais e delitos envolvendo a dignidade sexual.

O artigo aqui apresentado é parte das pesquisas do autor durante o Mestrado em Ciências Criminais pela Pontifícia Universidade Católica do Rio Grande do Sul, bem como objeto de estudos no dia a dia da prática de Polícia Judiciária em âmbito federal em várias unidades da Federação. Para a exposição do tema, será abordado em primeiro plano o contexto geral para a coleta de indícios e produção de elementos de prova na fase preliminar ao inquérito policial, dando-se ênfase ao objeto deste estudo. Em seguida, serão construídas considerações sobre o reconhecimento em si, analisando-se fase por fase do procedimento, até a produção do auto circunstanciado. Nos subtópicos, serão traçadas algumas diretrizes para o desenvolvimento da sessão, antes, durante e após a mesma.

No tópico seguinte, será abordado o reconhecimento fotográfico, método utilizado em muitas delegacias pelo Brasil para a escolha de linhas de investigação e também usado preliminarmente ao reconhecimento pessoal em si. Neste mesmo ponto, o artigo analisará a elaboração de laudos prosopográficos e mecanismos de envelhecimento facial que podem ser úteis para a identificação de suspeitos e mesmo o apontamento de autores por parte de vítimas e de testemunhas.

Em seguida, e como parte do compromisso assumido em epígrafe, o estudo trará ao debate alguns posicionamentos jurisprudenciais sobre o tema, indicando a necessidade de maior atendimento aos procedimentos formais sobre o reconhecimento em considerações finais.

2   Coleta de elementos de prova na fase preliminar

Em tempos de deflagração de operações policiais de grande monta e de emprego de ferramentas tecnológicas para a coleta de provas, mostrados em rede nacional, é preciso reforçar que os métodos mais tradicionais de investigação ainda exercem papel relevante na busca pela autoria de delitos sob investigação em delegacias de polícia Brasil a fora. Dentre os mecanismos já bastante utilizados, figuram o reconhecimento pessoal e de coisas, assim como a campana, o seguimento, a entrevista, a reprodução simulada dos fatos, a estória cobertura e mesmo a simples checagem velada de dados não protegidos por sigilo constitucional. Todos estes métodos e alguns outros são de livre escolha, bastante à Autoridade Policial organizar seu desenvolvimento dentro da sequência de diligências no inquérito policial. A linha investigativa escolhida vai exigir também a opção por ferramentas cujo uso traga maiores informações sobre a autoria.

Muitas vezes, é somente nas *academias de polícia* que os profissionais têm o primeiro contato com esse aprendizado, o que significa a ausência de formação nesta área em escolas técnicas ou em cursos de nível superior. Se nas academias há os primeiros contatos, é no cotidiano das operações policiais que será sedimentado o conhecimento necessário ao exercício da profissão de investigador. Isso quer dizer que o balizamento oferecido pelo Código de Processo Penal, pelas leis extravagantes e mesmo pela Constituição Federal não preenchem totalmente as lacunas do "para que fazer", do "quando fazer" e do "de que modo fazer" em sede investigativa. É preciso mais do que isso para entender a *idiossincrasia* dos métodos de investigação disponíveis e para decidir quando e como empregá-los.

A formação em investigação policial não ocorre de uma hora para outra. Mesmo as ferramentas acima citadas, tecnicamente elaboradas, devem ser parte da instrução da Polícia Judiciária, haja vista que a escolha pela diligência errada em determinado momento pode acarretar danos insanáveis ao procedimento como um todo, fazendo falir a linha investigativa e modificando todo o conjunto. Por isso, constatada a ocorrência de crime, a Autoridade Policial deve deslocar-se para o local em que foi cometido, determinar a preservação do mesmo para fins de levantamentos periciais e para a investigação em si, identificando eventuais testemunhas e passando a adotar as medidas previstas no artigo 6º do Código de Processo Penal. Neste mesmo contexto, o inciso VI do artigo citado aponta para a possibilidade da coleta de elementos de prova a partir do reconhecimento de pessoas ou de coisas, medida que tem relação mesmo com a imediata preservação daquilo que foi visto por testemunhas ou vítimas da ação delituosa.[1] Passado estes momentos sem que sejam adotadas as providências consignadas no referido artigo, mais difícil será a identificação de suspeitos e a assertividade das diligências.

---

[1] Estas providências também estão no contexto do que está definido pelo artigo 2º, parágrafo 2º da Lei nº 12.830/13. Neste ponto, fala-se em tomada de todas as providências para apuração dos fatos pelo delegado de polícia. BRASIL. Congresso Nacional. *Lei nº 12.830*, de 20 de junho de 2013. Dispõe sobre a investigação criminal conduzida pelo delegado de polícia. Brasília, DF, 20 jun. 2013. Disponível em: http://www.planalto.gov.br/ccivil_03/_ato2011-2014/2013/lei/l12830.htm. Acesso em: 11 jul. 2018.

Por esse e por outros motivos, a realização das diligências previstas no artigo 6º é tão importante. São *duas* as situações a serem analisadas: uma atinente à situação flagrancial, em que o Delegado de Polícia Federal deve se deslocar ao local dos fatos, determinar a preservação do mesmo e realizar atos que aproveitem a proximidade temporal entre o cometimento do delito e a produção de elementos de prova; outra, é a investigação já passada esta fase, mesmo que não aproveitada, em que a decorrência do período entre o início das diligências não favorece o reconhecimento com maior grau de confiabilidade.

Mesmo dentro da *primeira situação*, deve ser indicado que em muitas ocasiões o provável autor do crime não é localizado de imediato, não pode ser de pronto identificado e, muitas vezes, não há parâmetros para a realização de sessão de reconhecimento. Em *segunda hipótese*, já não há local de crime a ser preservado e o delito já ocorreu há tempos. Nesse caso como em outros similares, vindo a notícia para instauração de inquérito policial, a Autoridade pode determinar a realização de reconhecimento pessoal à medida em que forem sendo identificados suspeitos ao longo do desenvolvimento do inquérito policial. Em tal contexto, pode ocorrer a suspeita sobre uma gama de possíveis autores, sem que haja indícios suficientes para apontar este ou aquele como responsável pelo crime sob investigação. Assim, justifica-se o uso de sessão de reconhecimento para que os esforços das diligências sejam concentrados e vinculados à linha de apuração condizente com os demais indícios porventura colhidos, principalmente em situações nas quais as palavras da vítima ou de testemunha sejam mais importantes para o deslinde do caso criminal em análise.[2] Muitas vezes, como em ocorrências de crimes sexuais, é uma das provas mais importantes, isso se não for uma das únicas.

A fase de coleta de elementos de prova durante a instrução de inquéritos policiais é *discricionária* se não houver necessidade de tomada de medidas que, se não autorizadas judicialmente, atentarão

---

[2] Nesse caso, o Supremo Tribunal Federal já se pronunciou no sentido de que "(...) está pacificado o entendimento de que a palavra da vítima, nos casos como dos autos, geralmente cometidos sem prova testemunhal, possui valor relevante, servindo para constituição de prova idônea e suficiente a ensejar um juízo condenatório". O caso em tela se tratava do crime de roubo, sem testemunhas além da vítima. *Vide*: STF - ARE: 1127414 RS - RIO GRANDE DO SUL 0000707-37.2015.8.21.0048, Relator: Min. GILMAR MENDES, Data de Julgamento: 30.04.2018, Data de Publicação: *DJe*-085 03.05.2018.

contra direitos e garantias fundamentais dos investigados.[3] Quer isso dizer que a Autoridade Policial e sua equipe devem estar preparados *tecnicamente* para definir qual(is) a(s) linha(s) de investigação será(ão) adotada(s), dentro de critérios que merecem passar por revisão assim que possível, evitando-se que sejam despendidos preciosos e escassos recursos públicos ao ser investigada linha de ação previamente tida como inócua ou pouco provável.

Dessa forma, e considerando-se a possível escolha pelo reconhecimento de pessoas durante o inquérito policial, esta pode ser passível de reanálise por parte da defesa, da Corregedoria ou por autoridade policial superior, mesmo que seja levada em consideração a dita discricionariedade investigativa. Admite-se que esta diligência é importantíssima e merece ser melhor analisada nos centros de estudos policiais, até mesmo para que sejam dimensionados os possíveis erros cometidos. No tópico seguinte, inicia-se a abordagem à preparação para a sessão.

3 Reconhecimento pessoal

Com a obrigação de apurar a ocorrência de crime, e como dever de coleta de todas as informações possíveis sobre os fatos em reconstrução, cabe ao investigador ouvir testemunhas, declarantes e informantes na tentativa de estabelecer a autoria. Insta citar, nesse ponto, que o reconhecimento pessoal ou de coisas é meio de obtenção de provas em diversos sistemas processuais, sendo que as diferenças no modo como são desenvolvidos os atos determina a qualidade da prova produzida. Trabalha-se com duas variantes: *tempo* e *memória*.

Em relação ao fator *tempo*, quanto maior o distanciamento em relação aos fatos que servirão como referência para o reconhecimento, mais difícil será a vinculação entre o que aconteceu e a observação do reconhecedor. No que diz respeito ao fator *memória*, esse é constantemente influenciado não só pelo tempo passado, mas também por diversos outros fatores, como os que podem decorrer do trauma sofrido durante a ação criminosa ou aqueles que virão, por exemplo, por indução no ato

---

[3] Esta discricionariedade não é bem descrita no contexto do artigo 6º do CPP. No referido dispositivo, está definido que a Autoridade Policial deve ir ao local de crime, não sendo somente uma opção ou uma sugestão da lei. Segundo consta, "(...) a autoridade deverá:", o que acirra o debate no que tange à discricionariedade na escolha de qual método adotar ou qual linha de investigação seguir.

rememorativo da sessão de reconhecimento. É cediço que memórias podem ser, sim, induzidas e produzidas mediante técnicas especiais, fazendo com que o reconhecedor admita ter visto o que não viu, o que fatalmente maculará todo o procedimento. A decisão pela realização do reconhecimento pessoal no sistema de investigação criminal brasileiro geralmente parte da convicção da Autoridade Policial, ante dúvidas acerca da identificação mais correta de suspeitos ou até mesmo de indiciados. Esta é, sem dúvidas, a mais corriqueira decisão, considerando a condução do inquérito policial e a ausência de contraditório nesta fase do procedimento. No entanto, nada impede que a vítima requeira a realização da sessão, postas dificuldades em se lembrar com maior grau de certeza sobre a identidade do autor. Reforçado o entendimento da participação da defesa nesta mesma fase, e ainda mais por deferência a recentes modificações legislativas,[4] o suspeito ou indiciado também pode requerer à Autoridade Policial a realização de sessão de reconhecimento, com o que, sendo deferida a medida, pode reforçar sua posição de não autor, livrando-se, por exemplo, do indiciamento ou da possibilidade de eventual denúncia. Para que fique ainda mais claro esse posicionamento: o suspeito pode requerer, sim, a produção da sessão para que deixe firme seu posicionamento pela não necessidade de indiciamento, preâmbulo de futura denúncia e, possivelmente, de processo penal.

O suspeito ou réu não são os únicos a serem passíveis de serem reconhecidos no decorrer das investigações. Conforme consta, também *testemunhas* podem ser convocadas para participarem das sessões, considerando-se que, por vezes, há o interesse em não tomar parte de situações em que suas presenças acarretam obrigatoriedade de comparecimento em Juízo posteriormente.[5] Da mesma forma, a *vítima* pode se negar a dizer que viu o autor, por temor ou qualquer outro motivo, fazendo com que passe a compor também o rol de pessoas a serem reconhecidas na investigação policial.[6] De qualquer maneira, a

---

[4]   BRASIL. Congresso Nacional. *Lei nº 13.245*, de 12 de janeiro de 2016. Altera o art. 7º da Lei nº 8.906, de 4 de julho de 1994 (Estatuto da Ordem dos Advogados do Brasil). Brasília, DF, 12 jan. 2016. Disponível em http://www.planalto.gov.br/ccivil_03/_ato2015-2018/2016/lei/L13245.htm, acesso em 13 jul. 2018.

[5]   TÁVORA, Nestor. *Curso de direito processual penal*. 12. ed. rev. e atual. Salvador: Juspodivm, 2017. p. 732.

[6]   Considerando-se a gravidade do delito cometido, muitas vezes a imposição da obrigação da vítima em realizar o reconhecimento pode ser encarado como parte de processo de revitimização. Esse processo ocorre quando o Estado, que não foi capaz de evitar que a

Autoridade Policial deve estar preparada tecnicamente para determinar a realização da sessão de reconhecimento não só focando nos suspeitos, devendo para tanto analisar caso a caso. Mais importante ainda, deve estar ciente da efetividade da diligência para os resultados no inquérito policial,[7] evitando ao máximo o desenvolvimento de diligências sem objetivos claros.

Por isso, nem sempre a sessão de reconhecimento pessoal é necessária. Se não houver dúvidas quanto à presença de alguém antes ou durante o delito, mesmo que não necessariamente na cena do crime, geralmente não há motivos para tanto. O que consta da lei é bastante vago sobre o que deve ser feito na preparação para a sessão, durante o ato e depois dele. Conforme o artigo 226 e seguintes do Código de Processo Penal,[8] procede-se ao reconhecimento pessoal obedecendo-se a uma sequência concatenada de atos, sem o que pode ser maculado o resultado da sessão, com prejuízos à reconstrução dos fatos.

As orientações constantes dos artigos 226, 227 e 228 do Código de Processo Penal revelam somente parte do que é necessário ao correto desenvolvimento da diligência. Dessa forma, a seguir, são repassados alguns pontos de destaque na preparação e na condução da sessão de reconhecimento.

---

vítima sofresse a agressão criminosa, força que novamente tenha contato ao menos visual com o suposto autor, trazendo novo sofrimento ao inseri-la na cena do crime.

[7] Assim, se a vítima não demonstrou ter dúvidas sobre a autoria, se a testemunha não colocou em xeque o que disse saber sobre a dinâmica dos fatos ou em situações similares, não se torna útil o emprego do reconhecimento pessoal para fins de fortalecimento da linha investigativa. Fazer ou não o reconhecimento sem o mínimo de fundamentos pode, na verdade, tumultuar o inquérito policial ao pôr em dúvida o que já se tinha como indício.

[8] "Art. 226. Quando houver necessidade de fazer-se o reconhecimento de pessoa, proceder-se-á pela seguinte forma: I - a pessoa que tiver de fazer o reconhecimento será convidada a descrever a pessoa que deva ser reconhecida; II - a pessoa, cujo reconhecimento se pretender, será colocada, se possível, ao lado de outras que com ela tiverem qualquer semelhança, convidando-se quem tiver de fazer o reconhecimento a apontá-la; III - se houver razão para recear que a pessoa chamada para o reconhecimento, por efeito de intimidação ou outra influência, não diga a verdade em face da pessoa que deve ser reconhecida, a autoridade providenciará para que esta não veja aquela; IV - do ato de reconhecimento lavrar-se-á auto pormenorizado, subscrito pela autoridade, pela pessoa chamada para proceder ao reconhecimento e por duas testemunhas presenciais. Parágrafo único. O disposto no inciso III deste artigo não terá aplicação na fase da instrução criminal ou em plenário de julgamento. Art. 227. No reconhecimento de objeto, proceder-se-á com as cautelas estabelecidas no artigo anterior, no que for aplicável. Art. 228. Se várias forem as pessoas chamadas a efetuar o reconhecimento de pessoa ou de objeto, cada uma fará a prova em separado, evitando-se qualquer comunicação entre elas".

3.1 O procedimento preliminar: a descrição das características

A sessão de reconhecimento conta com uma fase vestibular, especificamente voltada à firme convicção do investigador sobre a viabilidade do método para a descoberta de maiores indícios. Esta fase é caracterizada pela apresentação dos dados sobre a pessoa a ser reconhecida pelo *reconhecedor*, ficando claro que se houver mais de um reconhecedor ou mais de um a ser reconhecido, esta descrição deve ser feita em documentos separados, um de cada vez. Então, o reconhecedor, após ser qualificado, dirá à equipe de investigação sobre o que viu e acerca das características físicas que são pertinentes a quem aponta como autor, rememorando o que viu antes, durante ou após o ato criminoso que está sob investigação.

Esse ato deve ser realizado como *medida prévia* ao comparecimento pessoal do *reconhecendo*. Diz este se quem viu era alto ou magro, cor de sua pele, como eram seus olhos se os viu, cor do cabelo, roupa que usava, se tinha barba ou bigode, se viu tatuagens, se tem estimativa de sua altura e todas as outras características que puder lembrar. E se, porventura, o reconhecendo não fizer a descrição da pessoa suspeita, ou seja, se não descrever aproximadamente quem vai posteriormente estar entre os componentes da linha? Essa falha certamente poderá acarretar o cancelamento da diligência pela Autoridade Policial, haja vista que a descrição das características é essencial para a formação da linha de reconhecimento posteriormente. Não se poderia convocar componentes diferentes do suspeito para o desenvolvimento da sessão, posto que fatalmente ele seria facilmente apontado como possível autor por se "destacar" dentre os demais.

A descrição preliminar pode ser substituída, em algumas oportunidades, pela elaboração do *retrato falado*, prática comum em muitas delegacias brasileiras, assim como pela observação preliminar dos álbuns de fotografias de suspeitos, fisicamente disposto ou em acessível em arquivos digitais. Ao indicar as características do possível autor, o reconhecedor repassará ao investigador os pontos necessários ao preenchimento dos dados do retrato falado, elaborado por papiloscopistas policiais federais com o auxílio de programas computacionais avançados, conforme será melhor tratado mais à frente neste trabalho. Da mesma forma, ao indicar possíveis suspeitos, o reconhecedor também pode descrever de forma mais detalhada as características de quem foi o autor do delito, o que pode ajudar a Polícia Judiciária a traçar metas e a escolher a linha investigativa a seguir.

Dentro do contexto até agora apresentado, a análise desta preparação para a sessão de reconhecimento não deixa dúvidas de que, ao contrário desta última, ela é de realização *obrigatória*.[9] Quer isso dizer que, se for decidido pela realização do reconhecimento pessoal, a Autoridade Policial deve necessariamente determinar a realização da *descrição das características* pelo reconhecedor antes da possível sessão propriamente dita. Diz-se "possível" porque, a partir do que for descrito, pode ser que não seja nem mesmo viável o procedimento, isso pela carência de elementos que permitam a formação da linha de reconhecimento de acordo com o que foi citado acima.

Confrontando-se o que está descrito pelo artigo 6º do Código de Processo Penal, e considerando-se o que está definido pelo artigo 18 da *Instrução Normativa nº 108-DG/PF*, de 07 de novembro de 2016,[10] o que pode ser dito em relação à realização de sessões de reconhecimento em sede de *verificações de procedência de informações?* Conforme está disposto no mencionado artigo, mormente em seu parágrafo 2º, são vedadas intimações, apreensões e representações por medidas cautelares no bojo de tais verificações, as quais consistem basicamente em encadernados registrados como forma de coleta de informações que fundamentem a instauração de inquérito policial ou que a rechacem por completo.

As verificações acima citadas são registradas e instruídas pela Polícia Federal quando as informações registradas não podem dar azo à instauração imediata de inquéritos policiais. Por exemplo, quando são fornecidos dados de forma anônima por meio de mensagem eletrônica ou por telefonema ao Serviço de Plantão do órgão. A imediata instauração seria temerária, ainda mais se forem levadas em conta as consequências dos registros nos sistemas e os registros de passagens policiais.

---

[9] TALON, Evinis. O reconhecimento de pessoas: por que as autoridades tratam o art. 226 do CPP como mera recomendação? *Evinis Talon*, 12 jun. 2017. Disponível em: http://evinistalon.com/o-reconhecimento-de-pessoas-por-que-as-autoridades-tratam-o-art-226-do-cpp-como-mera-recomendacao/. Acesso em: 31 jul. 2018.

[10] BRASIL. Ministério da Segurança Pública. Polícia Federal. *Instrução Normativa nº 108-DG/PF*, de 07 de novembro de 2016. Regulamenta a atividade de polícia judiciária da Polícia Federal e dá outras providências. Brasília, DF, 8 nov. 2016. Disponível em: https://politica.estadao.com.br/blogs/fausto-macedo/wp-content/uploads/sites/41/2019/04/IN-nova-PJ-1.pdf. Acesso em: 15 nov. 2018.

Por isso, em sede de decisão por desenvolvimento de sessão de reconhecimento, esta deve ser realizada dentro do inquérito policial instaurado, não sendo possível que o seja no bojo de verificações de procedência. Nestas, na melhor das hipóteses, podem ser elaborados retratos falados, podem ser observados álbuns de fotografias e fornecidas informações preliminares. Mas, sessão de reconhecimento formal, não.

Feita a descrição das características do reconhecendo, e convencida a Autoridade Policial sobre a efetividade da sessão para instrução do inquérito policial, todos os envolvidos serão intimados para tanto, com comunicação à vítima e formação da linha de reconhecimento.

3.2   A sessão de reconhecimento

Ao decidir pela realização da sessão de reconhecimento, a Autoridade Policial determinará à equipe de investigação que prepare a sala especial e que sejam intimados os componentes. Estes devem ser listados antes do começo do ato. Em primeira mão, indica-se a delimitação do papel de cada um deles como forma de garantir a imparcialidade no desenvolvimento da sessão e a melhor acuidade no processo em si. Dentro da descrição devida, surgem os seguintes indicados: o *reconhecedor*, o *reconhecendo*, a *Autoridade Policial* que conduz a sessão, o *policial* que organiza a linha de reconhecimento, o *policial* que mantém o reconhecedor em posição para o desenrolar da sessão. Some-se a esse rol a equipe de apoio e a imprescindível presença do *advogado de defesa* quando o reconhecimento tiver presente indiciados ou suspeitos de cometimento do delito investigado.

O *reconhecedor* exerce o protagonismo neste ato, sendo dele a emissão de impressões sobre a identificação do reconhecendo dentre as pessoas que lhe são mostradas. Sua presença deve ser exigida por meio de intimação pessoal, se for o caso e se não se dispuser a fazê-lo nos termos do que consta do artigo 6º do CPP. Quer isso dizer que, mesmo que a sessão seja proposta na presença da Autoridade Policial no local de crime ou mesmo durante a instrução processual, não se admite a "irritualidade" exacerbada para algo tão importante.[11] Há que haver a preparação necessária, com a observação pela Autoridade Policial

---

[11]   Sobre a *irritualidade* do procedimento no sistema pátrio, *vide*: FRANÇA, Rafael F. Meios de Obtenção de Prova na Fase Preliminar Criminal: considerações sobre reconhecimento pessoal no Brasil e na legislação comparada. *Revista Brasileira de Ciências Policiais*, v. 3, p. 55-90, 2012.

das condições em que se encontra o reconhecedor para a participação na sessão,[12] a preservação do reconhecendo, se presente ou depois capturado, e demais providências.

Conforme está descrito no parágrafo único do artigo 226 do CPP, se houver *temor intimidatório* por parte do reconhecedor em relação ao reconhecendo, torna-se necessário separar ambos, evitando-se que o segundo veja ou tenha contato com o primeiro.[13] E esse é um dos problemas a serem enfrentados pelo condutor da sessão, acarretando a necessidade de entrada no local em momentos separados e a manutenção do isolamento até depois da saída. Isso quer dizer, por exemplo, que na intimação do reconhecedor deve constar horário diferente daquele indicado para o reconhecendo, com o que se espera, no mínimo, que não fiquem *obrigatoriamente* no mesmo ambiente antes do início da sessão, sentados em salas de espera, no saguão de entrada de delegacias ou de salas de audiências em fóruns por todo o país. Esse fator pode exercer forte influência nos resultados da sessão de reconhecimento. Comparecendo antes ou depois, o reconhecedor não ficará no mesmo ambiente do reconhecendo, devendo ser mesmo assim indicado que a equipe responsável tenha especial cuidado nesse sentido.

Em relação ao *reconhecendo*, são também necessárias algumas observações. Considerando-se o momento da realização da sessão, se logo em seguida ao cometimento do crime e delimitação de suspeitos, se tempos depois já na fase de instrução do inquérito policial ou se já durante a ação penal, certo é que a *aparência* do reconhecendo é importante para que a vítima, a testemunha ou quem quer que seja o reconhecedor possa associar suas características com o que presenciou. Se o suposto autor, por exemplo, ostentava cabelos longos na data do delito e, na sessão de reconhecimento, mostra ao reconhecedor a

---

[12] Nesse contexto, admite-se que, sendo o reconhecendo menor, a sistemática para a realização da sessão é drasticamente modificada. A uma porque não pode ser realizada sem a presença de pais ou responsáveis; a outra que, para sua validade, deve haver a participação de equipe de apoio especializada, evitando-se ao máximo a revitimização ou a coleta de informações induzidas, voluntaria ou involuntariamente.

[13] Segundo Távora, esse procedimento não se aplica a sessões realizadas em Juízo, durante a instrução criminal. Segundo esse autor, em posição doutrinária fundamentada, esse isolamento e a separação entre reconhecedor e reconhecendo é contra e atinge o Princípio da Publicidade no Processo Penal, atingindo em reflexo o necessário contraditório do procedimento e a ampla defesa do réu. Ainda, acrescenta que é ato de extrema coragem do reconhecedor a realização da sessão sem a separação, ainda mais se for considerada a precariedade da expectativa de sua segurança após a audiência. (TÁVORA, Nestor. *Curso de direito processual penal*. 12. ed. rev. e atual. Salvador: Juspodivm, 2017. p. 733).

cabeça raspada, certamente esse fator exercerá influência na busca memorial feita no momento de dizer sim ou não, positivo ou negativo no ato de reconhecer.[14] Embora alguns traços da face possam vincular à memória da vítima ou da testemunha os traços do autor, é notório que as modificações na aparência serão levadas em consideração pelo reconhecedor.

Isso é da mesma maneira importante quando se leva em conta a situação em que o reconhecendo estava antes, durante, ou após o ato delituoso. Se o reconhecedor alega que o reconhecendo estava de touca azul, todos da linha de reconhecimento devem também estar usando toucas na mesma cor ou todos devem estar sem touca. Obviamente não será admitido que somente o provável reconhecendo esteja assim trajado quando todos os demais não usam este acessório. Ainda, e por óbvio, o reconhecendo não pode de maneira alguma estar algemado, enquanto os demais não estão.

Em seguida, existe a *linha de reconhecimento*. É esta composta por, no mínimo, três pessoas, todas parecidas com o que foi descrito pelo reconhecendo na fase preliminar. Diz-se que este é o limite mínimo justamente pelo que está definido pelo artigo 226 do CPP (II - a pessoa, cujo reconhecimento se pretender, será colocada, se possível, *ao lado de outras* que com ela tiverem qualquer semelhança, convidando-se quem tiver de fazer o reconhecimento a apontá-la). Como se trata de uma linha, ou ainda mais claro, de pessoas que entrarão em fila e ficarão lado a lado uma das outras, de frente para o reconhecedor, é fato que serão no mínimo três: o reconhecendo suspeito e outras duas com ele parecidas, uma de cada lado. Isso não significa obviamente que este estará sempre no meio delas, mas impõe legalmente quantos devem compor tal linha durante a sessão.

Observa-se de pronto que, o que parecia simples e ordinário, mencionado em apenas três artigos do Código de Processo Penal, pode ser bem mais complexo e difícil de ser conduzido. Em decorrência dessa premissa, serão a seguir citados os requisitos mínimos para a realização da sessão de reconhecimento pessoal.

---

[14] Por esse motivo, sugere-se que seja consignado no auto circunstanciado se o reconhecendo modificou de forma exagerada sua aparência para a participação na sessão.

3.2.1 Requisitos mínimos e regramentos

Toda *forma* mencionada no regramento adjetivo é garantia[15] de que o rito será respeitado e que as premissas para sua validade serão observadas. Em matéria de reconhecimento pessoal, esse mérito é crucial à validade dos resultados. Esse estudo prega, de antemão, que os requisitos do artigo 226 e seguintes do Código de Processo Penal são cogentes e que há ainda outros decorrentes da *práxis* policial, desenvolvidos durante anos de erros e acertos na instrução de inquéritos policiais.

O requisito essencial nesse contexto é admitir que o reconhecedor não pode ter tido outro contato com o reconhecendo antes da sessão, a não ser ocorrido na cena do crime. Esse tópico é importante: não se pode tolerar a participação em reconhecimento pessoal de quem já tenha tido contato com a indicação do autor, do suspeito ou mesmo do réu. Ainda, não é possível o apontamento por "ouvir dizer", por absoluta inapetência do método para a coleta de elementos de prova em quaisquer das fases acima descritas.

Outro ponto de interesse gira em torno da necessidade da prévia intimação do reconhecendo para que compareça na data aprazada, não sendo essa intimação uma opção recoberta pela garantia de não produzir prova contra si mesmo. Admite-se que, para fins de reconhecimento pessoal, é possível o deferimento de *mandado de condução coercitiva* do suspeito, do indiciado ou do réu, haja vista que não se terá uma participação ativa na produção da prova.[16] Admite-se ser um ato que não ocorrerá sem a presença do acusado ou investigado, mantendo-se o entendimento segundo o qual, se intimado não se fizer presente, pode ser conduzido, conforme respaldo do artigo 260 do Código de Processo Penal.[17] Por isso, a prévia intimação é tão importante, inexistindo a possibilidade de condução sem este ato; quer dizer que, se devidamente intimado, não comparecer, pode ser conduzido e isso não tem qualquer reflexo do que foi decidido pelo Supremo Tribunal Federal em razão do julgamento das Arguições de Descumprimento de Preceito Fundamental nº 395 e nº 444. Nestas, foi decidido que não

---

[15] LOPES JR., Aury. *Direito processual penal*. 9. ed. rev. e atual. São Paulo: Saraiva, 2012. p. 681.

[16] OLIVEIRA, Eugênio Pacelli de. *Curso de Processo Penal*. 19. ed. rev. e atual. São Paulo: Atlas, 2015. p. 455.

[17] AVENA, Norberto Cláudio Pâncaro. *Processo penal*. 9ª ed. rev. e atual. Rio de Janeiro: Forense; São Paulo: Método, 2017. p. 98.

será possível realizar a condução para fins de interrogatório, não sendo atingido o procedimento para a realização do reconhecimento pessoal.

Conforme já acima citado, não se pode realizar a sessão de reconhecimento sem a presença de, no mínimo, três pessoas, sendo uma delas o reconhecendo suspeito. Significa essa assertiva que, de maneira alguma, existe a possibilidade de "sessão" de reconhecimento com a presença do suspeito somente; esse procedimento é precário demais para ser considerado, mesmo que posteriormente "confirmado" em Juízo.

Presentes os componentes, serão produzidas placas numeradas em sequência para quantos forem os componentes, os quais não podem ser substituídos durante o ato. Como geralmente os demais componentes da linha de reconhecimento são escolhidos dentre funcionários das delegacias ou policiais de serviço, essa obrigação em permanecer até o final evita que o reconhecedor acabe por deduzir quem é o suspeito que "deve" reconhecer pela saída dos demais ou pela maneira como se comportam durante a sessão. Tais placas serão seguradas na altura do peito pelos integrantes da linha, com a ordem de deslocamento para o interior da *sala de reconhecimento* sendo emitido pelo policial previamente designado para tanto. De antemão, seria excelente que este servidor não soubesse quem é a pessoa que está fazendo o reconhecimento, ou seja, que não soubesse a identificação do reconhecedor. Isso evitaria qualquer risco de induzimento, mesmo que involuntário, como ocorre quando dá as ordens para que os integrantes virem de lado ou para que se aproximem mais do reconhecedor pelo vidro.

As pessoas que foram chamadas para comporem a linha de reconhecimento devem ser qualificadas, constando seus dados dos documentos que serão produzidos antes da sessão.[18] Embora não haja contraditório pleno na fase de investigação, é recomendável que a defesa tenha acesso aos componentes antes do início, podendo apontar incongruências que eventualmente possam influenciar nos resultados,

---

[18] No dia a dia das delegacias, este ponto também é controverso. Muitas vezes, não é possível encontrar dentre a equipe de policiais ou funcionários quem se pareça com o suspeito para a formação da linha de reconhecimento. Mesmo que se encontre, e principalmente em lugares menores, todos se conhecem e estes seriam facilmente reconhecidos pela vítima ou testemunha. Nesses casos, quando foi impossível a localização de pessoas na equipe da delegacia, seria possível à Autoridade Policial convocar transeuntes ou outros da comunidade para que sejam obrigados a fazer parte da sessão? Acredita-se que sim, haja vista se tratar a sessão de reconhecimento pessoal de ato de investigação, figurando, portanto, como *munus* público, quer dizer, como ato de *imperium* do Estado em relação aos que forem convocados. Do mesmo modo, são convocadas testemunhas do povo para acompanharem diligências policiais de busca e apreensão e são também convocados jurados para o Tribunal do Júri.

principalmente no que tange à aparência física, não se descartando que o reconhecedor já a tenha visto pela cidade ou mesmo antes de entrar para a sessão. Desse modo, e com base na relação dos que vão fazer parte da linha, pode haver impugnação em relação à vestimenta, ao uso de acessórios por alguns e até mesmo quanto à aparência mencionada na segunda parte do inciso II do artigo 226 ("ao lado de outras que com ela tiverem qualquer semelhança"). A assertiva de "qualquer semelhança", na verdade, indica a obrigação de serem encontradas pessoas parecidas em altura, densidade corporal, cor de cabelos e todas as outras características que individualizam um grupo. Quer isso dizer que não há necessidade de serem idênticas, parecidas demais, afinal de contas numa sociedade multiétnica como a brasileira isso pode se tornar bastante complicado,[19] ao ponto de inviabilizar a realização do reconhecimento pessoal.

Aliás, nesse ponto, também é vital que se diga algo sobre a *sala de reconhecimento* em si. A disposição desta estrutura é crucial para a produção da prova, com a devida proteção aos direitos do reconhecendo e do reconhecedor. Deve ser ampla o bastante para comportar a linha de reconhecimento com mais de três componentes, sendo este, como dito acima, o mínimo tolerável para o início do procedimento. Conterá boa iluminação, disposta em todos os lados, com ligeiro maior foco na direção que vai do reconhecedor para os reconhecendos, com o que será assegurado que a linha não enxergará sequer um vulto por detrás do vidro (espelho investigativo), o qual separará as duas partes da sessão.

A disposição do *espelho investigativo*, então, é exatamente aquela que é comum em filmes policiais, ou seja, aquela situação em que um lado enxerga o que acontece no ambiente vizinho, mas este não vê nada do que ocorre do outro.[20] O ideal é que os reconhecendos vejam somente a própria imagem refletida neste espelho, mesmo que se aproximem deste. Esta medida é requerida algumas vezes pelos reconhecedores para que vejam com detalhes o rosto e as expressões dos componentes da linha.

---

[19] Imagine-se o caso de um suspeito que usa barba longa, ou que possui muitas tatuagens pelo corpo, incluindo pescoço e face. Como encontrar o requisito de "qualquer semelhança" nesses casos? Ou seja, ficaria muito difícil encontrar ao menos outras duas pessoas com as mesmas características para que componham a linha de reconhecimento.

[20] DAYCHOUM, Merhi. *Gerência de Projetos*: programa delegacia legal. Rio de Janeiro: Brasport, 2005. p. 177.

Ao fundo da sala, constará o que as polícias nos Estados Unidos chamam de "*mugshot background*", consistindo esta nas listras contendo escalas de altura aproximada de quem está presente no ambiente, com vista do local em que está o reconhecedor em direção à linha de reconhecimento. Desse modo, considerando-se que o piso da sala de reconhecimento é uniforme e retilíneo, todos os que estivem na linha serão avaliados pelo reconhecedor em suas alturas, haja vista que este último pode fazer a comparação pelo topo da cabeça com as linhas perpendiculares dispostas ao fundo. Em cada ponta dessas linhas, haverá a altura exposta claramente e visível ao reconhecedor e a quem estiver na sala com ele. Com isso, o reconhecedor poderá comparar o que viu na data dos fatos com a altura dos presentes, considerando para tanto que não haverá desnível entre a sala em que está e a sala de reconhecimento.

No outro lado do ambiente, ficará o que pode ser chamado de *sala reservada ao reconhecedor*. Ao contrário da sala de reconhecimento, esta não receberá tanta iluminação e conterá sempre espaço suficiente para a permanência do reconhecedor, dos advogados, da Autoridade Policial e dos auxiliares da sessão. Essa menor iluminação tem como objetivo evitar que os componentes da linha de reconhecimento vejam quem está do outro lado, isso em ambientes que não contam com o espelho investigativo. Nesta sala também estarão presentes as testemunhas do ato, conforme exigido no artigo 226, inciso IV do Código de Processo Penal. Frise-se o que consta desse dispositivo: "testemunhas presenciais", quer isso dizer, que a tudo assistem, antes, durante e após a sessão, somente sendo dispensadas com a assinatura do termo de reconhecimento (ou auto de reconhecimento pessoal).

Entre as duas salas deverá haver um imperativo de não se permitir o contato visual entre reconhecendo e reconhecedor, o que pode ser obtido através de corredores de acesso independentes. Com essa providência, o sempre presente temor contido nas impressões do reconhecedor em relação a que pode vir a ser reconhecido é minimizado, mesmo que, ao fim e ao cabo, não seja possível o completo anonimato entre ambos até o final de eventual processo.[21] Por outro lado, o que

---

[21] Quer isso dizer que, ao reconhecido em tal sessão, é garantido o acesso à informação de quem lhe apontou como autor de crime, como foi feita o procedimento, se houve garantias contra a indução e tudo mais que lhe for permitido. Garante-se ao reconhecendo, portanto, que o Estado empregou todos os mecanismos disponíveis para a lisura da diligência, submetendo tudo ao crivo dos órgãos de fiscalização e às corregedorias das polícias.

deve ficar claro desde logo é o objetivo da sessão em si: formar elementos de convicção para o desenvolvimento das investigações.

Entre o policial que conduz a linha de reconhecimento e a Autoridade Policial ou o servidor que está ao lado do reconhecedor deve ser estabelecida *comunicação via rádio*. Será assim que serão transmitidas as ordens de um lado ao outro, tudo para que a sessão obtenha o máximo resultado possível. Dessa forma, o reconhecedor pode pedir para que a linha vire de lado, para que determinado integrante se aproxime mais do espelho investigativo ou outras medidas consideradas importantes e deferidas pela Autoridade Policial, ante requerimento do próprio reconhecedor ou do advogado de defesa. Nesse ponto, reforça-se que é o Delegado de Polícia Federal quem conduz o desenrolar da sessão ou profissional por ele indicado, estando este devidamente habilitado. Concentra-se desse modo a emissão de ordens e a coleta das impressões repassadas pelo reconhecedor na figura de um só condutor, ficando à cargo da Autoridade determinar que, desde já, seja elaborado o auto circunstanciado da sessão de reconhecimento conforme determina a lei.

Quando já na sala reservada tudo se encontra organizado e disposta a linha de reconhecimento, determinará a Autoridade Policial o início dos trabalhos, certificando-se tudo o Escrivão para que conste dos autos. Consignar-se-á a presença de todos no local. A linha se deslocará até a sala de reconhecimento e terá então início a sessão.

Mais uma vez, reforça-se: a preparação dos atos de investigação, ou seja, das diligências investigativas na fase policial, é essencial para a obtenção dos resultados e para a solução do caso. No reconhecimento pessoal, a aplicação escorreita do método depende e muito da fase de preparação mencionada em parte no tópico anterior e nesse subtópico. A fase seguinte, baseada aqui no desenrolar da sessão de reconhecimento, é consequência lógica do que ocorreu nessa dita preparação. É o tema do próximo subtópico.

3.2.2   O desenrolar da sessão de reconhecimento

Seguindo a preparação, passa-se à sessão propriamente dita. Longe de estar dividida em subfases, a sessão de reconhecimento é muito mais vinculada à observação das reações do reconhecedor em relação ao reconhecendo, o qual, por sua vez, não tem participação ativa no desenvolvimento da diligência. Diz-se, por isso, que o foco da investigação durante o desenrolar da sessão estará direcionado ao reconhecedor, suas impressões quando observar os componentes da linha, e as respostas que fornecerá à Autoridade Policial durante o ato.

Após a intimação do reconhecedor, presentes o reconhecendo e as pessoas com ele parecidas para a formação da linha de reconhecimento, inicia-se a sessão. Esta contará com a presença do advogado de defesa e, em oportunidades necessárias, pode ser também parte da produção de prova antecipada, haja vista a já citada *irrepetibilidade* do procedimento.

Durante a sessão, e nos termos acima já mencionados, o reconhecedor pode requerer que a linha se aproxime do espelho investigativo, que vire para a esquerda ou direita e assim por diante. Mesmo que não requeira, é *recomendável* que o policial que conduz a linha de reconhecimento o faça, garantindo que os que estão no outro ambiente possam ter acesso à completa visualização dos componentes. Neste contexto, reforça-se o que foi apontado anteriormente como parte dos requisitos da sessão ideal: quem está ao lado do reconhecedor não poderia saber quem é o suspeito.[22] Por isso, interessante pensar que a Autoridade Policial pode designar um de seus agentes, alheios à investigação, para que conduza a sessão, tendo por base que obviamente o Delegado de Polícia Federal saberá quem é o suspeito e, pela técnica reflexa, poderá (in)voluntariamente influenciar o reconhecedor na avaliação dos componentes da linha.

Na entrada da linha de reconhecimento, o comportamento da vítima ou da testemunha começará a ser registrado por meio das perguntas que devem ser feitas pela Autoridade Policial. Esse é um ato essencialmente investigatório, embora já tenha sido apontada a possibilidade de produção antecipada de prova. Lembra-se de que a linha acima citada estará disposta com os componentes lado a lado, de frente para o espelho investigativo, numerada sequencialmente da esquerda para a direita. Então, o condutor da sessão lançará perguntas que trarão objetividade à sessão, utilizando-se para tanto, dos números que os reconhecendos mantêm visíveis na altura do peito, à frente do corpo.

A primeira pergunta recairá sobre o primeiro componente da linha: "observando as feições do número 01, reconhece-o como sendo o autor do fato ocorrido no dia tal?". A resposta poderá ser sim, não,

---

[22] FRANÇA, Rafael F. Meios de Obtenção de Prova na Fase Preliminar Criminal: considerações sobre reconhecimento pessoal no Brasil e na legislação comparada. *Revista Brasileira de Ciências Policiais*, v. 3, p. 55-90, 2012.

não tenho certeza ou simplesmente o silêncio. Além disso, pode haver reações emotivas, como choro, tristeza, revolta e por aí em diante. Não haverá *maniqueísmo* nessa avaliação, haja vista que não se trata da solução de uma equação matemática, com respostas certas e erradas. Aqui e na sequência encontram-se os principais perigos para a sessão em si. Isso porque, de forma técnica, o condutor da sessão passará ao seguinte mesmo que o reconhecedor diga que não tem certeza sobre a identificação do primeiro, dizendo que se passou muito tempo, que estava escuro ou qualquer outra alegação para não dizer que tem cem por cento de certeza sobre o que vê.

Dentro da sessão, o reconhecedor pode requerer que os componentes da linha entrem e saiam da sala, não sendo estipulado tempo limite para sua realização. Em critérios razoáveis, é preciso apontar que as sessões não costumam demorar, haja vista que o reconhecedor acaba por logo apontar o reconhecendo ou, por outro lado, rechaça de imediato sua presença dentre os componentes que lhe são apresentados na linha de reconhecimento.

3.2.3   O encerramento. A documentação pertinente e demais atos

A sessão se encerra exatamente com a manifestação do reconhecedor, ao afirmar que o suspeito está presente na linha ou que não está. Após o encerramento da sessão, saindo a linha de reconhecimento e assinados os documentos pelos presentes, inclusive as testemunhas, cabe saber se o reconhecendo pode de imediato saber sobre o resultado da diligência. Ou seja, se pode tomar ciência do que disse o reconhecedor, se o apontou como autor, se teve alguma reação quando o viu na linha, se não reconheceu alguém na linha e assim por diante. Até para que seja garantido o acesso do suspeito à diligência que, eventualmente, pode evitar que haja o indiciamento ou que, pelo contrário, servirá para reforçar a fundamentação a ser feita pela Autoridade Policial no despacho que determina este mesmo ato.

Da mesma forma, especialmente quando o suspeito comparece sem representação de profissional habilitado, a ciência sobre o resultado da diligência é essencial para que, por exemplo, conteste o atendimento aos requisitos previstos no artigo 226 e outros a que possa ter tido acesso. Desse modo, será admissível que requeira a repetição do ato? Nesse caso, deve requerer diretamente para a Autoridade Policial? Estas e outras perguntas são pertinentes e geralmente não são feitas principalmente quando a sessão é realizada durante a investigação preliminar.

Fica claro que as modificações recentes na estrutura do inquérito policial em relação à atuação dos advogados e o acesso aos autos, assim como a imprescindível investigação defensiva, já citada em outras oportunidades,[23] revelam a mais elevada preocupação do legislador quanto à função de "filtro" exercida pela investigação preliminar no Brasil. Já não se suporta mais a constante deflagração de processos penais, de ações criminais sem o devido lastro probatório e com sedimentação indiciária ainda não completamente maturada. Acelera-se demais a produção em série de inquéritos e isso vem favorecendo o nascimento de processos penais natimortos ou com cambaleante capacidade de apresentação de resultados minimamente condizentes.

Dito isso, fica também claro que, sim, o suspeito-reconhecendo deve estar ciente dos resultados assim que encerrada a sessão. No entanto, a repetição do ato é medida questionável, ainda mais se for considerado que, para este estudo, é prova irrepetível, mesmo em Juízo, quando já realizada conforme determina a lei durante a instrução do inquérito policial. Por isso, caberá ao suspeito-reconhecendo atacar a conformidade legal da sessão de reconhecimento, sua adequação casuística (se seria ou não a melhor forma de solução do caso criminal) e outros temas, sempre presente a inafastabilidade do acesso ao Judiciário para tanto. Agora, é preciso afirmar: a repetição do ato, esta se revela impossível para que surta os mesmos efeitos probatórios.

Superada a questão, mister considerar que tudo de importante que ocorreu durante a sessão deve estar circunstanciado no respectivo auto, o qual será assinado pelas testemunhas que a tudo assistiram. O contexto em tela aponta que, em muitas oportunidades, a Autoridade Policial determina a *gravação em vídeo* de toda a sessão, do que fará parte do inquérito policial a mídia contendo o que aconteceu juntamente com o auto circunstanciado. Essa providência é bastante recomendável, demonstrando a lisura do procedimento e servindo, inclusive, como fundamento para confirmação ou rechaço em Juízo. No vídeo e nas imagens, serão observadas as impressões da vítima ou da testemunha, o atendimento aos requisitos legais e o cumprimento das regras de

---

[23] FRANÇA, Rafael F. *Participação privada na investigação criminal no Brasil*: possibilidades e limites. Porto Alegre: Nuria Fabris, 2015. v. 1. p. 174.

início, desenvolvimento e de encerramento, o que ficará à disposição de eventuais partes.

Finalizado o procedimento e juntados aos autos os documentos resultantes, estes serão considerados pela Autoridade Policial se o reconhecimento foi positivo ou negativo, quer dizer, se o reconhecedor apontar ou não o autor dentre os presentes na linha de reconhecimento. De qualquer forma, não se toleraria que a diligência fosse excluída dos autos ou nem mesmo noticiada se o resultado não estivesse de acordo com o que desejava o investigador. Feita a mesma, seus resultados devem ser obrigatoriamente anexados ao inquérito policial.

4   Reconhecimento fotográfico

Após a análise dos requisitos e da sessão de reconhecimento pessoal como forma de produção de elementos de prova, passa-se ao estudo do que se entende por reconhecimento fotográfico no sistema de investigação preliminar brasileiro. De antemão, é preciso afirmar que o reconhecimento pessoal é mais em relação ao reconhecimento por fotografias ou imagens gravadas no que diz respeito à efetividade no convencimento da Autoridade Policial e, consequentemente, na avaliação do Ministério Público para a denúncia. Ou seja, a realização de sessão de reconhecimento pessoal sendo presencial tem mais influência na formação dos argumentos que embasam, por exemplo, o indiciamento, do que um reconhecimento fotográfico.

O reconhecimento por fotografia é forma *precária* e *subsidiária* de investigação no contexto do inquérito policial. Como já acima mencionado, pode ser efetivamente utilizado como forma de descrição prévia das características de suspeitos em sede de verificações de procedência das informações. No entanto, isso não quer dizer que não tenha também que atender a certos requisitos para que seja minimamente considerado em seus resultados. Há necessidade, sim, de uma sessão especialmente elaborada para que os resultados constem da verificação ou mesmo do inquérito policial.

Em relação aos procedimentos a serem realizados pela Polícia Federal, cita-se o que consta da *Instrução Normativa nº 108-DG/PF*, de 7 de novembro de 2016, a qual regulamenta a atividade de polícia judiciária da Polícia Federal e dá outras providências. Nesse regramento, verifica-se que a situação não se modifica muito. Na breve análise desta instrução, observa-se de pronto que não houve maior preocupação com as formalidades indicadas no CPP, não havendo também preocupação com o rito a ser obedecido. Na Subseção IV da Seção III, a instrução indica que a sessão de reconhecimento será reduzida a termo; no artigo 63, é apontado o seguinte:

> Na impossibilidade de o reconhecimento ser realizado diretamente sobre a pessoa ou coisa, poderá ser feito por meio de fotografia ou qualquer outro meio idôneo que reproduza imagem. *Parágrafo único*. O reconhecimento será lavrado em termo próprio e as imagens utilizadas deverão ser juntadas aos autos.

A citada manutenção da importância do reconhecimento fotográfico é salutar, isso ante a já difícil produção de provas quando o suspeito ou até mesmo o autor do delito não é de pronto encontrado. Esse procedimento atesta a irritualidade do ato na fase policial, indicando que as imagens utilizadas para o reconhecimento fotográfico serão juntadas aos autos.

Essa *juntada aos autos* assume que, ou serão impressas ou escaneadas, ou serão disponibilizadas no ambiente virtual, no caso dos usuários do portal *E-proc*, disponível no âmbito do Tribunal Regional Federal da 4ª Região. De qualquer monta, também é necessário assumir que não precisa ser exatamente uma imagem, mas, também, vídeos que demonstrem a pessoa ou a coisa a ser reconhecida obviamente. Nesse caso, até melhor fundamentado o reconhecimento "fotográfico", haja vista que a dinâmica dos fatos e a visão por outros ângulos pode favorecer a acuidade do ato.

A preparação da sessão reveste-se de importância justamente para que seja evitado o já famoso "foi este aqui que cometeu o crime?", passando o policial a mostrar à vítima ou à testemunha uma só fotografia do suspeito *eleito* como autor. Já tido como procedimento corriqueiro, esse ato pode acarretar o direcionamento da percepção do reconhecedor, maculando também eventual reconhecimento pessoal, haja vista que haverá apenas a procura do suspeito já visto isoladamente no passado.

Por esse motivo, o reconhecimento fotográfico deve atender ao que está determinado pelo artigo 227 do Código de Processo Penal, atinente ao reconhecimento de objetos. Valem, portanto, as mesmas regras. Ou seja, deverá ter como premissas, no que for aplicável, aquilo que foi indicado e exigido para o reconhecimento pessoal do artigo 226 do mesmo diploma. Assim, haverá também a *descrição prévia* do reconhecendo pelo reconhecedor, o que será transcrito em auto de reconhecimento fotográfico para que, em seguida, seja montado o conjunto de fotos a este último. E como devem ser estas fotografias? Obviamente, devem ser de pessoas parecidas com o suspeito descrito, colocadas lado a lado ou mostradas de forma sequencial ao reconhecedor, com números apostos logo abaixo das imagens para que ele as identifique somente por este, nunca pelos nomes dos componentes.[24] Frise-se: não será mostrada uma única fotografia ou imagem em vídeo do suspeito "eleito" pelos investigadores para que esse ato se passe por reconhecimento fotográfico. Uma vez cometido esse erro, o reconhecedor o apontará como autor também no reconhecimento pessoal e o risco de grave equívoco é muito grande.

Dessa maneira, ao ser mostrado ao reconhecedor um conjunto de fotografias às quais ele não teve acesso antes daquele momento, deverá ele apontar, se assim tiver a necessária convicção, qual dentre as representações é o suspeito ou a que com ele mais se assemelha. Ao fazê-lo, indicará o número correspondente e não terá acesso ao nome de quem apontou, haja vista que esse dado poderá ser vital para que a Autoridade Policial decida pela realização ou não da sessão de reconhecimento pessoal. Neste mesmo contexto, entende-se como necessária a juntada das fotos que foram utilizadas no ato nos autos do inquérito policial ou da verificação de procedências das informações para que sejam demonstrados os resultados e no que se basearam.

Na Polícia Federal, o procedimento é comumente utilizado em sede de investigações de delitos contra o patrimônio. A cargo dos Grupos de Identificação, aponta a *Instrução Normativa nº 013-DG/PF*, de 15 de junho de 2005, nos artigos 98 a 102, a necessidade de especialização das funções de polícia para tanto. Verifica-se, por exemplo, que, dentre as atribuições do Instituto Nacional de Identificação (INI), encontra-se a função de elaboração de *retratos falados*, de *laudos prosopográficos* e também de elaboração de *procedimentos de envelhecimento* para fins de reconhecimento. Os laudos prosopográficos são realizados, principalmente, a partir de imagens captadas por circuitos internos ou por câmeras de segurança, de onde os papiloscopistas buscam parâmetros para apontar se a pessoa que aparece no vídeo é ou não um previamente

---

[24] Inclusive, o Supremo Tribunal Federal já se manifestou nesse sentido, conforme consta do julgamento do HC nº 11.565/MG. Nesse caso em específico, as fotos dos suspeitos estavam com os nomes abaixo, o que foi encarado como forma de induzimento ao reconhecimento. *Vide*: STF - HC: 115625 MG, Relator: Min. DIAS TOFFOLI, Data de Julgamento: 26.10.2012, Data de Publicação: *DJe*-215 DIVULG 30.10.2012 PUBLIC 31.10.2012.

conhecido suspeito. Geralmente, os laudos em tela servem para excluir a presença de um suspeito, analisando-se para tanto os traços de sua face e comparando-os com fotografias obtidas em portais ou rede sociais. Em relação ao procedimento de *envelhecimento*, este é produzido mediante o uso de *softwares* de onde os policiais tentarão demonstrar como estaria a demonstração facial de determinada pessoa após anos passados do cometimento do delito, o que pode facilitar a investigação e ajudar a reforçar a presença de suspeitos. O procedimento em tela é comumente empregado em casos de desaparecimento de pessoas ou quando já se passou muito tempo entre o crime e a possível localização do provável autor. Assim, de posse de uma imagem produzida através da computação, amplia-se o espectro da busca por dados ao retratar a face envelhecida com base nos parâmetros já conhecidos do suspeito.

Já o retrato falado é elaborado a partir da descrição dos dados do provável autor pela vítima ou pela testemunha para que seja reproduzida com a maior fidelidade possível. Ao fornecer as características daquele, estas últimas possibilitam ao papiloscopista policial federal "desenhar" a face do suspeito, inclusive contendo traços individuais, como bigode, cicatrizes e mesmo indicando o uso de bonés, de brincos e outros acessórios. Esta formação deve ser considerada pela Autoridade Policial, principalmente por espelhar a visão primordial do suspeito, o que pode servir, por exemplo, para descartar outros que divergirem das descrições fornecidas. A partir do retrato falado, juntado aos autos, a Polícia Judiciária pode descartar suspeitos ou inclui-los, passando a trabalhar com maior economia de meios e em menor tempo. Mesmo assim, sempre deve ser lembrado que esse método é apenas um dos primeiros passos para a descoberta da autoria, não devendo servir como elemento de prova se não corroborado fortemente por outros indícios.

De qualquer forma, nem o retrato falado, nem o laudo prosopográfico e nem o resultado do procedimento de envelhecimento podem substituir o reconhecimento fotográfico e, muito menos, o reconhecimento pessoal na formação do conjunto probatório. São mecanismos de investigação importantes para o inquérito policial, mas precisam sempre de maior embasamento para que surtam efeitos no convencimento sobre a autoria.

Outro ponto de interesse é a observação de álbuns de fotografias por vítimas ou testemunhas. Desde logo, deve ser sedimentado que não se trata esse procedimento de reconhecimento fotográfico em si, mas de uma forma ainda mais precária de apontamento de autoria. Conforme consta, tais álbuns são formados por fotografias de presos em flagrante ou condenados por crimes semelhantes, cometidos na região onde o reconhecedor foi atacado ou onde viu o autor. Com base em atuação geográfica dos delinquentes, o investigador fornece a possibilidade de indicação de autoria por parte da vítima com base nessa mesma atuação. Ou seja, se houve o delito em determinada região, são fornecidos padrões de possíveis autores que também lá atuam de acordo com outras investigações policiais em andamento ou até mesmo já finalizadas.

Fica claro que este tipo de "reconhecimento" é, sim, parte do procedimento pelo qual a Polícia Judiciária busca identificar autores de delitos, principalmente quando ainda não há suspeitos minimamente definidos e geralmente em atendimentos feitos pelo Serviço de Plantão, onde comparecem vítimas e testemunhas para registro de ocorrências. Nestes casos, é notório que haverá uma descrição preliminar das características do autor, ou dos autores, e será a partir dali que os investigadores passarão a mostrar as fotografias de suspeitos parecidos fisicamente com ele. Dependendo da certeza demonstrada pelo observador, o álbum de fotografias pode ser de considerável utilidade para a investigação policial, não podendo ser descartado em atendimentos preliminares à investigação propriamente dita.

De tudo o que se apontou neste tópico, interessa mais definir que observar um álbum de fotografias não é exatamente participar de sessão de reconhecimento fotográfico; da mesma forma, fornecer dados para a formatação de um retrato falado não é, em nenhuma hipótese, sedimentar a autoria de um delito. Por isso, à parte de estar recoberto de "irritualidade", o reconhecimento fotográfico, mesmo sendo "menos" que o reconhecimento pessoal, é "mais" em relação ao álbum de fotografias e ao procedimento de retrato falado. Merece, então, atender a requisitos e ser desenvolvido de maneira a assegurar a maior acuidade possível.

Além disso, é também oportuno reforçar que, se houve ou não o reconhecimento fotográfico, os resultados devem ser reunidos e juntados aos autos do inquérito policial, tudo como forma de demonstrar como a investigação foi feita e quais caminhos foram adotados pela Autoridade Policial para tanto. Mesmo que pareça *tentador* ao investigador descartar reconhecimentos fotográficos infrutíferos, como forma de não enfraquecer a tese de investigação que já tem como a mais provável, repete-se o que foi acima consignado em relação ao reconhecimento pessoal: essa prática é intolerável.

E como vêm decidindo os tribunais sobre as questões até agora levantadas nesse estudo? O que dizem os desembargadores e ministros acerca do reconhecimento pessoal e fotográfico? É o que será indicado no tópico a seguir.

5 Posicionamento jurisprudencial

As decisões judiciais sobre temas de investigação policial já refletem que, mesmo que se queira e por mais vezes que esse assunto surja, o inquérito policial não é mais a "mera" peça administrativa de outros tempos, jargão que merece ser banido dos compêndios de Processo Penal. As diligências realizadas pelos investigadores durante este procedimento acabam por ter consequências importantes no processo, até mesmo porque não se pode *investigar* na ação penal o que já foi *investigado* pela Polícia Judiciária. Ou se corrobora o que foi trazido aos autos, ou se confirmam novamente os indícios. São debates sobre temas caros não só à apuração preliminar, mas também à denúncia ministerial e consequentemente à ação penal.

Embora representem fases distintas da persecução, o Inquérito Policial e o Processo Penal buscam atender o mesmo desejo por solução justa do caso criminal. Por isso, os posicionamentos jurisprudenciais quase sempre citam o que foi trazido pela Polícia Judiciária no momento indiciário. No que tange ao reconhecimento pessoal, tema deste estudo, as decisões dos principais tribunais do país revelam que o que foi apontado na fase policial deve ser novamente indicado durante o processo pelo reconhecedor, isso se a sessão resultou em "reconhecimento positivo". Formou-se o equívoco sobre o que foi considerado "prova repetível". Dessa forma, são realizadas necessariamente duas sessões de reconhecimento: uma na Delegacia de Polícia, outra durante a ação penal, em Juízo.

Assim, o julgado abaixo, do Tribunal de Justiça de São Paulo (TJSP), cuja ementa tem o seguinte teor:

> Roubo majorado. Concurso de agentes e emprego de arma. Preliminar de nulidade rejeitada. Alegação de nulidade em razão no não preenchimento dos requisitos do art. 226 do CPP no ato de reconhecimento. Formalidade recomendável, contudo, sem observação mandatória. *Reconhecimento pela vítima que se mostrou hígida e segura, até porque confirmada pessoalmente*

em Juízo. Materialidade e autoria comprovadas. Validade das palavras da vítima. Inexistência de impedimento ou comprovação de interesse dela em eventual condenação indevida do réu, que foi reconhecido na delegacia e em juízo. Desnecessidade de apreensão da arma para aplicação da majorante. Precedentes. Condenação acertada. Existência de múltiplas majorantes que não podem ser aquilatadas por mero critério aritmético. Súmula 443 do STJ. Redução da fração de aumento. Regime inicial semiaberto excepcionalmente possível. Recurso parcialmente provido, rejeitada a preliminar (*TJSP*; Apelação 0004638-72.2017.8.26.0037; Relator (a): Francisco Bruno; Órgão Julgador: 10ª Câmara de Direito Criminal; Foro de Araraquara – 1ª Vara Criminal; Data do Julgamento: 26.07.2018; Data de Registro: 30.07.2018). (Grifos nossos).

Além da necessidade de confirmação em Juízo, e mesmo que este estudo considere o reconhecimento pessoal como prova irrepetível, as decisões do TJSP trazem também a ideia geral segundo a qual as diretrizes contidas no artigo 226 do Código de Processo Penal são apenas *recomendações*, não gerando nulidade alguma se não for comprovado o prejuízo da não observação das mesmas durante os procedimentos.

É o que também revela o julgado abaixo:

APELAÇÃO. Roubo majorado pelo concurso de agentes. Recurso defensivo. Insuficiência probatória. Inocorrência. *Reconhecimento pessoal efetuado pelas vítimas, com segurança, em todas as fases da persecução criminal. Ausência de formalidade legal que não prejudica a validade do reconhecimento. Disposições do artigo 226, do CPP, que possuem o caráter de recomendação.* Condenação mantida. Afastamento da majorante do concurso de agentes. Inviabilidade. Palavras das vítimas que merecem credibilidade. Dosimetria. Possibilidade de redução do aumento aplicado na primeira fase. Regime inicial fechado mantido, porquanto adequado ao quantum de pena fixado e às circunstâncias pessoais do apelante. Recurso parcialmente provido (*TJSP*; Apelação 0000012-91.2015.8.26.0550; Relator (a): Leme Garcia; Órgão Julgador: 16ª Câmara de Direito Criminal; Foro de Rio Claro – 2ª Vara Criminal; Data do Julgamento: 24.07.2018; Data de Registro: 25.07.2018). (Grifos nossos).

Observa-se que, neste caso, ficou claramente consignado mais uma vez pelos julgadores que as disposições do artigo 226 do Código de Processo Penal são "recomendações", sem valor cogente, embora deva ser novamente repisada a posição deste estudo: as *formas* do Processo Penal são a garantia de que os direitos dos envolvidos no processo penal serão respeitados ao máximo.

A situação não é diferente em julgados coletados em outros tribunais. No Tribunal de Justiça do Paraná (TJPR), a tese é a mesma de que os requisitos presentes no artigo 226 do diploma não causam nulidade se não forem respeitados durante as sessões de reconhecimento. Todavia, define-se em tal corte que, se não corroboradas com outras provas e se não houver confirmação em Juízo, as sessões de reconhecimento acabam por favorecer a tese da absolvição. É o que se define da ementa a seguir:

ROUBO MAJORADO PELO EMPREGO DE ARMA - ART. 157, §2º, INCISO I, DO CÓDIGO PENAL - SENTENÇA CONDENATÓRIA - RECURSO DO RÉU - PLEITO PELA NULIDADE DE RECONHECIMENTO PESSOAL EFETUADO EM INQUÉRITO POLICIAL - DESCABIMENTO - INTELIGÊNCIA DO ART. 226, DO CÓDIGO DE PROCESSO PENAL - PLEITO PELA ABSOLVIÇÃO POR INSUFICIÊNCIA PROBATÓRIA - CABIMENTO - PROVAS COLHIDAS QUE NÃO OFERECEM UM JUÍZO DE CERTEZA QUANTO À AUTORIA DO DELITO - APLICAÇÃO DO PRINCÍPIO IN DUBIO PRO REO - INTELIGÊNCIA DO ART. 386, VII, DO CÓDIGO DE PROCESSO PENAL - RECURSO CONHECIDO E PROVIDO (TJPR – 5ª C.Criminal – AC – 1740758-8 – Pinhais – Rel.: RUY ALVES HENRIQUES FILHO – Unânime – J. 28.06.2018)

Nesse mesmo julgado, consignou-se que "a vítima reconheceu o suspeito na esfera policial. Contudo, esta é a única circunstância que ligaria o réu ao fato delitivo, eis que a vítima não corroborou o reconhecimento na esfera judicial". Quer isso dizer que, mesmo que realizado o reconhecimento pessoal na fase policial, se não houver a "confirmação" durante o processo, grande é a chance de o elemento de prova não ser considerado para a condenação. O que se tem em mente é a supracitada ideia de que os procedimentos na fase de investigação devem ser revestidos de irritualidade, quando e especialmente no caso do reconhecimento pessoal, essa máxima pode acarretar sérios prejuízos à defesa e também à acusação.

No Superior Tribunal de Justiça, o posicionamento não é diferente.[25][26] Tanto em reconhecimento pessoal, como no fotográfico,

---

[25] BRASIL. Superior Tribunal de Justiça. HC 397.523/SP. Rel. Ministro Rogerio Schietti Cruz, Sexta Turma. Julgado em 05.04.2018, DJe 16.04.2018. Disponível em: http://www.stj.jus.br/SCON/jurisprudencia/doc.jsp?processo=397523&b=ACOR&p=true&t=JURIDICO&l=10&i=1. Acesso em: 02 ago. 2018. A ementa deste julgado diz o seguinte: "HABEAS CORPUS. ROUBO MAJORADO. RECONHECIMENTO DE PESSOAS EM JUÍZO. INDEFERIMENTO DA INCLUSÃO DE TERCEIROS. REQUISITOS DO ART. 226 DO CPP. NULIDADE.

dá-se prioridade a *dois requisitos* imprescindíveis: a revalidação do reconhecimento em Juízo, mesmo que não se tenha como exigência o atendimento aos requisitos do artigo 226; e a necessária vinculação da indicação da autoria no reconhecimento com outros elementos de prova colhidos durante a instrução.[27] Fala-se, portanto, em robustecimento do conjunto para formação de mais completo *suporte probatório de autoria*. A Corte Suprema também caminha pela mesma senda. Por isso, o reconhecimento pessoal feito na fase de investigação, se confirmado em

---

AUSÊNCIA. PREJUÍZO CONCRETO NÃO DEMONSTRADO. EXCESSO DE PRAZO PARA O ENCERRAMENTO DO FEITO. NÃO OCORRÊNCIA. ORDEM DENEGADA. 1. A inobservância da forma estabelecida no art. 226 do Código de Processo Penal para o reconhecimento de pessoas e coisas não produz nulidade absoluta, máxime quando se tratar de confirmação de reconhecimento já realizado na fase inquisitorial. 2. Os prazos indicados na legislação processual penal para a conclusão dos atos processuais não são peremptórios; assim, eventual demora no término da instrução criminal deve ser aferida levando-se em conta as peculiaridades do caso concreto. Precedente. 3. Consideradas as particularidades do feito e a complexidade da ação penal, combinadas com a informação de que já houve expedição de carta precatória para o interrogatório do réu, fica afastado, ao menos por ora, o alegado excesso de prazo. 4. Ordem denegada".

26 BRASIL. Superior Tribunal de Justiça. HC 444.959/SC. Rel. Ministro Jorge Mussi, Quinta Turma. Julgado em 12.06.2018, *DJe* 25.06.2018. Disponível em: http://www.stj.jus.br/SCON/jurisprudencia/toc.jsp?preConsultaPP=000005705/3. Acesso em: 13 jul. 2018. Consta da emenda desse julgamento: "HABEAS CORPUS. IMPETRAÇÃO EM SUBSTITUIÇÃO AO RECURSO CABÍVEL. UTILIZAÇÃO INDEVIDA DO REMÉDIO CONSTITUCIONAL. VIOLAÇÃO AO SISTEMA RECURSAL. NÃO CONHECIMENTO. (…). ESTUPRO DE VULNERÁVEL E SEQUESTRO PARA FINS LIBIDINOSOS. INOBSERVÂNCIA DAS FORMALIDADES PREVISTAS NO ARTIGO 226 DO CÓDIGO DE PROCESSO PENAL. DISPOSITIVO QUE CONTÉM MERA RECOMENDAÇÃO LEGAL. RECONHECIMENTO FOTOGRÁFICO CORROBORADO POR OUTRAS PROVAS COLHIDAS NO CURSO DA INSTRUÇÃO CRIMINAL. EIVA NÃO CARACTERIZADA. 1. Esta Corte Superior de Justiça firmou o entendimento no sentido de que as disposições insculpidas no artigo 226 do Código de Processo Penal configuram uma recomendação legal, e não uma exigência, cuja inobservância não enseja a nulidade do ato. Precedentes. 2. Na espécie, ainda que o reconhecimento fotográfico do paciente não tenha observado os ditames do artigo 226 da Lei Penal Adjetiva, o certo é que foi contrastado com os demais elementos de convicção reunidos no curso da instrução criminal, os quais, segundo a instância de origem, são aptos a comprovar a autoria delitiva, o que afasta a ilegalidade suscitada na impetração. (…). 2. Habeas corpus não conhecido".

27 BRASIL. Superior Tribunal de Justiça. HC 414.348/SP. Rel. Ministro Nefi Cordeiro, Sexta Turma. Julgado em 08.05.2018, *DJe* 21.05.2018. Disponível em: http://www.stj.jus.br/SCON/jurisprudencia/toc.jsp?preConsultaPP=000005705/3. Acesso em: 13 jul. 2018. Neste, a ementa diz o seguinte: "PROCESSO PENAL E PENAL. HABEAS CORPUS. LATROCÍNIO. ART. 226 DO CPP. NULIDADE. INOCORRÊNCIA. RECONHECIMENTO FOTOGRÁFICO RATIFICADO EM JUÍZO. CONDENAÇÃO BASEADA EM OUTRAS PROVAS. HABEAS CORPUS DENEGADO. 1. Não há falar-se em nulidade se atesta a Corte local que a condenação não se baseou unicamente no reconhecimento fotográfico do paciente, ademais ratificado em juízo, mas também em outros admitidas elementos a justificar o suporte probatório da autoria.2. A jurisprudência desta Corte é de que o descumprimento às disposições do art. 226 do CPP constitui irregularidade, exigindo demonstração concreta de prejuízo para o reconhecimento da nulidade. 3. Habeas corpus denegado".

Juízo e com base no conjunto de provas, deve ser levado em consideração. Da mesma forma, reforça a validade do reconhecimento fotográfico quando reforçado por outros indícios e elementos de prova. Assim, o Supremo Tribunal Federal mantém a tese segundo a qual a validade do reconhecimento fotográfico, como meio de prova no processo penal condenatório, é inquestionável, e reverte-se de eficácia para legitimar, especialmente quando apoiado em outros elementos de convicção, como no caso, a prolação de um decreto condenatório.[28] De todo modo, assegura que as exigências do artigo 226 e seguintes do Código de Processo Penal podem ser mitigadas se não houver comprovação dos prejuízos causados pela não observação durante a instrução.

6   Considerações finais

O reconhecimento de pessoas, tanto presencial, como por fotografia, é revestido de bastante controvérsia no modelo que vem sendo empregado por investigadores no sistema brasileiro para a coleta de elementos de prova durante o inquérito policial. A eficácia na escolha dos métodos de investigação a serem empregados na solução do caso criminal trazido à Polícia Judiciária deve ser também melhor definida. O procedimento como um todo deve passar também por conferências durante seu trâmite, não só quanto a aspectos formais do caderno, mas, antes de tudo, quanto à coerência na adoção desta ou daquela linha de investigação e também quanto aos métodos empregados para a definição do mesmo.

A irritualidade dos procedimentos e diligências durante a fase de investigação é perversa também para a Polícia Judiciária: ao lançar essa assertiva, busca-se dar menor valor probatório a tais atos de apuração, com a falsa convicção de que podem ser "repetidos" durante a instrução processual. Especialmente no que diz respeito ao reconhecimento, o "e" sublinhado em uma das frases na introdução a este artigo não foi por acaso: o reconhecimento pessoal somente pode ocorrer uma única vez no decorrer da produção da prova. A temeridade na indicação errônea, por induzimento ou mesmo pela formação de falsa memória,

---

[28]   BRASIL. Poder Judiciário. Supremo Tribunal Federal. SEXTA TURMA STF - HC: 109858 SC, Relator: Min. DIAS TOFFOLI, Data de Julgamento: 15.08.2011, Data de Publicação: DJe-160 DIVULG 19.08.2011 PUBLIC 22.08.2011.

fortalece a necessidade de estrita obediência à liturgia. Por esse motivo, dá-se valor à forma como garantia de que as regras serão respeitadas. Ademais, se for possível a realização do reconhecimento pessoal, não deve ser realizado em seu lugar o reconhecimento fotográfico. Prefere-se o primeiro em detrimento do segundo, bem mais *precário*. Da mesma forma, não é possível a realização de sessões de reconhecimento pessoal em sede de *verificações de procedência de informações*, nas quais, no mais possível, podem ser consultados álbuns de fotografias, confeccionados retratos falados ou até mesmo serem feitos reconhecimentos fotográficos. A complexidade dos procedimentos, com intimações, presença de advogados e possível produção antecipada de provas acaba por impedir que a diligência seja desenvolvida sem maiores precauções e dentro do inquérito policial formalmente instaurado.

Este estudo admite que o reconhecimento pode ser realizado na fase policial, ou durante a instrução processual. Ocorre que, embora se admita que os reconhecimentos feitos pelos órgãos policiais nem sempre obedecem aos requisitos necessários, tampouco isso acontece durante a instrução em Juízo. Nestes casos, basta a pergunta à testemunha ou a vítima se o autor do crime está presente na sala de audiências ou, ainda pior, se é aquele ali sentado, sobre qual se apontam dedos.

No que tange ao reconhecimento pessoal, frisa-se novamente a obrigatoriedade da padronização dos espaços especialmente preparados a tanto em delegacias de polícia e também nas salas de audiências em fóruns pelo Brasil. Não é demais sedimentar que se trata de um *ato de investigação* feito geralmente pela Polícia Judiciária, jamais pelas Polícias Militares ou, tampouco, pelas Polícias Rodoviárias ou Guardas Municipais.

Ao final, indica-se novamente que, tanto o reconhecimento pessoal, como o fotográfico são importantes para a solução de diversos casos criminais em investigações policiais por todo o país. Em consequência disso, cabe ao Processo Penal, mesmo na fase ainda preliminar, revesti-los de maiores garantias contra erros que podem significar insanáveis danos à honra, à liberdade e à dignidade de diversos indivíduos encarados como suspeitos em inquéritos policiais pelo Brasil.

Referências

AVENA, Norberto Cláudio Pâncaro. *Processo penal*. 9ª ed. rev. e atual. Rio de Janeiro: Forense; São Paulo: Método, 2017.

BRASIL. Ministério da Segurança Pública. Polícia Federal. *Instrução Normativa nº 108-DG/PF*, de 07 de novembro de 2016. Regulamenta a atividade de polícia judiciária da Polícia Federal e dá outras providências. Brasília, DF, 8 nov. 2016. Disponível em: https://politica.estadao.com.br/blogs/fausto-macedo/wp-content/uploads/sites/41/2019/04/IN-nova-PJ-1.pdf. Acesso em: 15 nov. 2018.

BRASIL. Superior Tribunal de Justiça. HC 397.523/SP. Rel. Ministro Rogerio Schietti Cruz, Sexta Turma. Julgado em 05.04.2018, *DJe* 16.04.2018. Disponível em: http://www.stj.jus.br/SCON/jurisprudencia/doc.jsp?processo=397523&b=ACOR&p=true&t=JURIDICO&l=10&i=1. Acesso em: 02 ago. 2018.

BRASIL. Supremo Tribunal Federal. HC 115625 MG. Rel. Min. Dias Toffoli. Julgado em 26.10.2012, *DJe*-215, divulg. 30.10.2012, public. 31.10.2012.

BRASIL. Superior Tribunal de Justiça. HC 414.348/SP. Rel. Ministro Nefi Cordeiro, Sexta Turma. Julgado em 08.05.2018, *DJe* 21.05.2018. Disponível em: http://www.stj.jus.br/SCON/jurisprudencia/toc.jsp?preConsultaPP=000005705/3. Acesso em: 13 jul. 2018.

BRASIL. Supremo Tribunal Federal. ARE: 1127414 RS – Rio Grande do Sul 0000707-37.2015.8.21.0048. Rel. Min. Gilmar Mendes. Julgado em 30.04.2018, *DJe*-085 03.05.2018.

BRASIL. Superior Tribunal de Justiça. HC 444.959/SC. Rel. Ministro Jorge Mussi, Quinta Turma. Julgado em 12.06.2018, *DJe* 25.06.2018. Disponível em: http://www.stj.jus.br/SCON/jurisprudencia/toc.jsp?preConsultaPP=000005705/3. Acesso em: 13 jul. 2018.

BRASIL. Superior Tribunal de Justiça. HC 414.348/SP. Rel. Ministro Nefi Cordeiro, Sexta Turma. Julgado em 08.05.2018, *DJe* 21.05.2018. Disponível em: http://www.stj.jus.br/SCON/jurisprudencia/toc.jsp?preConsultaPP=000005705/3. Acesso em: 13 jul. 2018.

BRASIL. Congresso Nacional. *Lei nº 12.830, de 20 de junho de 2013*. Dispõe sobre a investigação criminal conduzida pelo delegado de polícia. Brasília, DF, 20 jun. 2013. Disponível em: http://www.planalto.gov.br/ccivil_03/_ato2011-2014/2013/lei/l12830.htm. Acesso em: 11 jul. 2018.

BRASIL. Congresso Nacional. *Lei nº 13.245, de 12 de janeiro de 2016*. Altera o art. 7º da Lei nº 8.906, de 4 de julho de 1994 (Estatuto da Ordem dos Advogados do Brasil). Brasília, DF, 12 jan. 2016. Disponível em http://www.planalto.gov.br/ccivil_03/_ato2015-2018/2016/lei/L13245.htm, acesso em 13 jul. 2018.

DAYCHOUM, Merhi. *Gerência de Projetos*: programa delegacia legal. Rio de Janeiro: Brasport, 2005.

FRANÇA, Rafael F. Meios de Obtenção de Prova na Fase Preliminar Criminal: considerações sobre reconhecimento pessoal no Brasil e na legislação comparada. *Revista Brasileira de Ciências Policiais*, v. 3, p. 55-90, 2012.

FRANÇA, Rafael F. *Participação privada na investigação criminal no Brasil:* possibilidades e limites. Porto Alegre: Nuria Fabris, 2015. v. 1.

LOPES JR., Aury. *Direito processual penal*. 9. ed. rev. e atual. São Paulo: Saraiva, 2012.

OLIVEIRA, Eugênio Pacelli de. *Curso de Processo Penal*. 19. ed. rev. e atual. São Paulo: Atlas, 2015.

TALON, Evinis. O reconhecimento de pessoas: por que as autoridades tratam o art. 226 do CPP como mera recomendação? *Evinis Talon*, 12 jun. 2017. Disponível em: http://evinistalon.com/o-reconhecimento-de-pessoas-por-que-as-autoridades-tratam-o-art-226-do-cpp-como-mera-recomendacao/. Acesso em: 31 jul. 2018.

TÁVORA, Nestor. *Curso de direito processual penal*. 12. ed. rev. e atual. Salvador: Juspodivm, 2017.

Informação bibliográfica deste texto, conforme a NBR 6023:2018 da Associação Brasileira de Normas Técnicas (ABNT):

FRANÇA, Rafael Francisco. Reconhecimento de pessoas. *In*: PEREIRA, Eliomar da Silva; ANSELMO, Márcio Adriano (Org.). *Direito Processual de Polícia Judiciária II*: os meios de obtenção de prova. Belo Horizonte: Fórum, 2020. p. 133-167. (Curso de Direito de Polícia Judiciária, v. 5). ISBN 978-85-450-0620-6.

IDENTIFICAÇÃO CRIMINAL NA ATIVIDADE DE POLÍCIA JUDICIÁRIA

PAULO HENRIQUE DE GODOY SUMARIVA

1 Introdução

A busca pela verdade dos fatos, identificando a autoria e a materialidade do delito é uma função estatal exercida pela Polícia Judiciária, sendo atribuição constitucional da Polícia Civil, no âmbito estatal, e da Polícia Federal no âmbito da União. Dentre as ferramentas que se encontram à disposição dos órgãos investigativos na busca de seu mister, temos a identificação criminal, que atualmente está regulada pela Lei 12.037/2009. No momento em que o Delegado de Polícia se convence da autoria delitiva, decidindo pelo indiciamento, deverá providenciar a identificação do criminoso, podendo surgir a necessidade de identificá-lo criminalmente.

2 O indiciamento

O indiciamento é o ato pelo qual a Autoridade Policial expõe a sua visão jurídica do fato, manifestando a sua convicção fundamentada pelo que apurou nos autos do inquérito policial, motivando o porquê de imputar a alguém a condição de autor ou partícipe de um delito. O indiciamento é ato privativo do Delegado de Polícia e só ocorre no curso de inquérito policial. Com o indiciamento, o sujeito deixa de ser tratado pelo Estado como investigado ou averiguado. Surge aqui a passagem de um juízo de possibilidade ou o juízo de probabilidade.

Renato Marcão dispõe que "indiciamento é a formal atribuição de autoria delitiva feita pela autoridade policial a alguém nos autos do inquérito".[1]

Rafael Francisco Marcondes de Moraes e Jaime Pimentel Júnior apontam que "indiciamento é ato pelo qual o Delegado de Polícia manifesta sua convicção jurídica motivada ao imputar a uma pessoa a condição de provável autor ou partícipe da infração penal investigada no inquérito policial".[2]

Luís Fernando de Moraes Manzano aponta que o indiciamento "cuida-se de um aviso de garantia, que se resume à prática de cinco atos: identificação (civil ou criminal), com observância da Lei 12.037, de 01 de outubro de 2009, qualificação (direta ou indireta), tomada de informações sobre a vida pregressa, interrogatório e inclusão do nome do indiciado em cadastro próprio da Polícia Judiciária".[3]

Antonio Alberto Machado esclarece que as "providências que compõem o formal indiciamento tem o efeito de transformar o status do indivíduo, o qual passa de simples suspeito à condição de indiciado, o que o constitui na condição de objeto das investigações".[4]

O indiciamento, como ato formal de polícia judiciária, exige a elaboração de três peças, conforme prevê o Artigo 6º do Código Processo Penal em seus incisos V, VIII e IX, quais são:

1) Auto de qualificação e interrogatório da pessoa a ser indiciada;
2) informações sobre sua vida pregressa;
3) o boletim de identificação, o qual pode ser acompanhado ou não da identificação criminal.

A qualificação compreende a obtenção dos dados pessoais do indiciado, como seu nome completo, filiação, naturalidade, data de nascimento, endereço domiciliar, sendo acompanhada sempre do interrogatório, que é a sua oitiva.

A vida pregressa, ou pregressamento é a coleta de informações acerca do passado do indiciado, sobretudo quanto aos seus eventuais

---

[1] MARCÃO, Renato. *Curso de processo penal*. 4. ed. São Paulo: Saraiva, 2018. p. 185.

[2] MORAES, Rafael Francisco Marcondes; PIMENTEL JUNIOR, Jaime. *Polícia judiciária e a atuação da defesa na investigação criminal*. São Paulo: Verbatim, 2017. p. 69.

[3] MANZANO, Luís Fernando de Moraes. *Curso de processo penal*. São Paulo: Atlas, 2010. p. 143.

[4] MACHADO, Antonio Alberto. *Curso de processo penal*. 2. ed. São Paulo: Atlas, 2009. p. 13.

antecedentes criminais, analisando-o também sob o ponto de vista individual, social e familiar, bem como no tocante à sua condição econômica e seu estado de ânimo antes, durante e depois da prática delitiva, e dos demais elementos que auxiliem na apreciação de seu temperamento e caráter. É uma formalidade que objetiva auxiliar a instrução extrajudicial bem como as diretrizes da instrução do processo penal em juízo no instante da análise da dosimetria da pena.

Por fim, temos a identificação do indiciado, que é a confirmação ou reconhecimento de seus dados de qualificação e de identidade apresentada. A identificação ocorre com a obtenção de elementos individualizadores, como por exemplo fotografia e impressões digitais. Todas as pessoas possuem a identificação civil, que é utilizada durante o processo de identificação no indiciamento. Entretanto, existe algumas situações que, mesmo a pessoa sendo identificada civilmente, ocorrerá a sua identificação criminal.

Levy Emanuel Magno esclarece que

> o sistema datiloscópico é baseado em três postulados: 1) Perenidade: o desenho digital se forma no quarto mês de vida fetal e só desaparece com a decomposição do corpo; 2) Imutabilidade: o desenho não se altera, desde o seu aparecimento até a putrefação cadavérica; 3) variabilidade: o desenho varia de dedo para dedo e de pessoa para pessoa.[5]

3   Identificação criminal

A Lei 12.037/2009 dispõe sobre a identificação criminal do civilmente identificado, regulamentando o Artigo 5º inciso LVII da Constituição Federal.

Renato Brasileiro de Lima expõe que

> ainda que não haja qualquer dúvida quanto à autoria do fato delituoso, há situações em que pode haver certa incerteza quanto à verdadeira identidade do autor do crime: afinal, durante a coleta de dados de identificação, é bastante comum que o autor do delito omita seus dados pessoais, apresente informações inexatas, mentindo, usando documento falsos, ou atribuindo-se falsa identidade.[6]

---

5   MAGNO, Levy Emanuel. *Curso de processo penal didático*. São Paulo: Atlas, 2013. p. 149.
6   LIMA, Renato Brasileiro. *Manual de processo penal*. 4. ed. Salvador: Juspodivm, 2016. p. 139.

> Guilherme de Souza Nucci aponta que
>
> a identificação civil da pessoa humana é situação comum e desejável, pois a carteira de identidade, com o número do Registro Geral (RG), é fundamental para a vida em sociedade e para os negócios em geral. Nesse processo, colhem-se impressões digitais e a fotografia do identificado.[7]

Ainda, o mesmo autor salienta que "a identificação criminal nada mais é do que a mesma garantia, sob o aspecto penal".[8]

Na verdade, a identificação civil é a regra. Entretanto, quando surge uma dúvida por parte da autoridade policial, ou quando se torna necessária, através de uma decisão fundamentada, será feita a identificação criminal do suspeito. Aury Lopes Jr. aponta que "a regra é que o civilmente identificado não seja submetido à identificação criminal".[9]

Para regulamentar a identificação criminal, foi editada a Lei 12.037/2009 que passou a dispor sobre as regras e quando o civilmente identificado será identificado criminalmente.

O ordenamento jurídico brasileiro definiu as regras da identificação criminal. Norberto Avena afirma que "o artigo 5º da Lei 12.037/2009, a exemplo do que já determinava a revogada Lei 10.054/2000, conferiu amplitude ao conceito de identificação criminal, dispondo que este insere tanto a identificação datiloscópica como a identificação fotográfica".[10]

Aliás, com o advento da Lei 12.654/2012, a identificação criminal passou a incluir também a coleta de material biológico para a obtenção do perfil genético do indivíduo.

Antes da Lei 12.037/2009, a identificação criminal no Brasil já foi regulamentada por outras normas. Até a Constituição Federal de 1988, a regra era a identificação criminal, mesmo que o indivíduo já fosse identificado civilmente. A Súmula 568 do Supremo Tribunal Federal estabelecia que a identificação criminal não constitui constrangimento ilegal, ainda que o indiciado já tenha sido identificado civilmente. Julio Fabbrini Mirabete assevera que "a identificação é o processo usado para

---

[7]   NUCCI, Guilherme de Souza. *Manual de processo penal e execução penal*. Rio de Janeiro: Forense, 2016. p. 123.

[8]   *Ibidem*, p. 123.

[9]   LOPES JR., Aury. *Direito processual penal*. 12. ed. São Paulo: Saraiva, 2015. p. 139.

[10]   AVENA, Norberto. *Manual de processo penal*. 3. ed. São Paulo: Método, 2015. p. 97.

se estabelecer a identidade, conjunto de dados e sinais que caracterizam o indivíduo".[11]

Entretanto, a Constituição Federal passou a dispor em seu art. 5º, LVIII, que o civilmente identificado não será submetido à identificação criminal, salvo nas hipóteses previstas em lei. Assim, o que era a regra, passou a ser a exceção. Com isso, tivemos o art. 109 do Estatuto da Criança e do Adolescente que estabelecia que o adolescente civilmente identificado não será submetido a identificação compulsória pelos órgãos policiais, de proteção e judiciais, salvo para efeito de confrontação, havendo dúvida fundada. Também tivemos no Brasil o art. 5º da revogada Lei nº 9.034/95 prevendo que a identificação criminal de pessoas envolvidas com a ação praticada por organizações criminosas será realizada independentemente da identificação civil. Após surgiu a Lei nº 10.054/00: posteriormente revogada pela Lei nº 12.037/09. O art. 3º, inciso I, da revogada Lei nº 10.054/00, enumerava, de forma incisiva, determinados crimes em que a identificação criminal seria compulsória – homicídio doloso, crimes contra o patrimônio, praticados com violência ou grave ameaça, receptação qualificada, crimes contra a liberdade sexual ou crime de falsificação de documento público.

Após, surgiu a atual Lei nº 12.037/09: de acordo com seu art. 1º, prevê que o civilmente identificado não será submetido à identificação criminal, salvo nos casos previstos nesta lei. Ainda, surgiu a Lei nº 12.654/12, que introduziu a possibilidade de coleta de material biológico para a obtenção do perfil genético. Também criou na Lei de Execução Penal o art. 9º-A, que dispõe que "os condenados por crime praticado, dolosamente, com violência de natureza grave contra pessoa, ou por qualquer dos crimes previstos no art. 1º da Lei nº 8.072/90 serão submetidos, obrigatoriamente, à identificação do perfil genético, mediante extração de DNA – ácido desoxirribonucleico, por técnica adequada e indolor".

4   A identificação civil

Encontramos na Lei 12.037/2009 um rol exemplificativo de documentos que possam identificar civilmente alguém, e consequentemente, impedir que a pessoa seja identificada criminalmente. Prevê

---

[11]   MIRABETE, Julio Fabbrini. *Processo penal*. 18. ed. São Paulo: Atlas, 2006. p. 73.

o Artigo 2º da citada legislação que a carteira de identidade, carteira de trabalho, carteira profissional, passaporte, carteira de identificação funcional, ou outro documento público que permita a identificação do indiciado, tais como a carteira nacional de habilitação, bem como os documentos de identificação militares servem como identificadores da pessoa que a esta portando. Ainda, o artigo 2º, inciso VI, da mesma legislação faz menção a qualquer outro documento público que permita a identificação do indiciado. Em que pese tal dispositivo, entendemos que o documento deva constar a fotografia da pessoa, pois, caso contrário, não deverá ser aceita pela autoridade policial. Aliás, o artigo 3º, inciso II, da mesma Lei nº 12.037/09, autoriza a identificação criminal quando o documento apresentado for insuficiente para identificar corretamente o indiciado.

Apesar de identificado civilmente, a Lei 12.037/2009 estabelece que o indiciado poderá ser identificado criminalmente em algumas hipóteses taxativamente descrita na legislação, sendo que a decisão em identificá-lo será do delegado de polícia, necessitando de autorização judicial apenas em uma situação. Valter Kenji Ishida aponta que "em cadáveres, é possível a identificação através da odontoscopia (exame de arcada dentária)".[12]

5   Hipóteses de identificação criminal

Caberá a identificação criminal, mesmo que o indiciado tenha identificação civil quando:

I) o documento apresentar rasura ou tiver indício de falsificação;

II) o documento apresentado for insuficiente para identificar cabalmente o indiciado: é o que acontece, por exemplo, com documentos públicos que não são dotados de fotografia;

III) o indiciado portar documentos de identidade distintos, com informações conflitantes entre si;

IV) a identificação criminal for essencial às investigações policiais, segundo despacho da autoridade judiciária competente, que decidirá de ofício ou mediante representação da autoridade policial, do Ministério Público ou da defesa: diversamente das hipóteses anteriores e seguintes,

---

[12]   ISHIDA, Valter Kenji. *Processo Penal*. 2. ed. São Paulo: Atlas, 2010. p. 53.

esta hipótese de identificação criminal depende de prévia autorização judicial.

Outra diferença importante em relação a este inciso IV do art. 3º é que, nesta hipótese, a identificação criminal poderá incluir a coleta de material biológico para a obtenção do perfil genético (Lei nº 12.037/09, art. 5º, parágrafo único, com redação dada pela Lei nº 12.654/12).

V) constar de registros policiais o uso de outros nomes ou diferentes qualificações;

VI) o estado de conservação ou a distância temporal ou da localidade da expedição do documento apresentado impossibilite a completa identificação dos caracteres essenciais: parece ter havido um equívoco do legislador ao dispor que será possível a identificação criminal quando a localidade distante da expedição do documento impossibilitar a completa identificação dos caracteres essenciais.

Importante ressaltar que ao contrário da Lei 10.054/2000, que estabelecia um rol taxativo de delitos onde a identificação criminal seria obrigatória, ainda que o investigado se identificasse civilmente, a Lei nº 12.037/09 deixou de estabelecer a espécie de crime como critério para a determinação da identificação criminal.

Estabelece Renato Brasileiro de Lima que "presente uma das hipóteses do art. 3º da Lei nº 12.037/09, e recusando-se o investigado a colaborar, é perfeitamente possível sua condução coercitiva, sem prejuízo de eventual responsabilidade criminal pelo delito de desobediência".[13]

A identificação criminal será juntada aos autos da comunicação do auto de prisão em flagrante delito, ou no caso de não prisão em flagrante, será juntada nos autos do inquérito policial.

Necessário esclarecer que o artigo 7º dispõe que no caso de não oferecimento da denúncia, ou sua rejeição, ou absolvição, é facultado ao indiciado ou ao réu, após o arquivamento definitivo do inquérito, ou trânsito em julgado da sentença, requerer a retirada da identificação fotográfica do inquérito ou processo, desde que apresente provas de sua identificação civil.

Nota-se que a lei aponta apenas a retirada da identificação fotográfica. Com isso, a identificação datiloscópica deve permanecer nos autos do inquérito. Com relação a exclusão dos perfis genéticos, está ocorrerá no término do prazo estabelecido em lei para a prescrição

---

[13] LIMA, Renato Brasileiro. *Manual de processo penal*. 4. ed. Salvador: Juspodivm, 2016. p. 139.

do delito, conforme prevê o Artigo 7-A, com a redação dada pela Lei nº 12.654/12.

6 Identificação de perfil genético

Novidade introduzida pela Lei 12.654/12 foi a possibilidade de coleta de material biológico para obtenção do perfil genético. Dispõe o art. 5º-A da Lei nº 12.037/09, acrescentado pela Lei nº 12.654/12, que os dados relacionados à coleta do perfil genético deverão ser armazenados em banco de dados de perfis genéticos, gerenciado por unidade oficial de perícia criminal. Tais informações genéticas contidas nos bancos de dados de perfis genéticos não poderão revelar traços somáticos ou comportamentais das pessoas, exceto determinação genética de gênero, consoante as normas constitucionais e internacionais sobre direitos humanos, genoma humano e dados genéticos.

Os dados constantes dos bancos de dados de perfis genéticos terão caráter sigiloso, respondendo civil, penal e administrativamente aquele que permitir ou promover sua utilização para fins diversos dos previstos nesta Lei ou em decisão judicial. As informações obtidas a partir da coincidência de perfis genéticos deverão ser consignadas em laudo pericial firmado por perito oficial devidamente habilitado.

A grande discussão em relação a esta novidade legislação na obtenção de elementos indiciários é a controvérsia em face do princípio que veda a autoincriminação. Carlos Gustavo de Souza Miranda afirma que "o princípio da não autoincriminação também é conhecido pela expressão em latim *nemo tenetur se detegere*, cujo significado literal é: ninguém é obrigado a se descobrir. Tal princípio garante ao acusado o direito de não produzir prova contra si mesmo, protegendo-o de qualquer ingerência, física ou moral, voltada à extração, contra sua vontade, de material probatório relativo a delitos".[14] Ainda, Eugênio Pacelli esclarece que "o princípio atua ainda na tutela da integridade física do réu, na medida em que autoriza expressamente a não participação dele na formação da culpa. E no que, a nosso juízo, tem de mais relevante, atua no controle da qualidade e idoneidade do material

---

[14] MIRANDA, Carlos Gustavo de. *Princípios fundamentais de processo penal*. Belo Horizonte: Del Rey, 2014. p. 162.

probatório, bem como no controle da motivação das decisões judiciais, sobretudo as condenatórias".[15]

Caso o acusado se recuse a fornecer material biológico para a obtenção do seu perfil genético, como deverá agir a autoridade policial? Vamos encontrar teses onde a obrigação do indiciado em fornecer material biológico para fins de prova afronta o princípio constitucional em questão. Entendemos que o indiciado não está obrigado a praticar nenhum comportamento ativo capaz de incriminá-lo, e também se submeter a provas invasivas sem o seu consentimento. Ora, de modo algum poderá ser obrigado a fornecer material biológico para a obtenção de seu perfil genético.

Entretanto, se a polícia judiciária estiver com amostras de urina, cabelo, sangue, descartadas voluntária ou involuntariamente pelo indiciado, seja no local do crime, seja em qualquer outro local, não há o que se falar de ilicitude na colheita da prova e sua necessária utilização.

Este assunto atualmente encontra-se em discussão no Supremo Tribunal Federal através do Recurso Extraordinário 973.837/MG, onde foi reconhecida repercussão geral sobre possível inconstitucionalidade do referido dispositivo.

Porém, mesmo o reconhecimento da repercussão geral, o Superior Tribunal de Justiça, no julgamento do HC 407.627/MG, julgou improcedente o pedido formulado pela defesa, defendendo a constitucionalidade da identificação do perfil genético. O julgamento pelo STJ ocorreu no dia 25 de abril 2018, pelo Ministro Relator Felix Fischer.

7 Conclusão

A identificação criminal é uma importante ferramenta de trabalho da polícia judiciária. Atualmente, a atividade investigativa, muito cobiçada, é a maior arma de combate à criminalidade organizada. Interceptações telefônicas, buscas e apreensões, quebra de sigilos, somadas às diligências dos agentes de polícia formam o conjunto de elementos indiciários indispensáveis para que o Estado possa identificar a autoria delitiva. Neste contexto, a identificação criminal traz o amparo necessário para a legalidade dos atos investigativos, apontando, com certeza, quem são os autores e coautores da infração penal.

---

[15] PACELLI, Eugênio. *Curso de processo penal*. 16. ed. São Paulo: Atlas, 2012. p. 378.

A Lei 12.037/2009 de maneira inovadora trouxe ao Delegado de Polícia o poder de decidir quando deverá identificar criminalmente alguém, independente de ter identidade civil. As hipóteses enumeradas no artigo 3º da referida legislação demonstram este mister, ficando a mercê da análise técnico jurídica da Autoridade Policial. Ademais, na hipótese do inciso IV, a representação pela identificação criminal feita pelo Delegado irá traçar as diretrizes da decisão da Autoridade Judiciária.

Como novidade, temos agora a possibilidade da coleta de material biológico para a obtenção do perfil genético do criminoso, sendo mais uma forma de identificação criminal à disposição da polícia judiciária. Questionada pela sua constitucionalidade, tal medida deverá ser julgada em breve pelo Supremo Tribunal Federal, apesar da existência de recente decisão do Superior Tribunal de Justiça pela sua legalidade.

Com medidas iguais a identificação criminal, o papel da Polícia Judiciária cada vez conquista a sua credibilidade, demonstrando que o papel investigativo deve ser desempenhado pelo profissional da área, para que o Estado possa acusar e condenar os verdadeiros criminosos.

Referências

AVENA, Norberto. *Manual de processo penal*. 3. ed. São Paulo: Método, 2015.

ISHIDA, Valter Kenji. *Processo Penal*. 2. ed. São Paulo: Atlas, 2010.

LIMA, Renato Brasileiro. *Manual de processo penal*. 4. ed. Salvador: Juspodivm, 2016.

LOPES JR., Aury. *Direito processual penal*. 12. ed. São Paulo: Saraiva, 2015.

MACHADO, Antonio Alberto. *Curso de processo penal*. 2. ed. São Paulo: Atlas, 2009.

MAGNO, Levy Emanuel. *Curso de processo penal didático*. São Paulo: Atlas, 2013. p. 149.

MANZANO, Luís Fernando de Moraes. *Curso de processo penal*. São Paulo: Atlas, 2010.

MARCÃO, Renato. *Curso de processo penal*. 4. ed. São Paulo: Saraiva, 2018.

MIRABETE, Julio Fabbrini. *Processo penal*. 18. ed. São Paulo: Atlas, 2006.

MIRANDA, Carlos Gustavo de. *Princípios fundamentais de processo penal*. Belo Horizonte: Del Rey, 2014.

MORAES, Rafael Francisco Marcondes; PIMENTEL JUNIOR, Jaime. *Polícia judiciária e a atuação da defesa na investigação criminal*. São Paulo: Verbatim, 2017.

NUCCI, Guilherme de Souza. *Manual de processo penal e execução penal*. Rio de Janeiro: Forense, 2016.

PACELLI, Eugênio. *Curso de processo penal*. 16. ed. São Paulo: Atlas, 2012.

SUMARIVA, Paulo Henrique de Godoy. *Criminologia:* teoria e prática. 5. ed. Niterói: Impetus, 2018.

Informação bibliográfica deste texto, conforme a NBR 6023:2018 da Associação Brasileira de Normas Técnicas (ABNT):

SUMARIVA, Paulo Henrique de Godoy. Identificação criminal na atividade de polícia judiciária. *In*: PEREIRA, Eliomar da Silva; ANSELMO, Márcio Adriano (Org.). *Direito Processual de Polícia Judiciária II:* os meios de obtenção de prova. Belo Horizonte: Fórum, 2020. p. 169-179. (Curso de Direito de Polícia Judiciária, v. 5). ISBN 978-85-450-0620-6.

PERÍCIAS: CORPO DE DELITO E EXAME DE CORPO DE DELITO

EMERSON SILVA BARBOSA

1 Introdução

O presente capítulo tem por objetivo discutir o que seria o corpo de delito e sua relação com a investigação, sobretudo no que diz respeito à coleta e preservação de vestígios no local de crime e o exame pericial na fase preliminar de instrução processual. Ressalta-se que a identificação, observação, coleta e exame do corpo de delito representam uma etapa fundamental da instrução probatória realizada de forma antecipada, cautelar e não repetível durante o inquérito policial – na linguagem adotado pelo próprio Código de Processo Penal – CPP.

Vestígios não esperam e dizem muito sobre o crime. Há uma relação direta entre a potencial comprovação do fato criminoso e o tempo (oportunidade) de identificação e coleta de um vestígio. Quanto maior o tempo decorrido, mas fácil que o vestígio desapareça. Por isso, sempre houve uma grande preocupação tanto em relação ao célere comparecimento dos agentes públicos ao local do fato, como sobre a melhor forma de preservar e recolher aquilo que de mais importante há sobre crime, dando-se início à *cadeia de custódia de vestígios* que podem ou não vir a ser provas ou evidências de um delito.

De outra sorte, o ideal de verdade objetiva ou real, que orienta as práticas de persecução penal na legislação processual brasileira, prevê a obrigatoriedade do exame de corpo de delito nos crimes que deixam vestígios, a despeito da previsão constitucional de admissibilidade de utilização de todos os meios de prova lícitas no processo penal brasileiro. Com isso, a liberdade probatória, que deveria ser a regra no processo penal e que consiste na compreensão de que no processo qualquer meio de prova legítimo pode ser admitido para comprovação do fato,[1] é mitigada pela regra contida na lei processual penal.

Nesse sentido, a tarifação probatória, que reserva ao exame de corpo de delito um lugar de precedência em relação aos demais meios de prova, apresenta-se como algo que precise ser melhor compreendido e a mesmo tempo desmitificada no âmbito processo penal brasil.

Nesses termos, a ideia aqui é percorrer o caminho que a investigação criminal faz desde a preservação, identificação e coleta de vestígios no local de crime, a partir de seus problemas e limites, bem como situar a funcionalidade da prova pericial, dita técnica,[2] para persecução penal, mormente no que diz respeito ao exame de corpo de delito.

Desse modo, iremos discutir a (in)devida obrigatoriedade na lei processual brasileira do exame de corpo de delito – seja na presença ou na ausência dele – para prova das infrações penais que deixam vestígios e as implicações da tarifação do exame de corpo de delito para preservação de um devido processo penal.

Nesse espaço, portanto, pretende-se elaborar uma crítica à obrigatoriedade do exame de corpo de delito.

2 Do local do crime

O crime pode ser observado a partir de diferentes dimensões (FIG. 1): espacial (coisas, lugares), temporal (eventos únicos ou sucessivos), subjetiva (autores, vítimas, testemunhas) e jurídica (classificação normativa do fato e as limitações probatórias).

Figura 1 – Dimensões do crime

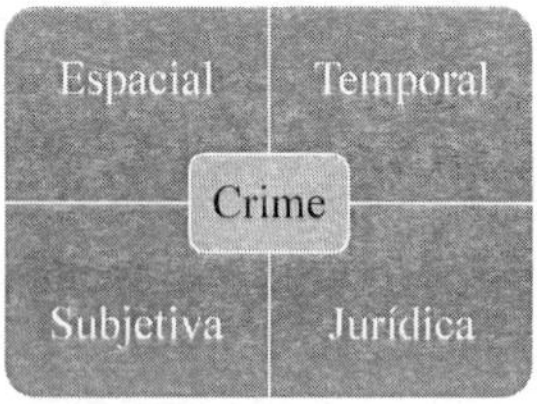

Fonte: Elaboração própria.

---

[1] Desde que preservadas superadas as limitações materiais e de pertinência, bem como as garantias contraepistemológicas que asseguram a validade jurídica da prova, qualquer meio de prova deveria ser admitido para comprovar ou demonstrar um fato.

[2] Diz comumente técnica a prova pericial em virtude de, em regra, demandar o exame de conhecimentos ou habilidades específicas em algum ramo das ciências.

O local de crime constitui o espaço físico (ou virtual) em que um evento delituoso é praticado. A ideia de local de crime, embora não se confunda com a noção de lugar do crime,[3] na técnica jurídica, como conceito territorial que delimita as competências institucionais de investigação e julgamento e, por conseguinte, submete geograficamente a aplicação da lei penal, está diretamente relacionada com ela. O local do crime é a delimitação ou particularização do lugar do crime. Em outros termos, dentro do espaço territorial em que é praticado o crime, como um município, circunscreve-se e delimita fração espacial em que agentes, vítimas e objetos se relacionam direta ou indiretamente, como um imóvel, um logradouro público, etc.

Em termos espaciais, pode-se também pensar nos objetos e coisas que estão presentes no local do crime, manchas de sangue, armas, cédula falsa, droga etc.

O local do crime é um ambiente privilegiado de trabalho de delegados, agentes e peritos. Não é à toa que lei processual obriga que o delegado de polícia compareça ao local de crime, consoante veremos mais adiante. A razão para isso é que a autoridade de polícia judiciária tem a obrigação legal de conservar o local e garantir que nada seja alterado, identificar testemunhas, vítimas e possíveis autores presentes, requisitar a realização de exame pericial, em consonância com as hipóteses de investigação conjecturadas, e a arrecadação de tudo aquilo que for importante para a descoberto do fato delituoso.

Além de objetos e coisas que podem ser arrecadas no local do crime, ainda há que se ter em conta que o crime guarda uma explicação causal, que situa a pratica no delito no tempo e lugar.

A ação humana expressa uma razão prática, ou seja, uma ação consciente dirigida a uma atividade presente ou a uma atividade presente e contínua em um contexto temporal, como, por exemplo, uma palavra numa frase ou uma frase no contexto de uma palestra. O investigador quando apresentam o caso tenta construir ou reconstruir alguma série de eventos organizando-os numa sequência temporal dentro de um tempo analítico, apresentando-os na sua ordem temporal – alguns antes e alguns depois de outros, alguns simultaneamente (MACCORMICK, 2008).

---

[3] Nos termos do Art. 6º, "Considera-se praticado o crime no lugar em que ocorreu a ação ou omissão, no todo ou em parte, bem como onde se produziu ou deveria produzir-se o resultado".

A sequência dos eventos no tempo deve construir uma narrativa em torno do "onde" e "como", mas também do "quando". A plausibilidade, ou a provável verdade sobre um evento narrado, sustenta-se, portanto, sob essa perspectiva, na concatenação da explicação causal do fato – do como e por que as coisas aconteceram – com a motivação racional ou explicação motivacional – propósitos e planos perseguidos pelas pessoas em termos de princípios e valores ou as razões do porquê as coisas aconteceram –, além de teorias científicas e generalizações do senso comum sobre probabilidade[4] (MACCORMICK, 2008). Contudo, uma descrição de um evento ou complexo de eventos passados somente é digna de crédito se é plausível e fundada em evidências particulares. Uma vez que uma história só pode ser considerada verdadeira se apoiada em provas (TWINING, 1999),[5] a explicação dos eventos depende dessa atividade de montar um quebra cabeça com as informações disponíveis capazes de formar convicção sobre a existência de algo.

De igual forma, o local do crime é também o ponto de partida para identificação de vítimas, testemunhas e autores. Nesse sentido, o local do crime é muito mais que um cenário estático em que coisas e objetos "contam", a partir de sua posição geográfica no espaço, uma eventual sequência de eventos e relações, como também é o palco em que os atores envolvidos no delito se relacionaram. Pessoas carregarem consigo não apenas memórias, como também instrumentos do crime e potenciais vestígios. Por isso, a importância de se identificar pessoas e coisas que tem relação com o fato.

Contudo, a coleta de vestígios em coisas ou pessoas estão sujeitas a uma série de limitações legais que tem como objetivo preservar a dignidade da pessoa humana, o direito à não autoincriminação, presunção de inocência e, com isso, assegurar um devido processo penal.

Iremos centralizar a discussão nesse texto sobre essas limitações legais à prova.

3   Das dimensões limitadoras da prova

Como já ressaltado, é possível identificar diferentes dimensões limitadoras das provas no processo penal e, consequentemente, de

---

[4]   Para uma crítica da relação entre narrativas e generalizações, ver: Twining (1999).

[5]   Assim, enquanto a plausibilidade é testada por generalizações de fundo, a verdade sobre uma conclusão factual específica é testada por um raciocínio a partir de uma prova em particular (TWINING, 1999).

acesso à verdade material ou real na persecução penal. Limitações estas que afetam tanto a produção da prova como a valoração da prova produzida ilicitamente.

Binder (1999, p. 178) sustenta a existência de três níveis de limitação relativas à atividade probatória e, por consequência, de acesso à verdade. O primeiro nível é o das "*proibições probatórias*", que abrange um conjunto de campos, temas e métodos absolutamente proibidos, como tortura, ameaça e coação para obter confissão. No segundo nível, encontramos os requisitos de formalização e limitação de possibilidades para obtenção da informação, como aqueles casos submetidos prévia autorização judicial expressa e específica, por exemplo, a busca e apreensão de documentos ocultos em domicílios, interceptação de comunicações telefônicas ou telemáticas, dados sigilosos etc. E, por fim, no terceiro nível, temos a "*legalidade da prova*", que condiciona o ingresso de informações no processo à observância de certas e determinadas formas previamente estabelecidas, o que resulta na proibição do ingresso de informações advindas de rumores, testemunhas anônimas, conhecimento privado de alguma autoridade investigatória ou do juiz etc.

A vedação ou limitação do uso de determinados meios de prova são, certamente, condicionantes do resultado que se poderá atingir com a investigação. Ou, ainda, nas palavras de Badaró (2003, p. 37): "(...) o grau de verdade, isto é, a maior ou menor aproximação da verdade, é determinado diretamente pela disciplina legal do procedimento probatório que se adote para a verificação dos fatos objetos do processo".

Referidas limitações, decerto, não se restringem a delinear apenas formalidades que deverão ser cumpridas (p. ex.: exibição do mandado de busca e apreensão), que também tem o efeito de invalidar a prova produzida, mas, sobretudo, de impregnar a busca pela comprovação ou refutação da hipótese de um conteúdo axiológico que devem permear, entre outras coisas: a opção estratégica pelo método, a legitimidade do procedimento e a decisão pela admissibilidade ou não da prova.

Desse modo, é de se admitir que a prova não seja tida por ilícita tão somente porque, em certos casos, houve uma infração penal (violação de domicílio; interceptação de comunicação telefônica, constrangimento ilegal), mas por violar condicionamentos axiológicos condensados em preceitos fundamentais, tais como a proteção da intimidade, da privacidade ou a imagem (CAPEZ, 2003). A proteção penal é, portanto, consequência secundária no âmbito dessa relação Estado x indivíduo.

A Constituição brasileira veda expressamente o uso da prova obtida ilicitamente nos processos judiciais (art. 5º, LVI).[6] Contudo, o contrário da Constituição portuguesa, que estabeleceu de forma explícita e direta as proibições de prova[7] (ANDRADE, 1992), a Carta Constitucional de 1988 não especificou os meios ilícitos de obtenção da prova, deixando a cargo da legislação infraconstitucional, da doutrina e da jurisprudência a tarefa de conectar com outros direitos e garantias fundamentais a referida proteção constitucional, aos quais podemos citar: a) direito a inviolabilidade do domicilio (art. 5º, XI); b) o sigilo de correspondência e das comunicações telegráficas, de dados e das comunicações telefônicas (art. 5º, XII); c) o direito ao sigilo profissional (art. 5º, XIII e XIV); d) protege o homem contra tortura e tratamento degradante (art. 5º, III) e assegura ao preso sua integridade física e moral (art. 5º, XLIX); e) não obrigatoriedade de fazer prova contra si mesmo: recusa a depor (direito silêncio) e a fornecer material gráfico ou DNA para exame pericial[8] (art. 5º, LXIII) (MENDES *et al.*, 2010).

O Estado, por meio dos seus órgãos de persecução penal, deve de provar a existência do crime e quem seja o seu autor de maneira lícita. E a violação destas garantias individuais de natureza constitucional enseja a produção de prova ilícita no processo penal (FERNANDES, 2002).

Desse modo, verificado no âmbito da investigação criminal que a prova da materialidade do crime (p. ex.: entorpecente, documento), foi obtida mediante prova ilícita – interceptação telefônica clandestina, tortura, invasão de domicílio etc. –, o procedimento investigatório não poderá prosseguir, devendo ser trancado por meio de *habeas corpus* ou arquivado pelo juiz a pedido do Ministério Público.[9]

---

[6] Utilizaremos a expressão "prova ilícita" como expressão equivalente ao de prova proibida, vedada ou vedada que abrange tanto contrariedade a norma de conteúdo processual quanto material.

[7] São nulas todas as provas obtidas mediante tortura, coação, ofensa à integridade física ou moral da pessoa, abusiva intromissão na vida privada, no domicilio, na correspondência e nas telecomunicações (art. 32, nº 6 da Constituição Portuguesa de 1976).

[8] Acrescente-se o direito a não participar de reprodução simulada do evento delituoso, a realização de teste do bafômetro para mediação no nível de álcool no sangue etc.

[9] Ressalta-se que a obtenção de provas sem a observância das garantias previstas na ordem constitucional ou em contrariedade ao disposto em normas fundamentais de procedimento configurará, além de afronta ao princípio específico, lesão ao princípio do devido processo legal, o que autoriza a doutrina a afirmar a existência de uma superfetação. Cf. MENDES *et al.*, 2010. A superfetação pressupõe a proteção de um mesmo direito por regras jurídicas distintas, ensejando numa superposição de normas em face do mesmo tema.

Observa-se, todavia, que não são ilícitas tão somente as provas diretamente obtidas, mas também as provas ilícitas por derivação.[10] Trata-se, como destaca Mendes *et al.* (2010), uma construção da Suprema Corte americana que restou admitida em nosso direito, embora a efetiva derivação por ilicitude deva ser verificada no caso concreto.

O problema da prova ilícita por derivação afeta diretamente as investigações criminais, na medida em que, em regra, é no inquérito policial que são produzidas e/ou obtidas a maioria das provas pertinentes à comprovação da suspeita (hipótese acusatória) levantada, ainda que sob a supervisão do Ministério Público – e do acusado em menor medida – e mediante controle do Poder Judiciário, nos casos em que a diligência importe em afetação a direitos fundamentais do investigado (liberdade, intimidade, patrimônio, integridade física etc.).

A obtenção de dados por meio da violação do sigilo fiscal ou bancário, a violação do domicílio e do sigilo telefônico sem autorização judicial para obtenção de evidências sobre o delito, como ações do Estado no exercício do seu direito de investigar, no âmbito no inquérito policial, não podem servir de elementos de convicção, nem para autoridade policial, nem para acusador (público ou privado), muito menos para juiz do processo.[11]

O vício na coleta dos vestígios do crime contamina até mesmo outros meios de prova, a exemplo do exame pericial. Cita-se como exemplo o caso de um exame sobre um documento supostamente falsificado obtido por meio de invasão de domicílio. Em que pese a validade técnica do exame, a prova está comprometida pelo vício de invalidade (jurídica) na origem de seu processo de produção/obtenção.

Em síntese, a proibição de utilização de determinados meios de obtenção prova tem como objetivo, além de proteger os direitos fundamentais do cidadão, assegurar validade do material probatória a ser admitido e valorado no processo (OLIVEIRA, 2008).

---

[10] Contudo, atualmente, referida doutrina tem sido objeto de mitigação a fim de evitar a impunidade, pela aplicação dos conceitos de *provas autônomas ou independentes* e em *descobertas inevitáveis* como exceções à proibição ao uso da prova derivada da prova ilícita (MENDES *et al.*, 2010). A reforma do Código de Processo Penal – CPP, realizada por intermédio da Lei nº 11.690/2008, enfatizou a tese das provas independentes e das descobertas inevitáveis. Ver art. 157 do CPP.

[11] Com sustento no princípio da proporcionalidade e no equilíbrio entre os direitos fundamentais do cidadão e um processo penal justo e eficaz, por vezes os tribunais têm mitigado a vedação a utilização de provas ilícitas, desde que ela não seja o único elemento de convicção e que seja corroborada por outros elementos de prova no processo (BONFIM, 2009).

Cumpre ressaltar, porém, que, atualmente, referida postura tem sido objeto de mitigação a fim de evitar a impunidade, pela aplicação dos conceitos de provas autônomas ou independentes e em descobertas inevitáveis como exceções à proibição ao uso da prova derivada da prova ilícita (MENDES *et al.*, 2010). A reforma do Código de Processo Penal – CPP, realizada por intermédio da Lei nº 11.690/2008, enfatizou a tese das provas independentes e das descobertas inevitáveis.[12]

Consoante acentuado, a busca e apreensão é um importante instrumento a serviço da investigação criminal, uma vez que possibilita o acesso a vestígios e provas como drogas, mídias, documentos, armas, quando armazenados em local acobertado pela inviolabilidade do domicílio.

Ocorre que, uma vez violado o condicionamento material ao meio de obtenção de prova – proteção da intimidade do domicílio –, eventuais diligências sustentadas ou requeridas a partir de objetos apreendidos ilicitamente, deverão ser rejeitadas pelo judiciário ou tida como inválidas. É o caso, por exemplo, da representação pela prisão preventiva sustentada em documentos falsos apreendidos em diligência ilegalmente realizada. Ou, ainda, o exame pericial realizado em documento obtido ilicitamente. A validade técnica do exame não tem o condão de afastar eventual invalidade jurídica do objeto examinado, tornando, portanto, inútil o testemunho pericial.

É que a validade do argumento técnico-dedutivo – compatibilidade do material genético de vítima de homicídio com o material coletado nas roupas do suspeito A – não tem o condão de assegurar a verdade aceitável da conclusão (materialidade ou autoria). Embora válido o argumento técnico (exame de DNA), se uma das premissas (o material fora recolhido licitamente no imóvel do suspeito) for falsa, a conclusão sobre o fato não pode ser verdadeira, no sentido de ser admitida como prova para sua condenação. A validade da conclusão de um argumento está condicionada a existência de premissas verdadeiras, no caso, da observância dos limites à obtenção da prova.

---

[12] Pela chamada *teoria da fonte independente* existem efetivamente duas fontes de prova, um lícita e outra ilícita, porém mesmo após a exclusão da fonte ilegal, o elemento de prova subsiste por ter relação de causalidade com a fonte lícita. Já do ponto de vista da *teoria da exceção da descoberta inevitável*, somente existe efetivamente uma fonte de prova, a ilícita, porém, as circunstâncias do caso concreto permitem, por um juízo hipotético, inferir que ela seria descoberta inevitavelmente por algum outro meio lícito (DEZEM, 2008).

Decisão importante sobre o tema foi proferida pelo TRF da 1ª Região[13] segundo o qual:

PROCESSUAL PENAL. HABEAS CORPUS. BUSCA E APREENSÃO JULGADA ILEGAL. MATERIAL APREENDIDO. INSERVIBILIDADE JURÍDICA. ABERTURA DE INQUÉRITO POLICIAL COM BASE NO MATERIAL APREENDIDO: IMPOSSIBILIDADE. 1. Tendo o Tribunal, ao julgar habeas corpus, considerado ilegal as escutas telefônicas empreendidas nos terminais do paciente, e determinado a devolução do material gravado, considerando, outrossim, contaminada pela ilegalidade a busca e apreensão determinada com base nas escutas, a abertura de inquérito policial para seqüenciar investigações, com lastro no material ilegalmente apreendido, constitui coação ilegal. 2. A prova obtida ilegalmente, ou em procedimento nulo – no caso, em decorrência de uma busca e apreensão contaminada pela ilegalidade da escuta que lhe dera base -, constitui um nada jurídico, não podendo, por via de conseqüência, ser admitida nos autos do processo, ou servir de base para a deflagração de investigação policial, sem prejuízo de poder a instância pré-processual de combate ao crime agir com base em outros elementos idôneos, se deles dispuser. 3. Concessão do habeas corpus. Trancamento da ação penal.

Depreende-se da decisão que o mandado judicial de busca e apreensão concedido a partir de informação obtida em escuta telefônica ilegal contamina a prova gerada por aquela diligência, tornando-a não prova ou prova inexistente em razão de sua ilicitude (ARANHA, 2006).

Um outro assunto diretamente relacionado às limitações à coleta de vestígios são as chamadas intervenções corporais. Consoante cita Carvalho (2004, p. 67), são exemplos comuns de intervenções corporais:

(...) a extração de sangue para a realização de exame de pareamento cromossômico (DNA) ou de dosagem alcoólica, a exalação de ar também para verificação do nível de álcool no organismo, a coleta de urina, a extração de substâncias contidas debaixo das unhas dos suspeitos (*finger scrapings*), cirurgias no próprio corpo da pessoa suspeita, coleta de impressões digitais, a gravação de conversa entre duas pessoas (gravação ambiental), o exame em cavidade do corpo (ânus, vagina),

---

[13] HC 11173 MT (2004.01.00.011173-4), Relator(a): Desembargador Federal Olindo Menezes Julgamento: 18.05.2004 – Órgão Julgador: Terceira Turma – Publicação: 04.06.2004, *DJ* p. 30.

a coleta de lixo doméstico para a investigação etc. que remontam ao direito à intimidade.[14]

Cumpre observar que a identificação criminal e a busca pessoal são, de fato, as duas formas de intervenções corporais mais comumente toleradas pelo nosso direito.

No tocante a identificação criminal, por força de permissivo constitucional, ela é autorizada desde que o investigado não possua identificação civil ou *nos casos autorizados pela lei* (art. 5º, LVIII, CF/88). O art. 3º, IV da Lei nº 12.037/2009, que dispõe sobre a identificação criminal, por sua vez, prevê que, não obstante apresentado documento de identificação, poderá ocorrer identificação criminal quando "a identificação criminal for essencial às investigações policiais, segundo despacho da autoridade judiciária competente, que decidirá de ofício ou mediante representação da autoridade policial, do Ministério Público ou da defesa".

A função da identificação criminal, sob a perspectiva da indivi-dualização do sujeito investigado, busca alcançar dois objetivos: a) evitar os equívocos na responsabilização criminal; b) selecionar o investigado. Sob esta ótica, tem um forte sentido de rotulação, indicação ou atribuição de suposta responsabilidade sobre o fato a alguém. Por isso, a identificação criminal está diretamente atrelada ao procedimento de indiciamento policial.

O indiciamento, assim, além de por si só projetar seus efeitos sobre a personalidade do indivíduo investigado, possibilita ao órgão policial conhecer e chegar mais facilmente a eventuais futuros criminosos seja o próprio identificado, em caso de reincidência, ou alguém que componha sua rede de contatos. A identificação, portanto, serve para direcionar a Polícia à clientela preferencial mais próxima ao sistema penal, restringindo o universo de suspeitos, ainda que num primeiro momento. Em síntese, a identificação se dirige ao futuro.

Ocorre, todavia, que a identificação criminal se presta também à finalidade probatória.

A identificação criminal, em regra, utiliza-se da coleta de impressões dactiloscópicas, como método simples e adequado para

---

[14] O direito brasileiro autoriza as hipóteses de gravação de conversa entre duas pessoas (gravação ambiental) e a coleta de lixo doméstico para investigação, desde que devidamente autorizadas por um juiz, muito embora entendamos que seu enquadramento como intervenção corporal não seja apropriado.

identificar – individualizar – o investigado, bem como para confrontar evidências encontradas no local do crime com as do suspeito. Ocorre que com o advento da Lei nº 12.654/2012,[15] abriu-se o caminho para identificação criminal genética. Diante da autorização constitucional e legal e, em face do privilégio da não autoincriminação, é possível ao investigado se recusar a se submeter à identificação criminal?

A resposta à pergunta não é fácil, sobretudo em virtude do reconhecimento jurisprudencial de proibições de intervenções corporais igualmente lesivas do direito de produzir prova contra si mesmo, como, por exemplo, o de obrigar alguém a se submeter ao teste do bafômetro (alcoolemia) para fins de responsabilização criminal em delitos de trânsito ou a exame de DNA em demandas civis de investigação de paternidade.[16] Assim, em termos práticos, o que justificaria tratamento distinto no que diz respeito à identificação criminal?

Como elemento auxiliar nas investigações criminais, a identificação criminal do civilmente identificado está condicionada a sua *essencialidade* para as apurações policiais. Assim, em que pese o eventual caráter negativo defensivo da identificação – no sentido de que a defesa pode pleitear a identificação do investigado no sentido corroborar a tese defensiva de negatividade de autoria –, a prática, todavia, demonstra que a identificação tem, primordialmente, o objetivo demonstrativo de culpabilidade. O valor a ser alcançado, portanto, é o de defesa do Estado por meio da viabilização da persecução criminal tendo como consequência uma restrição da autodefesa negativa pelo investigado consistente na impossibilidade de resistir à pretensão estatal de sujeitá-lo produzir prova contra ele mesmo.

Desse modo, observa-se que há dois valores em conflito: o valor segurança – aqui entendida não apenas segurança pública, mas também de segurança jurídica no sentido de respeitabilidade de regras – e o valor de dignidade representado pelos princípios da presunção de inocência, ampla defesa e direito ao silêncio que consubstanciam o privilégio da não autoincriminação.

---

[15] Com a edição da Lei nº 12.654, de 28 de maio de 2012, que prevê a coleta de material genético como forma de identificação criminal, restou autorizada a utilização do perfil genético como forma de identificação criminal.

[16] Mesmo que, nesse caso, por se tratar de processo civil, admita-se a inversão do ônus da prova pela presunção, nos termos da Súmula 301, que assim dispõe: "Em ação investigatória, a recusa do suposto pai a submeter-se ao exame de DNA induz presunção *juris tantum* de paternidade".

Como mencionado, a racionalidade jurídica depende em alguma medida da coerência entre as normas. Coerência esta que se sustenta não apenas enquanto livre de contradição lógica entre normas, mas como acordo em torno de propósitos comuns. A coerência, assim, exige uma "compatibilidade axiológica" entre uma ou mais regras jurídicas, justificáveis em termos de princípios ou valores comuns. Entretanto, ainda que o Direito expresse e busque realizar uma pluralidade de valores, há que se admitir que esses valores são precariamente hierarquizáveis. Por isso, a dificuldade de se justificar e admitir prioridades e níveis diferentes entre princípios e valores, enquanto possíveis derivações de princípios gerais nos levam a justificar a referida compatibilidade de valores em termos de razão prática, ou seja, mensurar os valores em cada situação (MACCORMICK, 2008).

Uma forma de tentar compatibilizar os valores em jogo sem recorrer a ponderações de valores,[17] está na aplicação prática da identificação.

A fim de não constranger o investigado a produzir prova contra si mesmo as medidas de identificação não podem ser invasivas (extração de sangue, p. ex.) ou exigirem colaboração ativa do investigado. Esse é o sentido da referida proteção jurídica como vimos acima.

É que produzir prova contra si não é o mesmo que tolerar que se produza a partir inspeções corporais (como, por exemplo, exames de raios-X para detectar a ingestão de cápsulas contendo substâncias entorpecentes)[18] ou coleta de fluidos ou tecidos corporais (saliva, pele etc.) que não importem em sujeitar o investigado a participação ativa na coleta do material.[19] A identificação datiloscópica é, assim, um bom exemplo de processo de identificação que não exige a participação ativa do investigado.

Ademais, ressalta-se que a própria Lei de Identificação Criminal, com a nova redação dada pela Lei nº 12.654/2012, dispõe que coleta do material para realização do perfil genético deverá ser feita por técnica "adequada e indolor". A adequação, contudo, nos termos

---

[17] Ver por todos: Alexy (2008).

[18] Rcl 2.040 QO, Relator(a): Min. NÉRI DA SILVEIRA, Tribunal Pleno, julgado em 21.02.2002, DJ 27.06.2003, pp-00031.

[19] Nesse sentido, consoante assevera Andrade (1992) tem-se pronunciado a jurisprudência alemã. Contudo, ressalta referido autor que o critério de distintivo entre agir ou tolerar para aceitação da medida atentatória ao princípio de vedação a autoincriminação não guarda pertinência ou validade.

aqui defendidos, não pode ser vista apenas sob o ponto de técnico, mas como meio que não exija uma colaboração ativa do investigado. A adequabilidade da forma de coletar o material, portanto, está em não constranger o investigado, sobretudo pela utilização de técnicas invasivas.

Por outro lado, a segunda forma de intervenção corporal autorizada pelo direito brasileiro são as buscas corporais como técnicas de investigação com vistas a identificar provas ou possíveis instrumentos ou produtos de crime trazidos junto ao corpo.[20]

A busca pessoal é comumente criticada enquanto medida que objetiva assegurar a segurança pública, uma vez que as abordagens aleatórias têm pouca efetividade na descoberta ou prevenção do crime, além de seu forte caráter seletivo em detrimento dos mais vulneráveis.

Por isso, trata-se de diligência que deve ser executada sempre que haja suspeita fundada sobre a pessoa a ser sujeitada à revista pessoal e, com o cuidado necessário para evitar o constrangimento excessivo que pode decorrer da ação policial.[21]

Há que se ponderar, portanto, na situação concreta, sob a perspectiva da proporcionalidade, se a medida é de fato necessária, adequada e se dentre a medidas possíveis de serem utilizadas, ela é a que menor prejuízo ofertará ao cidadão.

Ressalta-se que a coleta de material na superfície do corpo humano – como nas cavidades humanas e nas unhas –, equipara-se à busca pessoal e como tal devem receber o mesmo tratamento destinado a estas, ou seja, a de serem admitidas quando necessárias (CARVALHO, 2004). Também devem ser admitidos os exames clínicos quando necessários (constatação do estado de embriaguez), desde que o

---

[20] Cf. art. 240 do CPP.

[21] Embora a lei processual determine que a busca pessoal deva precedida da expedição de mandado, sempre que a própria autoridade policial ou judiciária não a realizar pessoalmente (art. 241 do CPP): Quando a própria autoridade policial ou judiciária não a realizar pessoalmente, a busca domiciliar deverá ser precedida da expedição de mandado, bem como que deverá o mandado indicar, o mais precisamente possível, o nome da pessoa que terá de sofrê-la ou os sinais que a identifiquem e o motivo da diligência, na prática tal providência não ocorre. A razão por que isso acontece é que o próprio CPP prevê situações em que é dispensável o mandado (art. 244 do CPP): A busca pessoal independerá de mandado, no caso de prisão ou quando houver fundada suspeita de que a pessoa esteja na posse de arma proibida ou de objetos ou papéis que constituam corpo de delito, ou quando a medida for determinada no curso de busca domiciliar). Ocorre que as hipóteses de dispensa de mandado previstas na lei praticamente abrangem todas as possíveis situações no curso da investigação ou da ação policial preventiva que poderiam demandar a expedição de um mandado.

investigado não seja forçado a participar ativamente, muito embora haja uma dificuldade prática em se distinguir a colaboração ativa e passiva (SAAD, 2004).[22]

Em resumo, não são toleráveis em nosso direito a extração de sangue para a realização de exame de pareamento cromossômico (DNA) ou de dosagem alcoólica,[23] a exalação de ar também para verificação do nível de álcool no organismo, a coleta de urina, cirurgias no próprio corpo da pessoa suspeita, o fornecimento obrigatório de material gráfico para realização de exame grafotécnico, a participação em reprodução simulada dos fatos, todos eles em razão do intransponível óbice posto pelos princípios da dignidade da pessoa humana, da intimidade, da proibição de obrigatoriedade de que a pessoa produza prova contra si mesmo (privilégio de não autoincriminação) e da presunção de inocência.[24]

Mesmo em casos de crimes graves, não há que se admitir o uso de critérios hermenêuticos – razoabilidade – que afastem a referida proteção constitucional[25] nas situações relacionadas acima, uma vez

---

[22] Em face desta dificuldade em se diferenciar a colaboração passiva e ativa, entende Saad (2004) que a simples aplicação do princípio *nemo tenetur se detegere* não resolve o problema definitivamente, haja vista as diversas situações em que se exige a participação passiva ou mesmo ativa do investigado em claro prejuízo à sua pessoa: reconhecimento (art. 6º c/c art. 226 a 228 do CPP), acareação (art. 6º c/c art. 229 e 230 do CPP), reprodução simulada dos fatos ou reconstituição (art. 7º do CPP), a fornecer material para exame (DNA, material gráfico, sangue), sendo que, nestes casos, a resistência ou desobediência em cooperar não pode ser punida.

[23] Em decisão já não tão recente proferida no HC 166.377-SP, Rel. Min. Og Fernandes, julgado em 10.6.2010, a 6ª Turma do Superior Tribunal de Justiça se manifestou a respeito da prova nos casos de embriaguez ao volante no sentido que no sistema repudia a imposição de o indivíduo produzir prova contra si mesmo (autoincriminar-se), daí não haver, também, a obrigação de submissão ao exame de sangue e ao teste do "bafômetro". Com esse entendimento, a Turma concedeu a ordem de *habeas corpus* para trancar a ação penal. Precedente citado do STF: HC 100.472-DF, *DJe* 10.9.2009.

[24] Chouk (2006, p. 101) cita como exemplos decisões do STF nesse sentido em que se "permite ao paciente o exercício do direito de silêncio, não estando, por essa razão, obrigado a fornecer os padrões vocais necessários a subsidiar prova pericial que entende lhe ser desfavorável (HC 83.096, Rel. Min. Ellen Gracie, *DJ* 12.12.03)" ou, ainda, de que "há de ser interpretado no sentido de não poder ser o indiciado compelido a fornecer padrões gráficos do próprio punho, para os exames periciais, cabendo apenas ser intimado para fazê-lo a seu alvedrio (HC 77.135, Rel. Min. Ilmar Galvão, *DJ* 06.11.98)".

[25] É a posição de Lopes Júnior (2003). Ressalta-se, todavia, que argumenta parte da doutrina que "atendendo ao bom senso, devemos buscar um ponto de equilíbrio, estabelecendo um critério que atenda à razoabilidade (ponderação e proporcionalidade de bens e valores) para solucionar o conflito que se estabelece. Partindo dessa linha de raciocínio, devem ser toleradas as intervenções corporais que não representam nenhum risco para o sujeito passivo e que tampouco possam ser qualificadas de humilhantes, quando delito seja grave e não exista outra forma de comprovar a autoria (ou algum outro pressuposto de responsabilidade)" (LOPES JÚNIOR, 2003, p. 350-351). Acrescem-se, ainda, como requisitos: a) a existência de norma processual prévia que a autorize; b) o imputado deve estar determinado; c) o

que está em jogo a liberdade pessoal e a violação ao direito a não autoincriminação (LOPES JR., 2010). Desse modo, a recusa em colaborar constitui exercício regular de um direito e não pode o investigado se coagido ou punido em face dela.

Outra forma de tentar superar a clara dificuldade em obter o material necessário à definição ou exclusão da autoria do delito, sem condicioná-la a obrigatória colaboração do investigado, consiste na arrecadação de material genético (sangue, saliva, urina, cabelo, sêmen etc.) que estão depositados em recipientes ou materiais fora do corpo (roupas, escovas de cabelo). O mesmo se aplica ao lixo doméstico e ao material gráfico.

Quanto ao primeiro pressupõe-se o abandono da coisa ou renúncia à sigilosidade sobre o conteúdo depositado em recipiente público. Não há que se falar, nesse caso, em violação à intimidade, uma vez que a própria pessoa abriu mão de sua privacidade ao se desfazer do lixo.[26] No que diz respeito ao segundo, com o intuito de obter material gráfico para realização de exame, poderá a autoridade requisitar documentos em órgãos ou repartições públicas e privadas, bem como proceder à busca e apreensão de manuscritos na residência ou trabalho do investigado. É que, nesses casos, não há qualquer constrangimento ou obrigação de fazer ou não fazer por parte do investigado que fira direito seu a dispor do próprio corpo.

Cumpre por fim destacar que autodefesa negativa é renunciável, podendo o investigado optar pela autodefesa positiva, ou seja, contribuir com materiais, documentos ou informações para afastar a imputação que recai sobre ele (LOPES JR., 2010; SAAD, 2004). Contudo, há que se esperar que ônus de provar o fato não seja transferido para o investigado/acusado e que a acusação busque provas que não dependam da colaboração do acusado para demonstrar os fatos (QUEIJO, 2003).

4   O sistema de prova brasileiro: a obrigatoriedade do exame de corpo de delito

Consoante se depreende da Exposição de Motivos do Código de Processo Penal brasileiro (Decreto-Lei nº 3.689, de 03 de outubro

---

resultado não pode ser considerado prova absoluta, como a confissão; d) deve ser produzida com as mesmas garantias da prova antecipada; e) existir decisão judicial fundamentada (*idem*, 2003).

[26] Nesse sentido é a posição de Carvalho (2004, p. 70).

de 1941), a lei processual em vigor optou predominantemente pelo sistema de avaliação de provas consistente na persuasão racional, da livre convicção motivada ou do livre convencimento motivado,[27] aparentemente repudiando o sistema das provas legais, da certeza legal ou tarifadas que estabelece, de regra, uma hierarquia entre as provas, estipulando valor superior de uma sobre outra.[28]

Observa-se, porém, que a despeito da opção manifestada pelo legislador processual pelo sistema da livre convicção motivada,[29] ainda perduram resquícios do sistema da prova tarifada em nosso direito, conforme se extrai do art. 158 e 184 do CPP,[30] que exige, por um lado, o exame de corpo de delito para formação da materialidade do crime que deixar vestígios, não podendo este ser substituído pela confissão;[31] e, por outro, prescreve que o exame de corpo de delito não pode ser recusado pela autoridade policial ou judicial quando requerido pelas partes.

Mas, antes de falar sobre o exame de corpo de delito e a sua insustentável obrigatoriedade, é importante distinguir o que vem a ser corpo de delito e exame de corpo de delito.

---

[27] Colomer (2004) destaca que não é fácil em determinadas situações conter os limites de reação ao crime e ao criminoso. Por isso, destaca que a livre apreciação da prova, ao lado da proibição de tortura e da presunção de inocência, constituem os limites concretos a atuação da Polícia na proteção do cidadão.

[28] A redação do art. 155 do CPP deixa claro essa opção: "O juiz formará sua convicção pela livre apreciação da prova produzida em contraditório judicial, não podendo fundamentar sua decisão exclusivamente nos elementos informativos colhidos na investigação, ressalvadas as provas cautelares, não repetíveis e antecipadas. (Redação dada pela Lei nº 11.690, de 2008)".

[29] Cf. Exposição de Motivos do CPP de 1941: O projeto abandonou radicalmente o sistema chamado da *certeza legal* (...) Todas as provas são relativas, nenhuma delas terá, *ex vi legis*, valor decisivo, ou necessariamente maior prestígio que outra. Se é certo que o juiz fica adstrito às provas constantes dos autos, não é menos certo que não fica subordinado a nenhum critério apriorístico no apurar, através delas, a verdade material.
Cumpre ressaltar que, não obstante a previsão contida na exposição de motivos do CPP de 1941, vigora no julgamento dos crimes dolosos contra vida, de competência do Tribunal do Júri, o sistema de avaliação da livre (íntima) convicção ou da valoração livre, não havendo necessidade de motivação das decisões. Contudo, trata-se de exceção em nosso direito.

[30] Cf. "Art. 158. Quando a infração deixar vestígios, será indispensável o exame de corpo de delito, direto ou indireto, não podendo supri-lo a confissão do acusado". E, mais à frente, dispõe o CPP que: "Art. 184. Salvo o caso de exame de corpo de delito, o juiz ou a autoridade policial negará a perícia requerida pelas partes, quando não for necessária ao esclarecimento da verdade".

[31] Prevê o CPP, ainda, que a falta do exame de corpo de delito nos crimes que deixam vestígios, ressalvado o disposto no art. 167, pode gerar nulidade do processo, caso resulte em prejuízo à acusação ou à defesa (art. 564, III).

4.1 Corpo de delito

Embora todos reconheçam que para se condenar alguém faz necessária a prova do corpo de delito, divergem sobre sua natureza e extensão. Alguns entendem por corpo de delito o fato objetivo, a ação típica punível tanto permanente quanto transitória, prescindindo de seu autor (um incêndio, um homicídio, uma injúria). Outros que se trata do efeito material do delito, ou seja, a mesma ação típica só que restrita ao seu efeito material permanente (o incendiado; uma morte). Ou, ainda, há aqueles que consideram tão somente os vestígios materiais permanentes resultantes de uma ação material (a faca; a arma; o corpo) (ELLERO, 1994).[32]

Para a primeira posição haveria corpo de delito em todo delito. Já para a segunda somente nos de fato permanente. E, por último, para os que firmam a terceira posição somente nos de fato permanente que deixam vestígios.

Para os fins deste trabalho, entende-se por corpo delito os elementos (vestígios) sensíveis do fato criminoso que podem ser natureza material ou imaterial (moral). De um lado, é sensível ou corpóreo o vestígio que deixa marcas ou sinais físicos ou químicos gravados, permanente (*facti permanentis*) ou temporariamente (*facti transeuntis*),[33] sobre a matéria dos seres (p. ex.: lesões corporais). De outro, é intangível ou incorpóreo o vestígio que se perde logo após a consumação do delito, por não serem apropriáveis e nem passíveis de registro pelos sentidos humanos (p. ex.: injúria verbal)[34] (NUCCI, 2005; ALMEIDA JÚNIOR,

---

[32] Na concepção de Manzini (1951, p. 550 *apud* ARBUROLA VALVERDE): "*Cuerpo del delito son todas las materialidades relativamente permanentes sobre los cuales o mediante las cuales se cometió el delito, así como también cualquier otro objeto que sea efecto inmediato de ese delito o que en otra forma se refiere a él, de manera que pueda ser utilizado para su prueba. A saber; los medios materiales que sirvieron para preparar o cometer el delito; las cosas sobre las que lo cometió; las huellas dejadas por el delito o por el delincuente; las cosas cuya detentación, fabricación o venta o cuya portación o uso constituye delito; las cosas que representan el precio o provecho del delito; las cosas que son el producto del delito, a un indirecto; cualquier otra cosa (no el hombre viviente) en relación con el cual haya ejercido la actividad delictuosa o que haya ejercido la actividad delictuosa o que haya sufrido las inmediatas consecuencias del delito*".

[33] Malatesta (2005) ressalta que o fato permanente é aquele em que um evento material duradouro se exterioriza e não desaparece com a ação humana delituosa. A ação humana criminosa, passageira por natureza, desaparece, permanecendo o evento exterior: o cadáver no homicídio; a casa queimada no incêndio; e a nota falsa na falsificação de moeda. De outra sorte, fato transitório é aquele em que a essência do fato restringe-se unicamente à materialidade que consiste em uma ação humana passageira. A materialidade da injúria, portanto, está nas palavras injuriosas e desaparece, em regra, com elas.

[34] Malatesta (2005, p. 593), em igual sentido, bem como advertindo que os delitos ora podem ser permanentes ora transitórios, dispõe que: "De um ponto de vista amplo, são delitos de fato

1959). Desse modo, "tudo o quanto se pode ver, ouvir, tocar, sentir em geral, atribuível ao delito, antes, na durante ou depois sua execução, é o seu corpo, o corpo de delito" (MENDES DE ALMEIDA, 1973, p. 35).[35]

A partir da ideia de que todo elemento perceptível aos sentidos decorrente da ação (conduta) forma o corpo de delito, é possível enfocar seus elementos desde três esferas distintas: a) o *corpus criminis*; b) *corpus instrumentorum*; c) *corpus probatorium*.

O *corpus criminis* é toda coisa ou pessoa sobre a qual incide a ação delitiva executada por uma pessoa ou grupo de pessoas determinadas, isto é, os elementos materiais do delito. Por exemplo: No furto, a coisa alheia móvel; no homicídio, o corpo da vítima; na falsificação e estelionato, os documentos falsos; no sequestro a pessoa sequestrada etc. O *corpus instrumentorum* são os meios ou instrumentos utilizados pelo indiciado ou imputado para praticar o fato delituoso. Por exemplo: A arma de fogo para ocasionar a morte do ofendido ou lesões corporais; o veículo para transportar o material entorpecente; a ferramenta para arrombar a porta da casa e subtrair os bens móveis. O *corpus probatorium* são aqueles indícios materiais (rastros, vestígios, impressões) que deixados pelo investigado no lugar do crime auxiliam na formação da convicção sobre o fato, ou em outras palavras, são vestígios que possibilitam a reconstrução histórica do fato praticado. Por exemplo: as lesões na vítima de agressão, as fechaduras quebradas nos furtos, as manchas de sangue nos homicídios, os materiais queimados em um incêndio (NUCCI, 2005).

Desse modo, pode-se dizer que o corpo de delito tem dupla natureza probatória: a) material; e b) probatória em sentido estrito. Sob a perspectiva material, são as evidências físico-materiais que nos permitem conduzir ao descobrimento de um determinado fato punível, esclarecendo a forma do *modus operandi* que resultou na consumação, bem como a identificação do autor ou dos autores (ARBUROLA, 2009).

---

permanente que deixam vestígios, acidentalmente ou pela sua essência, vestígios materiais e permanentes atrás de si; são de fato transitório os que não os deixam". Deste ponto de vista, entende-se facilmente que nem todos os delitos têm uma categoria absoluta, entre os primeiros ou os segundos. Neste sentido há, por isso, delitos que, individualmente, ora são de fato permanente, ora de fato transitório, segundo o modo acidental da sua exteriorização individual. Neste sentido amplo e indeterminado, vê-se facilmente que a distinção perde toda importância lógica.

[35] Almeida Júnior (1959), ainda chama a atenção para o fato de que o corpo de delito ser composto também por elementos extrínsecos ao fato criminoso, eis que estes podem contribuir para prova do mesmo fato. Tais elementos seriam objetos pertencentes ao delinquente ou à vítima, encontrados no lugar do crime ou na vizinhança.

Sob o ponto de vista probatório, é todo fato conhecido e devidamente comprovado, por meio do qual podemos inferir através de uma operação lógica o conhecimento de outro fato desconhecido (ARBUROLA, 2009). Em resumo, o corpo de delito pode ser identificado como a materialidade do delito, em caso de existência de vestígios materiais, ou sua materialização, caso estes vestígios sejam incorpóreos ou transitórios. É a existência do crime do qual não se pode duvidar de que ele foi de fato praticado ou a prova objetiva do delito.

Ressalta-se que todo crime tem um corpo de delito, isto é, prova de sua existência, já que se exige sempre materialidade (materialização) demonstrada para se atribuir pena a alguém, embora nem todas demandem um corpo de delito constituído por vestígios materiais, conforme ressaltado (NUCCI, 2005).

4.2 A formação do corpo de delito

A formação do corpo de delito seria, por sua vez, a observação e a recomposição dos vestígios ou elementos percebidos pelos sentidos que, dispostos e conjuntos, constituem o fato criminoso e o dano causado (ALMEIDA JUNIOR, 1959). A questão da formação do corpo de delito está diretamente à gestão da prova, consistente na reconstituição do evento criminoso em todas as suas fases, tanto quanto possível, e em todos seus elementos sensíveis, quer relativos à causa eficiente principal ou instrumental, quer relativos à causa material, ou ainda, na recomposição desses elementos, quer relativos aos meios, quer relativos ao fim (ALMEIDA JÚNIOR, 1959).[36]

A busca e formação do corpo de delito no direito brasileiro sempre foi tarefa preponderantemente atribuída às polícias judiciárias ou de investigação.[37] Depreende-se do Código de Processo Penal – CPP que

---

[36] Consoante assinalou Mendes de Almeida (1973, p. 37): "A materialidade do crime abrange todos os seus aspectos sensíveis; não os que dizem respeito às causas material, formal e final da infração, como também os relativos à causa eficiente, ao seu autor. Se os vestígios que o juiz conhece direta ou indiretamente formam todo o corpo do delito, este também revela autoria, embora considerada apenas na sua objetividade. Assim, vale a pena acentuar, desde já, que a formação do corpo de delito, tendo por intuito reconstituir toda a sua materialidade, tem por escopo, também, posto que implicitamente, a identificação do agente da infração".

[37] No âmbito da investigação criminal, o §9º do art. 4º da Lei de 3 de dezembro de 1841 determinava que os chefes de polícia e seus delegados deveriam: "Remeter quando julgarem conveniente, todos os dados, provas e esclarecimentos que houverem obtido sobre um delito, com uma exposição do caso e de suas circunstâncias, aos juízes competentes, a fim de formarem a culpa". Mais tarde, a Lei nº 2.033, de 20 de dezembro de 1871, regulamentada pelo Decreto nº 4.824, de 22 de novembro de 1871, instituiu a polícia judiciária como

é tarefa da autoridade policial,[38] no bojo da instrução preliminar ou provisória consubstanciada no inquérito policial, provar plenamente o corpo de delito e lograr, ao menos por indícios veementes, a autoria e a culpa (MENDES DE ALMEIDA, 1973).

Todavia, a participação da autoridade policial na formação do corpo de delito demanda que se faça uma distinção, no que diz respeito à formação do corpo de delito ou materialidade constitutiva do corpo de delito, entre prova material e a prova pessoal.

Com suporte em Malatesta (2005), podemos entender por prova material (real) aquela em que a materialidade constitutiva do corpo de delito está diretamente sujeita à percepção do juiz, ou seja, a verificação propriamente judiciária. Ao contrário, quando esta materialidade não é percebida direta pelo juiz, mas por intermédio de outras pessoas, ela é pessoal (tal qual o testemunho pericial ou testemunho não qualificado). Contudo, o próprio autor italiano adverte da existência da chamada prova material imprópria – ou prova material por ficção jurídica. Esta que, embora não sujeita à direta percepção do juiz, é constatada (percebida) por *testemunhas oficialmente competentes* ou uma autoridade delegada, tal como um juiz de instrução (*ibidem*, 2005).

O sistema processual brasileiro, ao tempo em que repudiou a proposta de um juiz de instrução, conferiu autoridade de polícia judiciária a tarefa de realizar essa constatação quase judicial (art. 6º, I do CPP). Por conta disso, o comparecimento ao local do crime não é mais facultado à autoridade, mas uma incumbência da qual esta não pode se furtar, já que a esta foi emprestada competência particular para constatação do corpo de delito. Ademais, cercou-lhe de formas protetoras da verdade, ao prever não somente o acompanhamento de

---

órgão auxiliar da justiça e criou o inquérito policial como instrumento de formalização da instrução preliminar, cuja função era coletar o corpo de delito, nos seguintes termos: "Art. 11. 2º Proceder ao inquerito policial e a todas as diligencias para o descobrimento dos factos criminosos e suas circunstancias, inclusive o corpo de delicto".

[38] Almeida Júnior (1959) empresta valor qualificado ao testemunho da autoridade policial sobre os fatos, já que esta deve, obrigatoriamente, comparecer ao local do crime para presidir e assistir aos exames. A justificativa para a obrigatoriedade de a autoridade comparecer ao lugar do delito e realizar sua inspeção pessoal, é o de conhecer melhor os elementos do fato, dando melhor direção aos exames, de obtenção de informações e inquirição de testemunhas de forma mais segura e apropriada. Ademais, deve a autoridade, em seu relatório, reproduzir suas impressões sobre o fato que possam explicar as circunstâncias do delito, bem como, eventualmente, servir de contraprova às declarações dos peritos e das testemunhas.

peritos, como em algumas situações de testemunhas (ex.: apreensão; busca e apreensão).[39] Na formação do corpo de delito, assim, a prova material, no sentido que lhe empresta Malatesta (2005), aqui entendida como constatação da materialidade constitutivo do corpo de delito, no direito brasileiro, não corresponde por si só ao exame de corpo de delito realizado por peritos oficiais ou não oficiais, mas a eventual constatação judicial ou quase judicial do corpo de delito.

Essa atribuição confere à autoridade de polícia judiciária um duplo papel na instrução criminal ou constituição dos meios de prova da materialidade delitiva.[40] De um lado, o delegado de polícia se assemelha a um "juiz de instrução". Em outras palavras, ao proceder à verificação oficial do fato, com apoio e participação ativa do serviço de perícia,[41] o delegado de polícia assume um papel essencial na gestão do local do crime e da arrecadação de vestígios que fazem sentido para demonstrar o que de fato aconteceu. De outro, ao testemunhar a cena do crime e trabalhar na arrecadação de vestígios, assume o papel testemunha qualificada das eventuais explicações causais e motivacionais do crime. Não é à toa que o delegado de polícia elabora ao final da investigação um relatório em que descreve de forma minuciosa tudo que verificou e constatou durante a investigação.

4.3 Da obrigatoriedade de exame de corpo de delito no direito brasileiro

A obrigatoriedade do corpo de delito como meio probatório decorre do mandamento contido no art. 158 do CPP que tornou indispensável esse exame nas infrações que deixam vestígios, não podendo este ser suprido sequer pela confissão do acusado. Tal indispensabilidade se trata, como se percebe, de uma reminiscência inaceitável do superado

---

[39] Adverte-se, entretanto, que nem a autoridade policial assumia essa tarefa a contento, nem o poder judiciário empresta à verificação da autoridade o prestígio devido e autoridade por lei.

[40] Fruto da tradição inquisitorial na gestão da prova própria dos sistemas jurídicas do *civil law*, em que o magistrado, o ministério público e a polícia judiciária são responsáveis pela instrução probatória, com maior ou menor participação do acusado.

[41] Ressalta-se, ademais, tradicionalmente a perícia criminal sempre esteve vinculada à atividade de polícia judiciária de forma auxiliar, atuando na integração do corpo de delito, uma vez que não é dada à autoridade (policial) vistoriar ou examinar o fato e as circunstâncias sem o auxílio de peritos e/ou testemunhas.

sistema da certeza moral do legislador que se afastou, sem sombra de dúvida, do sistema da livre convicção motivada (HAMILTON, 1996). Frederico Marques (2000, p. 438) condena a equivocada previsão contida no CPP, ao afirmar que:

> Na verdade, fora do sistema da prova legal, só um Código como o nosso, em que não há a menor sistematização científica, pode manter a exigibilidade do auto de corpo de delito sob pena de considerar-se nulo o processo. Que isso ocorresse ao tempo da legislação do Império, ainda se compreende. Mas que ainda se consagre tal baboseira num estatuto legal promulgado em 1941, eis o que se não pode explicar de maneira razoável.

O problema da importância indevida dada ao exame de corpo de delito, vinculando o sistema probatório a um meio específico de prova (prova tarifada), como o exame pericial,[42] está justamente na incompreensão quanto à formação do corpo delito que não se caracteriza, pela natureza dos meios probatórios empregados, mas na natureza de seu fim que é coligir e reunir, direta ou indiretamente, todos os dados sensíveis do fato delituoso a ser apurar, reconstituindo a materialidade do ilícito (MENDES ALMEIDA, 1973). Sob esse enfoque, toda atividade investigativa dirigida ao fim de esclarecer o fato delituoso representa a formação do corpo de delito.

Como já visto anteriormente, o direito brasileiro consagrou quanto à atividade probatória os parâmetros de exigência de uso de prova lícita (art. 5º, LVI da CRFB), da livre convicção motivada do juiz (art. 155 do CPP e art. 93, IX da CRFB), da presunção de inocência e do contraditório e da ampla defesa como corolários de um devido processo legal. Desse modo, afronta a Constituição Federal regra infraconstitucional que impõe prova tarifada ao processo penal, limitando a postura contraditória e defensiva do acusado que, presumivelmente inocente, tem o direito de influir sobre a formação do convencimento do juiz na avaliação das provas.

As principais razões para ampla admissibilidade dos meios de prova no processo penal estão fundadas, sobretudo: a) no fato de não haver prova perfeita; e b) na necessária observância do contraditório no processo; c) no princípio da livre convicção motivada.

---

[42] Ressalta-se que o exame pericial não é propriamente uma prova, senão o reconhecimento de uma prova já existente (ELLERO, 1994).

Em primeiro lugar, em princípio, toda prova é apta a formar a convicção do julgador sobre o fato a ser provado, seja em benefício da acusação ou da defesa. Com isso, tanto as partes como o juiz têm a sua disposição o poder de buscar (por meio de diligências diretas ou por solicitação/requisição) as provas que entenderem necessárias e suficientes à demonstração fática e jurídica da verdade processual. Em segundo lugar, reconhece-se que nenhuma prova é, por si mesmo, superior à outra. Diante disso, repudia-se qualquer sistema que preveja a hierarquização ou tipologias de provas, possibilitando-se, assim, uma maior liberdade na busca dos meios mais eficazes e menos custosos para a comprovação do fato.

Em terceiro, não basta que a prova seja licita para formação do convencimento do juiz. Não se pode falar em processo justo sem o necessário jogo dialético de provas e contraprovas objetivando confirmar ou refutar os fatos aduzidos pelas partes. Dito de outro modo, a partes devem participar ativamente da produção da prova. Assim, ao se tarifar determinada prova há um claro prejuízo à dialética processual e à obtenção da verdade.

O sistema da prova legal parte do pressuposto de que alguns dados probatórios permitem deduzir incontestavelmente a conclusão fática, graças à sua conjugação com premissas legalmente presumidas como verdadeiras que, de modo geral, conectam o tipo de fato experimentado como prova e o tipo considerado provado.[43] Em outros termos, tem como suficiente determinada prova a partir de sua conjugação com a norma, atestando, assim, a culpabilidade ou a inocência, e por sua vez, excluindo a investigação e a livre apreciação do juiz (FERRAJOLI, 2002).[44]

---

[43] Consoante assevera Ferrajoli (2002, p. 109): "No procedimento inquisitivo pré-moderno, por exemplo, se havia codificado uma verdadeira tarifa de provas que assinalava presumidamente determinadas estimações ou valores probatórios às diversas espécies de prova admitidas no processo, conforme os cálculos de suas probabilidades legalmente preestabelecidos... (...) Tudo isso é manifestamente absurdo. Na realidade, porque é desmentida pela experiência, é falsa qualquer generalização sobre a confiabilidade de uma modalidade de prova ou conjunto de provas. Nenhuma prova, indício ou conjunto de provas e de indícios garante inimpugnavelmente a verdade da conclusão fática. Não existem, a rigor, provas suficientes".

[44] O tipo de prova tarifada vigorou desde o fim do século XIII até a Revolução Francesa, como experiência processual própria da Inquisição, desenvolvida em toda Europa continental. Entre as provas tarifadas podemos citar as irracionais de tipo mágico e arcaico (ordálias, duelo judicial, juramento, adivinhação) e as racionais de tipo legal (confissão, exame de corpo de delito, número mínimo de testemunhas) que apelam para um juízo infalível e superior, de caráter divino ou legal (FERRAJOLI, 2002).

Assim, ao tarifar o exame de corpo de delito[45] como único *meio de prova*,[46] [47] nos casos em que infração penal deixa vestígios, a lei processual impede a realização de um processo penal justo, na medida em cerceia tanto da acusação quanto da defesa de desenvolverem a atividade probatória.[48]

A obrigatoriedade do exame de corpo de delito revela um fetichismo injustificado, sustentado no discurso técnico-científico que prestigia tão fortemente a verdade oficial, desobrigando, por vezes, ao Estado-acusador de produzir outras provas.

Por outro lado, verifica-se que conferir maior valor ao exame de corpo de delito, mesmo que apoiado no discurso científico, nada mais é do que substituir a confissão pela prova pericial como rainha das provas. O fetichismo pelas provas técnicas nos conduz a condicionamentos epistemológicos que não raro se revelam problemáticos. Consoante já asseverou Haack (2004), há sempre um risco em "legalizar

---

[45] É importante que se diga que exame de local de crime não é necessariamente o mesmo que exame de corpo de delito. Tanto é assim que o Código de Processo Penal reservou lugar específico para tratar do exame de local (art. 169). Nesse sentido, não que se cogitar de nulidade a ausência de exame de local de crime, a exemplo do que ocorre com o exame de corpo de delito.

[46] A despeito de respeitado seguimento da doutrina, consoante adverte Palacio (2000), negar o caráter de meio de prova à perícia e, em sentido contrário, considerar que os peritos são auxiliares do juiz na busca de regras de experiência alheias aos específicos conhecimentos jurídicos do magistrado, com quem colabora na valoração de uma prova ou elucidação de uma dúvida.

[47] Oliveira (2008) justifica que não há qualquer impropriedade da disposição contida no art. 158, uma vez que, segundo ele, não haveria hierarquia de provas, mas preferência de um meio probatório em relação a outro, em virtude da especificidade da situação que se pretende provar. Discordamos da posição defendida pelo referido processualista, na medida em que a exclusão absoluta de um meio probatório, nos termos estampados na lei, revela sim uma hierarquização entre as provas, ao colocar a prova pericial em patamar superior à confissão e demais provas. Quando a lei quis tratar algo preferencialmente em relação a outro o fez expressamente, a exemplo do que fez no art. 159, §1º do CPP, ao estabelecer: "Na falta de perito oficial, o exame será realizado por 2 (duas) pessoas idôneas, portadoras de diploma de curso superior preferencialmente na área específica, dentre as que tiverem habilitação técnica relacionada com a natureza do exame".

[48] Nesse sentido é a decisão do Superior Tribunal de Justiça (*apud* MIRABETE, 2000, p. 418): "O corpo de delito, na clássica definição de João Mendes, é o conjunto dos elementos sensíveis do fato criminoso. Diz-se direto quando reúne elementos materiais do fato imputado. Indireto se, por qualquer meio, evidencia a existência de acontecimento delituoso. A Constituição da República resguarda serem admitidas as provas que não forem proibidas por lei. Restou, assim, afetada a cláusula final do art. 158, CPP, ou seja, a confissão não ser idônea para concorrer para o exame de corpo de delito. No processo moderno, não há hierarquia de provas, nem provas específicas para determinado caso. Tudo o que for, idôneo será para projetar a verdade real. No caso concreto, além da confissão houve depoimento de testemunha (RT 694/390)".

epistemologias" e apoiar eventual demonstração de fatos em um único meio de prova como fonte legítima de revelação da verdade (real).

Nesse passo, como aceitar a situação contraditória em que embora haja vestígio (elemento material de um crime), a perícia não seja conclusiva? Cita-se, como exemplo, o exame grafoscópico sobre documento supostamente falsificado. No caso, o suporte material sobre o qual se realizou o delito de falso existe e é submetido a exame de corpo de delito, contudo a perícia não consegue determinar que os escritos contidos no papel partiram do punho do suspeito. Imaginemos, todavia, que o suspeito confesse que falsificou o documento e que testemunhas confirmem sua versão sobre o fato. Nesse caso, pode-se dizer que não há corpo de delito?

Se entendermos que não, devemos admitir que o corpo de delito e exame de corpo de delito são coisas indistintas, ou seja, que os vestígios materiais do crime somente se tornam corpo de delito (materialidade do crime) quando submetidos a exame técnico. O que, convenhamos, é um absurdo, sobretudo quando fracionamos a compreensão do que vem a ser corpo de delito[49] (*vide* item 4.1 *supra*).

Uma coisa é o corpo de delito e outra é o exame de corpo de delito. Um laudo, por exemplo, pode não identificar a causa da morte, mas isso não significa dizer que não houve um homicídio. A deficiência ou imprecisão do exame não pode ser decisiva para impedir a comprovação do fato. Outras evidências podem atestar que o resultado morte foi causado por alguém.

Ressalta-se que jurisprudência já consagrou, com base nos postulados da verdade real, do livre convencimento do magistrado e da inexistência de hierarquia legal em matéria probatória, a legitimidade da utilização da prova testemunhal, da prova documental e, até mesmo, da confissão do próprio réu, como elementos hábeis ao válido suprimento da ausência do exame pericial de corpo de delito (MIRABETE, 2000). Contudo, referidas substituições probatórias ocorrem quando ausente ou impossível a realização do exame pericial.

A demonstração do corpo de delito pela atividade probatória da polícia judiciária, do juiz ou das partes, que não se confunde com o exame de corpo de delito (perícia) como já afirmado, porém, não pode se

---

[49] Cita-se, por exemplo, o roubo ou furto de joias, produtos eletrônicos, veículos etc. Se não há dúvida de que o material apreendido em poder do suposto autor é de fato o objeto da subtração, em virtude da declaração da vítima, testemunha e de documentos comprobatórios de sua origem, a perícia é perfeitamente dispensável.

sujeitar às amarras legais que condicionam a validade do processo a meio exclusivo de prova que, como já assinalado, é incapaz de demonstrar sua infalibilidade, sobretudo, quando estamos diante de um instituto como exame de corpo de delito indireto (art. 158 do CPP).

Nesse sentido, em face dos princípios constitucionais relacionados à prova, não apenas o desaparecimento ou inexistência dos vestígios deveria liberar as autoridades públicas de atestar a existência do fato por outros meios de prova, mas também a existência de melhor prova.[50] Dito de outro modo, somente se admite outros meios de prova na comprovação dos crimes que deixam vestígios em razão da impossibilidade de realização do exame ou em razão da inexistência de vestígios. Contudo, além desses casos, entende-se que também devem prevalecer outros meios de prova quando estes demonstrarem maior aptidão ou viabilidade (material e financeira) para melhor comprovar a materialidade delitiva.[51]

Um outro bom argumento prático para isso é a sobrecarga dos serviços de perícia, que cotidianamente não dão conta de realizar exames em prazo razoável.

4.3.1 Do exame de corpo de delito indireto

Ora, qual a justificativa de se exigir, a todo custo, um exame de corpo de delito indireto, ou seja, aquele praticado por profissionais sobre outros meios de prova (testemunhos ou documentos)?

É que se não há possibilidade física ou jurídica de se realizar o exame de corpo de delito diretamente, em verdade, há de se concluir que os vestígios não estão disponíveis, isto é, que não há vestígios a serem analisados pela perícia. E, como tal, deve-se adotar a solução conciliadora do art. 167 do CPP ("Não sendo possível o exame de corpo de delito, por haverem desaparecido os vestígios, a prova testemunhal

---

[50] O STF já decidiu nesse sentido, por exemplo, em Recurso Extraordinário bem antigo de nº 25170, de 31.12.1969, relativamente ao crime de apropriação indébita, em que não havia vestígios materiais.

[51] Nesse sentido, Noris (1998, p. 29) para quem: *"No se exige la utilización de un medio determinado para probar un objeto específico, y si bien se debe recurrir al que ofrezca mayores garantías de eficacia, el no hacerlo carece de sanción alguna y no impide el descubrimiento de la verdad por otros medios (todos son admisibles al efecto) (...) Es posible hacer prueba no sólo con los medios expresamente regulados en la ley, sino con cualquier otro no reglamentado, siempre que sea adecuado para descubrir la verdad".*

poderá suprir-lhe a falta"),[52] ou ainda, admitir-se qualquer outro meio de prova disponível e legítimo.

Se deixarmos de lado exemplos mais comuns, veremos que maior ainda é a dificuldade de se exigir o exame de corpo delito em modalidades delituosas, como por exemplo, os crimes tributários ou financeiros. É que, em relação aos crimes tributários, entende-se, com base na lei, que a atividade constituição definitiva do tributo – como atividade privativa da administração fazendária – é condição necessária a existência de algumas hipóteses de crime fiscal. Portanto, o procedimento administrativo, elaborado não por peritos oficiais, mas pelo órgão fiscal, constitui o corpo de delito do crime tributário.

De igual forma, no tocante aos crimes de financeiros, a comprovação da conduta de operação de câmbio não autorizada com o fim de evadir divisas para o exterior, documentada pelo Banco Central do Brasil, por meio de processo administrativo, também constitui o corpo de delito do crime contra o sistema financeiro nacional.[53.]

Há várias situações, como as relatadas, em que se tem admitido equivalente ao exame de corpo de delito a análise e documentação do fato pelo órgão competente, tais como: Agência de Vigilância Sanitária – ANVISA (falsificação de medicamentos); Instituto Chico Mendes (crimes ambientais); Banco Central do Brasil – BACEN (crimes financeiros); Receita Federal do Brasil – RFB (crimes tributários).

Trata-se, como se viu anteriormente, de melhor meio de prova que, nesse caso, autoriza a dispensa do exame de corpo de delito. Em outras palavras, deve-se dispensar o exame naquelas situações em que o fato possa ser demonstrado por outro meio de prova, devendo nessa hipótese o exame pericial ser considerado inútil ou supérfluo. Desse modo, verifica-se imprópria qualquer predileção pelo exame de corpo de delito, sobretudo realizado indiretamente.

Volta-se a perguntar, há razão de se submeter um documento, com por exemplo, um procedimento administrativo do Banco Central a exame de peritos, igualmente funcionários públicos cujos atos são dotados de presunção de legitimidade? A resposta é simples: nenhuma.

---

[52] Oliveira (2008) sustenta que o exame de corpo de delito indireto também deve ser feito pela perícia oficial, a partir do depoimento de testemunhas ou pelo exame de documentos pertinentes ao fato que se quer provar, o qual elaborará um exame técnico por dedução.

[53] Cf. Lei 7492/86: "Art. 22. Efetuar operação de câmbio não autorizada, com o fim de promover evasão de divisas do País".

Assim, a compreensão que deve ser dada à ideia de que formação do corpo de delito indireto é outra, qual seja, a de que a prova do fato pode se dar por todos os meios legítimos de prova, diversos ao exame realizado por perito oficial, seja por prova testemunhal, documental ou outro meio capaz de adequadamente provar a existência do crime ou circunstância essencial que importe na formação do delito.[54] [55]

4.3.2　Da ausência do corpo de delito

Se considerarmos a dispensabilidade do exame de corpo de delito, quando presentes os vestígios materiais do crime, mais obsoleto pode ser tido tal exame quando desaparecerem os elementos constitutivos da materialidade do delito.

A prática demonstra que dificilmente alguém é condenado pelo crime de homicídio sem que constate materialmente a existência de uma vítima. A razão para isso está no temor dos falsos juízos e no medo de que a suposta vítima apareça viva tempos depois. Ocorre que isso não se justifica na medida em que não é racional conferir força probatória diversa à prova testemunhal ou ao testemunho pericial, simplesmente em razão da qualidade ou natureza – transitória ou permanente – dos vestígios do crime (ELLERO, 1994).

Como é possível atribuir parcialmente o caráter de certificação a uma prova conforme se trate de vestígios materiais transitórios ou permanentes ou incorpóreos. Assim, como admitir que o testemunho prove uma injúria ou um adultério e não faz o mesmo com uma lesão.

---

[54] Assim, os prontuários médicos que atestam as lesões corporais são, de fato, exames de corpo de delito indireto. A Lei nº 9.099/95 (Lei dos Juizados Especiais Civis e Criminais) dispensou a realização de exame de corpo de delito, prevendo o art. 77, §1º, o suprimento desse exame pelo boletim médico ou prova equivalente.

[55] Nesse sentido, ver julgado da 2ª Turma do STF no HC Nº 92196, de 20.10.2008: "EMENTA: HABEAS CORPUS. DECISÃO DENEGATÓRIA MONOCRÁTICA. VIOLAÇÃO AO PRINCÍPIO DA COLEGIALIDADE. AUSÊNCIA. RESPALDO LEGAL. OFENSA AO JUÍZO NATURAL. INOCORRÊNCIA. PRECLUSÃO. EXAME DE CORPO DE DELITO. DESNECESSIDADE. ESTELIONATO CONTRA A PREVIDÊNCIA SOCIAL. EXISTÊNCIA DE OUTRAS PROVAS. ORDEM DENEGADA. 1. A decisão denegatória proferida monocraticamente pelo Relator não ofende o princípio da colegialidade quando amparada, como no caso concreto, no art. 38 da Lei nº 8.038/90 e nas normas regimentais pertinentes. 2. A defesa concordou expressamente com a reunião dos feitos para julgamento pelo juízo da ação penal de origem, o que torna inequívoca a ocorrência de preclusão. 3. O exame de corpo de delito é dispensável quando existem outras provas da materialidade do crime. Precedentes. 4. Ordem denegada. (STF – 2ª Turma, HC 92196 – 20.10.2008)".

Diante disso, sabiamente o legislador,[56] quando da inexistência do corpo de delito direto, permitiu que o exame de corpo de delito pudesse ser suprido por outros elementos de caráter probatório existentes nos autos da *persecutio criminis*, notadamente os de natureza testemunhal ou documental.

Assim, nos crimes contra a liberdade sexual, por exemplo, desde que cometidos mediante grave ameaça ou com violência presumida, não se exige, obrigatoriamente, o exame de corpo de delito direto, porque tais infrações penais, quando praticadas nessas circunstâncias (com violência moral ou com violência ficta), nem sempre deixam vestígios materiais.

Outra situação em que ausente o corpo de delito é aquela em que a pessoa se utiliza de documento falso para enganar a terceiro, obtendo com isso vantagem econômica, o que configura, em tese, crime de estelionato. A ausência do documento – elemento material do crime – meio empregado para ludibriar a vítima, não pode ser utilizado como argumento para afastar a tipicidade da conduta, podendo esta ser provada por outros meios probatórios, dispensando a consideração quanto ao falso documental.

Ressalta-se, ainda, que a lei processual previu em caso de lesões corporais aparentemente graves, que possam resultar em incapacidade para as ocupações habituais por mais de 30 dias (art. 129, §1º, I do Código Penal[57]), a necessidade de realização de exame complementar (art. 168 do CPP). Contudo, no §3º do mesmo artigo dispôs que a falta de exame complementar poderá ser suprida pela prova testemunhal.[58] Em outras palavras, relativizou a necessidade de exame pericial nesses casos, em razão da possibilidade dos vestígios terem desaparecido.

Trata-se, portanto, de previsão que legal que dispensa o exame de corpo de delito nas situações em que estes, mesmo que outrora tenham existido, deixaram de existir. O perecimento dos vestígios não pode ensejar impunidade quanto ao delito, devendo-se admitir, com as devidas cautelas, qualquer meio de prova capaz (apto) a demonstrar a materialidade delitiva e quem seja seu autor.

---

[56] Cf. art. 167 do CPP.

[57] Consoante dispõe o art. 129, §1º do CP, a lesão corporal grave se resulta: "I - Incapacidade para as ocupações habituais, por mais de trinta dias".

[58] Cf. Art. 168 do CPP.

O exame de corpo delito, portanto, somente pode ser exigido de forma indispensável quando a sua falta deixa a prova incompleta ou não se possa realizar de outro modo.

Por fim, nada impede que se favoreça o exame pericial até onde seja possível sua obtenção. Todavia, deve-se ter em vista que o exame de corpo de delito deve ser algo útil à instrução probatória e não algo absolutamente necessário.

5 Considerações finais

O mito da verdade real, de cunho nitidamente autoritário, esmoreceu diante dos postulados garantistas do Estado de direito. As limitações decorrentes do devido processo legal e das garantias dele decorrentes (inadmissibilidade da prova ilícita, ampla defesa, contraditório, direito ao silencio, a não ser obrigado a produzir prova contra si mesmo entre outros) demonstram que a verdade processual é somente e tão somente aquela possível, atingível nos estreitos limites da legalidade.

De outra sorte, a consagração da admissibilidade de qualquer meio de prova não significa meramente, em sentido inverso, a vedação ao uso de prova ilícita. O sentido da norma constitucional, que consubstancia um sistema de livre apreciação motivada e de liberdade probatória, também proíbe a prova tarifada ou o fetichismo probatório, a despeito da esdrúxula previsão contida no Código de Processo Penal brasileiro em relação ao exame de corpo de delito.

A razão para tal absurdo, quiçá, consiste na confusão entre o que vem a ser corpo de delito e o exame de corpo de delito que, no bojo deste trabalho, deixamos claro se tratarem de coisas distintas.

De tal maneira, sob esse enfoque o sistema de prova tarifada pertinente ao exame de corpo delito é incompatível com a liberdade probatória condicionada aos limites da estrita legalidade (prova lícita) e da existência da melhor prova idônea ao esclarecimento dos fatos.

Assim, se constar dos autos o *corpo de delito*, seu elemento sensível, dispensável é o testemunho pericial se outros meios de prova corroboram de forma mais adequada a existência do crime e quem seja o seu autor. Somente dessa forma estará assegurado que eventual falha na coleta de vestígios não importe no fracasso na justiça criminal, na medida em que não se permite a elevação a patamar absoluto de determinado meio de prova em detrimento de outros igualmente idôneos a demonstrar a veracidade dos fatos afirmados.

Conclui-se, assim, que a confissão ou qualquer outra prova, trabalhadas em um contexto de pluralidade provas licitamente admitidas, de igual hierarquia, podem servir para formação da convicção do juiz sobre a procedência ou não da hipótese acusatória, desde que este motive adequadamente as razões de seu convencimento. Assim, não há que se entender válida a norma do art. 158 do CPP põe relevo à prova pericial, sob pena de se converter, em última análise, o perito em julgador, uma vez que ele daria a palavra final sobre o evento.

Por derradeiro, queremos deixar claro que o exame pericial (testemunho pericial) é muito importante e, no mais das vezes, é sempre a melhor prova para demonstrar o fato, sobretudo quando a constatação demanda conhecimento especializado. Contudo, reafirmamos que somente pode haver devido processo penal num Estado de direito que assegure um sistema de liberdade probatória, dentro dos limites da lei.

Referências

ALEXY, Robert. *Teoria dos direitos fundamentais*. Trad. Virgílio Afonso da Silva. 5. ed. São Paulo: Malheiros, 2008.

ALMEIDA JÚNIOR, João Mendes de. *O processo criminal brasileiro*. 4. ed. São Paulo: Freitas Bastos, 1959. v. II.

ANDRADE, Manuel da Costa. *Sobre as proibições de prova em processo penal*. Coimbra: Coimbra Ed., 1992.

ARANHA, Adalberto José Q. T. Camargo. *Da prova no processo penal*. 7. ed. Saraiva: São Paulo, 2006.

ARBUROLA VALVERDE, Allan. Capítulo 9: El cuerpo del delito. *In*: ARBUROLA VALVERDE, Allan. *Criminalística*: parte general. [*S.l.*]: [*s.n.*], 2009. Disponível em: http://www.mailxmail.com/curso-criminalistica-investigacion/cuerpo-delito. Acesso em: 15 jun. 2010.

BADARÓ, Gustavo Henrique Righi Ivahy. Ônus da prova no processo penal. São Paulo: RT, 2003.

BINDER, Alberto M. *Introducción al derecho procesal penal*. 2. ed. Buenos Aires: Ad hoc, 1999.

BONFIM, Edilson Mougenot. *Código de processo penal anotado*. 2. ed. São Paulo: Saraiva, 2009.

CAPEZ, Fernando. *Curso de processo penal*. 9. ed. São Paulo: Saraiva, 2003.

CARVALHO, Luis Gustavo Grandinetti Castanho de. *Processo penal e (em face) Constituição*: princípios constitucionais do processo penal. 3. ed. reescrita e ampliada. Rio de Janeiro: Lumen Juris, 2004.

CHOURK, Fauzi Hassan. *Garantias constitucionais na investigação criminal*. 3. ed. ampl. e atual. Rio de Janeiro: Lumen Juris, 2006.

COLOMER, Juan-Luis Gómez *et al*. *Polícia e estado democrático de direito na América Latina*. Rio de Janeiro: Lúmen Júris, 2004.

DEZEM, Guilherme Madeira. *Da prova penal*. São Paulo: Millenium, 2008.

ELLERO, Pietro. *De la Certidumbre en los juicios criminales o tratado de la prueba en materia penal*. Tradución de Adolfo Posada. Buenos Aires: Librería "El foro", 1994.

FERNANDES, Antônio Scarance. *Processo penal constitucional*. 3. ed. rev. atual. e ampl. São Paulo: Revista dos Tribunais, 2002.

FERRAJOLI, Luigi. *Direito e Razão*: Teoria do garantismo penal. São Paulo: RT, 2002.

HAACK, Susan. Epistemology legalized: Or, truth, justice, and the american way. 49 *Am. J. Juris*, 43, 2004.

HAMILTON, Sérgio Demoro. Exame de corpo de delito: realidade ou mito. *Revista do Tribunal Regional Federal da 1ª Região*, Brasília, v. 8, n. 3, jul./set. 1996.

LOPES JÚNIOR, Aury. *Introdução crítica ao processo penal*: fundamentos da instrumentalidade constitucional. 5. ed. Rio de Janeiro: Lumen Juris, 2010.

LOPES JÚNIOR, Aury. *Sistemas de investigação preliminar no Processo Penal*. 2. ed. Rio de Janeiro: Lumen Juris, 2003.

MACCORMICK, Neil. *Retórica e estado de direito*. Tradução de Conrado Hubner Mendes. Rio de Janeiro: Elsevier, 2008.

MALATESTA, Nicola Framarino Dei. *A lógica das provas em matéria criminal*. Tradução de Paolo Capitanio. 6. ed. Campinas: Bookseller, 2005.

MARQUES, José Frederico. *Elementos de direito processual penal*. 2. ed. Campinas: Millennium, 2000. v. 2.

MENDES, Gilmar Ferreira *et al*. *Curso de direito constitucional*. 5. ed. São Paulo: Saraiva, 2010.

MENDES DE ALMEIDA, Joaquim Canuto. *Princípios fundamentais do processo penal*. Pref. Mário Masagão. São Paulo: Revista dos Tribunais, 1973.

MIRABETE, Julio Fabbrini. *Código de processo penal interpretado*. 7. ed. São Paulo: Atlas, 2000.

NORIS, Jose I. Cafferata. *La prueba en el proceso penal*. 3. ed. actualizada y ampliada. Buenos Aires: Depalma, 1998.

NUCCI, Guilherme de Souza. *Manual de processo e execução penal*. São Paulo: RT, 2005.

OLIVEIRA, Eugenio Pacelli de. *Curso de processo penal*. 10. ed. atualizada de acordo com Reforma Processual Penal de 2008 (Lei nº 11.689, 11.690 e 11.719). Rio de Janeiro: Lúmen Juris, 2008.

PALACIO, Lino Enrique. *La Prueba en el proceso penal*. Buenos Aires: Abeledo-Perrot, 2000.

QUEIJO, Maria Elizabeth. *O direito de não produzir prova contra si mesmo*: o princípio nemo tenetur se detegere e suas decorrências no processo penal. São Paulo: Saraiva, 2003.

SAAD, Marta. *O direito de defesa no inquérito policial*. São Paulo: Revista dos Tribunais, 2004. v. 9. (Coleção Estudos de Processo Penal Joaquim Canuto Mendes de Almeida).

TWINING, Willian. Narrative and generalizations in argumentation about questions of fact. 40 *S. Tex. L. Rev.*, 351, 1999.

Informação bibliográfica deste texto, conforme a NBR 6023:2018 da Associação Brasileira de Normas Técnicas (ABNT):

BARBOSA, Ermerson Silva. Perícias: corpo de delito e exame de corpo de delito. *In*: PEREIRA, Eliomar da Silva; ANSELMO, Márcio Adriano (Org.). *Direito Processual de Polícia Judiciária II*: os meios de obtenção de prova. Belo Horizonte: Fórum, 2020. p. 181-213. (Curso de Direito de Polícia Judiciária, v. 5). ISBN 978-85-450-0620-6.

AFASTAMENTO DO SIGILO BANCÁRIO, FISCAL E TELEMÁTICO PELO DELEGADO DE POLÍCIA

SANDRO LÚCIO DEZAN

1 Introdução

O presente artigo tem por escopo discorrer sobre o afastamento de sigilo por ação do Delegado de Polícia, em especial, a quebra dos sigilos bancário, fiscal e telemático, adentrando à análise da legitimidade do procedimento por autoridade própria, *manu propria*, e por autoridade derivada, sob o manto, este último, do princípio da ubiquidade, ou da inafastabilidade da jurisdição.

O texto abordará, por meio do método hipotético-dedutivo, as questões que envolvem *o dever de instrução imparcial e de agir com imparcialidade na investigação criminal* pelo delegado de polícia, *a questão da inviolabilidade da intimidade, da vida privada, da honra e das imagens da pessoa, como prova decorrente de afastamento de direitos fundamentais na visão do STF e as questões sobre a legitimidade do delegado de polícia no afastamento dos sigilos bancários e fiscais e de dados telemáticos pelo delegado de polícia.*

Concluir-se-á que os elementos de prova decorrentes de afastamento de direitos fundamentais não dispensam, para a instrução da investigação criminal, a autorização judicial, que, todavia, depende de provocação do delegado de polícia, para fazer-se coerente com o Estado Constitucional e Democrático de Direito à luz da demonstração de justa causa e imprescindibilidade da prova para a conclusão do *processo*.

2 O Delegado de Polícia e o dever de instrução imparcial da investigação

O preceito trazido pelo §1º, do art. 2º, da Lei 12.830/2013, é claro quanto aos objetivos da investigação criminal, quais sejam apurar as circunstâncias, a autoria e a materialidade do ilícito penal. Eis o dever de instrução processual criminal, na fase de investigação criminal.

Sob o tema, há elementos de prova extremamente relevantes para a obtenção desse escopo, em que se permite o afastamento temporário, quando imprescindíveis à conclusão da investigação, de direitos fundamentais do investigado, a ponto da ordem jurídica amparar a relatividade dos sigilos bancário, fiscal e telemático, dentre outros.

Disso, deve a autoridade policial desencadear diligências que visem à elucidação de como se deram os fatos, quem foi o seu provável autor e quais são os documentos ou detalhes fáticos que atestam a sua ocorrência, como fato social relevante para o Direito Penal. Os objetivos investigativos norteiam-se pela descrição típica, prescrita na norma incriminadora penal – tipo penal[1] (assim, demonstra-se a relevância da descrição fática, provável autoria e correspondente tipificação na peça exordial de instauração da investigação), de onde se inferem os *elementos* – compostos pelas *elementares* e pelas *circunstâncias* –, assim como a *autoria* e a provável *materialidade*.

Entendem-se como objetivos da investigação criminal as questões que envolvem *(i)* a conduta dolosa ou culposa do agente, o resultado advindo dessa conduta e, assim, o nexo de causalidade e a subsunção típica, adequação típica ou tipicidade, e *(ii)* as questões afetas às justificantes ou excludentes de ilicitude, a exemplo da legítima defesa, do estado de necessidade, do estrito cumprimento do dever legal e do exercício regular do direito, bem como, em alguns casos, *(iii)* às dirimentes, a exemplo da inimputabilidade por menoridade penal.

Os tipos penais, como normas incriminadoras, devem ser formados por prescrição e sanção e, dentro da prescrição, do preceito primário, consoante a necessidade de cada positivação, fazer-se compor com *elementos do tipo*, quais sejam as *elementares* e as *circunstâncias*. Os *elementos* do tipo são todas as figuras descritivas que formam os contornos

---

[1] Eugênio Raúl Zaffaroni e José Henrique Pierangeli, no *Manual de Direito Penal Brasileiro: Parte Geral*, à p. 421, conceituam tipo penal como "um instrumento legal, logicamente necessário e de natureza predominantemente descritiva, que tem por função a individualização de condutas humanas penalmente relevantes (por estarem penalmente proibidas)".

da moldura penal legalmente prevista, podendo ser qualificados como elementares ou como circunstâncias.

As *elementares* são as descrições sígnicas essenciais ao tipo, em que, na sua ausência, a prescrição deixa de existir ou se transforma em outra tipificação penal. São elementares do tipo os dados descritivos contidos no *caput* da figura ilícita, ao passo que são consideradas circunstâncias os dados descritivos derivados do *caput*, conquanto qualifiquem ou atenuem, privilegiem, o delito ou a contravenção penal.

Os elementos (elementares e circunstâncias), sem embargo do exposto acima, também podem ser *objetivos, subjetivos* e *normativos*. Como assenta Cezar Roberto Bitencourt "o tipo penal (...) não se compõe somente de elementos puramente objetivos, mas é integrado, por vezes, também de elementos *normativos* e *subjetivos*".[2] Desta forma, a par das descrições tipológicas constatáveis por meio sensorial, apresentam-se ao Delegado de Polícia na qualidade de intérprete e aplicador do Direito Penal a necessidade de formulação de juízo de valor e de aferição de aspectos relacionados ao campo da representação intencional-volitiva do sujeito ativo do ilícito, ambas como ações valorativas em sentido lato, para o juízo de tipicidade, malgrado precário, em sede de investigação criminal.

Por *elemento objetivo* consideram-se os dados contidos na descrição típica que possuam concreção, perceptível direta e sensorialmente pelo analista, por intermédio dos sentidos, como por exemplo, a "matar alguém", descrita no art. 121, *caput*, do Código Penal Brasileiro, conquanto baste ver o fato, ou ouvir as testemunhas, ou analisar o laudo de exame pericial, para se chegar à conclusão de que houve ou não a morte de alguém. Esses dados contidos no tipo penal, que demandam somente análise sensorial, são considerados elementos objetivos da prescrição normativa. Apresentam relação com as descrições típicas que se referem ao verbo do tipo, ao momento do ilícito ou ao seu modo de execução.

Os *elementos subjetivos* do tipo são assim considerados os dados contidos na descrição de ilícito, voltados ao ânimo e à psique do autor do crime na realização do ilícito. Portanto possuem relação com a consciência, com a vontade, com a previsibilidade e com a voluntariedade para a prática ilícita. São exemplos de elementos subjetivos as descrições "para si ou para outrem" (art. 155, *caput*, do CPB) ou "para assegurar

---

[2] BITENCOURT, Cezar Roberto. *Tratado de direito penal*: parte geral. São Paulo: Saraiva, 2007. v. 1. p. 262.

a execução, a ocultação, a impunidade ou vantagem de outro crime:" (art. 121, §2º, V, do CPB), em que se declinam, por meio da própria redação legal, a intenção de agir ou de se omitir afeta ao sujeito ativo.

Por *elemento normativo* consideram-se as descrições contidas no tipo penal que não são perceptíveis sensorialmente ou com a análise da intenção do agente, carecendo de um juízo de valor, pelo intérprete e aplicador do Direito, para a constatação de ocorrência do crime ou da contravenção penal.

Classificam-se em *elementos normativos jurídicos* e *elementos normativos extrajurídicos*. Exemplo do primeiro caso encontra-se na expressão "documentos públicos", contida no tipo previsto no art. 297, *caput*, do CPB, onde tal vocábulo é obtido da *análise jurídica* do que venha ser documento de caráter público. Como exemplo do segundo caso, elemento normativo extrajurídico, citem-se as expressões referentes às adequações típicas indiretas nos crimes culposos, previstas no art. 18, II, do CPB, ao referir-se a "imprudência, negligência ou imperícia", ou às expressões "dignidade ou o decoro", previstas no *caput* do art. 140, do CPB, requerentes de juízo de valor, de toda sorte extrajurídico, para se sopesar a subsunção típica.[3]

Ciente, como visto, de que as elementares são descrições típicas essenciais à existência da proibição penal, sem a qual o tipo desaparece ou se transforma em outro, importante pontuar que, distintamente, as *circunstâncias* são descrições típicas assessórias que, acaso não ocorridas, o ilícito penal ainda subsiste, porém com uma incidência sensivelmente distinta, como, por exemplo, transformando-se em qualificado ou atenuado.

---

[3]   Sobre os elementos descritivos e os elementos normativos do tipo penal, ministra Juarez Tavares que não existe, de fato, distinção clara entre eles, mas que "pode-se, no entanto, denominar-se de *elementos descritivos* aqueles conceitos que, para sua configuração, independem da atuação ou da influência da vontade do agente ou de juízo de valor. São elementos descritivos, por exemplo, os conceitos de 'matar' (art. 121), 'subtrair' (art. 155), 'ofender' (art. 129), 'destruir' (art. 163), 'alguém' (art. 121), 'coisa' (art. 155), 'mulher' (art. 213), cuja apreensão de significado é acessível a todos. Por sua vez *elementos normativos* exigem, para sua compreensão, um juízo de valor, com base em circunstâncias ou indicações situadas geralmente fora da norma penal. Os elementos normativos se apresentam no tipo por duas formas: ou de modo expresso ou de modo tácito, conforme seu significado remeta necessariamente a ouros conceitos ou implique uma própria elucidação de seu conteúdo. Assim, são exemplos de elementos normativos expressos os conceitos de 'alheia' (art. 155), 'garantia pignoratícia' (art. 171, §2º, III), 'fatura' e 'duplicata' (art. 172), 'warrant' (art. 178), 'honesta' (art. 215 e art. 216), 'documento' (art. 297). São elementos normativos tácitos os representados pelas ações de 'fraudar' (art.179), 'falsificar' (art. 297), 'usurpar' (art. Art. 328), 'fazer justiça' (art. 345), ou pelos objetos 'aborto' (arts. 124, 125, 126), 'recém-nascido' (art. 134), 'virgem' (art. 217)" (TAVARES, Juarez. *Teoria do injusto penal*. Belo Horizonte: Del Rey, 2003. p. 230-231).

Por *autoria*, entende-se tratar-se de atributo do sujeito ativo da infração penal, ou seja, no âmbito da investigação criminal, a imputação inicial de ser ele a pessoa que agiu ou se omitiu, dando, por nexo de causalidade, causa ao resultado jurídico ou material, conforme descrito na norma penal.

A *materialidade* são os traços dos acontecimentos deixados no mundo físico que demonstram o resultado do ilícito penal. Delimita o contorno do ilícito penal, atestando a sua ocorrência e, não obstante, legitima a tarefa de subsunção do conceito do fato ao conceito da norma incriminadora.

A busca da verdade real (*rectius*, verdade processual penal) em torno de todas essas questões compreende os objetivos da investigação criminal sob a presidência do Delegado de Polícia, em que a autoridade policial apura e, diante dos resultados, valora a ocorrência ou não desses aspectos e pondera sobre as suas consequências para a ocorrência e capitulação do ilícito penal.

Desta feita, com fundamento nessas finalidades positivadas, ressalte-se mais uma vez e por fim a relevância do inquérito policial como meio de materialização e documentação das apurações criminais. Afere-se tratar de instrumento orgânico estatal, oficial, aplicado à persecução pré-processual, destinado à apuração de infrações penais por meio de autoridade imparcial, tendo, ainda, como premissa a notícia de ocorrência de ilícito e como fim, após declinadas as circunstâncias, a indiciação da autoria e a prova da materialidade, o subsídio às partes acusatória e ré, na fase processual, *persecutio criminis in juditio*.

Constata-se, de plano, o fim maior desse instrumento, qual seja, sob a condução do Delegado de polícia judiciária, na qualidade de autoridade policial, a delineação de circunstâncias e elementares que envolveram o fato típico, ilícito e culpável, compromissado, assim, com a verdade jurídica criminal, a fornecer subsídios às futuras *partes processuais, da frase processual estrita*: o Ministério Público ou querelante e o suposto sujeito ativo da infração penal.

3 O dever do Delegado de Polícia de agir com autoridade na investigação criminal

O delegado de polícia deve conduzir a investigação criminal com imparcialidade. Não é parte da investigação; está é, ainda, uma fase não contraditorial do processo criminal e não se há de falar em *parte* investigada e *parte* investigadora. Daí decorre, por princípio, a *não polarização da investigação criminal* e, sem embargo, o dever de condução do processo investigativo com autoridade. A presidência da investigação criminal não se confunde com o papel de parte investigadora e parte processual – que só terá lugar na fase estrita do processo criminal –, senão como autoridade investigadora:[4] presidência da investigação criminal materializa a autoridade investigadora na própria investigação criminal, como fase apuratória do processo penal.

Norberto Bobbio esclarece que o conceito do vocábulo "autoridade", de origem romana, deriva latim *autoritas* e, no exórdio de sua utilização, apresentou estreita conexão com o vocábulo "poder", pervagando pela compreensão de se tratarem de conceitos sinônimos e, contemporaneamente, pelo reconhecimento da existência de uma relação de espécie e gênero, em que "autoridade" infere espécie (ou, para alguns, fonte) de "poder" de cunho institucional, a permear a ciência da administração e o próprio Estado, enquanto instituição política. Baseia-se na emissão e na recepção de ordens, determinações veiculadas pelo detentor do poder, com o fim de serem cumpridas pelos destinatários dos enunciados.[5]

Há, com efeito, autoridades de diversas categorias no âmbito das instituições regidas pelo direito público, e, no plexo cognoscível de alcance dos direitos penal e processual penal, o conceito reflete, à luz da teoria da Administração Pública aplicada à persecução pré-processual criminal, prerrogativas dedicadas ao *direcionamento* e ao *comando finalístico* procedimental e institucional, que se encontram intrinsecamente relacionadas à macrogestão das investigações, sob a responsabilidade, no caso brasileiro, da polícia judiciária.[6]

---

[4] PEREIRA, Eliomar da Silva. *Teoria da investigação criminal*: uma introdução jurídico-científica. Lisboa: Almedina, 2010; PEREIRA, Eliomar da Silva. *Investigação, verdade e justiça*: a investigação criminal como ciência na lógica do Estado de Direito. Porto Alegre: Núria Fabris, 2014; PEREIRA, Eliomar da Silva. *Introdução às ciências policiais*: a polícia entre ciência e política. Lisboa: Almedina, 2015; SANTOS, Célio Jacinto dos. *Investigação criminal especial*: seu regime no marco do Estado Democrático de Direito. Porto Alegre: Nuria Fabris, 2013; DEZAN, Sandro Lúcio. Prólogo sobre a investigação criminal e sua teoria comum: o inquérito policial como fase do processo criminal. *In*: ZANOTTI, B. T.; SANTOS, C. I. (Org.). *Temas avançados de polícia judiciária*. Salvador: Juspodivm, 2015, p. 21-34; e SANTOS, C. J. *Investigação criminal especial*: seu regime no marco do Estado Democrático de Direito. Porto Alegre: Núria Fabris, 2013.

[5] BOBBIO, Noberto; MATTEUCCI, Nicola; PASQUINO, Gianfranco. *Dicionário de política*. 12. ed. Brasília: Ed. Universidade de Brasília, 2004. p. 88.

[6] Ensina Hélio Bastos Tornaghi que "nem todo funcionário de polícia é autoridade, mas somente aquele que está [legalmente] investido do poder de mando, que exerce coerção

Sob os vértices do texto normativo estampado no §1º, do Art. 2º, da Lei nº 12.830/2013, o Delegado de Polícia representa o cargo de função instrumental ao Estado na busca da elucidação da infração penal. É ele o agente público legalmente legitimado ao comando e ao direcionamento da investigação criminal, como presidente do procedimento e, assim, reveste-se das prerrogativas inerentes a esse papel, consubstanciando o conceito de autoridade policial. Deste modo a autoridade policial é o Delegado de Polícia, responsável pelos fins teleológico-jurídicos da apuração, qualquer que seja a forma de sua materialização no âmbito da polícia judiciária, quer seja ela levada a efeito por meio de inquérito policial, quer por outro instrumento legalmente previsto.

Responsabilizar-se pela *condução da apuração*, como prescreve o preceito da lei em comento, confere ao Delegado de Polícia a qualidade de detentor de atribuição, ou de competência, para o comando, ou, como queiram, a presidência, do feito em apuração.

O vocábulo "presidente", proveniente do latim *praesiderent* e *praesideo*, indica a ação de "presidir", denotativa das ações sinônimas de "comandar", "governar", "estar em primeiro lugar", "ter a guarda de" ou "proteger",[7] e, para as atividades investigativas de polícia judiciária, denota, ainda, prerrogativas inerentes ao Delegado de Polícia, em razão de sua condição de autoridade policial.

Essas prerrogativas pervagam pelos deveres-poderes, dentre outros, *(i)* de confecção de ato ordinatório de instauração da investigação (por exemplo, a portaria de instauração de inquérito policial), *(ii)* de requisição de documentos aos seus detentores, pessoas físicas particulares ou jurídicas, de direito público ou privado, *(iii)* de representação à autoridade judicial para a execução de medidas cautelares (a exemplo das prisões temporárias e preventivas e do sequestro de bens dos investigados), *(iv)* de definição da linha investigativa, com a estipulação da ordem cronológica e lógico-estratégica dos atos de investigação; *(v)* da definição dos recursos, materiais, técnicos, financeiros e de pessoal, para as ações policiais e tarefas gerais, *(vi)* da definição das necessárias

---

sobre pessoas e coisas, que dispõe do poder de polícia, isto é, que pode discricionariamente restringir certos bens jurídicos alheios (...). Há funcionários que são sempre autoridade, isto é, cuja função precípua é a de exercer o poder de polícia (ex.: os delegados). Pouco importa que exercitem também funções burocráticas, pois estas não lhes são essenciais, não são conaturais a sua destinação" (TORNAGHI, Hélio Bastos. *Instituições de processo penal.* São Paulo: Forense, 1959. v. 1. p. 406).

7 TORRINHA, Francisco. *Dicionário latino-português.* Porto: Práticas Reunidas, 1942. p. 679.

técnicas investigativas, para a elucidação dos fatos, *(vii)* da indicação inicial do investigado, *(viii)* da capitulação inicial da infração, *(ix)* da conclusão acerca do indiciamento do investigado, com a fundamentação fática e jurídica sobre os móveis que levaram ao ato, e *(x)* da conclusão acerca do encerramento da apuração, com a emissão de relatório final.

Como depositário de poder de mando, de comando e de direcionamento teleológico-finalístico da apuração, é de se aferir que os demais agentes públicos dos quadros da polícia judiciária que participam diretamente das fases da investigação encontram-se hierárquica e tecnicamente a ele subordinados, não havendo necessidade de qualquer formalização mais detalhada nesse sentido, que venha a definir o alcance e os efeitos dos seus atos ordinatórios. Basta, para a realização e o desenvolvimento das diligências ou das ações ou operações policiais, apenas a emissão de ordens verbais, nos casos permitidos ou exigidos pela urgência dos fatos, ou escritas, no âmbito da unidade de polícia.

Isso decorre do *poder de polícia investigativo* ou *pode de polícia judiciária* atribuído ao Delegado na qualidade de autoridade policial, representativo do exercício do poder hierárquico, consoante os fins apuratórios e que, todavia, apresenta-se não somente com alcance *interna corporis*, mas também externo, para abarcar os particulares em geral, para se fazer expedir *atos unilaterais investigativos*, dotados dos atributos *(i)* presunção de veracidade e de legitimidade, *(ii)* imperatividade e *(iii)* coercibilidade. Todos no interesse da elucidação dos fatos.

Eis aqui o conceito de *poder de polícia investigativo* ou *poder de polícia judiciária*, sensivelmente especial ao *poder de polícia geral*, este último gênero do primeiro e tocante aos entes e órgãos administrativos que exercem atividades fiscalizatórias.[8]

---

[8] Quanto ao poder de polícia geral, cujos contornos normativos encontram-se positivados no direito brasileiro, nos preceitos do art. 77 da Lei 5.172/66, Código Tributário Nacional, entende-se como a "(…) atividade da administração pública que, limitando ou disciplinando direito, interesse ou liberdade, regula a prática de ato ou abstenção de fato, em razão de interesse público concernente à segurança, à higiene, à ordem, aos costumes, à disciplina da produção e do mercado, ao exercício de atividades econômicas dependentes de concessão ou autorização do Poder Público, à tranquilidade pública ou ao respeito à propriedade e aos direitos individuais ou coletivos". Cretella Júnior, em seu *Tratado de Direito Administrativo*, à p. 30-31, cujo volume é destinado integralmente à "Polícia Administrativa", ensina que "conjugando-se os elementos que, obrigatoriamente, devem estar presentes na estruturação conceitual – o Estado, único detentor do poder de polícia, a *tranquilidade pública*, condição indispensável para que os agrupamentos humanos progridam, as *restrições à liberdade*, necessárias para que a ação abusiva de um não cause embaraços à ação de outro –, é possível atingir-se a seguinte definição jurídica de polícia: *conjunto de poderes coercitivos pelo Estado*

Interna corporis, ou seja, nas atividades internas da polícia judiciária, afere-se a presença do poder hierárquico exercido pela autoridade policial e direcionado aos demais agentes de autoridade a ela vinculados pelas relações diretas, formadas a partir da instituição ou instauração da investigação criminal. Há, *in casu,* extensão do poder de mando do Estado ao Delegado de Polícia, decorrente da relação especial de sujeição inicialmente formada entre o agente de autoridade e o Estado, com a investidura e o exercício do cargo público.[9]

A expressão "hierarquia", derivada do grego *ierarkhia,* de *ieros* (sagrado) e *arkhia* (governo) e inicialmente representativa da autoridade dos sacerdotes ou do chefe supremo dos sacerdotes gregos passou modernamente a denotar, para o direito público e especialmente para os direitos administrativo e administrativo-processual investigativo, o sistema de subordinação entre poderes (nessa acepção, compreendido como cargos e funções) ascendentes e descendentes, fundamentado na existência de uma organização de distribuição das atribuições e tarefas no serviço público.[10]

A Administração Pública aplicada à investigação criminal é organizada em cargos, funções e classes, que formam as carreiras dos quadros da polícia judiciária. Essa organização apresenta como objetivo primordial a eficiência da prestação do serviço público, vertida nos objetivos da elucidação de crimes e contravenções penais. É assim posta para propiciar uma melhor comunicação entre as diversas estruturas e os agentes públicos, com o fim de se obstar perdas de tempo e de resultados. É definida, primeiramente, pelo organograma, com as vinculações e as subordinações estruturantes dos diversos setores e, em seguida, pelos agentes públicos responsáveis por manifestar a vontade dessas mesmas unidades, que, no caso da polícia judiciária, encontra no Delegado de Polícia a sua autoridade maior. Logo, a vontade legal do órgão investigativo e os fins da investigação são expressos também pela manifestação legal de vontade do agente público encarregado, qual seja o Delegado de Polícia, na qualidade de autoridade policial. Daí se aferir a noção de hierarquia não somente entre órgãos, mas também entre

---

     sobre as atividades dos administrados, através de medidas impostas a essas atividades, a fim de assegurar a ordem pública" (grifos do autor).

[9]   Sobre o instituto da "relação especial de sujeição", desenvolvemos estudo mais aprofundado em nossa obra *Ilícito Administrativo Disciplinar: da Atipicidade ao Devido Processo Legal Substantivo* (2009).

[10] DE PLÁCIDO E SILVA. *Vocabulário jurídico.* 9. ed. Rio de Janeiro: Forense, 1986. v. 1. p. 382.

os agentes responsáveis por esses órgãos, tendo em mira os objetivos institucionais alinhavados ao interese público.[11] Desta feita, o Delegado de Polícia exerce autoridade, na concepção de detentor do *controle* e do *comando* hierárquico do órgão investigador e do procedimento hábil à apuração, ostentando o poder de polícia judiciária, como responsável pela investigação criminal – autoridade policial –, todavia sob a vigília do controle externo efetivado pelo Ministério Público, que resta incumbido não do direcionamento investigativo ou procedimental, mas sim da tutela lei, para a coerção e o impedimento de excessos por parte dos órgãos policiais.

À vista de todo exposto, não se concebe, por exemplo, juntadas de documentos nos autos da investigação sem a determinação da autoridade policial (a exemplo da inclusão de documentos por ato próprio do Ministério Público), assim como não há de se admitir duplicidades de investigações em andamento, no mesmo órgão de polícia judiciária ou em entes e órgãos externos, ou a tentativa de direcionamento e condução da investigação por autoridades outras, distintas do Delegado de Polícia responsável formal pela apuração criminal.

Não há que se falar, à luz do preceito legal em comento e da própria Constituição Federal de 1988, em determinações ministeriais ou judiciais ao Delegado de Polícia para o indiciamento ou para a conclusão da apuração num ou noutro sentido, pois possui a autoridade policial o pleno domínio do *iter* apuratório, ou seja, do *caminho* metodológico e técnico-jurídico a ser percorrido para a elucidação dos fatos investigados.

Diligências somente podem ser realizadas por determinação da autoridade policial. As intimações e oitivas de testemunhas e investigados devem ser decididas pelo Delgado de Polícia, indicando dia e hora, importando serem as audiências realizadas por meio do sistema presidencialista, em que a autoridade policial organiza e figura, na qualidade de autoridade máxima do feito, como gestora das inquirições, tomando diretamente as declarações e os depoimentos dos investigados e das testemunhas, ditando-as ao agente de autoridade, comumente o escrivão de polícia, para a redução a termo.

Do teor do todo acima alinhavado, afere-se o conceito de autoridade policial, expressando-se assim na figura do Delegado de Polícia, como cargo dotado da função de *comando* e de *direcionamento* das atividades da polícia judiciária e dos *fins teleológicos* da investigação criminal.

---

[11] Para estudos detalhados sobre a Administração Pública e o poder hierárquico, conferir nosso *Fundamentos de Direito Administrativo Disciplinar* (2011).

4 A inviolabilidade da intimidade, da vida privada, da honra e da imagem das pessoas e conceito de elementos de prova constitucionalmente sensíveis na jurisprudência do Supremo Tribunal Federal (STF)

A autoridade do delegado de polícia na investigação criminal não é ilimitada. Submete-se à lei e ao Estado Democrático e Constitucional de Direito. Nesse diapasão, deve obediência à Constituição Federal, como ápice do sistema normativo, que resguarda, no Artigo 5º, X, da Constituição Federal de 1988, a intimidade, a vida privada, a honra e a imagem das pessoas.

O afastamento do sigilo bancário, fiscal e telemático submete-se a esse regramento, que somente poderá ser relativizado à luz de constatação de justa causa, no interesse da investigação criminal, após determinação do juiz competente.

Os elementos de prova que envolvem a obtenção de informações, documentos e dados, relacionados a esses elementos pessoais, dizem respeito à intimidade, à vida privada, à honra e à imagem, que somente podem ser carreados aos autos investigativos ou contraditoriais criminais por ordem judicial ou por liberalidade do titular dos direitos fundamentais afetados.

Os direitos fundamentais são relativos e, por essa natureza, o procedimento de afastamento de direitos fundamentais constituem elementos de prova extraordinário, provas sensíveis, cujo regramento legal requer demonstração legal de sua imprescindibilidade – faceta da justa causa investigativa – para a elucidação da autoria e ou da materialidade delitiva e, sem embargo, para o sucesso e conclusão da investigação, já tendo o Tribunal Pleno do Supremo Tribunal Federal se posicionado que "do ponto de vista da autonomia individual, o sigilo bancário é uma das expressões do direito de personalidade que se traduz em ter suas atividades e informações bancárias livres de ingerências ou ofensas, qualificadas como arbitrárias ou ilegais, de quem quer que seja, inclusive do Estado ou da própria instituição financeira" (RE 601314 – STF).

Do mesmo modo, o STF decidiu que "a limitação ao direito fundamental à privacidade que, por se revelar proporcional, é compatível com a teoria das restrições das restrições (*Schranken-Schranken*). O direito ao sigilo bancário e empresarial, mercê de seu caráter fundamental, comporta uma proporcional limitação destinada a permitir o controle

financeiro da Administração Publica por órgão constitucionalmente previsto e dotado de capacidade institucional para tanto" (MS 33340 – STF).[12]

---

[12] Sobre o afastamento de dados telemáticos, a Segunda Turma do Supremo Tribunal Federal posicionou-se sobre a relatividade do direito fundamental: "EMENTA Recurso ordinário em habeas corpus. Constitucional. Processual penal. Associação criminosa. Falsidade ideológica. Fraude a licitações. Crimes praticados contra a administração pública e o sistema financeiro. Condenação. Interceptação telefônica alegadamente baseada em suposta denúncia anônima. Ausência de investigação preliminar. Não ocorrência. Demonstração nos autos de que a autoridade policial procedeu a diligências prévias para colher subsídios sobre eventual ocorrência de crimes. Impropriedade do habeas corpus para analisar a suficiência ou não das diligências para tanto. Procedimento devidamente fundamentado e em consonância com a jurisprudência da Suprema Corte. Precedentes. Afirmada inexistência de indícios razoáveis da autoria e participação nas supostas infrações penais. Aventada possibilidade de apuração de condutas ilícitas por meios diversos (art. 2º, incisos I e II, da Lei nº 9.296/96). Matéria que exige aprofundado revolvimento fático-probatório, o qual a via estreita do habeas corpus não admite. Precedentes. Excesso de prazo e ilegalidade das prorrogações da interceptação telefônica além do lapso temporal previsto na lei de regência. Não ocorrência. Possibilidade de se prorrogar o prazo de autorização para essa medida por períodos sucessivos quando a intensidade e a complexidade das condutas delitivas investigadas assim o demandarem. Precedentes. Interceptação telemática e prorrogações. Mencionada incompatibilidade do parágrafo único do art. 1º da Lei nº 9.296/96 com o art. 5º, inciso XII, da Constituição Federal. Inconstitucionalidade não verificada. Inexistência no ordenamento jurídico constitucional vigente de garantias individuais de ordem absoluta. Doutrina e precedentes. Exceção constitucional ao sigilo que alcança as comunicações de dados telemáticos, visto que cláusula tutelar da inviolabilidade não pode constituir instrumento de salvaguarda de práticas ilícitas (HC nº 70.814/SP, Primeira Turma, Relator o Ministro Celso de Mello, DJ de 24.06.94). Recurso ordinário não provido. 1. A aventada tese de que as interceptações telefônicas baseadas em denúncia teoricamente anônima não prospera, pois, não obstante o fato de a denúncia ter sido devidamente identificada como sendo proveniente do Instituto de Defesa dos Direitos Humanos (IDDEHA), por intermédio de seu Presidente Paulo Cezar Pedron, ficou demonstrado nos autos que a autoridade policial procedeu a diligências preliminares, com fins de colher subsídios sobre eventual ocorrência de crimes, não sendo o habeas corpus a via adequada à análise da suficiência ou não das diligências para tanto. 2. O pleito de interceptação telefônica foi baseado em diligência prévia, além de informações recebidas do Ministério da Justiça e de dados fornecidos pela Controladoria Geral da União (CGU). 3. O procedimento está em consonância com o entendimento da Suprema Corte segundo o qual a denúncia anônima, por si só, não serve para fundamentar a instauração de inquérito, mas, a partir dela, poderá a autoridade competente realizar diligências preliminares para apurar a veracidade das informações obtidas anonimamente e, então, instaurar o procedimento investigatório propriamente dito. 4. Insubsistência das teses de que inexistiriam indícios razoáveis da autoria ou da participação nas supostas infrações penais, bem como haveria a possibilidade de apuração de tais condutas por meios diversos (art. 2º, incisos I e II, da Lei nº 9.296/96), pois tais questões constituem matéria que exige aprofundado revolvimento fático-probatório, o qual a via estreita do habeas corpus não comporta. 5. Segundo entendimento da Corte, o reconhecimento da ausência de indícios quanto à autoria do fato, implica exame aprofundado de fatos e provas, inadmissível na via sumaríssima do habeas corpus (RHC nº 126.207-AgR/RS, Segunda Turma, Relator o Ministro Celso de Mello, DJe de 01.02.17). 6. Registre-se, de qualquer modo, que a decisão proferida pelo Juízo processante autorizando a interceptação telefônica (fls. 186 a 190) foi devidamente fundamentada, sendo os elementos constantes dos autos suficientes para afastar os argumentos da defesa de que não haveria indícios razoáveis de autoria e materialidade delitiva para se determinar a medida invasiva ou de que as provas pudessem ser colhidas

Na concepção do Supremo Tribunal Federal brasileiro os dados referentes às movimentações bancárias, fiscais e telemáticas das pessoas são tutelados pelo direito fundamental à intimidade, à vida privada, à honra e à imagem das pessoas, conforme artigo 5º, X, da Constituição Federal de 1988, constituindo-se, assim, elementos de provas sensíveis, cujos direitos fundamentais podem ser relativizados à luz de demonstração de justa causa para o afastamento do sigilo.[13]

---

por outros meios disponíveis. 7. O Supremo Tribunal Federal já decidiu pela licitude da "interceptação telefônica, determinada em decisão judicial fundamentada, quando necessária, como único meio de prova, à apuração de fato delituoso" (Inq nº 2.424/RJ, Pleno, Relator o Ministro Cezar Peluso, DJe de 26.03.10). 8. Inexiste excesso de prazo ou ilegalidade nas prorrogações da interceptação telefônica além do lapso temporal previsto na lei de regência, pois, além de justificadas as subsequentes prorrogações, o magistério jurisprudencial da Corte legitimou a possibilidade de se prorrogar o prazo de autorização para essa medida por períodos sucessivos quando a intensidade e a complexidade das condutas delitivas investigadas assim o demandarem, sendo igualmente dispensável prévia instauração de inquérito para tanto (RHC nº 118.055/PR, Primeira Turma, de minha relatoria, DJe de 03.11.11). 9. A interceptação telemática e as suas prorrogações não padecem de vício de inconstitucionalidade. 10. O Supremo Tribunal, em julgamento paradigmático, reconheceu, já sob a égide do ordenamento constitucional vigente, que o sigilo de correspondência não é absoluto, tendo esta Corte conferido validade à interceptação da correspondência remetida pelos sentenciados, "eis que a cláusula tutelar da inviolabilidade do sigilo epistolar não pode constituir instrumento de salvaguarda de práticas ilícitas" (HC nº 70.814/SP, Primeira Turma, Relator o Ministro Celso de Mello, DJ de 24.06.94). 11. Em face da concepção constitucional moderna de que inexistem garantias individuais de ordem absoluta, mormente com escopo de salvaguardar práticas ilícitas (v.g. HC nº 70.814/SP), a exceção constitucional ao sigilo alcança as comunicações de dados telemáticos, não havendo que se cogitar de incompatibilidade do parágrafo único do art. 1º da Lei nº 9.296/96 com o art. 5º, inciso XII, da Constituição Federal. Precedente e doutrina. 12. Recurso ordinário ao qual se nega provimento" (RHC 132115 / PR – PARANÁ – Segunda Turma do Supremo Tribunal Federal).

[13] "Ementa: INQUÉRITO. CORRUPÇÃO PASSIVA, LAVAGEM DE DINHEIRO E ORGANIZAÇÃO CRIMINOSA (ART. 317, §1º, DO CÓDIGO PENAL, ART. 1º, §4º, DA LEI 9.613/1998 E ART. 2º, §§3º E 4º, II, DA LEI 12.850/2013). RÉPLICA ÀS RESPOSTAS DOS DENUNCIADOS. POSSIBILIDADE. APRESENTAÇÃO. PRAZO IMPRÓPRIO. INVIABILIDADE DA ANÁLISE DE NULIDADES OCORRIDAS EM PROCESSOS QUE TRAMITARAM PERANTE A PRIMEIRA INSTÂNCIA. INTERCEPTAÇÃO TELEMÁTICA DE MENSAGENS ARMAZENADAS POR EMPRESA ESTRANGEIRA. LICITUDE DA PROVA. AFASTAMENTO DOS SIGILOS FISCAL E BANCÁRIO E DEFERIMENTO DE BUSCA E APREENSÃO. LEGITIMIDADE. INÉPCIA DA DENÚNCIA. INOCORRÊNCIA. DESMEMBRAMENTO DA INVESTIGAÇÃO QUANTO A ACUSADOS SEM PRERROGATIVA DE FORO. POSSIBILIDADE. PRELIMINARES REJEITADAS. INDÍCIOS DE AUTORIA E MATERIALIDADE DEMONSTRADOS QUANTO À PARTE DA DENÚNCIA. IMPUTAÇÃO, EM MAIS DE UMA PEÇA ACUSATÓRIA, DO CRIME DE INTEGRAÇÃO DE ORGANIZAÇÃO CRIMINOSA EM RAZÃO DE CONDUTA ÚNICA. OFENSA AO PRINCÍPIO DO NE BIS IN IDEM. AUSÊNCIA DE INDÍCIOS DE AUTORIA COM RELAÇÃO ÀS ACUSADAS ROSELI DA CRUZ LOUBET E FABIANE KARINA MIRANDA AVANCI. DENÚNCIA RECEBIDA EM PARTE. (…) 4. O afastamento dos sigilos bancário e fiscal dos acusados, bem como as buscas em endereços a eles vinculados, foi deferido mediante análise pormenorizada de indícios colhidos pelo Ministério Público em diligências prévias. Plenamente hígidos, portanto, os elementos oriundos dessas medidas

5 O afastamento do sigilo de documentos bancários e fiscais e de dados telemáticos: análise sobre a legitimidade das autoridades públicas (em processos jurídicos formais) e do Delegado de Polícia na investigação criminal

A questão de afastamento do sigilo bancário no *processo*[14] de investigação criminal[15] envolve as noções de afastamento direto e de afastamento por empréstimo de provas (afastamento indireto), bem como, afastamento por autoridade própria e afastamento por autoridade derivada.

O afastamento direto do sigilo é aquele em que é realizado no próprio processo em que será utilizado como elemento de prova, ao passo que o afastamento indireto é considerado aquele em que os dados bancários sigilosos são obtidos em determinado procedimento e utilizados em outro procedimento, que recebe as informações emprestadas, *e.g.* o afastamento do sigilo bancário realizado em sede criminal ou tributária e seu posterior uso *emprestado* na investigação criminal. Têm-se, assim, o afastamento direto e o afastamento indireto. Este último não se faz muito utilizado nas investigações criminais realizadas no Brasil,

---

cautelares. 5. (...)" (Inq 3990/DF – DISTRITO FEDERAL – Segunda Turma do Supremo Tribunal Federal).

[14] Investigação como *processo* (fase apuratória do processo penal em sentido amplo), cf. PEREIRA, Eliomar da Silva. *Introdução ao direito de polícia judiciária*. Belo Horizonte: Fórum, 2019. Cf. também: DEZAN, Sandro Lúcio. Prólogo sobre a investigação criminal e sua teoria comum: o inquérito policial como fase do processo criminal..., 2015.

[15] Anote que a Segunda Turma do Supremo Tribunal Federal, conforme o teor do julgado AP 945 QO/AP, considera lícito o afastamento de sigilo bancário efetivado em inquérito civil, destinado à apurar a ocorrência do ilícito cível de improbidade administrativa: "Afastamento de sigilo bancário de parlamentar federal em inquérito civil. Admissibilidade. Compartilhamento desses dados. Prova lícita". O STF assinala que, inclusive, o inquérito civil pode remeter provas dessa natureza para o processo penal: O compartilhamento, para fins penais, de dados bancários obtidos em inquérito civil não viola o art. 3º da LC nº 105/11. 7. Como decidido na AP nº 396/RO, Pleno, Relatora a Ministra Cármen Lúcia, *DJe* de 28.04.11, "[é] firme a jurisprudência do Supremo Tribunal de que o Ministério Público pode oferecer denúncia com base em elementos de informação obtidos em inquéritos civis, instaurados para a apuração de ilícitos civis e administrativos, no curso dos quais se vislumbre suposta prática de ilícitos penais. Precedentes. 8. O Supremo Tribunal Federal admite o compartilhamento de prova, desde que haja fundadas razões para tanto. Precedentes. 9. Como o afastamento do sigilo bancário do parlamentar federal não foi ordenado em investigação de natureza penal, mas sim em sede de inquérito civil, não há que se falar em usurpação da competência do Supremo Tribunal Federal. Precedente".

preferindo, o delegado de polícia, como gestor do *iter* investigativo, a obtenção direta dos dados sensíveis de interesse do processo.[16] O afastamento direto do sigilo ainda se subdivide em afastamento por *autoridade própria* e *afastamento por autoridade derivada*. Naquele, por *(i) autoridade própria*, permite-se que a própria autoridade policial interessada na quebra do sigilo proceda à determinação para que as instituições financeiras remetam a ela os documentos contendo os dados das movimentações bancárias do investigado. Por seu turno, no afastamento por *(ii) autoridade derivada*, há de se considerar que a autoridade interessada não prescinde de determinação judicial para que os documentos financeiros protegidos por sigilo sejam a ela encaminhados, não se lhe apresentando diretamente o direito de determinar a quem quer que seja a remessa dos dados e informações pretendidas. Neste último caso, faz-se assente o princípio da ubiquidade ou da inafastabilidade da jurisdição. No sistema jurídico brasileiro não se permite, na investigação criminal, *a priori*, o afastamento de sigilo de documentos fiscal por autoridade própria.

Poderíamos representar as possibilidades de afastamento do sigilo bancário com o seguinte esquema:

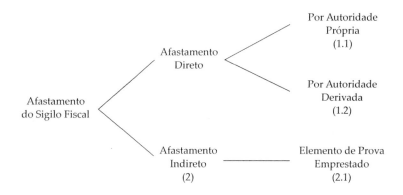

---

[16] Processo ora empregado conforme ministra Eliomar da Silva Pereira (PEREIRA, Eliomar da Silva. *Introdução ao direito de polícia judiciária*. Belo Horizonte: Fórum, 2019), em que sustenta a tese de ser a investigação criminal e, destarte, o inquérito policial, fase investigativa do processo penal. Divide-se, *in casu*, o processo penal em sentido lato e em sentido estrito: o primeiro conceito envolve a investigação criminal e o processo penal em sentido estrito. O efeito dessa classificação é assegurar ao investigado, em toda a essência de compatibilidade de sua condição de pessoa vinculada ao Estado por meio de uma relação jurídica formal, os direitos e garantias fundamentais deferidos aos réus do processo penal estrito.

Na investigação criminal, o afastamento do sigilo bancário se dá por meio direto e por autoridade derivada, ou seja, no bojo do próprio processo de investigação criminal e, após representação do delegado de polícia, com a autorização do Poder Judiciário.

Com efeito, existindo interesse de obtenção de dados financeiros para a elucidação da autoria e da materialidade do ilícito penal, diante dos pressupostos legais autorizativos, o delegado de polícia pode e deve representar pelo afastamento do sigilo, à autoridade judiciária competente.

À luz do exposto procederemos à análise das possibilidades de afastamento do sigilo bancário no processo de investigação criminal, senão vejamos.

Em interpretação sistemática das normas de regência sobre o tema "sigilo financeiro" e em especial à Lei Complementar 105/01 e à Lei 4.595/65,[17] documentos bancários protegidos por sigilo são os produzidos por instituições financeiras em razão de atividades econômicas, financeiras, ou particulares, realizadas por pessoa física ou jurídica, de direito público ou privado, junto àquelas, as quais assim são consideradas os bancos de qualquer espécie, as distribuidoras de valores mobiliários, as corretoras de câmbio e de valores mobiliários, as sociedades de crédito, financiamento e investimentos, as sociedades de crédito imobiliário, as administradoras de cartões de créditos, as sociedades de arrendamento mercantil, as administradoras de mercado de balcão organizado, as cooperativas de crédito, as associações de poupança ou empréstimo, as bolsas de valores e de mercadorias e futuros, as entidades de liquidação e compensação e outras sociedades, a exemplo das empresas de fomento comercial ou de *factoring*, que, em razão da natureza de suas operações, assim venham a ser consideradas pelo Conselho Monetário Nacional.

Segundo a doutrina, a Lei Complementar 105/01 ampliou o rol constitucional de tutela à intimidade, à vida privada, à honra e à imagem das pessoas, no que tange às informações em poder das instituições financeiras, "na medida em que abrange toda e qualquer informação bancária de clientes e terceiros, independentemente de ter repercussão ou não, no plano da privacidade de seu titular", sendo assim conceituado

---

[17] Anote-se que esta lei também possui natureza jurídica de lei complementar, por apresentar normas gerais de direito tributário, sendo, destarte, recepcionada com essa roupagem pela Constituição Federal de 1988.

o sigilo bancário no "direito do cliente e de terceiros à manutenção da confidencialidade de seus dados pessoais, inclusive financeiros, cuja revelação pode, ou não, afetar a privacidade de seu titular, conhecidos por um banco como consequência da relação negocial estabelecida entre este e o cliente, direito esse que se encontra excetuado em hipóteses justificadas".[18]

Esses documentos e dados institucionais e referentes aos negócios de particulares (investigados em sede de inquérito policial, *v.g.*) e de terceiros a eles vinculados possuem natureza sigilosa, em razão, como visto, da tutela constitucional de direitos fundamentais da intimidade, da vida privada, da honra e da imagem das pessoas, contida no art. 5º, inc. X, da Constituição Federal, que prescreve que "*são invioláveis a intimidade, a vida privada, a honra e a imagem das pessoas, assegurado o direito a indenização pelo dano material ou moral decorrente de sua violação*". Há uma correlação entre o direito ao sigilo (atribuído ao particular investigado) e o dever de manutenção desse mesmo sigilo (pelo detentor dos dados pertencentes ao particular investigado).[19] Direito subjetivo a ser exercido pelos particulares e dever subjetivo a ser observado pelas instituições financeiras.[20] Esse dever subjetivo se estende ao delegado de polícia após a obtenção dos dados sigiloso por autorização judicial. Com efeito, eventual afastamento do sigilo dos elementos de prova financeiros, por tudo, é relativo e, *a priori*, de uso permitido somente no processo jurídico que lhe tenha dado origem.

Com se depreende, esse direito insculpido no Artigo 5º, X, da CF/1988, a exemplo de outros direitos fundamentais, não é absoluto, restando passível de mitigação em certos casos previstos em lei – como no caso do afastamento do sigilo bancário – e sempre de acordo com o devido processo legal.

O interesse social plasmado no ordenamento jurídico como um todo é quem vai delimitar a forma e a intensidade do afastamento do sigilo bancário, de acordo com as funções desempenhadas e as necessidades dos entes ou órgãos envolvidos. Esses entes e órgãos

---

[18] CARVALHO, Márcia Haydée Porto de. *Sigilo bancário à luz da doutrina e da jurisprudência*. Curitiba: Juruá, 2008. p. 26-27.

[19] Acerca do dever de preservação do sigilo, o Tribunal Pleno do Supremo Tribunal Federal já decidiu que "SIGILO – DADOS – BANCÁRIO – TELEFÔNICO – FISCAL – DIVULGAÇÃO – SÍTIO NA INTERNET – IMPROPRIEDADE. Os dados obtidos por meio da quebra dos sigilos bancário, telefônico e fiscal devem ser mantidos sob reserva, inviabilizado o conhecimento público" (MS 25940 / DF).

[20] CARVALHO, *op. cit.*, p. 27.

públicos são as Comissões Parlamentares de Inquérito (CPIs), o Tribunal de Contas da União (TCU) ou dos Estados (TCEs), o Ministério Público, a Administração Tributária, a Administração Pública (e aqui envolvendo a Controladoria-Geral da União e suas prerrogativas sensivelmente distintas da Administração como um todo, bem como a Advocacia Geral da União, para a defesa em juízo da União) e a Polícia Judiciária, uns com vistas à tutela dos macrointeresses sociais (CPIs e Tribunais de Conta), outros, com vistas à proteção de bens jurídicos específicos, a exemplo do Ministério Público, como *dominus litis* da ação penal, ou da Polícia Judiciária no interesse da investigação criminal, ou ainda da Administração Pública, com base no seu poder disciplinar e para garantir a eficiência da persecução e da sanção estatutária, ou mesmo da Administração Tributária, no interesse da arrecadação de receitas derivadas.

Dentro desse contexto e como visto linhas acima, duas possibilidades de método direto de afastamento do sigilo bancário se apresentam, ora em sede criminal, ora em sede cível.

Uma, por *autoridade derivada*, com observância do princípio da reserva de jurisdição, quando o interessado busca a intervenção judicial, em que o juiz competente, legitimamente provocado, determina às instituições financeiras a remessa ao solicitante de dados bancários em seu poder e referentes a pessoas físicas ou jurídicas identificadas.

Outra, *por autoridade própria*, por força de lei, independentemente da intervenção do poder judiciário para qualquer autorização ou determinação.

Quanto ao método indireto de afastamento do dado sigiloso, apresenta-se a possibilidade de *empréstimo* (prova emprestada) desses elementos de prova, quando produzidos em outros procedimentos e trasladados, *exempli gratia*, para os procedimentos disciplinares do serviço público, com o fim de exercício do dever-poder disciplinar, ou para os procedimentos ou processos do fisco, com vista à identificação do patrimônio, rendimentos e atividades do contribuinte e no interesse da arrecadação tributária.

Diretamente, o sigilo bancário pode ser afastado, em instâncias distintas da criminal, sem a necessidade de autorização jurisdicional, conforme teor do art. 4º, §§1º e 2º da LC 105/2001.[21]

---

[21] Importante conferir o posicionamento do STF a respeito do tema. Quanto aos poderes para a decretação direta do afastamento do sigilo bancário por comissões parlamentares de

No que tange à seara criminal, quanto ao Ministério Público, em que pese à parte da doutrina de processo penal[22] entender possível a determinação da quebra de sigilo bancário pela instituição, independentemente de ordem judicial e quando houver investigação de desvio de verbas públicas, com amparo legal do contido no art. 5º, §3º, IV da LC 105/01, ao prescrever que não constitui violação do dever de sigilo a comunicação às autoridades competentes sobre a prática de ilícitos penais e administrativos, abrangendo o fornecimento de informações sobre operações que envolvam recursos provenientes de qualquer prática criminosa (e nas atribuições do Conselho de Controle de Atividades Financeiras – COAF, atualmente denominado UIF), o Supremo Tribunal Federal tem-se mostrado reticente a essa versão, inclinado por considerar a sua ilegalidade. Destarte, vem assentando o Supremo Tribunal Federal (STF) não possuir o Ministério Público *autoridade própria*, para o afastamento da tutela à intimidade das pessoas no que concerne à

---

inquérito, o Supremo Tribunal Federal assentou, no MS 24817/DF: "Comissão parlamentar de inquérito. Poderes de investigação (CF, art. 58, §3º). Limitações constitucionais. Legitimidade do controle jurisdicional. Possibilidade de a CPI ordenar, por autoridade própria, a quebra dos sigilos bancário, fiscal e telefônico. Necessidade de fundamentação do ato deliberativo. Quebra de sigilo adequadamente fundamentada. Validade. Mandado de segurança indeferido. A quebra do sigilo constitui poder inerente à competência investigatória das comissões parlamentares de inquérito. – A quebra do sigilo fiscal, bancário e telefônico de qualquer pessoa sujeita a investigação legislativa pode ser legitimamente decretada pela Comissão Parlamentar de Inquérito, desde que esse órgão estatal o faça mediante deliberação adequadamente fundamentada e na qual indique a necessidade objetiva da adoção dessa medida extraordinária. Precedentes. – O sigilo bancário, o sigilo fiscal e o sigilo telefônico (sigilo este que incide sobre os dados/registros telefônicos e que não se identifica com a inviolabilidade das comunicações telefônicas) – ainda que representem projeções específicas do direito à intimidade, fundado no art. 5º, X, da Carta Política – não se revelam oponíveis, em nosso sistema jurídico, às Comissões Parlamentares de Inquérito, eis que o ato que lhes decreta a quebra traduz natural derivação dos poderes de investigação que foram conferidos, pela própria Constituição da República, aos órgãos de investigação parlamentar. As Comissões Parlamentares de Inquérito, no entanto, para decretar, legitimamente, por autoridade própria, a quebra do sigilo bancário, do sigilo fiscal e/ou do sigilo telefônico, relativamente a pessoas por elas investigadas, devem demonstrar, a partir de meros indícios, a existência concreta de causa provável que legitime a medida excepcional (ruptura da esfera de intimidade de quem se acha sob investigação), justificando a necessidade de sua efetivação no procedimento de ampla investigação dos fatos determinados que deram causa à instauração do inquérito parlamentar, sem prejuízo de ulterior controle jurisdicional dos atos em referência (CF, art. 5º, XXXV). As deliberações de qualquer Comissão Parlamentar de Inquérito, à semelhança do que também ocorre com as decisões judiciais, quando destituídas de motivação, mostram-se írritas e despojadas de eficácia jurídica, pois nenhuma medida restritiva de direitos pode ser adotada pelo Poder Público, sem que o ato que a decreta seja adequadamente fundamentado pela autoridade estatal".

[22] PACELLI, Eugênio. *Curso de processo penal*. 21. ed. São Paulo: Atlas, 2017.

obtenção de elementos de provas decorrentes do afastamento direto do sigilo bancário das pessoas.[23]

No que se refere à polícia judiciária no exercício de suas funções de investigação criminal, assente em doutrina[24] e jurisprudência que esta não apresenta autoridade própria para determinar o afastamento da intimidade, no que tange aos dados acobertados pelo sigilo ora versado, devendo, para tanto, reportar-se à autoridade judicial, para o seu mister investigativo. Assim, a ela, à autoridade de polícia judiciária, é facultado realizar *diretamente* o afastamento do sigilo bancário, porém de forma *derivada*, mediante autorização judicial: realização *direta*, por *autoridade derivada*.[25] [26] [27]

---

[23] Existência de decisão judicial de quebra de sigilo proferida pelo Presidente do STF e, posteriormente, de modo mais amplo, pelo relator do inquérito. Ausência de ilegalidade. "Igualmente rejeitada a alegação de que o banco BMG teria atendido diretamente a pedido do Ministério Público Federal. Na verdade, o ofício requisitório do MPF amparou-se em decisão anterior de quebra de sigilo bancário dos investigados, proferida pelo Presidente do Supremo Tribunal Federal, durante o recesso forense (25.7.05). Posteriormente, o próprio Relator do inquérito afastou de modo amplo o sigilo bancário, abarcando todas as operações de empréstimos objeto do ofício requisitório do Procurador-Geral da República, bem como ordenou a realização de perícia com acesso amplo e irrestrito às operações bancárias efetivadas pelo referido banco. De resto, a comunicação dos mencionados dados bancários encontra respaldo suplementar na quebra de sigilo decretada pela CPMI dos Correios" (Inq. 2245).

[24] FERRAZ JÚNIOR, Tércio Sampaio. Sigilo de dados: o direito e os limites à função fiscalizadora do estado. *Revista da Faculdade de Direito, Universidade de São Paulo*, São Paulo, v. 88, p. 439-459, jan. 1993; CARDOSO, Hélio Apoliano. *Do sigilo*: breve teoria e jurisprudência. Campinas: Bookseller, 2002; e CARNELUTTI, Francesco. *Das provas no processo penal*. Tradução de Vera Lúcia Bison. Campinas: Impactus, 2005.

[25] Anote-se que o afastamento do sigilo bancário se estende extramuros do bojo da disciplina da investigação criminal. Por exemplo, em questões cíveis, financeiro-orçamentárias, tributárias e estatutárias da disciplina do serviço público, a par das possibilidades já apontadas pelas comissões parlamentares de inquérito, importante, antes de se analisar a questão em sede de persecução disciplinar, tecer algumas considerações sobre as prerrogativas dos Tribunais de Contas e da administração tributária, para, só então, verificar a legitimidade deste meio de prova junto à Administração Pública. Quanto ao primeiro, pacífico o posicionamento do nosso Tribunal constitucional de que a Corte de Contas não tem legitimidade para, independente de manifestação judicial, determinar a quebra do sigilo bancário, mesmo no exercício do controle externo constitucionalmente qualificado, em razão de ausência de previsão constitucional para tal, consoante jurisprudência do STF. No que concerne à administração tributária, a doutrina se divide, assim como a jurisprudência, em razão de preceitos não claros do texto constitucional, em especial o teor do art. 145, §1º, que permite ao fisco, para cumprir mandamento de igualdade quanto à pessoalidade e à capacidade contributiva no pagamento de impostos, identificar, sempre que possível, nos limites dos direitos fundamentais, o patrimônio, os rendimentos e as atividades econômicas dos contribuintes. Importante reparar *(i)* que a norma constitucional traz a prescrição de dever de respeito (observância), pelo fisco, aos direitos fundamentais do indivíduo, bem como, *(ii)* o estatuído no art. 197, parágrafo único da Lei 5.172/66, Código Tributário Nacional (que, assim como as Leis 105/01 e 4.595/65, também possui natureza jurídica de lei complementar), asseverando que as instituições financeiras não estão obrigadas à prestação de informações

sobre fatos aos quais estejam legalmente obrigadas à manutenção de segredo em razão de cargo, ofício, função, ministério, atividade ou profissão. Não obstante, os arts. 5º e 6º da Lei Complementar 105/01 permitem o afastamento do sigilo, sem qualquer ressalva de reserva jurisdicional, a par do dever de continuidade de manutenção do sigilo dos dados pelos próprios servidores da administração tributária (este resguardo do sigilo em harmonia com os ditames constitucionais plasmados no art. 145, §1º). À vista do explanado, conclui-se que a Lei Complementar 105/2001, dispondo sobre o sigilo das operações de instituições financeiras, sigilo bancário, regula, dentre outras providências, o art. 145, §1º da CF/88 e declina em seus arts. 5º e 6º, que as autoridades tributárias (autoridades administrativas) poderão examinar documentos, livros e registros de instituições financeiras, inclusive as contas de depósitos e as aplicações financeiras, quando houver *procedimento administrativo fiscal* instaurado e as informações e exames sejam considerados indispensáveis para o cumprimento das *funções fiscais*. Desta feita, as normas referidas na lei complementar permitem, nos casos que regulam, quais sejam os procedimentos no exercício da função fiscalizatória tributária e no interesse da fazenda pública, o afastamento do sigilo bancário e fiscal, pela própria Administração Pública, administração tributária, e a sua utilização para a instrução de procedimento administrativo *fiscal*. Nos termos da LC 105/01, à Administração Tributária é facultada a realização direta e por autoridade própria do afastamento do sigilo bancário, não se vinculando, destarte, à existência de autorização judicial. No entanto, doutrina de relevância tem sustentado a inconstitucionalidade dos arts. 5º e 6º da LC 105/01 e a ilegitimidade das autoridades tributárias para a realização da identificação das movimentações financeiras dos administrados e contribuintes, em razão de o próprio art. 145, §1º, da CF/88, que é o fundamento de validade para a normatização complementar tributária, limitar os poderes do fisco ao respeito dos direitos individuais, e estes são garantidos, no caso de sigilo bancário, pelo art. 5º, incs. X e XII, da CF/88, fazendo-se imprescindível, destarte, para a obtenção de informações bancárias pela administração tributária, a determinação judicial.

[26] Mandado de Segurança. Tribunal de Contas da União. Banco Central do Brasil. Operações financeiras. Sigilo. "1. A Lei Complementar 105, de 10.01.2001, não conferiu ao Tribunal de Contas da União poderes para determinar a quebra do sigilo bancário de dados constantes do Banco Central do Brasil. (...) 2. Embora as atividades do TCU, por sua natureza, verificação de contas e até mesmo o julgamento das contas das pessoas enumeradas no art. 71, II, da Constituição Federal, justifiquem a eventual quebra de sigilo, não houve essa determinação na lei específica que tratou do tema, não cabendo a interpretação extensiva, mormente porque há princípio constitucional que protege a intimidade e a vida privada, art. 5º, X, da Constituição Federal, no qual está inserida a garantia ao sigilo bancário. 3. Ordem concedida para afastar as determinações do acórdão 72/96 – TCU – 2ª Câmara (fl. 31), bem como as penalidades impostas ao impetrante no Acórdão 54/97 – TCU – Plenário" (MS 22801/DF).

[27] Com esse fundamento e amparado nos princípios da reserva de jurisdição e primazia do judiciário, recentemente o Supremo Tribunal Federal declinou a impossibilidade de produção autônoma de elementos de prova baseada em dados bancários, em sede processual administrativa tributária (pela própria Administração Pública), no caso a Secretaria da Receita Federal, e independentemente de manifestação judicial), conforme previa a Lei 5.172/66, entendendo inconstitucional a prova assim obtida. Com efeito, o STF, em decisão monocrática, decidiu: "Agravo regimental em recurso extraordinário. Possibilidade de quebra de sigilo bancário pela autoridade administrativa sem prévia autorização do Judiciário. 2. Recurso extraordinário provido monocraticamente para afastar a Aplicação do art. 8º da Lei 8.021/1990 ('Iniciado o procedimento fiscal, a autoridade fiscal poderá solicitar informações sobre operações realizadas pelo contribuinte em instituições financeiras, inclusive extratos de contas bancárias, não se aplicando, nesta hipótese, o disposto no art. 38 da Lei nº 4.595, de 31.12.1964'.) e restabelecer a sentença de primeira instância. 3. Aplicação de dispositivo anterior em detrimento de norma superveniente, por fundamentos extraídos da Constituição, equivale à declaração de sua inconstitucionalidade. Precedentes. 4. Agravo regimental provido, por maioria de votos, para anular a decisão monocrática e remeter o recurso extraordinário para julgamento do Plenário".

Com efeito, existindo interesse de afastamento ao amparo do conteúdo da investigação criminal, o delegado de polícia representará à autoridade judicial competente pelo afastamento do sigilo dos dados bancários. A ordem será direcionada à instituição financeira determinada e ou ao Banco Central do Brasil, com a determinação de cumprimento e remessa dos dados ao delegado de polícia. Este deve receber os arquivos (se o envio se der por meio digital) e ou os documentos e juntá-los, ou apensá-los, em forma de processado, aos autos da investigação criminal, não sendo lícito à autoridade policial formar caderno em apartado, sigiloso extra-autos investigativos.

Sobre os documentos fiscais e o afastamento de sigilo pelo delegado de polícia, em análise ao art. 198 e seguintes do Código Tributário Nacional, podemos conceituar documentos fiscais como sendo aqueles, decorrentes das atividades do fisco, no interesse da administração tributária, de conteúdo referente à situação econômica ou financeira do sujeito passivo da obrigação tributária ou de terceiros, ou sobre a natureza ou estado de seus negócios ou atividades, abarcando ainda o conteúdo das representações fiscais para fins penais, os dados referentes à inscrição em dívida ativa e suas certidões positivas ou negativas e os referentes à extinção, exclusão do crédito tributário ou sua suspensão de exigibilidade, tais como, nesse contexto, o parcelamento do crédito tributário, a isenção, a anistia, a moratória, a consignação em pagamento, a conversão do depósito em renda etc.

Sobre os dados telemáticos e o afastamento de sigilo pelo delegado de polícia, os documentos telemáticos são dados formados através de equipamentos de informática e da rede mundial de computadores e protegidos por sigilo, tais como os *e-mails* e demais dados particulares, pessoais e relativos à vida privada, à honra e à imagem das pessoas. Encontram-se arquivados e ou disponibilizados em mídia computacional de qualquer espécie, a exemplo de dados contidos em telefones celulares, discos rígidos de computadores, dados armazenados na rede mundial de computadores e disponibilizados por equipamentos específicos que possam acessá-los, e outros.

Podem ser interceptados ou examinados por autorização judicial em sede de investigação criminal ou instrução processual penal, sob segredo de justiça, por força de direito fundamental constitucional do investigado, seguindo a mesma regulação relativa à interceptação das comunicações telefônicas, por força do preceito do art. 10 da Lei 9.296/96, que normatiza que "constitui crime realizar interceptação de comunicações telefônicas, de informática ou telemática, ou quebrar segredo de justiça, sem autorização judicial ou com objetivos não autorizados em lei".

6 Considerações finais

À guisa de conclusão, faz-se importante anotar que a investigação criminal compreende fase específica do processo penal, destinada à apuração e ao esclarecimento da autoria, da materialidade e das circunstâncias que definem os contornos do ilícito penal, sob a presidência e a autoridade do delegado de polícia.

Essas *características* da atribuição investigativa que recai sobre o cargo de delegado de polícia – presidência e autoridade –, entretanto, são balizadas pelo Estado constitucional e Democrático de Direito e, sob esse vértice, submetem-se em alcance à ponderação, prévia ou posterior, do Poder Judiciário, por meio de magistrado competente.

A manifestação *prévia* do Poder Judiciário é imprescindível ao exercício investigativo que recaia sobre direitos fundamentais, para afastá-los no interesse da solução de crimes. Nesse plexo inserem-se os afastamentos dos sigilos bancário, fiscal e telemático dos investigados criminais, que, assim, só permitem o afastamento *(a) direto* por *(b) autoridade derivada*, qual seja, a possibilidade de realização da prova sensível no próprio bojo dos autos da investigação criminal – dispensando-se a necessidade de processo apartado, de outra natureza, distinta dos autos investigativos –, todavia, requerendo, impreterivelmente, sob pena de nulidade da investigação, a participação do Poder Judiciário, por meio da autoridade judicial competente, que ficará encarregada de sopesar as causas e, sendo o caso de imprescindibilidade da prova, autorizar a medida.

Com efeito, o aspecto *direto* do afastamento do sigilo diz respeito aos autos em que se realizará a produção da prova, ao passo que o aspecto referente à *autoridade derivada* diz respeito ao sujeito processual detentor da última palavra para a realização das referidas provas. No primeiro caso, afere-se o elemento objetivo; no segundo, o elemento subjetivo.

À vista disso, a par dos contornos normativos formais para a realização dos afastamentos de sigilo para a obtenção de elementos de provas sensíveis – pressupostos ou requisitos da legislação infraconstitucional –, há de haver a observância dos elementos precedentes contidos na própria Constituição Federal e que em muitos casos são repetidos na legislação inferior, quais sejam, a necessidade de existência de processo investigativo em curso (fases processuais apuratória ou contraditorial: processo em sentido lato ou em sentido estrito) e a autorização judicial, por meio de magistrado competente.

Referências

BITENCOURT, Cezar Roberto. *Tratado de direito penal*: parte geral. São Paulo: Saraiva, 2007. v. 1.

BOBBIO, Noberto; MATTEUCCI, Nicola; PASQUINO, Gianfranco. *Dicionário de política*. 12. ed. Brasília: Ed. Universidade de Brasília, 2004.

CARDOSO, Hélio Apoliano. *Do sigilo*: breve teoria e jurisprudência. Campinas: Bookseller, 2002.

CARNELUTTI, Francesco. *Das provas no processo penal*. Tradução de Vera Lúcia Bison. Campinas: Impactus, 2005.

CARVALHO, Márcia Haydée Porto de. *Sigilo bancário à luz da doutrina e da jurisprudência*. Curitiba: Juruá, 2008.

CRETELLA JÚNIOR, José. *Tratado de direito administrativo*: polícia administrativa. São Paulo: Forense, 1968. v. 5.

DE PLÁCIDO E SILVA. *Vocabulário jurídico*. 9. ed. Rio de Janeiro: Forense, 1986. v. 1.

DEZAN, Sando Lúcio. *Fundamentos de direito administrativo disciplinar*. Curitiba: Juruá, 2011.

DEZAN, Sandro Lúcio. *Ilícito Administrativo Disciplinar*: da atipicidade ao devido processo legal substantivo. Curitiba: Juruá, 2009.

DEZAN, Sandro Lúcio. Prólogo sobre a investigação criminal e sua teoria comum: o inquérito policial como fase do processo criminal. *In*: ZANOTTI, B. T.; SANTOS, C. I. (Org.). *Temas avançados de polícia judiciária*. Salvador: Juspodivm, 2015.

FERRAZ JÚNIOR, Tércio Sampaio. Sigilo de dados: o direito e os limites à função fiscalizadora do estado. *Revista da Faculdade de Direito, Universidade de São Paulo*, São Paulo, v. 88, p.439-459, jan. 1993.

PACELLI, Eugênio. *Curso de processo penal*. 21. ed. São Paulo: Atlas, 2017.

PEREIRA, Eliomar da Silva. *Teoria da investigação criminal*: uma introdução jurídico-científica. Lisboa: Almedina, 2010.

PEREIRA, Eliomar da Silva. *Introdução ao direito de polícia judiciária*. Belo Horizonte: Fórum, 2019.

PEREIRA, Eliomar da Silva. *Investigação, verdade e justiça*: a investigação criminal como ciência na lógica do estado de direito. Porto Alegre: Núria Fabris, 2014.

PEREIRA, Eliomar da Silva. *Introdução às ciências policiais*: a polícia entre ciência e política. Lisboa: Almedina, 2015.

SANTOS, Célio Jacinto dos. *Investigação criminal especial*: seu regime no marco do estado democrático de direito. Porto Alegre: Núria Fabris, 2013.

TAVARES, Juarez. *Teoria do injusto penal*. Belo Horizonte: Del Rey, 2003.

TORNAGHI, Hélio Bastos. *Instituições de processo penal*. São Paulo: Forense, 1959. v. 1.

TORRINHA, Francisco. *Dicionário latino-português*. Porto: Práticas Reunidas, 1942.

TUCCI, Rogério Lauria. *Teoria do direito processual penal: jurisdição, ação e processo penal. Estudo sistemático*. São Paulo: Revista dos Tribunais, 2003.

ZAFFARONI, Eugênio Raúl; PIERANGELI, José Henrique. *Manual de direito penal brasileiro*: parte geral. 5. ed. São Paulo: Revista dos Tribunais, 2004.

Informação bibliográfica deste texto, conforme a NBR 6023:2018 da Associação Brasileira de Normas Técnicas (ABNT):

DEZAN, Sandro Lúcio. Afastamento do sigilo bancário, fiscal e telemático pelo delegado de polícia. *In*: PEREIRA, Eliomar da Silva; ANSELMO, Márcio Adriano (Org.). *Direito Processual de Polícia Judiciária II*: os meios de obtenção de prova. Belo Horizonte: Fórum, 2020. p. 215-239. (Curso de Direito de Polícia Judiciária, v. 5). ISBN 978-85-450-0620-6

INTERCEPTAÇÃO DE COMUNICAÇÕES NO INQUÉRITO POLICIAL

STENIO SANTOS SOUSA

1 Introdução

Dentre as intervenções em direitos fundamentais que se encontram autorizadas constitucionalmente, seja porque invade de modo profundo a intimidade e privacidade do cidadão, seja porque envolve diversos sujeitos para sua realização, seja porque tem sido utilizada, muitas vezes, de forma abusiva ou de modo não imprescindível, o tema da interceptação de comunicações é daqueles que tende a provocar respostas e reações as mais antagônicas e diversas.

Devemos acordar, assim, que se o seu desenvolvimento autoriza diversos matizes e olhares, permitindo uma escolha ampla de caminhos a serem seguidos, é preciso, desde logo, realizar um recorte epistemológico, selecionando uma (ou algumas) dentre tantas hipóteses passíveis de investigação e experimentação científica.

Partimos da premissa de que, nada obstante a investigação criminal, em sentido amplo, possa ser realizada por qualquer pessoa, a Constituição Federal de 1988 optou por destinar tal atividade, de forma precípua, às polícias, no exercício da função de polícia judiciária. Devemos indagar, em sendo este um fato, se a escolha se revela como político-criminal e se decorre de uma natureza garantista e democrática da investigação criminal, quando realizada por meio de inquérito policial, o que indicaria, em hipótese de partida, ser aquele um lugar especial onde intervenções extraordinárias podem ser constitucionalmente desenvolvidas.

Ao aprofundar na experiência, algumas questões terminam por se impor: haveria um dilema ético na realização da atividade de interceptação de comunicações? Existindo, quais seriam as estratégias mais adequadas para a sua superação? Regras constitucionais, incluindo-se seus princípios, e legais, restringindo tal meio de obtenção de prova ao limite da excepcionalidade e indispensabilidade, seriam suficientes a proteger o cidadão em uma sociedade dominada pelo medo generalizado, pelo sentimento de insegurança e pelas buscas por respostas urgentes e emergenciais? Como os nossos Tribunais Superiores vem apreciando o tema?

A proposta deste capítulo é, assim, partindo de um viés crítico da realidade circundante, questionador do *status quo*, tendo por base pesquisa bibliográfica e jurisprudencial, e a práxis policial, apresentar um olhar sobre como surge, se desenvolve e se relaciona a temática das interceptações de comunicações no âmbito do inquérito policial constitucional, sob um viés do Direito de Polícia Judiciária.

2 O inquérito policial constitucional como instrumento legítimo da interceptação de comunicações

Conforme já tivemos a oportunidade de demonstrar ao tratar do princípio da prévia investigação criminal,[1] entendemos que, longe de ser "meramente" administrativa, como insistem muitos dos seus persecutores, dentre outras características relevantes, a investigação criminal realizada por meio de inquérito policial é, em apertada síntese,

(a) *instrumental*, tendo por início o mínimo lastro indicativo de ocorrência delitiva, a ser perquirida caso a caso como filtro primário à sua gênese, servindo sempre como um meio para o alcance da finalidade processual de afirmar/negar o crime, identificar o autor e esclarecer as circunstâncias, se for o caso;

(b) *social*, por necessariamente dever servir à realização da segurança pública constitucional, nos termos do *caput* do art. 144;

(c) *"judicialiforme"*, ou seja, com formato jurídico-processual, por força do Art. 5º, da CF/88, cujos incisos LIV e LV dispõem que *"ninguém*

---

[1] Referido princípio é demonstrado de forma pormenorizada em nossa dissertação de mestrado, posteriormente publicada pelo editora Núria Fabris, sob o título *Investigação criminal cibernética: por uma política criminal de proteção à criança e ao adolescente na internet* (2015).

será privado da liberdade ou de seus bens sem o devido processo legal" e que *"aos litigantes, em processo judicial ou administrativo, e aos acusados em geral são assegurados o contraditório e ampla defesa, com os meios e recursos a ela inerentes"*.

Ressalta aos olhos seu formato jurídico-processual em decorrência da sistemática vigente no Código de Processo Penal brasileiro, onde se encontra topicamente disciplinado o inquérito policial como fase preliminar do processo penal, já sendo, portanto, processo.

Extensa pesquisa feita por Eliomar Pereira,[2] em sua tese de doutoramento, demonstra que "os conceitos de processo que o reduzem à jurisdição ou ao contraditório incorrem todos em um mesmo problema de apenas privilegiar a dimensão valorativa do dever-ser segundo uma filosofia do processo penal", em evidente prejuízo de sua dimensão fática.

Em sua configuração fático-valorativa,[3] englobando a história[4] e a sociologia do processo, bem como a filosofia do Direito, podemos afirmar que a relação processual iniciada pela investigação criminal (*rectius*: inquérito policial) "subsidia o Estado-Juiz para o pleno exercício da jurisdição penal e consequente busca (sempiterna) pela paz social e jurídica".[5]

Por força do princípio de inércia, o magistrado se vê compelido a um perene estado de ser provocado, de modo que o inquérito policial é o instrumento legitimado a permitir a transparência da atuação estatal e potencial isonomia entre as partes submetidas ao processo. Por outro lado, se há omissão em *juris dicere*, seja pela (de)mora na resposta processual, inclusive cautelar, seja pela não aplicação da sanção penal, seja pela não absolvição do inocente investigado, há também aí clara violação de regras constitucionais comezinhas por parte do Poder Judiciário, dentre as quais o próprio princípio democrático.

É nesse sentido que devemos compreender o inquérito policial como o receptáculo legitimado constitucionalmente a absorver os

---

[2] PEREIRA, Eliomar da Silva. *Saber e Poder*: o processo (de investigação) penal. Florianópolis: Tirant Lo Blanch, 2019. p. 226.

[3] *Ibid.*, p. 227.

[4] A historicidade ("porque é sempre fruto de determinado momento de uma certa sociedade") e dialética ("porque, além de ser reflexo das condições materiais de seu tempo, atua sobre esta materialidade, alterando-a") de todo conhecimento são muito bem reconhecidos por Jacinto Coutinho (Introdução aos Princípios Gerais do Direito Processual Penal Brasileiro. *Revista da Faculdade de Direito da UFPR*, Curitiba, ano 30, n. 30, 1998, p. 171).

[5] SOUSA, Stenio Santos. *Investigação criminal cibernética*: por uma política criminal de proteção à criança e ao adolescente na internet. Porto Alegre: Núria Fabris, 2015.

percursos e percalços originados de medida cautelar de interceptação de comunicações. Ao se permitir violar a intimidade do cidadão investigado no interesse maior da segurança de todos, o Estado passa a ter por dever corolário o de permitir que aquele tenha, minimamente que seja, a possibilidade de vir a se defender, o que somente se faz possível quando as regras se encontram previstas na Constituição e em lei em sentido estrito, decorrência direta do princípio de legalidade.

Em um processo penal democrático, no qual se insere o inquérito policial constitucional, imprescindível a existência de regras claras, precedentes e mínimas, princípios norteadores da ação estatal, sem os quais tudo se torna um odioso jogo de interesses, onde quem tem mais pode mais e quem tem menos quase nada pode, espécie de fascismo travestido de pseudogarantismo.

2.1   O dilema ético das interceptações de comunicações

A interceptação de comunicações pressupõe inicialmente a existência de tecnologia necessária ao seu implemento e, em seguida, legislação prevendo regras para que seu uso não seja indiscriminado.

Ao tratar brevemente sobre a história das escutas telefônicas, Mullikin e Rahman[6] recordam que, desde as décadas de 1960 e 1970, o Governo dos EUA participa e implementa programas de interceptação de comunicações em territórios sob sua jurisdição. Sob a alegação de focar em grupos considerados perigosos aos interesses governamentais e tendo por pano de fundo a guerra fria e o comunismo, os autores destacam que referido programa resultou em inúmeros abusos, inclusive espionagem do ativista e líder de movimento pelos direitos civis, Martin Luther King Jr.

A despeito de eventuais abusos, a jurisprudência dos EUA caminhou no sentido de entender que o uso do telefone carrega em si o risco da interceptação e que não pode haver expectativa de garantia de privacidade, conforme restou decidido no caso Olmstead *vs.* United States, de 1928.[7]

A ampla permissão de acesso aos dados de cidadãos e estrangeiros, construída ao longo da história daquela nação, talvez tenha sido um dos

---

[6]   MULLIKIN, A.; RAHMAN, S. M. The ethical dilemma of the USA government wiretapping. *International Journal of Managing Information Technology (IJMIT)*, v. 2, n. 4, Nov. 2010.

[7]   ZENI JR., Ferdinand J. Wiretapping: The right of privacy versus the public interest. *Journal of Criminal Law and Criminology*, v. 40, ed. 4. 1949-1950. p. 477.

motivos que levou a que, em 2013, Edward Snowden, ex-funcionário da Agência Central de Inteligência (CIA – Central Intelligence Agency) e da Agência de Segurança Nacional (NSA – National Security Agency), ambas dos EUA, viesse a revelar aos jornais The Guardian[8] e Washington Post[9] que, sob a justificativa de proteção da segurança nacional contra a ameaça do terrorismo internacional, a NSA havia criado um sistema de vigilância global, que incluía, dentre outros, o programa PRISM, responsável pela coleta de dados de estrangeiros que eventualmente utilizassem os serviços das maiores companhias de internet do mundo com sede naquele país.

O fato é que, meios invasivos da intimidade e privacidade deveriam estar restritos ao âmbito do processo penal, como ensina Guedes Valente,[10] não sendo constitucionalmente admissível seu uso pelos chamados serviços secretos. Patente o desvio, porém, "no plano estrito de descoberta e recolha de informação secreta",[11] a exemplo do programa ENIGMA, para "interceptação de comunicações entre as forças do eixo germano-ítalo-nipónico"[12] na segunda guerra mundial, e, mais recentemente, em Portugal, no caso que envolveu a instalação de escutas telefônicas no gabinete do Procurador Geral da República Cunha Rodrigues.

No campo das novas tecnologias de informação e comunicação (TICs), que caracterizam a contemporaneidade, a questão da intimidade e, especialmente, da privacidade passa a ser uma (quase) utopia, sendo useiro e vezeiro a obtenção de fotos e vídeos não autorizados, uso indiscriminado de *phishing*, *spamming*, *spoofing*, roubo de identidade, *cookies* em páginas de internet, proliferação de *fake news*, e, com o avanço da inteligência artificial, também das chamadas *deepfakes*,[13]

---

[8] GREENWALD, Glenn; MACASKILL, Ewen; POITRAS, Laura. Edward Snowden: the whistleblower behind the NSA surveillance revelations. *The Guardian*, London, 9 jun. 2013. Disponível em: https://www.theguardian.com/world/2013/jun/09/edward-snowden-nsa-whistleblower-surveillance. Acesso em: 11 dez. 2018.

[9] GELLMAN, Barton; MARKON, Jerry. Edward Snowden says motive behind leaks was to expose "surveillance state". *The Washington Post*, 9 jun. 2013. Disponível em: https://www.washingtonpost.com/politics/edward-snowden-says-motive-behind-leaks-was-to-expose-surveillance-state/2013/06/09/aa3f0804-d13b-11e2-a73e-826d299ff459_story.html. Acesso em: 11 dez. 2018.

[10] VALENTE, Manuel Monteiro Guedes. *Escutas telefónicas*: da excepcionalidade à vulgaridade. Coimbra: Almedina, 2008. p. 26-27.

[11] *Ibid.*, p. 26.

[12] *Ibid.*, p. 26-27.

[13] Vídeos que utilizam inteligência artificial para criar a falsa impressão de que alguém disse ou fez algo (VILLASENOR, John. Artificial intelligence, deepfakes, and the uncertain

dentre outros muitos outros (ab)usos indevidos, dentre os quais se inserem interceptações de comunicações ilícitas, inclusive de dados (ou telemáticas).

Ao se reconhecer a possibilidade e decidir pelo uso de interceptações de comunicações, surge inevitavelmente um dilema ético subjacente e que não pode ser ignorado: qual o limite para a permissividade de violação de direitos humanos fundamentais por parte do Estado?

O fato é que, sob a justificativa de proteção dos cidadãos contra perigos reputados temporariamente superiores ao direito geral de intimidade e privacidade e às liberdades públicas em geral, o uso de tecnologias invasivas passa a fazer parte do cotidiano social, o que é muitas vezes inevitável e necessário.

Cabe ao Estado estar atento aos valores da dignidade da pessoa humana, que fundamenta a República, e ao objetivo fundamental de construir uma sociedade livre, justa e solidária, de modo que a prevenção e repressão da criminalidade seja alcançada sempre sob as "regras do jogo" e não a qualquer preço.

2.2 Regramento constitucional e legal das interceptações de comunicações

A ideia de interceptação de comunicações, decorrente que é da existência de tecnologia necessária a sua implementação, tem história constitucional recente no Brasil, mais especificamente no art. 153, §9º, da Emenda Constitucional nº 1, de 17 de outubro de 1969,[14] que apontava a inviolabilidade do sigilo da correspondência e das comunicações telegráficas e telefônicas, na esteira do Código Brasileiro de Telecomunicações, Lei 4.117/62, que, a despeito de inexistência de previsão constitucional, definia hipóteses e sujeitos cujo acesso ao conteúdo de telecomunicação seria considerado lícito, dentre os quais incluíam-se o comandante ou

---

future of truth. *Brookings,* 14 fev. 2019. Disponível em: https://www.brookings.edu/blog/techtank/2019/02/14/artificial-intelligence-deepfakes-and-the-uncertain-future-of-truth/. Acesso em: 07 abr. 2019).

[14] Por muitos, conhecida como Constituição Federal de 1969, uma vez que, segundo José Afonso da Silva, "a emenda é a modificação de certos pontos, cuja estabilidade o legislador constituinte não considerou tão grande como outros mais valiosos" (*Curso de Direito Constitucional Positivo.* 25. ed. São Paulo: Malheiros, 2005. p. 132), ao passo que referida norma terminou criando um novo ordenamento jurídico-constitucional, sem direitos e garantias fundamentais e com concentração de poder nos militares.

chefe, sob cujas ordens imediata estiver servindo o interlocutor, os fiscais do governo, junto aos concessionários ou permissionários, e o juiz competente, mediante requisição ou intimação.

Em 1993, no julgamento do HC nº 69.9112/RS, o Supremo Tribunal Federal decidiu pela ilicitude de interceptação de comunicação autorizada na inexistência de lei reguladora do art. 5º, XII, da Constituição Federal de 1988, constatando não ter sido recepcionado pela nova ordem constitucional o antigo Código Brasileiro de Telecomunicações.

O art. 5º, XII, da Constituição Federal de 1988, ao dispor ser "inviolável o sigilo da correspondência e das comunicações telegráficas, de dados e das comunicações telefônicas, salvo, no último caso, por ordem judicial, nas hipóteses e na forma que a lei estabelecer", excepcionalmente autorizou interceptação de comunicações no atual ordenamento jurídico-processual pátrio, restringindo seu uso ao processo penal, seja na fase de investigação criminal ou na de instrução perante magistrado.

A Lei nº 9.296, de 24 de julho de 1996, que passou a regular o inciso constitucional, definiu no art. 1º que a interceptação de comunicações telefônicas, de qualquer natureza (donde se inclui também a de dados), teria como única finalidade servir como "prova em investigação criminal e em instrução processual penal", dependendo sempre de ordem judicial, sob segredo de justiça. Apesar de tal afirmação, entendemos que as interceptações de comunicações telefônicas (e telemáticas) devem ser consideradas como meio de obtenção de prova, ou seja, "servem para obter aquelas coisas ou declarações que, por sua vez, servirão para demonstrar a realidade de um facto".[15] Ao contrário de um testemunho ou de uma perícia documental, *e.g.*, a interceptação funciona como um instrumento por meio do qual se obterá os elementos que poderão convencer o magistrado a respeito da culpa ou inocência de um suspeito, e não a prova em si.

Evidencia a regra constitucional de inviolabilidade do sigilo, o fato de uma comunicação poder ser interceptada (e o seu conteúdo utilizado como prova de autoria e materialidade delitiva) exclusivamente em investigação criminal ou instrução processual penal.[16] Em um Estado que se supõe democrático e de direito (art. 1º, *caput*, da CF/88) não

---

[15] JESUS, Francisco Marcolino. *Os meios de obtenção da prova em processo penal*. Coimbra: Almedina, 2011. p. 113.

[16] GRECO FILHO, Vicente. *Interceptação telefônica*. São Paulo: Saraiva, 2005. p. 24.

podem existir direitos absolutos, pois pressuporia a relatividade dos demais diante daqueles, o que implicaria, no limite, a inexistência ou absoluta ineficácia destes.

Ao definir limites ao deferimento da medida invasiva da intimidade ou da vida privada do cidadão, inclusive quanto ao prazo quinzenal de renovação,[17] a Lei 9.296/96 a caracterizou como sendo de *ultima ratio*, exigindo não apenas a demonstração dos indícios razoáveis de autoria ou participação em infração penal punida com pena de reclusão,[18] mas a indispensabilidade da medida extrema ao fim a que se propõe.[19]

2.2.1 O terceiro desconhecido nas interceptações de comunicações

A interceptação de comunicações telefônicas pressupõe a existência de, no mínimo, três[20] entes envolvidos, os interlocutores e o que optamos por denominar, nesta pesquisa, de "terceiro desconhecido", considerado o interceptador do diálogo sob investigação, a que Ada Grinover,[21] mencionando a doutrina italiana, denomina "*terzietà*".

Na hipótese de um dos interlocutores ter conhecimento da intervenção do terceiro, doutrinariamente[22] o ato é denominado escuta

---

[17] A discussão sobre a possibilidade de renovação por mais de 30 dias da interceptação de comunicações, nada obstante discordarmos de suas conclusões, foi muito bem apresentada na excelente obra *Limite às Interceptações Telefônicas e a Jurisprudência do Superior Tribunal de Justiça*, de autoria de Geraldo Prado (2. ed. Rio de Janeiro: Lumem Juris, 2012), cuja leitura recomendamos para o fim de aprofundamento crítico e enriquecimento do debate.

[18] A interceptação de comunicação envolvendo crime punido apenas com detenção é possível, porém a prova obtida somente será legítima se restar comprovada sua conexão com outro punido com reclusão. Nesse sentido: HC 366070/RS, Rel. Ministro SEBASTIÃO REIS JÚNIOR, SEXTA TURMA, julgado em 08.11.2018, *DJe* 23.11.2018; AgRg no REsp 1717551/PA, Rel. Ministro FELIX FISCHER, QUINTA TURMA, julgado em 24.05.2018, *DJe* 30.05.2018; AgRg nos EDcl no HC 293680/PR, Rel. Ministro ROGERIO SCHIETTI CRUZ, SEXTA TURMA, julgado em 15.05.2018, *DJe* 29.05.2018; RHC 48112/DF, Rel. Ministro REYNALDO SOARES DA FONSECA, QUINTA TURMA, julgado em 13.09.2016, *DJe* 21.09.2016; HC 173080/RS, Rel. Ministro NEFI CORDEIRO, SEXTA TURMA, julgado em 27.10.2015, *DJe* 04.12.2015.

[19] STRECK, Lênio Luiz. As Interceptações Telefônicas e os Direitos Fundamentais. 2. ed. Porto Alegre: Livraria do Advogado, 2001. p. 87.

[20] Na interceptação telemática, por outro lado, é possível haver apenas dois entes envolvidos, posto que os dados trafegados em uma dada rede podem se referir um único investigado.

[21] GRINOVER, Ada Pellegrini. O regime brasileiro das interceptações telefônicas. *Revista de Direito Administrativo*, Rio de Janeiro, p. 21-38, jan./mar. 1997. p. 24.

[22] Dentre outros: GOMES, Flávio Luiz; MACIEL, Silvio. *Interceptação telefônica*: comentários à Lei 9.296, de 24.07.1996. 2. ed. rev. e atual. São Paulo: Revista dos Tribunais, 2013, p. 24-25; LIMA, Marcellus Polastri. *A tutela cautelar no processo penal*. 2. ed. rev. e atual. Rio de Janeiro: Lumen Juris, 2009. p. 321.

telefônica, ao passo que se um deles realizar a captação do conteúdo privado sem o conhecimento do outro, estaremos diante de uma gravação clandestina.[23] É considerada interceptada a comunicação quando um terceiro, desconhecido dos interlocutores, tem acesso ao conteúdo do que está sendo transmitido. Em se tratando de uma informação automaticamente perecível, precisa ser obtida imediatamente enquanto vai sendo produzida. Nesta hipótese, uma primeira questão se impõe: quem pode ser esse terceiro, segundo o preceito constitucional?

Caso o "terceiro desconhecido" pudesse ser um particular, estaríamos diante de uma ampla permissão de interceptação de comunicações, o que violaria a regra de restrição e de inviolabilidade de sigilo. Tratando-se de uma solução que colide com o princípio constitucional subjacente, a lógica jurídica sugere seja rechaçada. Não sendo, pois, possível a realização da atividade especializada por particular, nossa hipótese caminha no sentido de que o seja por agente estatal.

Questionamos, então, se esse "terceiro desconhecido" poderia ser qualquer agente estatal. Digamos, *exempli gratia*, que um agente do IBAMA, durante uma apuração de infração ambiental, entenda pela necessidade de interceptar a comunicação de supostos infratores para o fim de concluir adequadamente pela autoria e materialidade da conduta. Estaria habilitado à execução da medida gravíssima?

O primeiro óbice que se apresenta é o enquadramento da atividade do hipotético agente estatal como sendo apuração de infração criminal. Não o é, podemos afirmar de forma categórica, uma vez que a sua finalidade é a instrução de procedimento administrativo no âmbito do órgão, visando aplicação de multa ou outras consequências corolárias, e não a identificação de autoria e materialidade de crime, com o objetivo de deduzir a viabilidade de continuidade do processo penal.

Ainda que a infração ambiental pudesse também ser definida como penal, passível de investigação criminal pelo IBAMA, a ampliação *ad infinitum* do rol de executores da medida de interceptação de comunicações, fatalmente, implicaria em violação do princípio de

---

[23] A Lei 9.296/96 regulamenta apenas a interceptação das comunicações telefônicas e a escuta telefônica, nada mencionando a respeito das gravações clandestinas. Estas têm sido aceitas nos tribunais como instrumento de defesa, mas não como meio de prova. E faz sentido que assim o seja, uma vez que dadas as circunstâncias, não restaria outro modo de contra-argumentar falsas acusações referente a fatos supostamente ocorridos em ambiente privado. Por outro lado, por não se enquadrar como meio de prova e não poder ser produzida no bojo do inquérito policial, a gravação clandestina não é objeto de nossa pesquisa.

restrição. O art. 5º, XII, claramente define que apenas se autoriza interceptação por ordem judicial e para fins de investigação criminal ou instrução processual penal. Apenas órgãos de investigação criminal estariam habilitados, pois, a participar da origem das interceptações.

2.2.2 Órgãos legitimados nas interceptações de comunicações

Importante indagar se qualquer órgão responsável por investigação criminal estaria, por consectário lógico-dedutivo, habilitado a realizar *sponte propria* interceptação de comunicações telefônicas e/ou telemáticas.

O art. 3º, da Lei 9.296/96, ainda fundamentado no princípio de excepcionalidade, em sua interpretação literal, restringe o ato que origina a interceptação a três possibilidades: (a) determinação de ofício do magistrado; (b) requerimento (*rectius*: representação) da autoridade policial, na investigação criminal; (c) requerimento do representante do Ministério Público, na fase preliminar e no curso da instrução processual penal.

O pedido ministerial ou a representação policial para a interceptação deve conter descrição clara da situação a ser investigada, bem como a demonstração de sua imprescindibilidade e a indicação dos meios que serão empregados para a execução da medida extrema. Caberá à defesa suscitar eventual nulidade, sempre *a posteriori*, uma vez comprovada a existência de outros meios de prova disponíveis ao tempo da execução da interceptação.[24]

Ao limitar as hipóteses de requerimento e, posteriormente, a execução da medida de interceptação de comunicações, o legislador derivado, em harmonia com o constituinte, expressava a tese garantista, onde medidas extremas devem ser realizadas por meio de instrumento sujeito a *compliance*, confiável, regulamentado, passível de posterior justificação das decisões adotadas em seu âmbito de atuação e, inclusive, anulação, acaso abusivas, ilícitas ou mesmo ilegítimas.

---

[24] RHC 61207/PR, Rel. Ministro JOEL ILAN PACIORNIK, QUINTA TURMA, julgado em 25.09.2018, *DJe* 08.10.2018; AgRg no RMS 52818/SP, Rel. Ministro FELIX FISCHER, QUINTA TURMA, julgado em 25.09.2018, *DJe* 03.10.2018; RHC 83320/DF, Rel. Ministro JORGE MUSSI, QUINTA TURMA, julgado em 11.09.2018, *DJe* 19.09.2018; HC 148413/SP, Rel. Ministro SEBASTIÃO REIS JÚNIOR, SEXTA TURMA, julgado em 21.08.2014, *DJe* 01.09.2014.

Ainda assim, é bastante questionável a determinação de interceptação de ofício por parte do magistrado, não apenas por violar, dentre outros, os princípios acusatório, de inércia e de imparcialidade, praticamente tornando inviável sua posterior atuação na instrução processual penal, mas também por obrigar a polícia a atuar em momento que, possivelmente, não seria o mais adequado, em conformidade com a necessidade de planejamento operacional e estratégico, cuja exigibilidade é cediça no curso de uma investigação criminal.

A respeito da determinação *ex officio*, Luiz Flávio Gomes e Raul Cervini apontam no sentido da inconstitucionalidade do dispositivo,[25] devendo ser ressaltado que, na Ação Direta de Inconstitucionalidade nº 1570, o Supremo Tribunal Federal já havia se manifestado no sentido de que a iniciativa probatória pelo juiz leva ao "comprometimento do princípio da imparcialidade e conseqüente violação ao devido processo legal",[26] com o que também concorda Geraldo Prado,[27] para quem a "introdução de material probatório é precedida da consideração psicológica pertinente aos rumos que o citado material possa determinar". Preciosa a lição que Jacinto Coutinho[28] nos traz ao se referir ao "quadro mental paranoico"[29] em que se enclausura o juiz quando posto como "gestor da prova", com a "possibilidade de decidir antes e, depois, sair em busca do material probatório suficiente para confirmar a 'sua' versão", legitimando "a possibilidade de crença no imaginário, a qual toma como verdadeiro".

Em posicionamento contrário, Paulo Rangel[30] defendia que apenas no curso da investigação criminal estaria vedada ao magistrado a determinação de ofício da medida de interceptação de comunicações,

---

[25] GOMES, Luiz Flávio; CERVINI, Raúl. *Interceptação Telefônica*: Lei 9296, de 24.07.96. São Paulo: Revista dos Tribunais, 1997. p. 201-205

[26] ADI 1570, Relator(a): Min. MAURÍCIO CORRÊA, Tribunal Pleno, julgado em 12.02.2004, DJ 22.10.2004 PP-00004 EMENT VOL-02169-01 PP-00046 RDDP n. 24, 2005, p. 137-146 RTJ VOL-00192-03 PP-00838.

[27] PRADO, Geraldo. *Sistema Acusatório*: a Conformidade Constitucional das Leis Processuais Penais. 3. ed. Rio de Janeiro: Lumen Juris, 2005. p. 136-137.

[28] COUTINHO, Jacinto Nelson de Miranda. Introdução aos Princípios Gerais do Direito Processual Penal Brasileiro. *Revista da Faculdade de Direito da UFPR*, Curitiba, ano 30, n. 30, p. 163-198, 1998. p. 178.

[29] A expressão "quadro mental paranoico" é uma referência a Franco Cordero, conforme consta da p. 51, 8ª edição, de sua obra *Procedura penale*, publicada em 1985, pela editora Giuffrè.

[30] RANGEL, Paulo. Breves considerações sobre a Lei 9296/96 (interceptação telefônica). *Revista Jus Navigandi*, Teresina, ano 5, n. 41, 1 maio 2000. Disponível em: https://jus.com. br/artigos/195. Acesso em: 4 abr. 2019.

sendo possível durante a instrução processual penal. Tal posicionamento nos parece decorrer da "confusão conceitual entre instituição e função, órgão e procedimento" de que ainda padece o Direito de Polícia Judiciária, por parte da doutrina jurídica pátria, conforme esclarece Eliomar Pereira.[31] Apesar do aparente permissivo legal, com base no qual Paulo Rangel extraiu suas conclusões divergentes, entendemos que essa atuação ativa do juiz deve ser insistentemente evitada, mesmo na fase de instrução, senão por outro motivo, por força do princípio acusatório, implícito ao sistema processual penal pátrio.

A melhor conduta, pois, é a do magistrado que permanece inerte no processo penal, aguardando ser provocado para se manifestar de forma cautelar. Não deve determinar de ofício a interceptação de comunicações, assim como medidas cautelares em geral, como é exemplo a de busca e apreensão, uma vez que envolve antecipação de juízo a respeito de fatos ou situações com as quais precisará lidar na sentença, em prejuízo da imparcialidade e também por violar o princípio da inércia.

Na prática, a autorização legislativa examinada se revela hipótese perigosa, gestada sob a influência de um direito processual penal de emergência,[32] que anima nossa "sociedade de riscos",[33] decorrente do fenômeno de globalização, que reduz tempo e espaço dos acontecimentos, generalizando e reforçando o sentimento de insegurança e de medo, mas de difícil ocorrência, ao menos na esfera federal.

O requerimento de interceptação do Ministério Público durante a investigação criminal, ao seu turno, ainda que previsto legalmente, melhor seria que sempre fosse precedido de prévia reunião com a autoridade de polícia judiciária, responsável, em tese, pela gestão administrativa e operacional da medida, uma vez que os recursos necessários, muitas vezes escassos, conforme afirmado alhures, dependerão da capacidade econômico-financeira da polícia, bem como da melhor oportunidade de execução.

---

[31] PEREIRA, Eliomar da Silva. *Introdução ao Direito de Polícia Judiciária*. Belo Horizonte: Fórum, 2019. p. 81.

[32] Adotamos aqui o termo utilizado por Fauzi Hassan Choukr (*Processo penal de emergência*. Rio de Janeiro: Lumen Juris, 2002, p. 6), que aponta ser "aquilo que foge dos padrões tradicionais de tratamento pelo sistema repressivo, constituindo um subsistema de derrogação dos cânones culturais empregados na normalidade".

[33] BECK, Ulrich. *La sociedad del riesgo*: hacia una nueva modernidad. Barcelona: Paidós, 2006.

Quanto à representação da autoridade de polícia judiciária, somente se encontra legitimada se produzida dentro de inquérito policial, imposição que se alinha com os princípios constitucionais que regem o devido processo penal; sua conformação constitucional e legal promove publicidade da maioria das ações estatais de vigilância, permite controle externo pelo Ministério Público, pelo Judiciário e pelo investigado, além de apresentar limitações objetivas e obedecer regras simples e transparentes. Por outro lado, por essas mesmas características, o inquérito policial tende a ser menos fluido em seu desenvolvimento, quando comparado a instrumentos não regulados, e seus resultados podem mais facilmente sofrerem viés inesperado, inclusive decorrente de filigranas legislativas ou jurisprudenciais, em benefício da dúvida, conforme as regras do jogo, o que motiva ataques.

2.3 A jurisprudência dos Tribunais Superiores ante um direito processual penal de emergência

O recrudescimento das ações estatais de persecução criminal, quiçá visando minar sensação de crescimento da criminalidade em geral, mas especialmente a dita "organizada", reforçado com a criação de instrumentos legislativos contundentes, *ex vi* da própria Lei 9.296/96, *sub exame*, obtiveram dos Tribunais pátrios não apenas a confirmação de sua conformidade constitucional, mas especial alargamento das hipóteses subjetivas de intervenção na intimidade de quem se vê investigado criminalmente, em uma aparente caminhada em direção oposta à proposta constitucional original.

No julgamento do Recurso Extraordinário nº 593.727/MG, o Supremo Tribunal Federal reconheceu atribuição investigatória concorrente entre o Ministério Público e a Polícia Judiciária, o que bem exemplifica o sentimento de insegurança que paira em estado gasoso em nossa contemporaneidade jurídico-política e que se propõe justificar a necessidade de uma resposta dura e imediata, qualquer que seja.

Sob tal premissa, em "efeito dominó", o Superior Tribunal de Justiça passou a entender que não apenas o requerimento mas a própria execução da medida de interceptação de comunicações, antes restrita à Polícia Judiciária, nos termos expressos do art. 6º, da Lei 9296/96, pode ser atribuída a órgão distinto. Referenda, assim, ações de repressão já praticadas pelo Ministério Público dos Estados, usualmente por GAECO (Grupo de Atuação Especial de Combate ao Crime Organizado), que subsiste por meio de empréstimo (e desvio) da força policial de prevenção, em nível estadual, à falta de capacidade executiva própria. Como consequência, a tese nº 3, do Superior Tribunal de Justiça, a respeito das interceptações telefônicas, afirma que o "art. 6º da Lei nº 9.296/1996 não restringe à polícia civil a atribuição para a execução de interceptação telefônica ordenada judicialmente".[34]

Ao ser desenvolvida com o fim específico de colmatar ao ordenamento pátrio a investigação do Ministério Público e as ações operacionais dos seus GAECOs, a tese nº 3 ignora expressamente o art. 8º, da Lei 9.296/96, que determina que a interceptação de comunicações deve ocorrer em autos apartados, apensados aos autos do inquérito policial, nos termos do art. 10, §1º, do Código de Processo Penal, ou aos autos do processo criminal, quando de sua conclusão ao juiz competente (CPP 407, 502 ou 538).

Deste modo, em aparente afronta à expressa previsão legislativa que restringe quem pode requerer a medida extrema e aproveitando-se do vácuo interpretativo da regra que nomeia o instrumento legítimo a comportar a execução na fase de investigação criminal, e, ainda, na tangente do princípio constitucional de restrição, previsto no art. 5º, XII, da Constituição Federal de 1988, é preciso reconhecer que, atualmente, nossos Tribunais Superiores optaram, politicamente, por aceitar que órgão sem atribuição de investigação criminal, como é exemplo a Polícia Militar, possa requerer interceptação de comunicações telefônicas em cooperação com investigações criminais do Ministério Público.

3   Conclusão

A interceptação de comunicações é uma medida cautelar extrema de violação da intimidade e privacidade do cidadão, autorizada excepcionalmente pela Constituição Federal de 1988, para atender situações muito restritas em que a colisão de direitos fundamentais

---

[34]   Acórdãos: RHC 78743/RJ, Rel. Ministro REYNALDO SOARES DA FONSECA, QUINTA TURMA, julgado em 13.11.2018, *DJe* 22.11.2018; RHC 90125/SC, Rel. Ministro NEFI CORDEIRO, SEXTA TURMA, julgado em 07.08.2018, *DJe* 15.08.2018; RHC 62067/SP, Rel. Ministro JORGE MUSSI, QUINTA TURMA, julgado em 06.03.2018, *DJe* 14.03.2018; RHC 67384/ES, Rel. Ministro RIBEIRO DANTAS, QUINTA TURMA, julgado em 27.02.2018, *DJe* 05.03.2018; RHC 58282/SP, Rel. Ministro ERICSON MARANHO (DESEMBARGADOR CONVOCADO DO TJ/SP), SEXTA TURMA, julgado em 01.09.2015, *DJe* 07.10.2015; RHC 51487/SP, Rel. Ministro LEOPOLDO DE ARRUDA RAPOSO (DESEMBARGADOR CONVOCADO DO TJ/PE), QUINTA TURMA, julgado em 23.06.2015, *DJe* 24.09.2015.

demanda uma atuação positiva estatal, sem a qual não seria possível a obtenção da prova penal.

No Brasil, a medida foi inicialmente prevista no Código Brasileiro de Telecomunicações (Lei 4117/62), posteriormente ganhando *status* constitucional com a Emenda Constitucional nº 1, de 1969, até que o art. 5º, XII, da Constituição Federal de 1988 a reconhecesse no atual ordenamento jurídico pátrio. Mesmo com a previsão constitucional, somente após a edição da Lei 9.296/96, o STF passou a aceitar interceptações de comunicações, uma vez que entendeu, no HC nº 69.9112/RS, que a Lei 4.117/62 não foi recepcionada.

Com suas muitas restrições, a Lei 9296/96 revela existir um dilema ético envolvido na situação de o Estado se ver obrigado a violar direitos humanos fundamentais, ainda que com o objetivo de proteger outros considerados, ainda que temporariamente, mais importantes.

A grave possibilidade de violação legal de direitos humanos fundamentais carrega consigo a semente do abuso, inerente ao exercício de qualquer poder. Exemplos como os que ocorreram nas décadas de 60 e 70, nos EUA, e mais recentemente, noticiado em 2013, por Edward Snowden, mas também em muitos outros países, a exemplo de Portugal, são permanente alerta do perigo, do extremo potencial violador, a exigir, na teoria e na prática, especial cuidado no estabelecimento de quem pode estar habilitado a manusear tal instrumento.

O legislador estava, pois, devidamente fundamentado quando estabeleceu diversas regras de restrição na Lei 9.296/96, tanto no que concerne à finalidade da medida, habilitação ao requerimento, quanto aos requisitos para o seu deferimento e, inclusive, forma de execução da interceptação de comunicações, em autos apartados aos de inquérito policial ou aos da instrução processual penal, com permanente acompanhamento judicial e do Ministério Público, caracterizando-a, assim, como de *ultima ratio*.

Para que haja a interceptação de comunicações, além da autorização constitucional e legal, bem como existência de tecnologia adequada, faz-se necessária a figura do interlocutor e do terceiro desconhecido, denominado pela doutrina italiana de "*terzietà*".

Balizados no princípio de restrição, compreendemos que o terceiro desconhecido deve pertencer aos quadros da polícia, não sendo razoável que a violação da intimidade do cidadão possa ser terceirizada ao particular ou mesmo a outros órgãos não envolvidos direta, permanente e especificamente em investigações criminais em sentido estrito, por meio de inquérito policial.

Do mesmo modo, apenas o delegado de polícia, durante a investigação criminal por meio de inquérito policial, e o representante do Ministério Público, nas duas fases do processo penal, estão legitimados a requerer a medida de interceptação de comunicações.

Na hipótese de requerimento do Ministério Público durante a investigação criminal realizada por inquérito policial, entendemos que deve ser feito em comum acordo com a autoridade de polícia judiciária responsável pelo caso, sob pena de violar um princípio de oportunidade e, inclusive, prejudicar a gestão da investigação criminal, seja no que concerne aos recursos humanos ou orçamentários.

Quanto à determinação *ex officio* do juiz, prevista na lei, entendemos que ofende o princípio de inércia e de imparcialidade. Trata-se de hipótese legislativa perigosa, gestada sob a influência de um direito processual penal de emergência, mas de rara ocorrência na prática.

Apesar de todos os esforços legislativos e constitucionais, bem como de parte da doutrina, no sentido de restringir a possibilidade de interceptação de comunicações, somos obrigados a reconhecer que há, na atualidade, uma opção política de nossos Tribunais Superiores pelos processos penais de emergência, o que é revelado na tese nº 3, do Superior Tribunal de Justiça, a respeito das interceptações de comunicações que admite que órgão sem atribuição de investigação criminal, como é exemplo a Polícia Militar, possa requerer interceptação de comunicações telefônicas em cooperação com investigações criminais do Ministério Público.

Referências

BECK, Ulrich. *La sociedad del riesgo*: hacia una nueva modernidad. Barcelona: Paidós, 2006.

CHOUKR, Fauzi Hassan. *Processo penal de emergência*. Rio de Janeiro: Lumen Juris, 2002.

COUTINHO, Jacinto Nelson de Miranda. Introdução aos Princípios Gerais do Direito Processual Penal Brasileiro. *Revista da Faculdade de Direito da UFPR*, Curitiba, ano 30, n. 30, p. 163-198, 1998.

GOMES, Luiz Flávio; CERVINI, Raul. *Interceptação Telefônica*: Lei 9296, de 24.07.96. São Paulo: Revista dos Tribunais, 1997.

GOMES, Flávio Luiz; MACIEL, Silvio. *Interceptação telefônica*: comentários à Lei 9.296, de 24.07.1996. 2. ed. rev. e atual. São Paulo: Revista dos Tribunais, 2013.

GRECO FILHO, Vicente. *Interceptação telefônica*. São Paulo: Saraiva, 2005.

GRINOVER, Ada Pellegrini. O regime brasileiro das interceptações telefônicas. *Revista de Direito Administrativo*, Rio de Janeiro, p. 21-38, jan./mar. 1997.

GREENWALD, Glenn; MACASKILL, Ewen; POITRAS, Laura. Edward Snowden: the whistleblower behind the NSA surveillance revelations. *The Guardian*, London, 9 jun. 2013. Disponível em: https://www.theguardian.com/world/2013/jun/09/edward-snowden-nsa-whistleblower-surveillance. Acesso em: 11 dez. 2018.

GELLMAN, Barton; MARKON, Jerry. Edward Snowden says motive behind leaks was to expose "surveillance state". *The Washington Post*, 9 jun. 2013. Disponível em: https://www.washingtonpost.com/politics/edward-snowden-says-motive-behind-leaks-was-to-expose-surveillance-state/2013/06/09/aa3f0804-d13b-11e2-a73e-826d299ff459_story.html. Acesso em: 11 dez. 2018.

JESUS, Francisco Marcolino. *Os meios de obtenção da prova em processo penal.* Coimbra: Almedina, 2011.

LIMA, Marcellus Polastri. *A tutela cautelar no processo penal.* 2. ed. rev. e atual. Rio de Janeiro: Lumen Juris, 2009.

MULLIKIN, A.; RAHMAN, S. M. The ethical dilemma of the USA government wiretapping. *International Journal of Managing Information Technology (IJMIT)*, v. 2, n. 4, Nov. 2010.

PEREIRA, Eliomar da Silva. *Introdução ao Direito de Polícia Judiciária.* Belo Horizonte: Fórum, 2019.

PEREIRA, Eliomar da Silva. *Saber e Poder*: o Processo (de Investigação) Penal. Florianópolis: Tirant Lo Blanch, 2019.

PRADO, Geraldo. *Limite às Interceptações Telefônicas e a Jurisprudência do Superior Tribunal de Justiça.* 2. ed. Rio de Janeiro: Lumen Juris, 2012.

PRADO, Geraldo. *Sistema Acusatório*: A Conformidade Constitucional das Leis Processuais Penais. 3. ed. Rio de Janeiro: Lumen Juris, 2005.

RANGEL, Paulo. Breves considerações sobre a Lei 9296/96 (interceptação telefônica). *Revista Jus Navigandi*, Teresina, ano 5, n. 41, 1 maio 2000. Disponível em: https://jus.com.br/artigos/195. Acesso em: 4 abr. 2019.

SILVA, José Afonso da. *Curso de Direito Constitucional Positivo.* 25. ed. São Paulo: Malheiros, 2005.

SOUSA, Stenio Santos. *Investigação criminal cibernética*: por uma política criminal de proteção à criança e ao adolescente na internet. Porto Alegre: Núria Fabris, 2015.

STRECK, Lênio Luiz. *As Interceptações Telefônicas e os Direitos Fundamentais.* 2. ed. Porto Alegre: Livraria do Advogado, 2001.

VALENTE, Manuel Monteiro Guedes. *Escutas telefónicas:* da excepcionalidade à vulgaridade. Coimbra: Almedina, 2008.

VILLASENOR, John. Artificial intelligence, deepfakes, and the uncertain future of truth. *Brookings.* 14 fev. 2019. Disponível em: https://www.brookings.edu/blog/techtank/2019/02/14/artificial-intelligence-deepfakes-and-the-uncertain-future-of-truth/. Acesso em: 07 abr. 2019.

ZENI JR., Ferdinand J. Wiretapping: the right of privacy versus the public interest. *Journal of Criminal Law and Criminology*, v. 40, ed. 4, p. 476-483, 1949-1950.

Informação bibliográfica deste texto, conforme a NBR 6023:2018 da Associação Brasileira de Normas Técnicas (ABNT):

SOUSA, Stenio Santos. Interceptação de comunicações no inquérito policial. *In*: PEREIRA, Eliomar da Silva; ANSELMO, Márcio Adriano (Org.). *Direito Processual de Polícia Judiciária II*: os meios de obtenção de prova. Belo Horizonte: Fórum, 2020. p. 241-258. (Curso de Direito de Polícia Judiciária, v. 5). ISBN 978-85-450-0620-6.

INFILTRAÇÃO DE AGENTES

JULIANA RESENDE SILVA DE LIMA

1 Introdução

O enfretamento às organizações criminosas torna-se cada vez mais desafiador, em razão do alto poderio econômico e dos caráteres transnacional e tecnológico que revestem tais organizações. Esses grupos organizados dedicam-se à prática dos mais diversos crimes, como tráfico de entorpecentes, de armas, de pessoas, contrabando, além crimes do colarinho branco e lavagem de dinheiro, dentre outros. Vê-se, ainda, a grande capacidade das organizações criminosas infiltrarem-se no Estado para, mediante corrupção, garantir que seus objetivos ilícitos sejam alcançados e que seus membros não sejam punidos pela Justiça. Diante das imensas dificuldades de enfrentamento, é importante que o Estado aprimore seus mecanismos de prevenção e repressão à criminalidade organizada, de modo a viabilizar uma vida em sociedade com mais segurança. Nesse intento, foi editada a Lei nº 12.850/2013, a qual disciplinou diversas técnicas especiais de investigação, aplicáveis aos crimes praticados por organizações criminosas, dentre as quais a infiltração de agentes. Contudo, não obstante o novo diploma legal tenha avançado na melhor disciplina do procedimento para implementar a técnica em questão, mostrou-se tímida ao autorizar, apenas, a utilização do policial como agente infiltrado em organizações criminosas.

O grande dilema da atualidade em matéria de política criminal pode ser sintetizado na dificuldade em se estabelecer parâmetros para a efetiva tutela de bens jurídicos fundamentais, ponderada com a necessidade de enfrentamento da moderna criminalidade organizada.

Os enormes desafios por ela impostos, decorrentes do seu caráter global, transfronteiriço e altamente tecnológico, fazem com que o Estado se veja impelido a adotar técnicas especiais de investigação, restritivas de direitos fundamentais, com parcial sacrifício das já conquistadas liberdades pessoais.

Com efeito, os tradicionais mecanismos de investigação e repressão à prática de crimes não se mostram, há tempos, suficientes a proporcionar ao Estado, seja na fase investigatória, de iniciativa policial, seja na fase da ação penal, perante o Ministério Público e o Poder Judiciário, resultados eficazes no que tange ao esclarecimento dos fatos delituosos, identificação de autores e partícipes, *modus operandi* da prática criminosa, identificação e recuperação do produto do crime etc.

A agilidade e a facilidade com que o delito é praticado pelas organizações criminosas trazem imensas dificuldades à atuação dos órgãos repressores estatais. De fato, por muitas vezes, a atuação desses atores da persecução penal no esclarecimento dos fatos e punição de seus agentes torna-se defasada em comparação à capacidade de mutação e adaptação das organizações criminosas às novas tecnologias, novos *modus operandi*, à facilidade de substituição de integrantes, como também em relação à permeabilidade no trafego pelas fronteiras, uma vez que os representantes dos órgãos encarregados de investigar e punir estão arredados às suas competências, limitações materiais e pessoais, restrições processuais e, acima de tudo, limites constitucionais ditados pelo respeito aos direitos fundamentais.

Estamos, assim, diante de um quadro em que o crime prospera, as organizações criminosas se multiplicam e se diversificam em termos de forma e de área de atuação, e o Estado permanece inoperante na sua função de prevenir e reprimir a atividade criminosa. Ao tratarmos sobre crimes praticados por organizações criminosas, não nos referimos, apenas, aos crimes violentos como tráfico de drogas, tráfico de armas e pessoas, roubos e furtos, que tanto alarmam a população; referimo-nos, igualmente, aos crimes do colarinho branco, como crimes financeiros, branqueamento, crimes de corrupção, enfim, toda sorte de delitos praticados, em geral, por pessoas integrantes de estratos elevados da sociedade e que normalmente não chegam aos olhos da grande massa, por serem consumados dentro dos escritórios e gabinetes de órgãos públicos, mas que geram tantos prejuízos ao bem-estar e à economia das nações.

Ao cunhar o termo "crimes de colarinho branco", em seu emblemático artigo "White-collar Criminality", Edwin Hardy Sutherland já previu: "O custo financeiro do crime de colarinho é provavelmente muito maior que o daqueles crimes tradicionalmente considerados como o 'problema criminal'" (SUTHERLAND, 2014, p. 97). E não é outra a realidade hoje assistida no Brasil. Não obstante o artigo em destaque tenha sido escrito no longínquo ano de 1940, permanece incrivelmente atual o seu conteúdo, especialmente se tomarmos em consideração a realidade do brasileira, na vivenciada era "Lava-Jato",[1] ficando claro como organizações criminosas com foco nesse tipo de criminalidade – corrupção, evasão de divisas, braqueamento – podem se infiltrar no Estado e produzir prejuízos financeiros e morais monumentais.

Conscientes do poder de atuação das organizações criminosas, que serão melhor esboçadas mais adiante, e das dificuldades do Estado em prevenir e reprimir as suas atividades, urge que sejam aprimoradas as técnicas de investigação voltadas à prevenção e repressão desse tipo de criminalidade. Nesse intento, o legislador editou, em 2 de agosto de 2013, a Lei nº 12.850, que definiu o conceito de organização criminosa e dispôs sobre a investigação criminal, os meios de obtenção da prova, infrações penais correlatas e o procedimento criminal para sua apuração. A referida lei revogou expressamente o antigo diploma,[2] cujos dispositivos legais dispunham de forma tímida sobre os meios operacionais para a prevenção e repressão de ações praticadas por organizações criminosas, deixando em aberto a respectiva regulamentação.

A nova Lei do Crime Organizado proporcionou inovações em matéria de repressão às organizações criminosas, uma vez que regulamentou de maneira mais detalhada importantes técnicas especiais de investigação. Em seu artigo 3º, definiu os seguintes meios de obtenção de prova: I - colaboração premiada; II - captação ambiental de sinais eletromagnéticos, óticos ou acústicos; III - ação controlada; IV - acesso a registros de ligações telefônicas e telemáticas, a dados cadastrais constantes de bancos de dados públicos ou privados e a informações eleitorais ou comerciais; V - intercepção de comunicações telefônicas e telemáticas, nos termos da legislação específica; VI afastamento dos

---

[1] Operação policial desencadeada pela Polícia Federal para apurar crimes de corrupção, lavagem de dinheiro, evasão de divisas, dentre outros, iniciada em 2013 e ainda em curso, praticados pelos gestores da Petrobrás S.A. em conluio com os representantes das maiores empreiteiras do Brasil, objetivando o superfaturamento de obras da citada empresa de economia mista e consequente desvio dos recursos públicos.

[2] O artigo 26 da Lei nº 12.850 de 2013 revogou expressamente a Lei nº 9.034 de 1995.

sigilos financeiro, bancário e fiscal, nos termos da legislação específica; VII infiltração, por policiais, em atividade de investigação, na forma do art. 11; e VIII cooperação entre instituições e órgãos federais, distritais, estaduais e municipais na busca de provas e informações de interesse da investigação ou da instrução criminal.

Nos artigos seguintes, o legislador disciplinou pormenorizadamente o procedimento a ser adotado para a implementação das técnicas de investigação acima elencadas, suprindo, com isso, grave déficit legislativo da revogada Lei nº 9.034/95. A Lei nº 12.850/13, ademais, trouxe importante avanço em relação à autonomia e eficiência da investigação a cargo da autoridade policial, ultrapassando antiga controvérsia doutrinária e jurisprudencial, quando estabeleceu a sua capacidade de requisitar, independentemente de autorização judicial, os dados cadastrais dos investigados que informem a sua qualificação pessoal, filiação e endereço mantidos pela Justiça Eleitoral, empresas telefônicas, instituições financeiras, provedores de internet e administradoras de cartão de crédito.[3]

Contudo, no que tange ao instituto da infiltração de agentes, a novel lei acabou por restringir o âmbito de utilização de tão importante técnica investigativa, na medida em que legitimou, tão somente, a infiltração do agente policial, excluindo a possibilidade de terceiros atuarem na colaboração com o Estado.

Conforme será demonstrado ao longo do trabalho, a práxis na Polícia Federal permitiu demonstrar que não só a infiltração de agentes de polícia tende a ser uma importante técnica de investigação, como também a infiltração de terceiros. Desse modo, pretende-se, aqui, defender que houve "timidez" por parte do legislador quanto ao instituto da infiltração de agentes, sendo mister um reestudo da questão a fim de fomentar a alteração legislativa, trazendo novamente ao arcabouço de técnicas investigativas a possibilidade de utilização de terceiros como agentes infiltrados.

Antes, porém, de falarmos especificamente sobre a técnica da infiltração de agentes e de defender a compatibilização da legislação atual com as necessidades contemporâneas de enfrentamento da criminalidade organizada, consideramos pertinente entender, de maneira breve, o funcionamento das organizações criminosas e suas principais características. Do mesmo modo, consideramos relevante

---

[3] Artigo 15 da Lei nº 12.850 de 2013.

situar juridicamente o dever de proteção do Estado em relação às pessoas, garantindo-lhes a segurança em prol da paz social.

2 Organizações criminosas

Apesar do estudo mais depurado sobre as organizações criminosas remontar à segunda metade do século passado, é possível observar que desde o início do século XX, quando se estruturam de maneira mais organizada as "máfias" italianas e quando estas se expandem para os Estados Unidos da América, a doutrina passou a ter uma especial preocupação com a atuação dos grupos criminosos organizados.

A par das características próprias das "máfias" italianas, o fato é que a preocupação com esse tipo de criminalidade e seu enfrentamento tornaram-se mais patentes "quando as 'máfias' italianas e americanas passaram a ser o cerne do combate ao crime organizado, tendo em vista o seu modelo corporativo estruturado, hierarquizado, violento e com alta lucratividade" (GODOY, 2011, p. 52).

Não obstante as características altamente danosas desse novo tipo de criminalidade, ainda não havia, até pouco tempo atrás, uma real conjunção de esforços no cenário mundial, que não na própria Itália e nos Estados Unidos, a fim de entender como funcionavam essas redes estruturadas para a prática de ilícitos, bem assim para enfrentá-las.

Nesse sentido, observa José Paulo Baltazar Júnior:

> Mas até a década de oitenta, o crime organizado era visto como um fenômeno circunscrito à Itália e aos Estados Unidos, eventualmente estendido ao Japão, China, Rússia e Colômbia, sendo de rara utilização no restante da Europa. É somente nas duas últimas décadas do século passado, com o fenômeno da globalização e em, especial, pela expansão do tráfico de drogas e do mercado da emigração ilegal para os países ricos, que a criminalidade organizada passa a ser percebida como um problema mundial e não mais como um fenômeno circunscrito aos Estados Unidos, à Itália, e às telas dos cinemas. A partir daí, operou-se uma verdadeira universalização do conceito e o crime organizado passa a ser uma preocupação mundial, em um processo que culmina com a publicação da Convenção das Nações Unidas contra o Crime Organizado Transnacional (2010, p. 102-103).

Na Europa, a Itália se destacou no "combate" ao crime organizado, principalmente a partir de 1992, quando a denominada "operação Mãos

Limpas" foi iniciada pelo Juiz Falcone, para "combater" a corrupção que então assolava o país, envolvendo tráfico de influência e corrupção diversos líderes políticos, ex-chefes de governo e empresários poderosos que foram parar no banco dos réus.

No Brasil, a dificuldade de conceituação e tipificação das organizações criminosas perdurou bastante tempo, por uma questão de política legislativa. De fato, a revogada lei de combate ao crime organizado, Lei nº 9.034/95, não trazia em seu bojo a definição jurídica do que seria considerada uma "organização criminosa", lacuna que acabava por ensejar bastante insegurança jurídica quando do enquadramento das condutas criminosas praticadas por grupos que tivessem características de organização.

Conforme destaca Luiz Roberto Ungaretti de Godoy:

> O legislador brasileiro optou por não defini-lo em Lei Ordinária. Somente com a vigência do Decreto nº 5.015, de 12 de março de 2004, que promulgou a Convenção das Nações Unidas Contra o Crime Organizado, também conhecido como Convenção de Palermo, é que nosso ordenamento jurídico passou a dispor sobre uma definição de organização criminosa transnacional, conforme transcrição do art. 2. da aludida Convenção (2011, p. 61)

Apesar da falta de definição jurídica, a Lei nº 9.613, de 03 de março de 1998, que dispõe sobre os crimes de "lavagem" ou ocultação de bens, direitos e valores, já trazia em sua redação original a previsão de enquadramento no delito de lavagem de capitais a conduta de ocultar ou dissimular a natureza, origem, localização, disposição, movimentação ou propriedade de bens, direitos ou valores provenientes, direta ou indiretamente, de crimes praticados por organizações criminosas.[4]

Da mesma maneira, a Lei nº 11.343, de 23 de agosto de 2006, que estabelece a política nacional antidrogas e define os crimes a ela associados, também já previa em seu texto a figura da organização criminosa.[5]

Em 24 de julho de 2012 foi editada a Lei nº 12.694, que instituiu a possibilidade de formação de um colegiado de juízes para a prática de

---

[4] Na redação original do artigo 1º, inciso VII, da Lei nº 9.613/98. Atualmente, com as alterações determinadas pela Lei nº 12.683/2012, o tipo penal do crime de lavagem de dinheiro configura-se com a prática de qualquer crime antecedente, não havendo mais a previsão de um rol taxativo de delitos precedentes.

[5] Artigo 33, §4º, da Lei nº 11.343/2006.

qualquer ato processual em processos ou procedimentos que tenham por objeto crimes praticados por organizações criminosas. A referida Lei trouxe, pela primeira vez no ordenamento jurídico do Brasil, a definição legal para organizações criminosas.[6] Ficou conhecida como a lei do "juiz sem rosto", em referência à figura implantada na Itália no início dos anos 90 do século passado, nas investigações que envolviam a máfia.

Na Itália, por ocasião das investigações ocorridas na já citada "operação Mãos Limpas", em que se colocava em risco a vida e a integridade corporal dos promotores, juízes e suas famílias, foi adotada figura assemelhada ao "juiz sem rosto" que, embora de contornos diferentes, preservava a identidade das autoridades judiciárias envolvidas nas investigações e julgamentos.

Pela Lei nº 12.694/2012, nos casos de decretação de prisão ou de medidas assecuratórias, concessão de liberdade provisória ou revogação de prisão, prolação de sentenças, decisões sobre progressão ou regressão de regime de cumprimento de pena, dentre outras, o juiz natural poderá instaurar o colegiado, indicando os motivos e as circunstâncias que acarretam risco à sua integridade física em decisão fundamentada.

As decisões prolatadas pelo colegiado devem ser sempre assinadas pelos seus três integrantes, de modo que esse instituto não se confunde com a figura do "juiz sem rosto" ou "juiz anônimo". Buscou o legislador, ao fracionar a responsabilidade pelas decisões jurisdicionais envolvendo atos praticados por organizações criminosas, preservar os magistrados atuantes de qualquer tipo de pressão ou ameaça, ostensiva ou velada, que pudesse, de alguma forma, trazer-lhes risco à vida ou à integridade corporal, própria e de seus familiares.

Aperfeiçoando a estratégia de enfrentamento do crime organizado, o legislador brasileiro resolveu, finalmente, estabelecer em lei ordinária o tipo penal de organização criminosa, prevendo as características que a definem, suprindo, assim, a antiga lacuna conceitual. Nesse sentido, a Lei nº 12.850/2013 trouxe no seu artigo 1º, parágrafo 1º, a seguinte definição: "Considera-se organização criminosa a associação de 4 (quatro) ou mais pessoas estruturalmente ordenada e caracterizada pela divisão de tarefas, ainda que informalmente, com objetivo de obter, direta ou

---

[6] "Artigo 2º. Para os efeitos desta Lei, considera-se organização criminosa a associação, de 3 (três) ou mais pessoas, estruturalmente ordenada e caracterizada pela divisão de tarefas, ainda que informalmente, com objetivo de obter, direta ou indiretamente, vantagem de qualquer natureza, mediante a prática de crimes cuja pena máxima seja igual ou superior a 4 (quatro) anos ou que sejam de caráter transnacional".

indiretamente, vantagem de qualquer natureza, mediante a prática de infrações penais cujas penas máximas sejam superiores a 4 (quatro) anos, ou que sejam de caráter transnacional".

Estabeleceram-se no Brasil, com isso, as principais características jurídico-positivas – ditas essenciais – para se enquadrar um grupo ou rede voltada à prática ilícita como organização criminosa. No artigo seguinte, a lei prevê o tipo penal consistente em promover, constituir, financiar ou integrar, pessoalmente ou por interposta pessoa, organização criminosa. E estabelece, ainda no âmbito tipológico, a pena de reclusão de 3 (três) a 8 (oito) anos, além de multa e das penas correspondentes às demais infrações, como preceito secundário.

Ficaram, então, aclarados, no quadro legal (jurídico-positivo), os elementos essenciais a caracterizar uma organização criminosa no Brasil. Nada obstante, é importante ressaltar que outras características também podem estar contidas em organizações destinadas à prática do crime. De acordo com Baltazar Júnior, a par das características essenciais, podemos citar como elementos acessórios a estrutura em hierarquia, compartimentação de informações, conexão com o Estado (por meio da corrupção ou mesmo da infiltração de agentes do crime), uso da violência para alcançar seus intentos, exploração de mercados ilícitos ou exploração ilícita de mercados lícitos, monopólio ou cartel, controle territorial, uso de meios tecnológicos avançados, obstrução da justiça e transnacionalidade ou internacionalidade (JÚNIOR, 2010).

Quanto a esta última característica, vimos que a lei, ao definir o tipo de organização criminosa, estabeleceu que a sua existência não está condicionada à prática de crimes transnacionais ou internacionais, sendo este um elemento alternativo, mas suficiente quando não se tratar de crimes com pena máxima superior a 4 (anos).

De toda forma, é importante que se diga: com a globalização econômica e a superação de fronteiras nacionais, espalharam-se em larga escala as organizações com caráter transnacional, em virtude das facilidades de locomoção de pessoas, de deslocamento de meios, de remessa de valores, aproximação através da internet (etc.).

Sobre isso, discorre Anabela Miranda Rodrigues:

> A nova criminalidade é expressão deste novo modelo de organização social para que tendem as sociedade contemporâneas, A mobilidade das pessoas e dos capitais põe em causa a lógica territorial sobre a qual elas repousam. Este movimento de fundo – um pouco retardado pela confrontação Leste-Oeste – produz agora todos os seus efeitos.

As grandes construções institucionais e a concentração do poder dão lugar ao declínio dos Estados e a um mundo onde proliferam as redes (2008, p. 171).

Outra caraterística que permeia as organizações criminosas e que tem se mostrado cada vez mais preocupante, pela sua disseminação, é a infiltração de agentes do crime no Estado, seja por intermédio de suborno/corrupção, seja pelo ingresso através de meios legítimos (como eleição de agentes políticos, aprovação em concursos públicos, etc.). O que se tem assistido nos dias atuais é um escancaramento da capacidade de captação e de infiltração de agentes do crime organizado (ou de representantes dessas categorias) nos órgãos e empresas governamentais, onde atuam em prol dos interesses ilícitos de suas organizações.

São conhecidas situações em que a organização criminosa patrocina por longos anos os estudos de crianças e adolescentes com o objetivo de fazê-los ingressar, através de concursos públicos, em carreiras de Estado, como a Magistratura, o Ministério Público, a Polícia, dentre outras, a fim de assegurar a aplicação do direito em benefício dos membros de tais organizações destinadas aos fins ilícitos. De outro lado, há também a cooptação de políticos e financiamento de suas campanhas para que assumam cargos no Poder Executivo ou no Poder Legislativo, garantindo que a atividade legiferante e de execução das normas tenham por escopo a proteção a essas categorias criminosas.

Objetivando situar a discussão sobre organizações criminosas no cenário nacional, considero pertinente destacar estudo feito por Godoy a respeito do crime organizado no Brasil, em sua obra já citada *Crime Organizado e seu Tratamento Jurídico Penal*, demonstrando que essa é uma realidade atual e latente. O autor enfatiza "que não se trata de mais uma questão ligada somente à repressão policial, mas sim a um grande problema sociopolítico, que atinge não só a segurança da população brasileira, como também a estabilidade econômica e o próprio Estado de Direito" (2011, p. 97).

Na sequência, em sua obra, são descritas as configurações e principais modos de atuação de duas das principais organizações criminosas existentes no Brasil, quais sejam, o Primeiro Comando da Capital, nascida nos presídios de São Paulo, e o Comando Vermelho, originária das favelas da baixada fluminense. Ambas as organizações acima citadas atuam em diversas atividades ilícitas, retirando seus lucros, principalmente, do narcotráfico. Característica fundamental de ambas as organizações é o uso da violência para obtenção de seus intentos, seja para a demarcação do território frente a outros grupos criminosos, seja para causar temor na população e no Estado, como forma de demonstrar poder.

Interessante frisar que tais organizações adquiriram há tempos caráter transnacional, eis que, segundo apurado por órgãos policiais nacionais e internacionais, o Primeiro Comando da Capital – PCC e o Comando Vermelho – CV já possuem ramificações em outros países, como Colômbia, Bolívia, Paraguai e Uruguai.

Da reunião de todas as características das organizações criminosas que expusemos acima, fica a certeza: avolumam-se os desafios para o enfrentamento da criminalidade organizada, o que requer um esforço cada vez maior por parte do Estado, seja aprimorando os meios legais, seja aumentando os investimentos em meios materiais e humanos (com a melhora e contínuo investimento na formação dos policiais, por exemplo), além do necessário aparelhamento Estatal, para que se consiga obter algum resultado eficaz nessa luta. Ainda seguindo o magistério de Anabela Miranda Rodrigues, temos que "o crime é cada vez menos um acto e cada vez mais um conjunto de actos imperceptíveis como ilícitos e só a reconstituição do todo revela os traços de cada uma das partes" (2008, p. 175).

A forma como o Estado pode se aparelhar e se preparar, técnica e juridicamente, para a prevenção e repressão às organizações criminosas é que representa o cerne das nossas ponderações neste trabalho. Tem-se que pensar em quais políticas criminais podem ser adotadas no país e, sobretudo, quais vertentes o Direito Penal e Processual Penal devem seguir nessa seara para encontrar resultados práticos mais eficazes na repressão aos crimes praticados por organizações estruturadas, tendo sempre como balizas limitadoras os direitos fundamentais dos indivíduos estabelecidos na Constituição Federal.

Destaco, neste ponto, as palavras de Flávio Cardoso Pereira, em sua obra *Agente Encubierto y Proceso Penal Garantista: Límites y Desafíos*:

> Efectivamente, parece evidente que para incrementar la eficiencia de la lucha contra la criminalidad organizada, existe una tendencia a crear instrumentos extraordinarios, entendiendo por tales aquéllos que suponen una alteración de los principios inspiradores tanto del Derecho penal material como del propio proceso justo. Todavía, muchos de ellos pueden estar justificados en las dificultades inherentes a dicha lucha, vistas las especiales en las características de las organizaciones criminales (2012, p. 345)

Com efeito, o Direito Penal e o Direito Processual Penal devem representar, antes de tudo, garantias aos investigados (indiciados, denunciados e réus), consubstanciando, assim, direitos subjetivos de que não haverá julgamento por crime sem lei anterior que o defina e que o devido processo legal, com todos os limites à acusação e direitos assegurados à defesa, serão respeitados independentemente de quem seja o acusado. Essa, pode dizer-se, seria a vertente mais individualista do Direito Penal material e processual, associada à concepção liberal de Estado, em que este deve ser, antes de mais nada, limitado e tolhido em relação aos cidadãos e a suas liberdades fundamentais.

Entretanto, não se pode perder de vista que para o exercício, por parte dos indivíduos, de seus direitos fundamentais, inclusive de suas liberdades, faz-se mister que o Estado garanta a segurança de cada um e de todos os seus membros, sem esquecer de garantir o bem comum. Sem ela, "não é possível o gozo dos demais direitos materiais, nem o livre desenvolvimento da personalidade humana com dignidade" (JÚNIOR, 2010, p. 187).

É nesse ponto que queremos enfatizar que tanto quanto é dever do Estado de Direito – e aqui destaco que estamos a tratar do Estado estruturado em uma constituição democrática e em uma legislação reguladora e, sobretudo, limitadora do poder estatal – abster-se de agredir ilegalmente os direitos fundamentais pessoais, é também dever do Estado assegurar à coletividade a segurança necessária para que a vida em sociedade possa se desenvolver de maneira minimamente pacífica. É dizer: ao eleger seus representantes no governo e no legislativo, cedendo ao Estado parcela de seu poder através do voto democrático, o cidadão espera que este mesmo Estado garanta-lhe a proteção aos seus bens jurídicos fundamentais contra agressões injustas de terceiros. Se o Estado não atende a essa expectativa de sua população, omitindo-se no enfrentamento de tais ameaças, pode-se dizer que há uma quebra da confiança depositada nesse mesmo Estado, através de seus governantes e legisladores.

A esse propósito, destaco as palavras de Guedes Valente, em sua obra *Teoria Geral do Direito Policial*: "A harmonização inerente ao convívio mútuo entre liberdade e segurança impele à cedência de um em detrimento do outro sem que algum perca o seu conteúdo e alcance essencial e, nunca algum deles pode ferir a área centrífuga da dignidade da pessoa humana" (2016, p. 169).

Não à toa a Constituição da República Federativa do Brasil reconhece que a segurança é direito fundamental de todos os cidadãos, assegurada no *caput* do artigo 5º, ao lado do direito à vida, à liberdade, à igualdade e à propriedade. O legislador constituinte voltou a tratar do tema segurança no art. 144 da CF, ao prever a segurança pública como dever do Estado e responsabilidade de todos.

E como garantir essa segurança numa era em que a criminalidade organizada se expande, se infiltra, causa temor e violência em toda a população? Esse é o desafio das novas políticas criminais e do Direito Penal material e processual, assim como dos órgãos incumbidos de executar essas políticas e de aplicar o direito. Faz-se necessário, como já dito acima, aparelhar os órgãos responsáveis pela persecução penal de instrumentos eficazes e modernos para o enfrentamento dos organismos estruturados que se dedicam à prática de ilícitos, robuste-cendo a legislação destinada a tal fim, sem se olvidar, por óbvio, dos direitos fundamentais, primordialmente do direito à liberdade "como fundamento, fim e limite imanente de todo o poder – quer político, quer executivo, quer judicial" (VALENTE, 2016, p. 172) e, igualmente, dos princípios éticos que devem nortear os aplicadores do direito.

Apresentada a aparente dicotomia entre as liberdades individuais e o poder-dever do Estado de garantir a segurança de todos e de cada um dos membros da comunidade, passamos a examinar os limites impostos ao Estado na relativização dos direitos fundamentais, ponderando entre a proibição de excesso na agressão a esses direitos e a contrapartida, que é a proibição de insuficiência na sua atuação, de modo a garantir que os direitos fundamentais possam ser exercidos.

3   Direitos fundamentais e dever de proteção do Estado (proibição de insuficiência)

Conforme destacamos no tópico precedente, para que encontremos a medida mais equilibrada entre o respeito aos direitos fundamentais e a necessidade de robustecer as ferramentas estatais de enfrentamento às organizações criminosas precisamos efetuar a ponderação dos valores em jogo, quais sejam, as liberdades tão arduamente conquistadas pelos seres humanos e a possibilidade de restringir tais liberdades diante das ameaças à segurança da coletividade representada pela moderna criminalidade organizada. Para encontrar essa medida, o legislador e, principalmente, o operador do direito, deve socorrer-se do consagrado princípio da proporcionalidade em sentido amplo.

O referido princípio evoca, à primeira vista, o seu lado vinculado à proibição de excesso, tão aclamado e necessariamente arraigado hoje no âmbito do Direito Penal material e processual, em razão dos excessos cometidos em passado não muito remoto, principalmente durante o curso de regimes totalitários. Contudo, não se pode esquecer da vertente da proporcionalidade ligada à proibição de insuficiência do Estado em proteger os direitos fundamentais dos indivíduos.

Esse princípio representa um dos pilares do Estado Democrático de Direito e é reiteradamente invocado para se defender a concepção garantista do Direito Penal. Contudo, é de se notar que a noção de proporcionalidade não se esgota na categoria da proibição de excesso, já que ela também deve ser invocada quando se fala no dever de proteção por parte do Estado, a exigir-lhe uma atuação positiva a fim de proteger os seres humanos também quanto a agressões provenientes de terceiros contra os seus direitos fundamentais. Essa é, então, a faceta do princípio da proporcionalidade chamada proibição de insuficiência no campo jurídico-penal e, por conseguinte, na esfera da política criminal.

É possível dizer, dessa forma, que dos direitos fundamentais extraem-se os mandamentos de proteção, que exigem do Estado uma verdadeira atuação em prol da proteção das liberdades dos cidadãos. Essa conclusão também decorre do princípio do Estado de Direito, na medida em que o Estado é o tradicional detentor do monopólio, tanto da aplicação da força, quanto no âmbito da solução dos litígios entre os particulares, que (salvo em hipóteses excepcionais, como o da legítima defesa), não podem valer-se da força para impedir e, especialmente, corrigir agressões oriundas de outros particulares.

Sob essa perspectiva, Ingo Wofgang Sarlet afirma que:

> Os direitos fundamentais (mesmo os clássicos direitos de liberdade) devem ter sua eficácia valorada não só sob um ângulo individualista, isto é, com base no ponto de vista da pessoa individual e sua posição perante o Estado, mas também sob o ponto de vista da sociedade, da comunidade na sua totalidade, já que se cuidam de valores e fins que esta deve respeitar e concretizar. Com base nesta premissa, a doutrina alienígena chegou à conclusão de que a perspectiva objetiva dos direitos fundamentais constitui função axiologicamente vinculada, demonstrando que o exercício dos direitos subjetivos individuais está condicionado, de certa forma, ao seu reconhecimento pela comunidade na qual se encontra inserido e da qual não pode ser dissociado, podendo falar-se, neste contexto, de uma responsabilidade comunitária dos indivíduos. É

neste sentido que se justifica a afirmação de que a perspectiva objetiva dos direitos fundamentais não só legitima restrições aos direitos subjetivos individuais com base no interesse comunitário prevalente, mas também e de certa forma, que contribui para a limitação do conteúdo e do alcance dos direitos fundamentais, ainda que deva sempre ficar preservado o núcleo essencial destes" (2005, [n.p.]).

Para que o Estado não frustre o seu dever de proteção, atuando de modo insuficiente, devem ser discutidas as medidas que podem mostrar-se mais eficientes para a proteção dos seres humanos, tanto em sua perspectiva individual quanto coletiva, contra as constantes ameaças aos seus direitos, especialmente, naquilo que nos interessa, o direito à segurança.

Para tanto, é preciso pensar numa ponderação de valores que possa legitimar a eficiente repressão, através dos sistema jurídico penal, a essas fontes de ameaça. Essa ponderação deverá ter em conta as liberdades individuais de um lado e a necessidade de conferir maior eficiência à persecução penal, especialmente frente à criminalidade organizada.

Jose Paulo Baltazar Júnior discorre que:

> Embora reconhecida, prima facie, a preponderância do direito individual, recaindo a carga da argumentação sobre quem pretende sua restrição, tenho que tanto o direito à segurança, a ser alcançado mediante uma proteção penal eficiente, quanto os direitos fundamentais do acusado devem ser preservados, sendo a preponderância afirmada, ao final, por meio da ponderação (2010, p. 209).

Defende-se, com isso, uma proteção aos direitos pessoais e coletivos, previstos no art. 5º da Constituição Federal, não só por meio da limitação ao poderio estatal em face dos acusados, mas também através da aplicação eficaz do Direito Penal e Processual Penal, inclusive mediante uma eficiente atuação policial.

É bom que se diga que as políticas criminais mais eficientes para o enfrentamento a esse novo modelo de criminalidade organizada e transnacional não se restringem às ferramentas repressivas. A bem da verdade, o Estado deve preocupar-se, antes de mais nada, com as políticas destinadas à prevenção da ocorrência de crimes dessa vulta, assim como dos delitos ditos tradicionais.

Foi enfatizado anteriormente que uma das principais "armas" utilizadas pelas organizações criminosas, seja para potencializar seus lucros, seja para a blindagem de seus membros e empresas, é a infiltração de seus agentes na estrutura do Estado. Sem acesso às estruturas lícitas da sociedade, sejam estatais ou não estatais, o crime organizado não encontraria o ambiente propício para crescer, eis que se alimenta, também, de produtos e serviços legais na sua atuação.

Quanto a esse aspecto, Guedes Valente, em sua obra *Criminalidade Organizada e Criminalidade de Massa*, afirma:

> O crime organizado, como já disséramos, necessita da rede estabelecida legalmente para se espalhar e se enraizar quer de forma directa quer de forma paralela e utiliza as malhas de restrição legal e de lacunas legais para se trincheirar e ganhar forma em primeira mão ilícita e em segunda mão lícita (2009, p. 161).

A fim de evitar a disseminação, o fortalecimento e o enriquecimento das organizações criminosas, é preciso que o Estado, paralelamente à preocupação com a eficiente repressão, concentre esforços em estruturar as instituições públicas com barreiras que restrinjam a infiltração de criminosos.

Nesse ponto destaco, mais uma vez, as palavras de Guedes Valente:

> A prevenção deste perigo dever-se-ia, prima facie, centrar numa atividade jurídico-administrativa policial em áreas como o controle e a fiscalização das atividades licenciadas pelo Estado – como os sectores da indústria, da imigração, da importação e exportação de bens (de consumo ou matérias primas), da construção civil e imobilário, da exploração de estabelecimentos de restauração e hotelaria, da importação e exportação de armas, da importação e exportação de fármacos, da importação e exportação de automóveis, da emissão de documentos pessoais (passaporte, carta de condução, número fiscal), da banca (através do banco central de cada Estado-membro), do desporto, da internet etc. Caso existisse um sério e real controlo e fiscalização destas actividades lícitas – pois, o mundo do crime estrutura e organizado utiliza as estruturas organizadas legalmente para proliferação dos seus intentos – e se actuasse no plano administrativo preventivo e sancionatório, prevenia-se e evitava-se o recurso excessivo ao direito penal material e processual" (2009, p. 160-161).

A todas essas atividades lícitas sujeitas à fiscalização estatal adicionamos o sistema financeiro e de mercado de valores, onde efetivamente transita a maior parte do dinheiro obtido a partir da exploração dos mercados ilícitos ou a partir de quaisquer outras atividades desenvolvidas pelas organizações criminosas. O sistema financeiro e as bolsas de valores merecem, portanto, um olhar mais cuidadoso e atento do Estado em sua regulação.

Não obstante reconhecida a importância das ações de cunho preventivo que devem ser implementadas pelo Estado na sua luta contra o crime organizado, o presente trabalho centra sua análise nos mecanismos de repressão, em especial, na técnica especial de investigação de infiltração de agentes, motivo pelo qual restringiremos o nosso exame à referida técnica, sem deixar de comentar outros mecanismos correlatos.

Sob esse enfoque, entendemos ser necessário o aprimoramento dos atores da persecução penal e das ferramentas estatais destinadas à repressão penal. É relevante repisar que os instrumentos que se pretendem ver aprimorados não se destinam à repressão de crimes segundo a concepção do Direito Penal clássico, que são essencialmente unipessoais e voltados contra um ou poucos indivíduos. O que se almeja, neste estudo, é defender um melhor e mais eficiente arcabouço legal destinado a prevenir e reprimir, com melhores resultados, a nova criminalidade organizada, de caráter tecnológico, transnacional, fortalecida pelo poderio econômico e com maior capacidade de ocultar vestígios e provas do que a criminalidade tradicional, a qual tem potencial para atingir número indistinto de indivíduos, além de ser capaz de desestabilizar, inclusive, o Estado Democrático.

A esse respeito, nos diz Flávio Cardoso Pereira que:

> En esencia, como resulta inviable afrontar la represión del crimen organizado mediante el recurso a las vías legales arbitradas para la delincuencia tradicional, ha tenido lugar una especialización de la norma procesal penal contra la delincuencia asociativa. Dicho en otras palabras, se ha llegado a la conclusión de que la lucha estaría quedando desigual en términos de combate al crimen organizado, especialmente en razón de que en la gran mayoría de las veces, se intenta luchar contra un oponente imaginario, por veces desconocido respecto a su estructura y logística, y además, de lo cual no se tiene un completo conocimiento con relación a los aspectos internos de su modus operandi (2012, p. 346).

No cenário que estamos a tratar, em que se discute meios de melhor municiar, sob o amparo do ordenamento jurídico, os órgãos estatais responsáveis pela repressão criminal, desde a fase processual-investigatória, até a fase da ação penal, consideramos que a edição da

Lei nº 12.850/2013 coroou os avanços legislativos que foram, ao longo dos anos, sendo adotados no país para o enfrentamento às organizações criminosas, desde edição da Lei dos Crimes Hediondos, passando pela revogada Lei do Crime Organizado, pela Lei de Lavagem de Dinheiro, pela Lei de Drogas, pela Lei de Proteção a Réus e Testemunhas, além de convenções e tratados internacionais, os quais já previam e disciplinavam, em parte, as técnicas especiais de investigação.

Contudo, no que tange à técnica da infiltração de agentes, consideramos que a nova lei apresenta uma limitação incompatível com os novos desafios impostos por esse tipo de criminalidade. Conforme será exposto a seguir, a práxis da Polícia Federal permitiu demonstrar que não só a infiltração de agentes de polícia tende a ser uma importante técnica de investigação, como também a infiltração de terceiros, principalmente quando são egressos das organizações criminosas e passaram à condição de colaboradores da justiça.

4   A Lei nº 12.850/2013 e a infiltração de agentes

Consoante já exposto *supra*, vimos que o enfrentamento ao crime organizado exige dos Estados um melhoramento na qualidade de suas investigações, seja otimizando e aprimorando as técnicas mais tradicionais (como obtenção de documentos e toda sorte de vestígios de crimes, com respeito à cadeia de custódia, colheita de depoimentos e interrogatórios com respeito às garantias constitucionais dos investigados e acusados em geral etc.), seja valendo-se de meios ou técnicas especiais de investigação, mais especializadas e tecnológicas, de modo a adequar-se às novas demandas, nacionais e internacionais, de combate à criminalidade.

Em resposta a essas demandas, o legislador brasileiro editou a Lei nº 12.850/2013, que estabelece, dentre os meios investigatórios regulamentados para apurações relacionadas ao crime organizado, a técnica da infiltração de agentes. Esse meio de investigação e obtenção de provas já estava previsto na Lei nº 9.034/95, cujo dispositivo foi acrescentado somente seis anos após a promulgação da referida Lei.[7]
Contudo, a referida lei não cuidava de disciplinar suficientemente o

---

[7]   A Lei nº 10.217/2001 previu a possibilidade de "infiltração por agentes de polícia ou de inteligência, em tarefas de investigação, constituída pelos órgãos especializados pertinentes, mediante circunstanciada autorização judicial".

procedimento da infiltração de agentes, deixando a sua aplicação prática muito mais aberta e passível de excessos.

Já a nova lei de combate ao crime organizado, para além de ratificar a infiltração de agentes como meio investigativo, dedicou toda uma seção para a disciplina do procedimento a ser seguido quando da sua utilização. Em seu artigo 10, o diploma legal em estudo prevê: "A infiltração de agentes de polícia em tarefas de investigação, representada pelo delegado de polícia ou requerida pelo Ministério Público, após manifestação técnica do delegado de polícia, quando solicitada no curso de inquérito policial, será precedida de circunstanciada, motivada e sigilosa autorização judicial, que estabelecerá seus limites".

O agente infiltrado seria aquele que, mediante a prévia e indispensável autorização judicial, e sob o controle do órgão policial, insere-se no âmago de uma organização criminosa sob falsa identidade, com o fim de conquistar a confiança de seus membros, com eles conviver, até mesmo em seu meio familiar, e com isso obter informações, indícios e provas das atividades criminosas desenvolvidas pelos integrantes daquela organização, destinando-se seu resultado à instrução processual penal (VALENTE, 2016, p. 498-499).

Interessante notar, conforme esclarece Flávio Cardoso Pereira, que a técnica da infiltração de agentes é uma das mais antigas para a apuração de crimes. Sobre isso o citado autor escreve:

> Este es un punto muy importante a tener en cuenta, en la medida en que se puede afirmar con seguridad que uno de los métodos más antiguos de control de la criminalidad consiste en que el agente investigador realice una búsqueda de datos e informaciones ocultando su pertenencia al poder público, con lo que consigue el acceso a ambientes sociales y a personas que tendría vedado si no actuara de forma subrepticia (2012, p. 346).

Pois bem, da nova disciplina legal da técnica de infiltração de agentes, importa, antes de tudo, destacar que o legislador normatizou os princípios da *indispensabilidade* e da *subsidiariedade* (VALENTE, 2016, p. 517-518) da medida, ao prever que a infiltração somente será admitida quando houver indícios do cometimento de infração penal de que trata o art. 1º e se a prova não puder ser produzida por outros meios disponíveis (art. 10, §2º). Com isso, somente em casos de justificada e motivada necessidade, quando os investigadores não tiverem acesso a outros modos de produzir provas em face daquela organização é que poderá ser admitido uso a esse recurso investigativo.

Trata-se de um meio excepcional de obtenção de prova, que deve ser utilizado apenas, e tão somente, quando verificados os pressupostos contidos na Lei nº 12.850/2013 e absoluta necessidade à obtenção de provas de crimes cometidos por organizações criminosas, pois "é um meio de obtenção de prova que colide com direitos fundamentais pessoais – como a reserva da vida privada e familiar (...)" (VALENTE, 2016, p. 495). Em outras palavras, esse recurso, por extremo que é, deve ser aplicado em investigações apenas quando outros meios não se mostrarem eficazes na busca de provas que ajudem a clarificar os fatos em investigação.

Demais disso, com o novo regramento legal foi consagrado o princípio da *adequabilidade* na execução da infiltração, segundo o qual, além de *indispensável*, a técnica da infiltração de agentes deverá ser tida como adequada para a obtenção das provas de autoria e materialidade delitiva que se está a apurar. Afigura-se imperiosa a demonstração da utilidade da medida para os fins do processo penal, sob pena de não poder ser autorizada a infiltração de agentes.

O princípio da proporcionalidade também obteve especial atenção na Lei nº 12.850/2013, eis que foi prevista, expressamente, a possibilidade de o agente infiltrado responder pelos excessos de sua conduta, quando a sua atuação não guardar a devida proporcionalidade com a finalidade da investigação.

Sendo assim, na condição de infiltrado judicialmente autorizado, não pode o agente proceder da forma como bem entender, sem limites de ação, sem observância aos direitos fundamentais e à legalidade. Sua ação deverá estar estritamente pautada pelos limites fixados no interesse da investigação e, sobretudo, nos princípios da lealdade ou *fair trail* (VALENTE, 2016, p. 508), da proporcionalidade e do respeito à dignidade humana.

Como dito, toda a sua atuação deverá guardar conformidade com os estritos interesses da investigação em curso, não sendo admissível ao agente, com esse intento, instigar, fomentar ou induzir o investigado a praticar crimes que já não tenha iniciado, sob pena de invalidade das provas coligidas. É fundamental, portanto, distinguir as figuras do agente infiltrado e do agente provocador.

A ação do agente infiltrado, para ser tida por legítima e juridica-mente protegida, não pode ser o motivo desencadeador da prática do crime. Trata-se, neste último caso, da ação do agente provocador, que é aquele que, com sua ação, induz ou instiga outros a praticar crimes, como por exemplo, aquele que age como comprador de drogas, de armas, ou mesmo aquele que se dispõe a fornecer serviços ilícitos. Essa forma de agir fere o princípio democrático, que "impõe que ao cidadão seja dada a liberdade de escolha dos seus actos" (VALENTE, 2016, p. 507), além de violar a dignidade da pessoa humana.

No direito brasileiro, a conduta do agente provocador motivaria a situação do "crime preparado", considerada atípica para o seu autor, no caso, o investigado da ação de infiltração. É que, nessa hipótese, é o Estado, por seu representante, que cria a conduta criminosa, resultando o delito da atividade do agente infiltrado. Aplica-se, na espécie, o art. 17 do Código penal (crime impossível) e a Súmula nº 145 do STF (Não há crime, quando a preparação do flagrante pela polícia torna impossível a sua consumação).

Sendo assim, para ter sua ação considerada legítima, o agente infiltrado deve restringir-se a ganhar a confiança do(s) investigado(s) a fim de melhor observar suas ações, colher informações e provas de sua atividade criminosa. Não poderá, portanto, ser agente instigador ou mesmo o autor mediato do ato criminoso.

Muito embora não possa instigar ou provocar a prática do ato ilícito, o agente infiltrado, autorizado judicialmente e sob o controle da Polícia Judiciária, poderá auxiliar o investigado na prática de crimes ou, em última análise, até praticar por si mesmo atos executórios de delitos, desde que lhe seja inexigível conduta diversa. Essa é a leitura que se faz do artigo 13, parágrafo único, da Lei nº 12.850/2013 ("Não é punível, no âmbito da infiltração, a prática de crime pelo agente infiltrado no curso da investigação, quando inexigível conduta diversa").

Nesse ponto, é importante frisar que a nova Lei trouxe as linhas básicas a suprir relevante lacuna normativa verificada no diploma anterior.[8] Com efeito, a Lei nº 9.034/95 nada dizia a respeito da responsabilidade do agente infiltrado no que tange à prática de crimes no contexto da infiltração. É sabido que em certos modelos de organizações criminosas (a exemplo daquelas com características mafiosas), seus

---

[8] Interessante notar que no direito português a técnica de infiltração de agentes é disciplinada pela Lei nº 101/2001, de 25 de abril, a qual já tratava da questão da responsabilidade penal do agente infiltrado pelas condutas ilícitas que cometer durante sua atuação. Quanto a isso, a lei portuguesa estabeleceu, em seu artigo 6º, que "Não é punível a conduta do agente encoberto que, no âmbito de uma acção encoberta, consubstancie a prática de actos preparatórios ou de execução de uma infracção em qualquer forma de comparticipação diversa da instigação e da autoria mediata, sempre que guarde a devida proporcionalidade com a finalidade da mesma".

integrantes podem demandar, para aceitação de um novo membro, provas de lealdade, que muitas vezes resvalam no cometimento de crimes.

Sob a regência da antiga Lei, o agente infiltrado parecia encontrar-se desamparado de excludentes de ilicitude que pudessem ser aplicadas automaticamente à sua ação. Por não existir qualquer referência positiva para as excludentes de tipicidade, ilicitude e culpabilidade diretamente vinculadas às ações do agente infiltrado, sua atuação no seio da organização criminosa ficava, apenas, sob o amparo dos limites da autorização judicial no caso concreto, o que gerava imensa insegurança jurídica e dificuldades práticas para implementar essa técnica investigativa.

Na atualidade, a Lei nº 12.850/2013 prevê expressamente que não é punível, no âmbito da infiltração, a conduta do agente que pratica crimes, desde que comprovada a inexigibilidade de conduta diversa. Por óbvio, não se aplica tal excludente de ilicitude para o agente que provoca o crime.

Para além da garantia de que seus atos ilícitos praticados no curso da ação de infiltração e nos estritos limites da exigibilidade não serão puníveis, a Lei de combate às organizações criminosas também trouxe outras garantias aos agentes infiltrados, visando proteger a sua segurança e identidade.

Nesse sentido, o legislador garantiu a possibilidade do agente recusar sua participação como infiltrado no grupo, ou mesmo a cessação imediata da medida invasiva quando houver risco a sua integridade física e/ou psicológica. Garante-se-lhe, igualmente, o direito a ter sua identidade alterada e o ingresso a programas de proteção a testemunhas. Tem direito, também, a ter seu nome, sua qualificação, sua imagem, sua voz e demais informações pessoais preservadas durante a investigação e o processo criminal, salvo se houver decisão judicial em contrário, além de lhe ser assegurado o direito de não ter sua identidade revelada, nem ser fotografado ou filmado pelos meios de comunicação, sem sua prévia autorização por escrito.[9]

Há que se reconhecer, por todo o exposto, que a Lei nº 12.850/2013 representa, de um modo geral, um largo avanço no que respeita à regulamentação da técnica de infiltração de agentes em organizações

---

[9] Sobre essa questão também há regulamentação no direito português, por meio dos artigos 4º e 5º da Lei nº 101/2001, de 25 de abril.

criminosas, pois disciplinou aquilo que a revogada Lei n° 9.034/95 havia deixado reticente. Não obstante, consideramos que o legislador restringiu em demasia e limitou muito o espaço de ação quando excluiu a possibilidade de terceiros não policiais atuarem como infiltrados sob o comando da polícia judiciária, conforme exporemos a seguir.

O já transcrito artigo 10 da nova Lei de Combate às Organizações Criminosas estabelece que a infiltração será *realizada apenas por policiais, afastando a hipótese de agentes de inteligência* (como antes previa a Lei n° 9.034/95) *ou terceiros*, integrantes de outros órgãos estatais ou mesmo civis sem qualquer vinculação com o governo, atuarem como infiltrados com autorização judicial e sob o amparo da polícia judiciária.

Considero que, com essa restrição, a lei limitou a eficácia da aplicação do meio de investigação em estudo, por impossibilitar a utilização de pessoas que, sendo muitas vezes originárias dos grupos ou organizações criminosas, poderiam com maior probabilidade de sucesso colaborar com os órgãos de investigação criminal.

Com efeito, a práxis em investigações realizadas pela Polícia Federal brasileira demonstra que a utilização de terceiros infiltrados pode resultar em significativa colheita de provas em face de membros da organização criminosa sob investigação, como a casuística demonstrou em recentes investigações, em especial naquelas destinadas a desarticular associações de narcotraficantes, em que atuaram, como infiltrados, civis e policiais de outros países.

Há situações em que integrantes da própria organização investigada predispõem-se a colaborar com a justiça, em troca de abrandamento de penas ou mesmo de perdão judicial, hipótese em que haveria uma aplicação conjunta da disciplina legal destinada à colaboração premiada. Essa técnica investigativa está disciplinada nos artigos 4º a 7º da Lei n° 12.850/2013 e pode se mostrar um importante aliado na repressão a organizações criminosas.

É verdade que esse instrumento também pode mostrar-se nocivo quando passa a ser usado como meio de coagir investigados a delatarem "comparsas" ou mesmo rivais no crime, mas não se pode excluir sua utilidade e importância como ferramenta investigativa quando utilizada dentro dos limites legais e constitucionais, sobretudo quando não se perde de vista os princípios ligados às liberdades fundamentais dos indivíduos (inclusive aquela relativa ao direito ao silêncio) e à dignidade da pessoa humana. Mas não sendo objeto desde trabalho, não nos alongaremos na análise da colaboração premiada como técnica de investigação.

Adentramos na questão da colaboração premiada apenas para ressaltar que esse meio de apuração de crimes pode ser usado para dar início a uma ação de infiltração, quando um integrante da organização criminosa investigada, já sob a tutela judiciária e controle operativo policial, poderá a ela regressar com o intuito de auxiliar o órgão investigativo na apuração, coletando indícios e provas dos delitos perpetrados pelos demais membros.

Enfatizamos linhas acima sobre as imensas dificuldades que circundam a averiguação e efetiva colheita de provas para enfrentar a moderna criminalidade organizada. Dissemos que ela tem, em regra, caráter transnacional, tecnológico, além de guardar um poderio econômico relevante e suficiente para ocultar provas e vestígios, transformando os crimes que pratica em atos quase imperceptíveis. Para além disso, é também capaz de se infiltrar nas "entranhas" do Estado, seja para corromper funcionários, seja para inserir membros próprios nas estruturas estatais, tudo com o intento de assegurar a realização de seus objetivos ilícitos e a impunidade.

Sendo assim, considero imprescindível que o Estado robusteça seus meios de investigação, sem ultrapassar os limites constitucionais e legalmente aceitáveis no Estado Democrático de Direito, mas garantindo-lhe a oportunidade de obter resultados mais eficazes na "luta" contra a criminalidade organizada.

Sobre a possibilidade de o terceiro ser infiltrado em ações coordenadas pela Polícia e autorizadas judicialmente, destaco, a título de exemplo, que a legislação de vários países, dentre as quais a portuguesa, permite a utilização de elementos não policiais em ações desse jaez, sob o controle da Polícia Judiciária.

Em Portugal, a Lei nº 101/2001 tratou do tema e alargou o âmbito de possível atuação do agente infiltrado, prevendo, além de mais tipologias para o emprego da técnica, a possibilidade de utilização do terceiro. Esse alargamento, esclareça-se, decorreu da necessidade de adequação da legislação portuguesa às demandas da União Europeia para o mútuo auxílio judiciário em matéria penal entre os Estados-Membros, inclusive para o enfrentamento às organizações criminosas (VALENTE, 2016, p. 496).

Teses contrárias à autorização para que o terceiro seja utilizado como agente infiltrado defendem que restaria duvidosa a legitimidade ético-jurídica da medida, diante da possibilidade de o terceiro atuante nesta condição ter interesses diretos quanto ao crime a investigar, "o que lhe proporciona um melhor controlo das operações da Polícia e, consequentemente, da sua atividade ilícita" (VALENTE, 2016, p. 515).

Outrossim, aqueles que se opõem a essa ampliação do âmbito subjetivo de realização da infiltração afirmam que o particular não teria condições psicológicas para suportar o mundo do crime, nem conhecimentos práticos suficiente para lidar com criminosos. De outra banda, argumenta-se que os particulares seriam mais facilmente corrompíveis no ambiente criminoso (PEREIRA, 2012).

Embora reconheçamos os maiores desafios inerentes a uma operação de infiltração com agentes não policiais, cremos ser possível alcançar bons resultados com o recurso a esse meio de investigação e manter o controle da ação do infiltrado, conformando a sua atuação àquilo que realmente interessa à investigação criminal e coibindo os excessos que possa, eventualmente, vir a cometer.

Infiltrados que sejam egressos do mundo do crime e com fortes interesses em ver sua situação perante a Justiça abrandada (no caso de serem favorecidos pela aplicação dos benefícios da colaboração premiada) não vivenciariam as dificuldades de ordem psicológica e prática acima apontadas. Por outro lado, temos que a possibilidade de se deixarem corromper é algo que, infelizmente, assombra tanto policiais quanto particulares, não sendo este, a nosso ver, motivo suficiente e bastante para limitar legalmente o recurso à técnica de infiltração de terceiros, especialmente associada à colaboração premiada.

5 Considerações finais

De tudo quanto exposto, consideramos estar patente a necessidade de o Estado se aprimorar juridicamente para o enfrentamento à criminalidade organizada. Esse aprimoramento se inicia desde o incremento de políticas criminais preventivas que visem abafar ou dificultar o fortalecimento, enraizamento e enriquecimento das organizações criminosas nos mercados ilícitos ou lícitos que elas exploram, mas também passa por uma revisão na sua legislação repressora, com destaque aqui para a Lei nº 12.850/2013, que trata dos procedimentos investigatórios destinados ao "combate" ao crime organizado.

Nesse aspecto, entendemos que a Lei atual avançou sobremaneira quando, primeiramente, definiu o conceito e tipificou o crime de organização criminosa, ultrapassando a antiga celeuma que girava em torno do enquadramento típico dessa espécie de criminalidade e, em segundo, quando disciplinou mais detalhadamente os recursos a que podem aceder os órgãos encarregados da repressão, sobretudo a polícia judiciária, nas apurações que visem desmantelar grupos estruturados, integrados por 4 (quatro) ou mais pessoas, caracterizados pela divisão de tarefas, destinados à prática de crimes puníveis com penas máximas superiores a 4 (quatro) anos, ou que tenha caráter transacional.

Contudo, a par dos avanços reconhecidos, entendemos, também, que a Lei nº 12.850/2013 não acompanhou as demandas reais relacionadas à repressão das organizações criminosas, pois deixou de prever a possibilidade de o terceiro não policial ser autorizado a participar de operações de infiltração.

A fim de melhor aparelhar o Estado na sua "luta" contra as organizações criminosas, possibilitando que os órgãos incumbidos da prevenção e repressão ao crime organizado alcancem resultados mais eficazes na missão de frear a disseminação e o fortalecimento econômico dessas organizações, é imperioso, além de investir na melhoria de recursos humanos e materiais das Polícias e demais atores da persecução penal, enriquecer a legislação com mecanismos de investigação que possam aclarar o *modus operandi* dessas redes criminosas, identificar seus principais líderes e membros e amealhar provas para a aplicação da lei penal, num Processo Penal justo e amparado pelo contraditório e ampla defesa.

A técnica especial de infiltração de agentes é um desses mecanismos que podem contribuir para a repressão ao crime organizado e deve, portanto, ter seu âmbito de aplicação subjetiva ampliado, a fim de permitir que agentes não policiais possam ser utilizados como infiltrados nas organizações criminosas. Com o necessário controle por parte da polícia judiciária, e com a observância da *proporcionalidade, razoabilidade, indispensabilidade, subsidiariedade* e *adequação* em relação aos fins almejados na investigação, a execução da técnica de infiltração de terceiros pode ser um excelente recurso para o combate ao crime organizado.

Considerando a opção do legislador ao editar a Lei nº 12.850/2013 com a restrição já explanada, propomos a rediscussão da matéria a fim de fomentar a alteração da Lei em questão visando à ampliação do âmbito subjetivo de utilização da técnica especial de investigação de infiltração de agentes, objetivando possibilitar que o terceiro não policial também possa ser autorizado a infiltrar-se em organizações criminosas.

O legislador precisa se conscientizar acerca dos grandes desafios impostos aos órgãos incumbidos da investigação e da repressão penal ao crime organizado, bem como das necessidades processuais que daí decorrem. A instrumentalização do Estado com ferramentas que possam se mostrar úteis e efetivas nesse enfrentamento é algo essencial e urgente no cenário mundial, em que o crime organizado se prolifera e se torna cada vez mais robusto frente ao Estado.

Concluímos este estudo com as palavras de Guedes Valente, que nos alerta para a necessidade de melhor aparelhamento do Estado para prevenir e reprimir a criminalidade organizada:

> A busca por mecanismos capazes de prevenir e investigar a criminalidade mais grave – altamente organizada, complexa, violenta, transnacional, internacional – e que mais preocupa e fere o normal desenvolvimento do Homem impele o legislador a decidir ampliar o âmbito das acções encobertas, vulgo agente infiltrado, subordinando o regime estabelecido aos princípios norteadores da justiça, ajustando a lei ao tempo dos nossos dias e dando à sociedade a segurança jurídica no sentido de legalizar um meio de investigação excepcional (...) (2016, p. 492).

Referências

ALEXY, R. *Teoria dos Direitos Fundamentais*. Tradução Virgílio Afonso da Silva. 2. ed. 4. reimp. São Paulo: Malheiros, 2015.

ANDRADE, M. C. *Sobre as Proibições de Prova em Processo Penal*. Coimbra: Coimbra Ed. 1992.

FELDENS, L. *Direitos Fundamentais e Direito Penal*: A Constituição Penal. Porto Alegre: Livraria do Advogado, 2012.

GODOY, L. R. U. *Crime Organizado e seu Tratamento Jurídico Penal*. São Paulo: Elsevier, 2011.

JÚNIOR, J. P. B. *Crime Organizado e Proibição de Insuficiência*. Porto Alegre: Livraria do Advogado, 2010.

PEREIRA, F. C. *Agente Encubierto y Proceso Penal Garantista*: Límites y Desafíos. Córdoba: Lerner, 2012.

RODRIGUES, A. M. *O Direito Penal Europeu Emergente*. Coimbra: Coimbra Ed., 2008.

SARLET, I. W. Constituição e Proporcionalidade: O Direito Penal e os Direitos Fundamentais entre Proibição de Excesso e de Insuficiência. *Mundo Jurídico*, 12 jul. 2005.

SUTHERLAND, E. H. A Criminalidade do Colarinho Branco. Tradução de Lucas Minorelli. *Revista Eletrônica de Direito Penal e Política Criminal*, n. 2, v. 2. p. 93-103, 2014. Disponível em: http://seer.ufrgs.br/index.php/redppc/article/view/56251. Acesso em: 20 nov. 2019.

VALENTE, M. M. *Criminalidade Organizada e Criminalidade de Massa*. 4. ed. Coimbra: Almedina, 2009.

VALENTE, M. M. *Teoria Geral do Direito Policial*. Coimbra: Almedina, 2016.

Informação bibliográfica deste texto, conforme a NBR 6023:2018 da Associação Brasileira de Normas Técnicas (ABNT):

LIMA, Juliana Resende Silva de. Infiltração de agentes. *In*: PEREIRA, Eliomar da Silva; ANSELMO, Márcio Adriano (Org.). *Direito Processual de Polícia Judiciária II*: os meios de obtenção de prova. Belo Horizonte: Fórum, 2020. p. 259-285. (Curso de Direito de Polícia Judiciária, v. 5). ISBN 978-85-450-0620-6.

AÇÃO CONTROLADA

MILTON FORNAZARI JUNIOR

1 Introdução

Com o avanço das tecnologias e dos meios de comunicação, o crime organizado aperfeiçoou sua atuação e passou a se estruturar em diversas camadas, com distribuição de tarefas em diferentes níveis hierárquicos, dificultando a responsabilização penal das pessoas que ocupam o ápice do comando da atividade criminosa.

Além disso, com o advento do fenômeno conhecido como globalização, as organizações criminosas passaram a atuar também em diversos países, não constituindo mais as fronteiras dos países um limite à atividade criminosa.

Em razão disso, no plano internacional e no Brasil, foram uniformizadas e positivadas em tratados internacionais e na legislação interna, novas técnicas de investigação criminal aptas à produção de provas da materialidade e autoria dos crimes praticados por organizações criminosas, a fim de fazer cessar a atividade criminosa e permitir a responsabilização penal de seus agentes, com eficiência e celeridade, bem como em consonância com os direitos e garantias fundamentais, como se exige em um Estado Democrático de Direito.

Nesse contexto, foram introduzidos e regulamentados no nosso ordenamento jurídico novos meios de investigação e prova, como a cooperação jurídica internacional, a colaboração premiada, a infiltração de agentes e a ação controlada, esta última o objeto do presente estudo.

2 Evolução Histórica

A ação controlada passou a se destacar nos tratados internacionais, como uma das medidas recomendadas aos países da comunidade internacional no combate à criminalidade organizada. O primeiro tratado multilateral a prevê-la foi a Convenção de Viena de 1988, introduzida em nosso ordenamento jurídico em 1991,[1] cujo objeto era o combate ao tráfico de drogas e à lavagem de dinheiro, e por meio do qual se estabeleceu o conceito de entrega vigiada, uma das espécies de ação controlada, bem como sua aplicabilidade entre os países signatários, nos seguintes termos:

> Art. 1º, Item "l": Por "entrega vigiada" se entenda a técnica de deixar que remessas ilícitas ou suspeitas de entorpecentes, substâncias psicotrópicas, substâncias que figuram no Quadro I e no Quadro II anexos nesta Convenção, ou substâncias que tenham substituído as anteriormente mencionadas, saiam do território de um ou mais países, que o atravessem ou que nele ingressem, com o conhecimento e sob a supervisão de suas autoridades competentes, com o fim de identificar as pessoas envolvidas em praticar delitos especificados no parágrafo 1 do Artigo 2 desta Convenção; (...).
>
> Art. 11: 1 - Se os princípios fundamentais dos respectivos ordenamentos jurídicos internos o permitirem, as Partes adotarão as medidas necessárias, dentro de suas possibilidades, para que se possa recorrer, de forma adequada, no plano internacional, à entrega vigiada, com base nos acordos e ajustes mutuamente negociados, com a finalidade de descobrir as pessoas implicadas em delitos estabelecidos de acordo com o parágrafo 1 do Artigo 3 e de encetar ações legais contra estes. 2 - As decisões de recorrer à entrega vigiada serão adotadas, caso a caso, e poderão, quando necessário, levar em conta ajustes financeiros e entendimentos relativos ao exercício de sua competência pelas Partes interessadas. 3 - As remessas ilícitas, cuja entrega vigiada tenha sido negociada poderão, com o consentimento das Partes interessadas, ser interceptadas e autorizadas a prosseguir intactas ou tendo sido retirado ou subtraído, total ou parcialmente, os entorpecentes ou substâncias psicotrópicas que continham.

Sensibilizado com o panorama internacional da época, o legislador brasileiro estabeleceu a primeira previsão legal da ação controlada,

---

[1] Convenção contra o Tráfico Ilícito de Entorpecentes e Substâncias Psicotrópicas, introduzida no ordenamento jurídico brasileiro pelo Decreto nº 154/1991.

justamente na primeira lei de combate às organizações criminosas, a Lei nº 9.034/1995, em seu artigo 2º, inciso II, que dispôs:

> Art. 2º Em qualquer fase de persecução criminal são permitidos, sem prejuízo dos já previstos em lei, os seguintes procedimentos de investigação e formação de provas (...) II - a ação controlada, que consiste em retardar a interdição policial do que se supõe ação praticada por organizações criminosas ou a ela vinculado, desde que mantida sob observação e acompanhamento para que a medida legal se concretize no momento mais eficaz do ponto de vista da formação de provas e fornecimento de informações;(...).

Posteriormente, a Lei nº 12.217/01 (Lei de Tóxicos), em seu artigo 53, também previu a ação controlada, tendo sido revogada pela Lei nº 11.343/2006 (Lei de Drogas), que em seu artigo 53, todavia, preservou o referido instituto nos seguintes termos:

> Art. 53. Em qualquer fase da persecução criminal relativa aos crimes previstos nesta Lei, são permitidos, além dos previstos em lei, mediante autorização judicial e ouvido o Ministério Público, os seguintes procedimentos investigatórios: (...) II - a não-atuação policial sobre os portadores de drogas, seus precursores químicos ou outros produtos utilizados em sua produção, que se encontrem no território brasileiro, com a finalidade de identificar e responsabilizar maior número de integrantes de operações de tráfico e distribuição, sem prejuízo da ação penal cabível. Parágrafo único. Na hipótese do inciso II deste artigo, a autorização será concedida desde que sejam conhecidos o itinerário provável e a identificação dos agentes do delito ou de colaboradores.

A Convenção de Palermo,[2] que teve como escopo o combate ao crime organizado transnacional, em seu artigo 20, também estabeleceu a adoção da ação controlada por meio da entrega vigiada, no combate à criminalidade organizada transnacional:

> Art. 20, Item 1: Se os princípios fundamentais do seu ordenamento jurídico nacional o permitirem, cada Estado Parte, tendo em conta as suas possibilidades e em conformidade com as condições prescritas no seu direito interno, adotará as medidas necessárias para permitir o recurso apropriado a entregas vigiadas e, quando o considere adequado,

---

[2] Convenção das Nações Unidas contra o Crime Organizado Transnacional, de 2000, incorporada ao ordenamento jurídico brasileiro pelo Decreto nº 5.015/2004.

o recursos a outras técnicas especiais de investigação, como a vigilância eletrônica ou outras formas de vigilância e as operações de infiltração, por parte das autoridades competentes no seu território, a fim de combater eficazmente a criminalidade organizada.

Já no ano de 2012, com a edição da Lei nº 13.683/2012 (Lei de Lavagem de Dinheiro), que acrescentou o artigo 4º-B à Lei nº 9.613/1998, instituiu-se uma nova modalidade de ação controlada, nos seguintes termos:

> Art. 4º-B. A ordem de prisão de pessoas ou as medidas assecuratórias de bens, direitos ou valores poderão ser suspensas pelo juiz, ouvido o Ministério Público, quando a sua execução imediata puder comprometer as investigações.

Por fim, em 2013 sobreveio a Lei nº 12.850/2013, que definiu organização criminosa e dispôs sobre os meios de obtenção de prova, dentre eles a ação controlada, em seus artigos 8º e 9º, abaixo transcritos:

> Art. 8º Consiste a ação controlada em retardar a intervenção policial ou administrativa relativa à ação praticada por organização criminosa ou a ela vinculada, desde que mantida sob observação e acompanhamento para que a medida legal se concretize no momento mais eficaz à formação de provas e obtenção de informações. §1º O retardamento da intervenção policial ou administrativa será previamente comunicado ao juiz competente que, se for o caso, estabelecerá os seus limites e comunicará ao Ministério Público. §2º A comunicação será sigilosamente distribuída de forma a não conter informações que possam indicar a operação a ser efetuada. §3º Até o encerramento da diligência, o acesso aos autos será restrito ao juiz, ao Ministério Público e ao delegado de polícia, como forma de garantir o êxito das investigações. §4º Ao término da diligência, elaborar-se-á auto circunstanciado acerca da ação controlada.
>
> Art. 9º Se a ação controlada envolver transposição de fronteiras, o retardamento da intervenção policial ou administrativa somente poderá ocorrer com a cooperação das autoridades dos países que figurem como provável itinerário ou destino do investigado, de modo a reduzir os riscos de fuga e extravio do produto, objeto, instrumento ou proveito do crime.

Atualmente, portanto, temos três hipóteses de permissão da adoção da ação controlada na persecução penal, em razão da temática do crime investigado: *i)* artigo 53 da Lei nº 11.343/2006 (Lei de Drogas); *ii)* artigo 4º-B da Lei nº 9.613/98 (Lei de Lavagem de Dinheiro); e *iii)* artigos 8º e 9º, da Lei nº 12.850/2013 (Lei de Combate às Organizações Criminosas).

Melhor seria que o procedimento da ação controlada estivesse previsto no Código de Processo Penal, para que não persistissem dúvidas acerca de sua aplicação a todas as espécies de crimes, uma vez que a atividade criminosa de regra não é linear, não se restringe a um tipo penal, não se justificando sua adoção apenas quando envolvidos os crimes acima mencionados e/ou a prática de crimes por organização criminosa.

3 Conceito

A ação controlada trata de uma medida incidental ao inquérito policial, se revelando tanto como técnica especial de investigação criminal, como meio de prova no inquérito policial e no processo penal.

Por meio dela se busca a prova da materialidade e autoria de infrações penais graves, de difícil comprovação.

Consiste a medida no retardamento da devida intervenção policial sobre uma conduta criminosa, com a finalidade de se obter a maior quantidade e qualidade de prova a fim de possibilitar a plena responsabilização criminal de todos os agentes envolvidos com o fato.

O conceito legal vem estabelecido no artigo 8º, da Lei nº 12.850/2012: "consiste a ação controlada em retardar a intervenção policial ou administrativa relativa à ação praticada por organização criminosa ou a ela vinculada, desde que mantida sob observação e acompanhamento para que a medida legal se concretize no momento mais eficaz à formação de provas e obtenção de informações".

De acordo com a lição de Guilherme de Souza Nucci:

> Trata-se do retardamento legal da intervenção policial ou administrativa, basicamente a realização da prisão em flagrante, mesmo estando a autoridade policial diante da concretização do crime praticado por organização criminosa, sob o fundamento de se aguardar o momento oportuno para tanto, colhendo-se mais provas e informações. Assim, quando, futuramente, a prisão se efetivar, será possível atingir um maior número de envolvidos, especialmente, se viável, a liderança do crime organizado.[3]

---

[3] NUCCI, Guilherme de Souza. *Organização Criminosa*. 2. ed. Rio de Janeiro: Forense, 2015. p. 77.

A ação controlada é um gênero do qual fazem parte a não atuação policial e a entrega ou conduta vigiada.

Por não atuação policial se compreende a temporária e motivada abstenção por parte da autoridade policial de efetuar a prisão em flagrante ou de intervir de qualquer outra maneira para fazer cessar a atividade criminosa.

Já por entrega ou conduta vigiada se compreende a vigilância ou o monitoramento da autoridade policial e seus agentes sobre o fato criminoso e seus autores.

Em ambas as condutas, a finalidade a que se orientam é para que a ação policial ocorra no melhor e mais oportuno momento para a formação da prova do fato ou dos fatos criminosos.

Em nosso entendimento, a ação controlada não se limita como uma exceção à prisão em flagrante, mas sim uma ampla hipótese de não atuação policial em diversas situações que possam se apresentar ao longo de uma investigação criminal, como a intimação de testemunhas, a execução de mandados de busca e apreensão, mandados de prisão temporária e preventiva, indiciamentos e outras medidas próprias do inquérito policial.

Todas acabam sendo diferidas para viabilizar a completa formação do conjunto probatório.

Nesse sentido é a lição de Luiz Flavio Gomes e Marcelo Rodrigues da Silva:

> (...) não se trata apenas do flagrante ou de se retardar o flagrante. São hipóteses de não se prender em flagrante, não se cumprir mandado de prisão preventiva, não se cumprir mandado de prisão temporária, não se cumprir ordens de seqüestro e apreensão de bens. A ação controlada é algo mais amplo do que o simples flagrante prorrogado.[4]

Por exemplo, imagine uma investigação criminal de tráfico internacional de drogas na qual a autoridade policial brasileira recebe a informação de policiais de um determinado país, acerca da entrada no Brasil de um estrangeiro para receber uma quantidade de droga de um grande traficante brasileiro, para posteriormente transportá-la

---

[4] GOMES, Luiz Flávio; SILVA, Marcelo Rodrigues da. *Organizações criminosas e técnicas especiais de investigação*: questões controvertidas, aspectos teóricos e práticos e análise da Lei 12.850/13. Salvador: Juspodivm, 2015. p. 379.

ao seu país de procedência, onde entregará a um grande traficante daquela localidade.

Nessa hipótese, a autoridade policial brasileira, deverá se abster de autuar em flagrante o estrangeiro que ingressará em nosso território e dele sairá portando droga consigo. Há no caso uma não atuação policial, a autoridade policial deixa de prender em o estrangeiro durante sua estada no Brasil.

Por outro lado, tanto a autoridade policial brasileira como a estrangeira irão proceder ao monitoramento da estada do estrangeiro no Brasil, registrando e documentando todos os seus passos, os seus encontros e as entregas da droga, tanto no Brasil como no exterior e, por fim, realizarão a prisão de todos os envolvidos quando da entrega da droga no exterior, ou até mesmo em momento posterior e mais oportuno, na hipótese em que se vislumbrar a necessidade da continuidade da investigação de maneira velada, a fim de possibilitar a responsabilização de outros traficantes e/ou financiadores posicionados no cume da organização criminosa.

Nesse exemplo, as duas medidas adotadas pela autoridade policial, a de não atuação policial e a de entrega vigiada, terão por finalidade a formação da prova de toda a atividade criminosa, com posterior prisão de todos os envolvidos e cessação da atividade criminosa.

Vejam que se não existisse a previsão legal da ação controlada, a autoridade policial seria obrigada a agir quando do encontro do transportador da droga com o traficante brasileiro, efetuando a prisão em flagrante dos dois, mas deixaria de prender o traficante no exterior, diminuindo a eficácia da ação policial.

Outro exemplo bastante importante do emprego da ação controlada, compreendida a não atuação policial e o monitoramento das atividades criminosas se dá no desenvolvimento de grandes operações policiais, voltadas para a desarticulação de grandes organizações criminosas.

O início de uma grande operação policial normalmente ocorre com a investigação de atos criminosos praticados por integrantes de pequena ou média importância na estrutura criminosa, justamente em razão de permanecerem ainda ocultos os atos mais danosos, praticados pelos agentes situados no topo da cadeia criminosa.

Em razão disso, a autoridade policial determina a realização de diversas medidas investigativas para comprovação da materialidade e autoria dos crimes praticados, notadamente a vigilância dos suspeitos e medidas que possam necessitar de autorização judicial, como o afastamento dos sigilos bancário e fiscal e os monitoramentos telefônico, telemático e ambiental, dentre outros.

Diante do desenvolvimento de todas as medidas investigativas empregadas, a autoridade policial passará a acompanhar em tempo real todas as atividades dos membros da organização criminosa e, fatalmente, irá se deparar com o conhecimento de crimes ocorrendo em tempo real.

Nessa hipótese, a autoridade policial deve proceder à ação controlada para que as demais medidas investigativas se desenvolvam visando o melhor momento para a formação da prova contra toda a organização criminosa, a fim de evitar que seja ela obrigada a efetuar a prisão em flagrante de pequenos ou médios criminosos, causando assim a indevida frustração da operação policial no seu objetivo de desarticular um determinado grupo ou organização criminosa.

Um exemplo dessa situação ocorre quando na monitoração de "doleiros" registra-se a remessa ilegal de pequenas quantias em dinheiro para o exterior, deixando a autoridade policial de atuar imediatamente com o correto escopo de obtenção de provas de grandes esquemas de corrupção transnacionais nos quais estão envolvidos os mesmos "doleiros".

4 Procedimento

Em nosso ordenamento jurídico cabe ao Delegado de Polícia a iniciativa da medida de ação controlada, em razão de conduzir a investigação criminal e por ser a primeira autoridade estatal a ter contato com o fato criminoso, situação da qual decorre o dever legal de investigá-lo e de esclarecer todas as suas circunstâncias.

Por se tratar de uma medida investigativa e de um meio de prova, deve ser materializada incidentalmente ao inquérito policial, por meio de despacho fundamentado da autoridade policial, a fim de permitir o controle de legalidade externo a ser exercido pelo Ministério Público e pelo Poder Judiciário, bem como para possibilitar o exercício da ampla defesa do investigado no momento adequado.

Em seguida, deve o Delegado de Polícia comunicar o juiz competente, em autos sigilosos, que por sua vez comunicará o membro do Ministério Público.

Enquanto a diligência estiver em andamento, somente o Delegado de Polícia, o membro do Ministério Público e o juiz terão acesso aos autos de ação controlada, nos termos do disposto no artigo 8º, §3º, da Lei nº 12.850/2013 (organizações criminosas), a fim de não frustrar o resultado da diligência.

Ao final, a autoridade policial entregará ao juiz auto circunstanciado, detalhando as diligências realizadas no âmbito da ação controlada (artigo 8º, §4º, da Lei nº 12.850/2013).

Na hipótese da ação controlada ter sido determinada por autoridade policial no curso de investigação envolvendo organizações criminosas, não há necessidade de autorização prévia da autoridade judicial, apenas de sua comunicação ao juiz competente pelo Delegado de Polícia.

Nesse sentido se posicionou a jurisprudência do Superior Tribunal de Justiça, ainda na vigência da Lei nº 9.034/95, a primeira a tratar de organizações criminosas, conforme ilustra a ementa do julgado transcrita abaixo:

PROCESSO PENAL. RECURSO ORDINÁRIO EM HABEAS CORPUS. TRANCAMENTO DE AÇÃO PENAL. MEDIDA EXCEPCIONAL. AUSÊNCIA DAS HIPÓTESES. PROCEDIMENTO INVESTIGATÓRIO E INTERCEPTAÇÃO TELEFÔNICA. EMBASAMENTO EM DENÚNCIA ANÔNIMA. EXISTÊNCIA DE OUTROS ELEMENTOS. DEPOIMENTOS PRESTADOS PERANTE O MINISTÉRIO PÚBLICO. POSSIBILIDADE. QUEBRA DO SIGILO DAS COMUNICAÇÕES TELEFÔNICAS E PRORROGAÇÕES DEVIDAMENTE FUNDAMENTADAS. AÇÃO POLICIAL CONTROLADA. LEI Nº 9.034/95. PRÉVIA AUTORIZAÇÃO JUDICIAL. AUSÊNCIA DE PREVISÃO LEGAL. LAVAGEM DE DINHEIRO. CRIMES ANTECEDENTES. SUPRESSÃO DE INSTÂNCIA. COMPETÊNCIA. VARA FEDERAL ESPECIALIZADA. RESOLUÇÃO Nº 20 DO TRF DA 4ª REGIÃO. REUNIÃO DE PROCESSOS POR CONEXÃO. ARTIGO 80 DO CÓDIGO DE PROCESSO PENAL. FACULDADE DO JUIZ. RECURSO DESPROVIDO.

I. O trancamento da ação penal, através do presente remédio, é medida excepcional, somente admissível quando patente nos autos, de forma inequívoca, a inocência do acusado, a atipicidade da conduta ou a extinção da punibilidade, hipóteses não evidenciadas no caso em comento. II. Esta Corte Superior de justiça possui entendimento no sentido da possibilidade de instauração de procedimento investigatório com base em denúncia anônima, desde que acompanhada de outros elementos. Precedentes. III. A motivação para decretação da interceptação e a imprescindibilidade da quebra dos sigilo das comunicações telefônicas foram devidamente fundamentadas, ou seja, foram demonstrados indícios da participação do ora recorrente em vários crimes punidos com reclusão, inexistindo, assim, irregularidades a conduzir a ilicitude da medida. IV. A jurisprudência do

Supremo Tribunal Federal consolidou o entendimento segundo o qual as interceptações telefônicas podem ser prorrogadas, desde que devidamente fundamentadas pelo juízo competente em relação à necessidade do prosseguimento das investigações. V. *Este Superior Tribunal de Justiça possui entendimento de que a ação policial controlada, nos termos da Lei nº 9.034/95, não exige prévia autorização judicial*. VI. Não tendo o argumento de inexistência dos crimes antecedentes à lavagem de dinheiro sido objeto de debate e decisão na instância ordinária, esta Corte fica impedida de apreciar a matéria, sob pena de indevida supressão de instância. Precedentes. VII. Esta Quinta Turma possui entendimento de que a Resolução nº 20/2003 do Tribunal Regional Federal da 4ª Região, que com base na Resolução nº 314/2003 do Conselho da Justiça Federal, determinou que algumas varas criminais fossem especializadas para processar e julgar os crimes contra o sistema financeiro nacional de lavagem ou ocultação de bens, direitos e valores não viola os arts. 61 à 91 do Código de Processo Penal, tendo em vista que foi autorizada pelo art. 3º da Lei nº 9.664/98. VIII. O Superior Tribunal de Justiça entende que a reunião de processos em razão da conexão é uma faculdade do Juiz, conforme interpretação a contrario sensu do art. 80 do Código de Processo Penal que possibilita a separação de determinados processos. Precedentes. IX. Recurso desprovido (RHC 29.658/RS, Rel. Ministro GILSON DIPP, Quinta Turma, julgado em 02.02.2012, *DJe* 08.02.2012). (Grifos nossos).

Pode o juiz, ao apreciar a comunicação da ação controlada, fixar limites e estabelecer outras condições para o desenvolvimento da medida, nos termos do artigo 8º, §1º, da Lei nº 12.850/2013.

Na hipótese de ação controlada fundamentada na Lei de Drogas, a autorização prévia do juiz é necessária para o início da ação controlada, nos termos do artigo 53, da Lei nº 11.343/2006.

Por fim, cumpre destacar a ação controlada envolvendo a investigação da prática de crimes transnacionais. Nessa situação, a medida só poderá ser determinada se houver prévio contato e compromisso de cooperação com as autoridades estrangeiras do país de provável destino do investigado ou do seu itinerário, evitando-se assim corretamente um maior risco de fuga e/ou de perda do objeto relacionado ao crime que se pretende provar (artigo 9º, da Lei nº 12.850/203).

Referências

ANSELMO, Márcio Adriano. Ação Controlada. *In*: BARBOSA, Emerson Silva; PEREIRA, Eliomar da Silva (Org.). *Organizações criminosas*: teoria e hermenêutica da Lei nº 12.850/2013. Porto Alegre: Núria Fabris, 2015.

BALTAZAR JUNIOR, Jose Paulo. *Crime organizado e proibição de insuficiência*. Porto Alegre: Livraria do Advogado, 2010.

BARBOSA, Emerson Silva; PEREIRA, Eliomar da Silva (Org.). *Organizações criminosas*: teoria e hermenêutica da Lei nº 12.850/2013. Porto Alegre: Núria Fabris, 2015.

BITTENCOURT, Cezar Roberto; BUSATO, Paulo Cesar. *Comentários à lei de organização criminosa (Lei n. 12.850/2013)*. São Paulo: Saraiva, 2014.

CUNHA, Rogerio Sanches; PINTO, Ronaldo Batista. *Crime organizado*: comentários à nova lei de crimes organizados (Lei n. 12.850/2013). 2. ed. Salvador: Juspodivm, 2014.

DE SANCTIS, Fausto. *Crime organizado e lavagem de dinheiro*. São Paulo: Saraiva, 2009.

FERNANDES, Antonio Scarance. Crime Organizado e Legislação Brasileira. *In*: PENTEADO, Jaques de Camargo (Coord.). *O crime organizado (Itália e Brasil)*: a modernização da lei penal. São Paulo: RT, 1995.

FORNAZARI JUNIOR, Milton. *Cooperação jurídica internacional*: auxílio direto penal. Rio de Janeiro: Lumen Juris, 2016.

GOMES, Luiz Flávio; SILVA, Marcelo Rodrigues da. Organizações criminosas e técnicas especiais de investigação: questões controvertidas, aspectos teóricos e práticos e análise da Lei 12.850/13. Salvador: Juspodivm, 2015.

GOMES, Rodrigo Carneiro. A repressão à criminalidade organizada e os instrumentos legais: ação controlada. *Revista do Tribunal Regional Federal da 1ª Região*, Brasília, v. 18, n. 7, p. 49-55, jul. 2006.

GRINOVER, Ada Pellegrini. *O crime organizado no sistema italiano*. Justiça Penal, nº 3. RT: São Paulo, 1995.

NUCCI, Guilherme de Souza. *Organização criminosa*. 2. ed. Rio de Janeiro: Forense, 2015.

PELLEGRINI, Angiolo; COSTA JUNIOR, Paulo José da. *Criminalidade organizada*. 2. ed. São Paulo: Atlas, 2008.

SILVA, Marcio Alberto Gomes. *Organizações criminosas*: uma análise jurídica e pragmática da Lei 12.850/2013. 2. ed. Rio de Janeiro: Lumen Juris, 2016.

SILVA, Marco Antonio Marques da; FREITAS, Jayme Walner de. *Código de Processo Penal comentado*. São Paulo: Saraiva, 2012.

Informação bibliográfica deste texto, conforme a NBR 6023:2018 da Associação Brasileira de Normas Técnicas (ABNT):

JUNIOR, Milton Fornazari. Ação controlada. *In*: PEREIRA, Eliomar da Silva; ANSELMO, Márcio Adriano (Org.). *Direito Processual de Polícia Judiciária II*: os meios de obtenção de prova. Belo Horizonte: Fórum, 2020. p. 287-297. (Curso de Direito de Polícia Judiciária, v. 5). ISBN 978-85-450-0620-6.

COLABORAÇÃO PREMIADA[1]

MÁRCIO ADRIANO ANSELMO

1 Introdução

Diversos foram os diplomas legais que trataram da colaboração premiada ao longo do tempo, desde a Lei n° 8.072/90 até o tratamento atual, cujo diploma legal que disciplina o tema corresponde à Lei n° 12.850, de 2 de agosto de 2013. Para além de tipificar o crime de organização criminosa, apesar do Brasil já internalizar a Convenção de Palermo há mais de uma década, o diploma legal tratou dos meios de obtenção de prova especiais a serem utilizados no enfrentamento da criminalidade organizada, entre eles o da colaboração premiada.

A Lei n°12.850/13 entrou em vigor, de acordo com seu artigo 27, "após decorridos 45 (quarenta e cinco) dias de sua publicação oficial", cuja publicação deu-se no *DOU* de 5.8.2013, tendo como figura central o conceito de organização criminosa, definido no artigo 1°, §1°:

> §1° Considera-se organização criminosa a associação de 4 (quatro) ou mais pessoas estruturalmente ordenada e caracterizada pela divisão de tarefas, ainda que informalmente, com objetivo de obter, direta ou indiretamente, vantagem de qualquer natureza, mediante a prática de infrações penais cujas penas máximas sejam superiores a 4 (quatro) anos, ou que sejam de caráter transnacional.

---

[1] Este capítulo corresponde a resumo da obra ANSELMO, Márcio Adriano. *Colaboração premiada*: o novo paradigma do processo penal brasileiro. Rio de Janeiro: Mallet, 2016.

O conceito de organização criminosa, de difícil aceitação pela doutrina, tendo em vista a inexistência de uma concepção unívoca, apresenta alguns elementos que lhe são característicos, os quais podemos indicar: associação de pessoas; divisão de tarefas; objetivo econômico; e a prática de infrações graves.

Tais características estão presentes na maioria dos conceitos de organização criminosa existentes na doutrina. Guaracy Mingardi,[2] ao tratar do tema, aponta como características das organizações criminosas: previsão de lucros, hierarquia, divisão de trabalho, ligação com órgãos estatais, planejamento das atividades e delimitação da área de atuação. O autor estabelece ainda uma divisão em dois modelos: a organização criminosa tradicional ou territorial e a empresarial.

Antonio Scarance Fernandes[3] estabelece três correntes doutrinárias que buscam conceituar o crime organizado: a primeira, que tenta definir o conceito de organização criminosa e crime organizado seria todo aquele praticado por essa modalidade de organização; a segunda, que define os elementos essenciais do crime organizado, sem especificar os tipos penais; e a terceira, que estabelece um rol de tipos penais, qualificando-os como crime organizado.

Segundo Gilson Langaro Dipp:

> Uma organização criminosa de modo geral se revela por dotar-se de aparato operacional, o que significa ser uma instituição orgânica com atuação desviada, podendo ser informal ou até forma mas clandestina e ilícita nos objetivos e identificável como tal pelas marcas correspondentes. A organização criminosa pode também, eventualmente ou ordinariamente, exercer atividades lícitas com finalidade ilícita, apesar de revestir-se de forma e atuação formalmente regulares. Um estabelecimento bancário que realiza operações legais e lícitas em deliberado obséquio de atividades ilícitas de terceiro, é o exemplo que recomenda cuidado e atenção na compreensão de suas características.
> A principal delas é ser produto de uma associação, expressão que indica a afectio entre pessoas com propósitos comuns ou assemelhados em finalidade e objetivo. É essencial que haja afinidade associativa

---

[2]   MINGARDI, Guaracy. O Estado e o crime organizado. *Boletim IBCCRIM*, São Paulo, n. 21, p. 3, set. 1994.

[3]   FERNANDES, Antonio Scarance. Crime Organizado e a legislação brasileira. *In*: PENTEADO, J. de C. (Coord.). *Justiça Penal 3*: críticas e sugestões: o crime organizado (Itália e Brasil): a modernização da lei penal. São Paulo: RT, 1999. p. 31-55.

entre as pessoas (usualmente pessoas físicas, mas não é impossível a contribuição de pessoas jurídicas), ainda que cada uma tenha para si uma pretensão com motivação e objetos distintos das demais e justificativas individuais, todavia logicamente reunidas por intenção e vontade comum nos resultados.[4]

Assim, temos na figura da associação de pessoas o elemento básico para a constituição da organização criminosa, figura central do tipo penal.

2 Da investigação e dos meios de obtenção da prova

Além de tipificar o crime de organização criminosa, pode-se apontar como principal característica da referida lei ter disciplinado a utilização de diversos meios de obtenção de prova, entre eles a colaboração premiada, captação de sinais, infiltração policial, entre outros, conforme dispõe o artigo 3º da Lei.

Em que pese vários desses meios já tenham tratamento por legislações anteriores, tais como o afastamento de sigilo financeiro, bancário e fiscal, regido pela Lei Complementar nº 105/2001, assim como a interceptação das comunicações telefônicas, prevista na Lei nº 9296/1996, outros meios de investigação, meramente nominados na legislação anterior, passaram a ser disciplinados pelo novo diploma legal, como no caso da colaboração premiada, ação controlada e da infiltração de agentes.

A lei prevê ainda a utilização da interceptação de comunicações telefônicas e telemáticas; e o afastamento dos sigilos financeiro, bancário e fiscal, cujo tratamento se dá por meio de diplomas legislativos utilizados como meio de investigação em geral, mas que também devem ser aplicados à criminalizada organizada.

Por fim, a lei estabelece, como não poderia ser diferente, a cooperação entre instituições e órgãos federais, distritais, estaduais e municipais na busca de provas e informações de interesse da investigação ou da instrução criminal.

Ao que se evidencia do texto, há previsão de necessidade de autorização judicial nos casos dos incisos V (interceptação de

---

[4] DIPP, Gilson Langaro. *A Delação ou Colaboração Premiada*: uma análise do instituto pela interpretação da lei. Brasília: IDP, 2015. p. 11.

comunicações telefônicas e telemáticas), VI (afastamento dos sigilos financeiro, bancário e fiscal) e VII (infiltração, por policiais, em atividade de investigação).

Quando aos demais meios, no caso da colaboração premiada, a participação judicial se dá na fase de homologação do acordo e, no caso da ação controlada, a lei estabelece a necessidade de comunicação ao juízo e não de autorização.

No caso da captação ambiental de sinais eletromagnéticos, ópticos ou acústicos (inciso II), assim como no acesso a registros de ligações telefônicas e telemáticas, a dados cadastrais constantes de bancos de dados públicos ou privados e a informações eleitorais ou comerciais (inciso IV) e na cooperação entre instituições e órgãos federais, distritais, estaduais e municipais na busca de provas e informações de interesse da investigação ou da instrução criminal (inciso VIII) a lei não estabelece a necessidade de autorização judicial prévia, não havendo, da mesma forma, disciplina acerca do seu procedimento, tal como ocorreu com a colaboração premiada e outros institutos ora previstos.

3   A colaboração premiada

De forma sintética, é possível resumir a colaboração premiada como um meio de obtenção de prova, com a devida regulação em lei, que implica uma confissão que se estende aos coautores e partícipes e tem como pressuposto a renúncia ao direito ao silêncio, implicando, por outro lado, na perspectiva premial, o recebimento de benefícios por parte do Estado. Diversas são as conceituações apresentadas pela doutrina, conforme se pode observar adiante.

Para Mario Sérgio Sobrinho,[5] a colaboração premiada é o meio de prova pelo qual o investigado ou acusado, ao prestar suas declarações, coopera com a atividade investigativa, confessando crimes e indicando a atuação de terceiros envolvidos com a prática delitiva, de sorte a alterar o resultado das investigações em troca de benefícios processuais.

Já para Sérgio Fernando Moro,[6]

---

[5]   SÉRGIO SOBRINHO, Mário. O crime organizado no Brasil. *In*: FERNANDES, Antonio Scarance; ALMEIDA, José Raul Gavião; MORAES, Maurício Zanoide de (Coord.). *Crime organizado*: aspectos processuais. São Paulo: RT, 2009. p. 47.

[6]   MORO, Sérgio Fernando. Crime de lavagem de dinheiro. São Paulo: Saraiva, 2010, p. 103.

A delação premiada consiste, em síntese, na utilização de um criminoso como testemunha contra seus cúmplices. Sua colaboração pode ser utilizada para que ele deponha em juízo como testemunha contra seus pares ou apenas para que sirva de fonte de informação para a colheita de outras provas.

Ainda tratando do tema, Walter Barbosa Bittar define o instituto como um "instituto de Direito Penal que garante ao investigado, indiciado, acusado ou condenado, um prêmio, redução podendo chegar até a liberação da pena, pela sua confissão e ajudar nos procedimentos persecutórios, prestada de forma voluntária".[7]

Eduardo Araújo da Silva, ao tratar da colaboração, divide o instituto em dois momentos. Segundo o autor:

> a colaboração premiada, também denominada de cooperação processual (processo cooperativo), ocorre quando o acusado, ainda na fase de investigação criminal, além de confessar seus crimes para as autoridades, evita que outras infrações venham a se consumar (colaboração preventiva), assim como auxilia concretamente a polícia na sua atividade de recolher provas contra os demais coautores, possibilitando suas prisões (colaboração repressiva).[8]

Para Renato Brasileiro de Lima[9] trata-se de:

> Espécie do Direito Premial, a colaboração premiada pode ser conceituada como uma técnica especial de investigação por meio da qual o coautor e/ou partícipe da infração penal, além de confessar seu envolvimento no fato delituoso, fornece aos órgãos responsáveis pela persecução penal informações objetivamente eficazes para a consecução de um dos objetivos previstos em lei, recebendo, em contrapartida, determinado prêmio legal.

Já no magistério de Gustavo dos Reis Gazzola:[10]

---

[7] BITTAR, Walter Barbosa (Coord.). *Delação Premiada. Direito Estrangeiro, Doutrina e Jurisprudência.* Rio de Janeiro: Lumen Juris, 2011. p. 5.

[8] SILVA, Eduardo Araujo da. *Organizações Criminosas*: Aspectos penais e processuais da Lei nº 12.850/13. São Paulo: Atlas, 2014. p. 52.

[9] LIMA, Renato Brasileiro de. *Manual de Processo Penal*. 2. ed. rev. ampl. e atual. Salvador: Juspodivm, 2014. p. 728-729.

[10] GAZZOLA, Gustavo dos Reis. Delação Premiada. *In*: GOMES, Luiz Flávio; CUNHA, Rogério Sanches; TAQUES, Pedro. *Limites constitucionais da investigação*. São Paulo: RT, 2009. p. 163-164.

Conceitua-se, portanto, delação premiada, como um negócio jurídico bilateral consistente em declaração oral, reduzida a escrito, pessoal, expressa e voluntária do investigado ou acusado perante a autoridade a quem informa sobre a possibilidade de terceiro partícipe ou co-autor na prática de infração penal e, em retribuição, pode receber, mediante decisão judicial, na seara penal, a extinção da punibilidade ou abrandamento das sanções, e, na processual penal, a exclusão do processo ou medidas persecutórias mais brandas.

Adalberto José Q. T. de Camargo Aranha,[11] por sua vez, afirma que a delação "consiste na afirmativa feita por um acusado, ao ser interrogado em juízo ou ao ser ouvido na polícia e, pela qual, além de confessar a autoria de um fato criminoso, igualmente atribui a um terceiro a participação como seu comparsa".

Para Edilson Mougenot Bonfim, "é o benefício que se concede ao réu confesso, reduzindo-lhe ou até isentando-lhe de pena, quando denuncia um ou mais envolvidos na mesma prática criminosa a que responde".[12]

Em que pese tratados como sinônimo os termos delação e colaboração, Renato Brasileiro de Lima diferencia os termos, estabelecendo que a delação premiada exige a revelação de algum coautor, enquanto a colaboração premiada é mais ampla e abrange diversas formas de colaboração sem que necessariamente haja uma delação.[13] O autor utiliza, como exemplo, quando, quando o autor colabora para libertar uma vítima de sequestro, para recuperar o produto do crime, para evitar novos crimes ou para impedir a continuidade de um crime. Assim, a colaboração seria um gênero, da qual a delação seria uma das espécies, na qual, como característica, ocorre a revelação de um coautor.

A maioria da doutrina não apresenta distinção entre os termos e o que se observa, na prática, é a associação do termo delação à uma associação pejorativa, negativa do instituto que, tecnicamente, de acordo com a legislação, é chamado de colaboração premiada.

Ainda segundo Aranha, a delação pressupõe a confissão. Consiste na

---

[11] ARANHA. Adalberto Jose Q. T. de Camargo. *Da Prova no Processo Penal*. 7. ed. São Paulo: Saraiva, 2006. p. 132.

[12] BONFIM, Edilson Mougenot. *Curso de Processo Penal*. 7. ed. São Paulo: Saraiva, 2012. p. 409.

[13] LIMA, *op. cit.*, p. 729-730.

afirmativa de um acusado, ao ser interrogado em juízo ou ouvido pela polícia, e pela qual, além de confessar a autoria de um fato criminoso, atribuiu a um terceiro a participação como seu comparsa. Afirmamos que a delação premiada somente ocorre quando o réu também confessa, porque, se negar a autoria e atribuí-la a um terceiro, estará escusando-se e o valor da afirmativa como prova é nenhum. Portanto, o elemento essencial da delação, sob o prisma de valor como prova, é a confissão do delator, pois com a escusa de modo algum pode atingir o terceiro apontado.[14]

Luiz Flávio Gomes diferencia delação de colaboração:

Não se pode confundir delação premiada com colaboração premiada. Esta é mais abrangente. O colaborador da justiça pode assumir a culpa e não incriminar outras pessoas (nesse caso, é só colaborador). Pode, de outro lado, assumir a culpa (confessar) e delatar outras pessoas (nessa hipótese é que se fala em delação premiada). Em outras palavras: a delação premiada é uma das formas de colaboração com a justiça.[15]

Entendemos que a colaboração processual é um fenômeno amplo e que indica qualquer ato praticado pelo réu ou investigado que tenha como objetivo efetivo colaborar com o mesmo. Acrescendo-se o termo premiada, temos a concessão de algum benefício em troca dessa colaboração. A colaboração pode ou não implicar em delação, pois, conforme previsto no artigo 4º do diploma legal em referência, esta é apenas um de seus objetivos: I - a identificação dos demais coautores e partícipes da organização criminosa e das infrações penais por eles praticadas; II - a revelação da estrutura hierárquica e da divisão de tarefas da organização criminosa; III - a prevenção de infrações penais decorrentes das atividades da organização criminosa; IV - a recuperação total ou parcial do produto ou do proveito das infrações penais praticadas pela organização criminosa; V - a localização de eventual vítima com a sua integridade física preservada.

Várias são as discussões quanto à natureza jurídica da colaboração premiada. Inicialmente, a colaboração não se trata de meio de prova, mas deve ser classificada como um meio de obtenção de elementos de prova, como bem coloca Gilson Langaro Dipp, em que pese o propósito da mesma apontado pelo autor não corresponda à realidade, apontado

---

[14] ARANHA, *op. cit.*, p. 122.
[15] GOMES, Luiz Flavio. Lei de drogas comentada. 3. ed. São Paulo: RT, 2008. p. 227.

como "promover a rápida apuração dos ilícitos e de modo célere a aplicação das punições correspondentes em face de condutas de difícil comprovação".[16] Quanto à natureza de meio de obtenção de prova, essa foi a posição de diversos julgados no Supremo Tribunal Federal, como por exemplo no HC 90.688-PR (Rel. Lewandowski) onde se depreende que:

> Nessa ocasião a Corte fixou entendimento de não constituir esse documento meio de prova, mas meio de obtenção dela assim não se submetendo necessariamente ao contraditório ou ampla defesa, podendo manter-se sobre ele o sigilo às demais partes (não envolvidas no acordo) ou interessados, enquanto não conveniente para a instrução ou até que a lei o dispense.

Assim, a colaboração premiada situa-se, em meio a outros meios especiais de obtenção de provas, tais como a interceptação telefônica ou de sinais, a infiltração policial e a ação controlada, aptos a alcançar elementos probatórios em relação a uma modalidade específica de criminalidade grave: a criminalidade organizada.

Importante menção do autor também à colaboração como ferramenta defensiva. Da mesma forma, entendemos a colaboração como um exercício do direito de defesa do réu ou investigado, sendo um colaboração premiada, com a formalização do acordo, um direito subjetivo do mesmo.

Quanto aos seus efeitos intrínsecos, a colaboração premiada pode ser classificada como "*chamamento do corréu*", "confissão delatória". Por fim, quanto aos seus efeitos extrínsecos, a colaboração premiada tem a natureza de *causa especial de diminuição de pena*.

3.1 A colaboração na lei

Ao longo de nossa história legislativa, diversos são os diplomas legais que estabeleceram a possibilidade de benefícios ao réu colaborador. O Código Penal Brasileiro, em seu artigo 65, a partir da redação dada pela Lei nº 7.209, de 11.7.1984, estabelece a confissão espontânea como circunstância atenuante na fixação da pena (artigo 65, III, d), podendo ser considerado um embrião da colaboração premiada.

---

[16] DIPP, Gilson Langaro. *A Delação ou Colaboração Premiada*: uma análise do instituto pela interpretação da lei. Brasília: IDP, 2015. p. 9.

3.2 A colaboração premiada na Lei nº 12.830/2013

A Lei nº 12.850/2013 logrou disciplinar de maneira bastante exaustiva o instituto da colaboração premiada, trazendo as balizas de sua tipologia processual. Em razão de tratar da disciplina do instituto, entendemos que se tratam de regras aplicáveis às leis anteriores que enumeram a possibilidade de utilização do instituto da colaboração. Como coloca Gilson Langaro Dipp,[17] a colaboração premiada era

> fruto da progressiva formalização pelos magistrados de competência criminal ao longo de vários anos no trato da criminalidade organizada, tanto na área federal quanto na justiça estadual, com inspiração no direito comparado. Para esse efeito, os juízes foram elaborando conceitos e procedimentos a partir das necessidades da prática processual que permitissem a adoção de colaboração negociada entre acusação e defesa a respeito de condutas criminosas ou ilícitos penais de acentuada gravidade, praticados por organização criminosa ou através dela.

Portanto, em razão de tratar-se de norma processual, ao disciplinar o procedimento da colaboração premiada, deve ter aplicação imediata, posição também defendida por Gilson Langaro Dipp.[18]

O STF, em decisão monocrática do Min. Celso de Mello, no HC 130.063-RS, em 25.02.2016, decidiu que a regra atinente ao sigilo do procedimento até o recebimento da denúncia tem aplicação imediata, justamente em razão da natureza processual da norma em questão:

> 10. Não se nega que, a despeito da homologação do acordo na vigência da ordem anterior, a lei nova, de natureza processual, tem aplicação imediata. Ou seja, a partir do momento em que recebida a denúncia, o investigado tem direito de conhecimento das peças da colaboração.

3.3 Do momento da colaboração

Primeiro ponto a ser estabelecido corresponde ao momento em que pode ocorrer o procedimento de colaboração premiada. Nesse sentido, o artigo 3º da Lei nº 12.850/2013 é claro no sentido de estabelecer que o instituto é permitido em qualquer fase da persecução penal:

---

[17] DIPP, *op. cit.*, p. 5-17.
[18] DIPP, *op. cit.*, p. 17.

Art. 3º *Em qualquer fase da persecução penal*, serão permitidos, sem prejuízo de outros já previstos em lei, os seguintes meios de obtenção da prova:
I - colaboração premiada; (Grifos nossos)

Assim, seja na fase da investigação criminal, no curso do inquérito policial ou qualquer outro procedimento equivalente, ou no curso da ação penal, é cabível a colaboração premiada.

Dessa forma, o procedimento é cabível ante mesmo a inexistência de investigação em curso, por iniciativa do colaborador ou mesmo após condenação criminal, no curso de apelação criminal ou até mesmo em relação a condenações com trânsito em julgado.

O momento da colaboração, entretanto, deve ser sopesado para a fixação dos benefícios. Quanto mais cedo o colaborador se dispor a colaborar, maior devem ser considerados os benefícios em tese a serem concedidos. Assim, uma colaboração na fase de investigação deve ser melhor sopesada do que uma colaboração, por exemplo, após uma sentença condenatória em desfavor do colaborador. Segundo Gilson Langaro Dipp:[19]

> A lei permite a delação premiada em qualquer fase da persecução penal. Para a exata compreensão do alcance dessa expressão é necessário definir o que constitui persecução penal. Não há duvida de que a fase de inquérito policial – e até antes dele por extensão (sindicâncias preliminares, investigação policial preliminar, averiguações administrativas) – pode ser compreendida na noção de persecução penal que inclui a instrução processual e a fase dos recursos ordinários e excepcionais até a formação da coisa julgada formal e material. Quanto a isso não parece subsistir dúvida. A questão é saber se a execução de pena pode ser compreendida na noção de persecução penal. Aparentemente, a resposta é positiva dado que mesmo nessa fase são inúmeras as possibilidades de reexame da condenação (...). Seria incongruente permitir toda sorte de reexames desse teor depois de encerrada a instrução e, ao mesmo tempo considerar esgotada a persecução penal quando ainda pode ser largamente discutida e desfeita por variados motivos de fato e de direito. Nessa linha, a delação premiada não ontologicamente incompatível com a execução de pena, nem seus pressupostos ou objeto conflitantes com as finalidades do próprio instituto, Alias, a lei permite expressamente a colaboração premiada depois da sentença (§5º do art. 4º) sem definir até que momento após esse ato processual é ela admissível, parecendo, com razão, que será possível admiti-la até a extinção (cumprimento) ou

---

[19] DIPP, *op. cit.*, p. 23-24.

exaurimento da pena quando finalmente não haverá mais espaço parar consideração da oportunidade da delação que coincide com a razão lógica de também não mais caber HC após a extinção da pena (súmula 695 do STJ). De acordo com a lei, a delação premiada, assim, mantém com a pena uma relação lógica e necessária, sobrevivendo aquela apenas enquanto esta tiver oportunidade real. Acaso extinta ou cumprida a pena, a delação tem mais sentido lógico ou técnico.

O momento da colaboração também é reafirmado no artigo 4º ao estabelecer que:

> O juiz poderá, a requerimento das partes, conceder o perdão judicial, reduzir em até 2/3 (dois terços) a pena privativa de liberdade ou substituí-la por restritiva de direitos daquele que tenha colaborado efetiva e voluntariamente *com a investigação e com o processo criminal.* (Grifos nossos).

Assim, dúvidas não restam quanto à possibilidade da colaboração à qualquer tempo, até mesmo antes da instauração do inquérito policial ou outro procedimento investigativo, quando o colaborador comparece espontaneamente perante a autoridade competente.

O momento da colaboração também é relevante para que seja estabelecida a autoridade competente para celebrar o acordo: na fase de investigação criminal, a legitimidade para celebrar acordo é concorrente entre o Delegado de Polícia e o membro do Ministério Público e, na fase de ação penal, do membro do Ministério Público.

A própria lei estabelece, em sua redação, a possibilidade de colaboração posterior à sentença, estabelecendo apenas um regime diferenciado de redução a ser pactuado entre as partes do acordo:

> §5º Se a colaboração for posterior à sentença, a pena poderá ser reduzida até a metade ou será admitida a progressão de regime ainda que ausentes os requisitos objetivos.

3.4 Dos resultados

O artigo 4º da Lei nº 12.850/2013 estabelece diversos resultados esperados pela colaboração premiada:

> I - a identificação dos demais coautores e partícipes da organização criminosa e das infrações penais por eles praticadas;

II - a revelação da estrutura hierárquica e da divisão de tarefas da organização criminosa;

III - a prevenção de infrações penais decorrentes das atividades da organização criminosa;

IV - a recuperação total ou parcial do produto ou do proveito das infrações penais praticadas pela organização criminosa;

V - a localização de eventual vítima com a sua integridade física preservada.

Não se faz necessário, portanto, a delação de outros coautores e partícipes da organização criminosa, para que a colaboração atinja seus objetivos. Da mesma forma, também não se faz necessário que sejam alcançados todos os resultados, sendo suficiente, a depender do caso concreto, que apenas um dos resultados seja atingido. Tomemos, por exemplo, um caso de sequestro, onde o colaborador indique a localização da vítima, possibilitando sua localização e resgate ou ainda, em caso de grande relevância de lavagem de dinheiro perpetrado por organização criminosa, que o colaborador permita a recuperação do produto dos crimes praticados, indicando às autoridades sua localização.

A lei estabelece ainda, além dos requisitos, a consideração de outros elementos para a concessão do benefício: a personalidade do colaborador; a natureza, as circunstâncias, a gravidade e a repercussão social do fato criminoso; e a eficácia da colaboração:

> §1º Em qualquer caso, a concessão do benefício levará em conta a personalidade do colaborador, a natureza, as circunstâncias, a gravidade e a repercussão social do fato criminoso e a eficácia da colaboração.

3.5 Do colaborador

Figura central no instituto, a legislação trata da figura do colaborador em diversos momentos. Inicialmente, cabe destacar o texto do Art. 4º que traz que:

> Art. 4º. §1º Em qualquer caso, a concessão do benefício levará em conta a personalidade do colaborador, a natureza, as circunstâncias, a gravidade e a repercussão social do fato criminoso e a eficácia da colaboração.

No que tange à personalidade do colaborador, Andrey Borges de Mendonça[20] destaca que, apesar de não ser exigida a primariedade ou bons antecedentes:

---

[20] MENDONÇA, Andrey Borges de. A colaboração premiada a e a nova lei do crime organizado. *Custos Legis*, v. 4, p. 8-11, 2013. p. 11.

(...) é necessário que o colaborador demonstre interesse em efetivamente colaborar com as autoridades, não ocultando das autoridades sua participação ou qualquer outro fato que seja de interesse da investigação. Assim, pressuposto da colaboração é que o agente realmente faça o *disclosure* de todos os elementos que possua, sem omissões ou reservas mentais em relação aos colaboradores.

Gilson Dipp,[21] ao tratar do tema, estabelece que:

> Assim, o juiz deverá ter presente para a definição da penalidade ou da mitigação dela, e até para o perdão quando requerido, a personalidade do colaborador -- embora não seja o magistrado quem esteja em melhor condição de avaliá-la pois os depoimentos foram colhidos pelo MP ou pela Polícia. Também a natureza do fato criminoso, a gravidade e a repercussão social dos eventos ilícitos bem assim a eficácia e importância da colaboração serão tomados em consideração. Por vezes a eficácia da delação só vem a ser questionada mais tarde podendo o MP até antes da sentença suscitar a relevância ou importância dela para fins de adequação da pena ou das medidas. As considerações que o juiz realiza nesta fase processual em obediência ao disposto no parágrafo 1º do art. 4º, constituem operações racionais de avaliação de fatos e circunstâncias para as quais não há critério preestabelecido podendo valer-se o julgador das mesmas técnicas de definição das penas aplicáveis por inspiração do art. 59 CPP. Alguns juízos estabelecem notas ou referências a comportamentos e efeitos de modo a obter um resultado mais objetivo.

Acerca do tema, foi objeto de questionamento junto ao Supremo Tribunal Federal se a quebra de um acordo anterior de colaboração seria impeditivo para celebração de novo acordo, tendo o tribunal decidido negativamente, no julgamento do HC 127.483-PR, em 27.08.2015, conforme acórdão abaixo:

> Ausência de emissão de qualquer juízo de valor sobre as declarações do colaborador. Negócio jurídico processual personalíssimo. Impugnação por coautores ou partícipes do colaborador. Inadmissibilidade. Possibilidade de, em juízo, os partícipes ou os coautores confrontarem as declarações do colaborador e de impugnarem, a qualquer tempo, medidas restritivas de direitos fundamentais adotadas em seu desfavor. Personalidade do colaborador. Pretendida valoração como requisito de validade do acordo de colaboração. Descabimento. Vetor a ser

---

[21] DIPP, *op. cit.*, p. 55.

considerado no estabelecimento das cláusulas do acordo de colaboração – notadamente na escolha da sanção premial a que fará jus o colaborador –, bem como no momento da aplicação dessa sanção pelo juiz na sentença (art. 4º, §11, da Lei nº 12.850/13). Descumprimento de anterior acordo de colaboração. Irrelevância. Inadimplemento que se restringiu ao negócio jurídico pretérito, sem o condão de contaminar, a priori, futuros acordos de mesma natureza.

(...)

8. A personalidade do colaborador não constitui requisito de validade do acordo de colaboração, mas sim vetor a ser considerado no estabelecimento de suas cláusulas, notadamente na escolha da sanção premial a que fará jus o colaborador, bem como no momento da aplicação dessa sanção pelo juiz na sentença (art. 4º, §11, da Lei nº 12.850/13).

9. A confiança no agente colaborador não constitui elemento de existência ou requisito de validade do acordo de colaboração.

(...)

12. Habeas corpus do qual se conhece. Ordem denegada.

Importante destacar aqui a posição do Supremo Tribunal Federal no sentido de que a personalidade do colaborador deve ser considerada no estabelecimento das cláusulas do acordo, notadamente no que tange aos seus benefícios e não constitui requisito de validade do acordo em si.

Assim, em que pese a lei seja clara no sentido de que a personalidade do colaborador deve ser fator considerado no momento da concessão efetiva dos benefícios – qual seja – da sentença, a personalidade do colaborador deve ser fator levado em consideração, ainda no momento da negociação, para que ofereçam determinados benefícios. Assim, uma conduta de alta reprovabilidade social, crime de alta magnitude, etc., devem funcionar como vetores na condução das cláusulas do acordo.

3.6   Da legitimidade para propor

A redação da lei é cristalina no sentido de que a legitimidade para proposição da colaboração premiada é concorrente entre delegado de polícia e membro do ministério público:

§6º O juiz não participará das negociações realizadas entre as partes para a formalização do acordo de colaboração, que ocorrerá entre o delegado de polícia, o investigado e o defensor, com a manifestação do Ministério Público, ou, conforme o caso, entre o Ministério Público e o investigado ou acusado e seu defensor.

A questão a ser considerada deve ser apenas o momento da colaboração que, na fase de inquérito, e concorrente, e, na fase da ação penal, exclusiva do ministério público. No primeiro caso, na proposição do acordo pelo Delegado de Polícia, no curso do inquérito policial, exige-se a manifestação do Ministério Público, que entendemos ser meramente opinativa, assim como o é nas demais medidas cautelares, devendo ater-se ao requisitos legais.

Como não poderia ser compreendida de maneira diversa, a lei assegura ao delegado de polícia, enquanto presidente do inquérito policial, a legitimidade para manuseio de tal meio de obtenção de prova, qual seja a proposição do acordo de colaboração na fase de investigação. Como pontua Andrey Borges de Medeiros:[22] "De qualquer sorte, mais importante é que haja atuação conjunta do Ministério Público e da Polícia. Contra o crime organizado, somente uma atuação coordenada e pautada pelo interesse comum da persecução penal é que interessa à sociedade, acima de disputas corporativas".

Vejamos o tratamento do tema na perspectiva legislativa. A Lei nº 8.072, de 25 de Julho de 1990, que dispõe sobre os crimes hediondos, tratou, no parágrafo único do artigo 8º:

> Parágrafo único. O participante e o associado que denunciar à *autoridade* o bando ou quadrilha, possibilitando seu desmantelamento, terá a pena reduzida de um a dois terços. (Grifos nossos).

O artigo 6º da Lei nº 9.034, de 3 de maio de 1994:

> Art. 6º Nos crimes praticados em organização criminosa, a pena será reduzida de um a dois terços, quando a colaboração espontânea do agente levar ao esclarecimento de infrações penais e sua autoria.

A Lei nº 9080, de 19.7.1995, por sua vez, promoveu alterações nas leis nº 7.492/86 e 8.137/90, com a inclusão do artigo 25, §2º e 16, parágrafo único, com a seguinte redação:

> Nos crimes previstos nesta Lei, cometidos em quadrilha ou co-autoria, o co-autor ou partícipe que através de confissão espontânea revelar à *autoridade policial* ou judicial toda a trama delituosa terá a sua pena reduzida de um a dois terços. (Grifos nossos).

---

[22] MENDONÇA, *op. cit.*

A lei brasileira de lavagem de dinheiro (Lei nº 9.613, de 3 de março de 1999) com pequena alteração legislativa introduzida pela Lei nº 12.683/2012, também previu que:

> §5º A pena poderá ser reduzida de um a dois terços e ser cumprida em regime aberto ou semiaberto, facultando-se ao juiz deixar de aplicá-la ou substituí-la, a qualquer tempo, por pena restritiva de direitos, se o autor, coautor ou partícipe *colaborar espontaneamente com as autoridades*, prestando esclarecimentos que conduzam à apuração das infrações penais, à identificação dos autores, coautores e partícipes, ou à localização dos bens, direitos ou valores objeto do crime. (Grifos nossos).

A Lei nº 9.807, de 13 de julho de 1999, que trata da proteção a vítimas e a testemunhas trouxe uma maior regulação da situação do colaborador, sobretudo estabelecendo medidas sobre sua proteção. Assim prevê seus artigos13 e 14:

> Art. 13. Poderá o juiz, de ofício ou a requerimento das partes, conceder o perdão judicial e a conseqüente extinção da punibilidade ao acusado que, sendo primário, tenha colaborado efetiva e voluntariamente com a *investigação* e o processo criminal, desde que dessa colaboração tenha resultado:
> (...)
> Art. 14. O indiciado ou acusado que colaborar voluntariamente com a *investigação policial* e o processo criminal na identificação dos demais co-autores ou partícipes do crime, na localização da vítima com vida e na recuperação total ou parcial do produto do crime, no caso de condenação, terá pena reduzida de um a dois terços. (Grifos nossos).

Observa-se que o único texto legal que fazia menção a um acordo com o Ministério Público foi a Lei nº 10.409, de 11 de janeiro de 2002, (a antiga lei de drogas), embora de curto período de vigência (revogada pela Lei nº 11.343, de 23 de agosto de 2006).

Em todos os outros dispositivos legais que tratam do instituto, há menção aos termos "autoridade policial" (Leis nº 7.492/86, Lei nº 8137/90), "autoridades" (Lei nº 9.613/98), colaboração com a investigação policial e o processo criminal (Lei nº 9.807/99 e Lei nº 11.343/2006). Assim, a posição que considera o Ministério Público como única autoridade com legitimidade a propor a colaboração premiada não encontra amparo na legislação.

Considerando que o Delegado de Polícia preside a investigação criminal realizada por meio do inquérito policial (Lei nº 12.830/2012), nada mais coerente que o mesmo detenha legitimidade para celebrar acordos de colaboração no bojo da investigação.

Ademais, é na fase de investigação o momento mais propício para que a colaboração premiada ocorra e para que os fatos possam ser completamente esclarecidos, notadamente mediante a conjugação de outros meios de obtenção de prova, cuja participação da autoridade que preside a investigação é fundamental.

Considerando que o Delegado de Polícia preside a investigação criminal realizada por meio do inquérito policial (Lei nº 12.830/2012), nada mais coerente que o mesmo detenha legitimidade para celebrar acordos de colaboração no bojo da investigação.

Ainda em relação às críticas do autor, o simples fato de não participar da relação processual na ação penal propriamente dita não parece ser fator impeditivo para que o Delegado de Polícia seja legitimado a propor o acordo.

Nos parece óbvio que qualquer dos atores da investigação criminal, seja o Ministério Público ou a Autoridade Policial possuam legitimidade para negociar com o investigado e seu defensor eventual acordo de colaboração. O Delegado de Polícia, como cujo papel é apontado por Paulo Braga Castello Branco[23] como sendo "juiz do fato. Não é o juiz das linhas do processo, mas do fato bruto", trata-se da primeira autoridade a tomar conhecimento dos fatos em apuração e a autoridade que mantém o contato direto, notadamente na fase embrionária de investigação. Essa deve ser a interpretação coerente com o Estado Democrático de Direito.

Ademais, nada impede a atuação conjunta entre Polícia Judiciária e Ministério Público na formalização de um acordo de colaboração, uma vez que os dois entes detêm a mesma legitimidade para propor e negociar a medida. Tal medida apresenta-se ainda mais importante em casos complexos, quando o conhecimento amplo da estrutura da organização criminosa é fundamental para que se possa avançar nas tratativas e identificar eventuais falhas.

Conforme já afirmado anteriormente, o momento da colaboração também é relevante para que seja estabelecido a autoridade competente para celebrar o acordo: na fase de investigação criminal, a legitimidade

---

[23] BRANCO, Paulo Braga Castello. A análise da antijuridicidade da conduta pelo delegado de polícia sob a perspectiva da teoria dos elementos negativos do tipo penal. *Jus Navigandi*, Teresina, ano 18, n. 3609, 19 maio 2013. Disponível em: http://jus.com.br/revista/texto/24487. Acesso em: 22 jul. 2013.

para celebrar acordo é concorrente entre o Delegado de Polícia e o membro do Ministério Público e, na fase de ação penal, do membro do Ministério Público.

Não se deve descuidar da Ação Direta de Inconstitucionalidade contra os dispositivos que preveem a legitimidade do Delegado de Polícia para figurar como proponente do acordo de colaboração premiada, estando a mesma autuada sob nº 5508-DF, impetrada pelo Procurador Geral da República e distribuída ao Ministro Marco Aurélio. Na ação, o requerente postulava pela inconstitucionalidade por violação ao princípio da moralidade administrativa e pela violação do sistema acusatório, alegando, em resumo, que, como o Delegado de Polícia não é parte na ação penal, não poderia transigir sobre ela e, ademais, o sistema acusatório garantiria legitimidade exclusiva ao ministério público para transação penal.

Acertadamente, o Relator negou a medida cautelar pleiteada de suspensão da eficácia com base na (ir)racionalidade própria do direito, observado que o dispositivo legal encontra-se em vigor há mais de dois anos. E some-se a isso, quase três anos da sua publicação, sem que tivesse qualquer arguição nesse sentido no momento oportuno.

Ademais, o último parágrafo dos pedidos da ADIN, ao requerer a modulação dos efeitos da decisão, reconhece claramente a validade dos acordos já firmados, indicando sua higidez:

> Requer modulação temporal dos efeitos da declaração de inconstitu-cionalidade (Lei 9.868/1999, art. 27), a fim de preservar os efeitos de acordos de colaboração premiada porventura realizados por delegados de polícia antes da pronúncia de inconstitucionalidade, a fim de evitar prejuízos a investigações, a processos criminais que se utilizaram ou estejam a utilizar esse instrumento jurídico e aos investigados e acusados que os firmaram.

Tal fato evidencia tratar-se, infelizmente, mais de uma disputa corporativa do que sólida argumentação jurídica. Os argumentos de violação ao sistema acusatório são facilmente rebatidos por Hoffmann e Sannini,[24] ao estabelecerem que:

---

[24] SANNINI NETO, Francisco; CASTRO, Henrique Hoffman Monteiro de. Delegado de polícia tem legitimidade para celebrar colaboração premiada. *Consultor Jurídico*, 04 mar. 2016. Disponível em: http://www.conjur.com.br/2016-mar-04/delegado-legitimidade-celebrar-colaboracao-premiada. Acesso em: 03 mai. 2016.

Percebe-se que, talvez por uma influência corporativista, visando um indevido protagonismo do MP na investigação criminal, os autores citados invocam argumentos frágeis e que não encontram amparo em nosso ordenamento jurídico.

Ora, se nenhuma providência probatória pudesse ser tomada sem a consulta do titular da ação penal, então nem o inquérito policial poderia ser instaurado pelo delegado de polícia, que também não poderia requisitar perícia, ouvir testemunhas, apreender objetos, etc. Se prevalecesse esse entendimento, a própria existência do inquérito policial perderia sentido.

Parece-nos que os defensores dessa tese se equivocam no próprio conceito de investigação preliminar, que objetiva, justamente, reunir elementos sobre a existência da infração penal e sua provável autoria, prescindindo, nesse contexto, de qualquer parecer do titular da ação penal, devendo desenvolver-se de maneira autônoma e imparcial, sem qualquer compromisso com as partes do processo, mas apenas com a verdade e com a justiça.

Ainda sobre o tema, em outra passagem, Francisco Sannini Neto[25] destaca que:

Diante do exposto, concluímos que o parecer do Ministério Público não pode condicionar a decretação de medidas cautelares provenientes de representações do delegado de polícia, sendo que os entendimentos contrários prejudicam a investigação criminal e colocam em risco a própria função das Polícias Judiciárias, ameaçando, outrossim, o correto exercício do direito de punir pertencente ao Estado. Isso não significa, todavia, que o *Parquet* não possa se manifestar sobre a necessidade das medidas, pelo contrário. Como fiscal da lei, é até recomendável que o Ministério Público se manifeste, mas em um contexto opinativo, sem que isso possa vincular de qualquer forma a decisão do Poder Judiciário.

O Plenário do STF julgou a referida ADI em 20 de junho de 2018, pacificando a questão no sentido de que os delegados de polícia são legitimados a celebrar acordos de colaboração premiada. De acordo com a decisão, embora não seja obrigatória a presença do Ministério Público em todas as fases da elaboração dos acordos entre a autoridade policial e o colaborador, o MP deve obrigatoriamente opinar. No entanto, cabe exclusivamente ao juiz a decisão homologar ou não o acordo, depois

---

[25] SANNINI NETO, Francisco. Colaboração Premiada e a Atividade De Polícia Judiciária. *Canal Ciências Criminais*, 02 mar. 2016. Disponível em: http://canalcienciascriminais.com. br/artigo/colaboracao-premiada-e-a-atividade-de-policia-judiciaria/. Acesso em: 17 mai. 2016.

de avaliar a proposta e efetuar o controle das cláusulas eventualmente desproporcionais, abusivas ou ilegais.

3.7 Dos benefícios

O artigo 4º enumera os benefícios passíveis de serem negociados com o colaborador: a) redução de um a dois terços na pena (*caput*); b) perdão judicial (*caput*); c) conversão em restritiva de direitos (*caput*); d) redução de até a metade ou progressão de regime, quando a colaboração ocorra durante a fase de execução (§5º); e e) não oferecimento da denúncia, desde que a colaboração ocorra antes da propositura da ação penal (§4º).

Preliminarmente, já é possível observar que o *quantum* de redução de pena a ser alcançado tem relação direta com o momento da colaboração. Se antes do oferecimento da denúncia, pode chegar ao não oferecimento da denúncia ou redução de um a dois terços. Após a sentença, o *quantum* de redução está limitado a metade.

O não oferecimento da denúncia (acordo de imunidade), por sua vez, necessita de dois requisitos objetivos adicionais, previstos no parágrafo 4º: o colaborador não seja o líder da organização criminosa, e que tenha sido o primeiro a prestar efetiva colaboração, nos termos do artigo. Importante destacar que trata-se de uma situação inovadora no direito brasileiro de exceção ao princípio da obrigatoriedade.

Vinícius Gomes de Vasconcellos,[26] ao tratar do "acordo de imunidade" previsto na lei, pontua acerca da obrigatoriedade do não oferecimento da denúncia quando preenchidos tais requisitos, concluindo que "o julgador (em sua posição de garantidor de direitos) deverá utilizar o art. 28 do CPP por analogia ou diretamente não receber eventual denúncia" no caso em tela.

Ainda acerca do tema, o autor questiona quanto à eventual entendimento do ministério público, entendendo cabível o acordo de imunidade e concluir pelo não oferecimento da denúncia. Para o autor, a solução do ordenamento processual penal brasileiro como opção mais adequada seria o acusador público pedir o arquivamento da investigação, o qual passará pelo crivo homologatório do magistrado competente, que, em caso de discordância (entender não cabível o arquivamento), de

---

[26] VASCONCELLOS, Vinícius Gomes de. Colaboração premiada e não oferecimento de denúncia: o espaço de oportunidade do art. 4.º, §4.º, da Lei 12.850/2013. *Boletim IBCCRIM*, São Paulo, v. 268, p. 13-14, mar. 2015.

modo semelhante ao caso de não oferecimento da proposta de acordo, poderá utilizar a previsão do art. 28 do CPP por analogia.

Aqui, a lista de benefícios deve ser taxativa, não devendo ser aceitos outros benefícios não previstos em lei. Da mesma forma, inaceitável também cláusulas que estabeleçam *"quantum"* de pena, uma vez que esta é prerrogativa inerente à função jurisdicional e sua violação considera-se, claramente, abuso na celebração do acordo.

3.8 Do perdão judicial

O parágrafo 2º do artigo 4º trata de uma modalidade de perdão judicial, no caso de colaboração premiada, quando a mesma apresente grande relevância, atribuindo ao Delegado de Polícia, no curso do inquérito policial ou ao Ministério Público, a qualquer tempo, a formulação de pedido ao juiz nesse sentido, ainda que ele não tenha sido previsto na proposta inicial.

§2º Considerando a relevância da colaboração prestada, o Ministério Público, a qualquer tempo, e o delegado de polícia, nos autos do inquérito policial, com a manifestação do Ministério Público, poderão requerer ou representar ao juiz pela concessão de perdão judicial ao colaborador, ainda que esse benefício não tenha sido previsto na proposta inicial, aplicando-se, no que couber, o art. 28 do Decreto-Lei nº 3.689, de 3 de outubro de 1941 (Código de Processo Penal).

Não se trata aqui de discussão do modelo acusatório, mas sim de uma nova modalidade de perdão judicial estabelecida pela lei, facultando à autoridade policial sua proposição, a depender da efetividade da colaboração, que em nada afeta o modelo acusatório. Ademais, o fato de não ser parte da ação penal não impede que a autoridade policial possa representar em juízo pela medida.

O texto legal ainda é bem claro no sentido de que a faculdade somente é assegurada ao Delegado de Polícia no curso do inquérito policial (de forma concorrente com o Ministério Público) e, portanto, encerrado o inquérito com o relatório, passa o Ministério Público a deter a faculdade privativa.

Conforme o texto legal, também não é necessário que o perdão judicial tenha sido previsto no acordo, mas pode, a critério das autoridades envolvidas na persecução, de acordo com a efetividade da colaboração, a proposição da medida. Trata-se de disposição importante uma vez que, de acordo com os fatos revelados na colaboração, é possível que seus efeitos venham a justificar posterior pedido nesse sentido, cuja análise, à época da celebração do acordo, não tenha sido possível.

3.9 Dos efeitos processuais

Foram tratados ainda de algumas disposições processuais no bojo da colaboração premiada, entre elas a previsão de suspensão do prazo para o oferecimento de denúncia ou do processo por até 6 meses prorrogáveis por igual período em relação ao réu colaborador, obviamente com a suspensão da prescrição, visando assim que sejam cumpridas as medidas de colaboração, notadamente as diligências investigativas visando identificar o material probatório que ampare a colaboração (caso seja necessário).

> §3º O prazo para oferecimento de denúncia ou o processo, relativos ao colaborador, poderá ser suspenso por até 6 (seis) meses, prorrogáveis por igual período, até que sejam cumpridas as medidas de colaboração, suspendendo-se o respectivo prazo prescricional.

Outra disposição também autoriza o Ministério Público a deixar de oferecer a denúncia nos casos em que o colaborador não seja o líder da organização criminosa ou seja o primeiro a prestar efetiva colaboração.

> §4º Nas mesmas hipóteses do caput, o Ministério Público poderá deixar de oferecer denúncia se o colaborador:
> I - não for o líder da organização criminosa;
> II - for o primeiro a prestar efetiva colaboração nos termos deste artigo.

Entendemos que tais circunstâncias não são cumulativas, uma vez que a lei não dispôs expressamente nesse sentido, devendo tal faculdade ser avaliada pelo *parquet*, também à luz da previsão do §1º do mesmo artigo que prevê que "a concessão do benefício levará em conta a personalidade do colaborador, a natureza, as circunstâncias, a gravidade e a repercussão social do fato criminoso e a eficácia da colaboração". Tal dispositivo visa ser mais um estímulo ao colaborador, notadamente aquele que em primeiro lugar colaborar com a investigação.

Nesse sentido, cabe uma observação no sentido de que a lei, da mesma forma, não estabelece um limite para a quantidade de colaborações ou colaboradores em determinado caso, cabendo tal fato ser avaliado pelas autoridades proponentes e pelo juiz à luz do caso específico, uma vez que, por vezes, o caso pode ser de tamanha complexidade que seja necessária a formalização de várias colaborações que toda a estrutura da organização criminosa seja alcançada, ou que seja alcançada em sua máxima possibilidade.

Como se sabe, uma das características das organizações criminosas é a divisão de tarefas, de modo que é comum que cada elemento tenha um conhecimento limitado da estrutura de funcionamento da mesma. Assim, para uma ampla compreensão, por vezes, pode ser necessária a colaboração de diversas pessoas, sempre atentando-se à razoabilidade e assegurando-se, sempre, a máxima efetividade na aplicação da lei penal, dispensando-se, portanto, colaborações meramente confirmatórias ou que não tragam novos elementos para a elucidação dos fatos.

§5º Se a colaboração for posterior à sentença, a pena poderá ser reduzida até a metade ou será admitida a progressão de regime ainda que ausentes os requisitos objetivos.

3.10 Da homologação judicial

Em que pese a lei ser clara no sentido de que o juiz não participa das negociações do acordo, é possível destacar o papel do poder judiciário em três momentos da colaboração: inicialmente, na fase da homologação judicial, quando o acordo inicialmente é submetido ao controle judicial; num segundo momento, de acompanhamento de eventuais pedidos que demandem intervenção judicial; e, ao final, no momento de concessão dos benefícios. A Lei nº 12.850 menciona a figura do juiz em diversos momentos ao tratar da colaboração premiada. A saber:

Inicialmente, no *caput* do artigo 4º, onde define a autoridade judiciária como competente para concessão dos benefícios pactuados:

Art. 4º O juiz poderá, a requerimento das partes, conceder o perdão judicial, reduzir em até 2/3 (dois terços) a pena privativa de liberdade ou substituí-la por restritiva de direitos daquele que tenha colaborado efetiva e voluntariamente com a investigação e com o processo criminal, desde que dessa colaboração advenha um ou mais dos seguintes resultados (...).

Num segundo momento, no parágrafo sexto do mesmo artigo, deixa clara a posição equidistante do juiz nas negociações:

§6º O juiz não participará das negociações realizadas entre as partes para a formalização do acordo de colaboração, que ocorrerá entre o delegado de polícia, o investigado e o defensor, com a manifestação do Ministério Público, ou, conforme o caso, entre o Ministério Público e o investigado ou acusado e seu defensor.

Nos parágrafos sétimo e oitavo, trata da homologação do acordo:

§7º Realizado o acordo na forma do §6º, o respectivo termo, acompanhado das declarações do colaborador e de cópia da investigação, será remetido ao juiz para homologação, o qual deverá verificar sua regularidade, legalidade e voluntariedade, podendo para este fim, sigilosamente, ouvir o colaborador, na presença de seu defensor.
§8º O juiz poderá recusar homologação à proposta que não atender aos requisitos legais, ou adequá-la ao caso concreto.

Essas são, em síntese, as passagens mais importantes do texto legal que tratam da figura do magistrado.

A homologação trata-se do primeiro ato do juiz no processo de colaboração, por meio do qual o mesmo toma conhecimento do acordo e de seus termos. Por obvio, o juiz não integra participa da negociação do acordo de colaboração, que se dará apenas entre os interessados, devendo manter a equidistância necessária para fins de apreciar a sua higidez quando da homologação. Trata-se de imperativo lógico a fim de garantir a sua imparcialidade.

§7º Realizado o acordo na forma do §6º, o respectivo termo, acompanhado das declarações do colaborador e de cópia da investigação, será remetido ao juiz para homologação, o qual deverá verificar sua regularidade, legalidade e voluntariedade, podendo para este fim, sigilosamente, ouvir o colaborador, na presença de seu defensor.

Uma vez realizado o acordo, o documento que formaliza, acompanhado das declarações do colaborador, bem como documentos eventualmente apresentados pelo mesmo que possam amparar suas declarações, devem ser submetidos à homologação pela autoridade judiciária competente.

No momento da homologação, deve o magistrado atentar-se ao preenchimento de três requisitos: regularidade, legalidade e voluntariedade. Por regularidade, entendemos o atendimento aos requisitos intrínsecos do diploma legal, tais como a participação do defensor, a forma escrita, a disposição das cláusulas, etc.

Quanto à legalidade, deve o magistrado atentar aos requisitos extrínsecos do acordo, no que tange ao respeito aos dispositivos legais vigentes. Assim, o acordo não deve contrariar o sistema jurídico mediante cláusulas ilegais ou mesmo medidas que contrariem o ordenamento jurídico.

Por sua vez, a voluntariedade deve ser aferida pelo propósito livre do colaborador em aderir ao instituto. Nesse caso a lei prevê que o juiz pode ouvir sigilosamente o colaborador na presença de seu defensor. Essa audiência deve ser, nos próprios termos legais, sigilosa e, de acordo com a conveniência, entendemos que deve ser realizada pelo magistrado no próprio local onde o colaborador se encontre custodiado, a fim de garantia do sigilo.

A audiência do colaborador, portanto, é uma mera faculdade e não providência obrigatória para a regularidade do feito.

Desnecessário frisar aqui que os requisitos de voluntariedade e espontaneidade não guardam qualquer relação com eventual prisão cautelar do colaborador, uma vez que esta, preventiva ou temporária, decorre de requisitos próprios previstos na legislação e não tem qualquer impacto para aferição destes requisitos.

Ademais, o STF tem decidido que decisão de homologação do acordo de colaboração premiada trata-se de juízo sobre sua "regularidade, legalidade e voluntariedade) e que apreciação judicial aprofundada somente se dá na sentença, conforme decidido na Pet. 5733-PR, pelo Min. Teori Zavascki, em 23.09.2015:

> 5. Cumpre registrar que a decisão de homologação do termo de colaboração premiada faz juízo sobre sua "regularidade, legalidade e voluntariedade" (art. 4º, §7º, da Lei 12.850/2013). Assim, não há, no ato de homologação, exame de fundo acerca do conteúdo dos depoimentos prestados, os quais só serão objeto de apreciação judicial no momento da sentença, em que as declarações prestadas serão valoradas em face das outras provas produzidas no processo. Nesse mesmo sentido: HC 127.483, Rel. Min. DIAS TOFFOLI, Tribunal Pleno, julgado em 27.8.2015. É na sentença, ademais, que o juiz examinará a própria eficácia de acordo, segundo expressamente estabelece a lei de regência (Lei 12.850/2013, art. 4º, §11).

Acerca da competência para homologação em tribunais superiores, o Supremo Tribunal Federal decidiu, no julgamento do HC 127.483-PR, em 27.08.2015, ser competência do relator, conforme acórdão abaixo:

2. Nos termos do art. 21, I e II, do Regimento Interno do Supremo Tribunal Federal, o relator tem poderes instrutórios para ordenar, monocraticamente, a realização de quaisquer meios de obtenção de prova (v.g., busca e apreensão, interceptação telefônica, afastamento de sigilo bancário e fiscal). 3. Considerando-se que o acordo de colaboração premiada constitui meio de obtenção de prova (art. 3º da Lei nº 12.850/13), é indubitável que o relator tem poderes para, monocraticamente, homologá-lo (art. 4º, §7º, da Lei nº 12.850/13).

Ainda sobre a homologação, a legislação é clara no sentido da recusa à homologação na ausência dos requisitos legais:

§8º O juiz poderá recusar homologação à proposta que não atender aos requisitos legais, ou adequá-la ao caso concreto.

Portanto, ao analisar o procedimento, por sua vez, para fins de homologação, o juiz competente poderá (e aqui entendemos como um poder-dever) recusar a sua homologação caso não atenda aos requisitos legais ou mesmo adequá-la ao caso concreto, como por exemplo, a existências de cláusulas que atentem contra a lei.

O parágrafo 11 estabelece o momento em que a autoridade judiciária apreciará os termos do acordo e sua eficácia. Trata-se do momento em que serão analisados os elementos trazidos pela colaboração e sua efetividade. Ao estabelecer que o acordo será apreciado pela sentença, reforça-se nossa posição no sentido de que a colaboração deve ser submetida a apreciação do juízo de primeiro grau, independente da fase segundo a qual o processo se encontre.

Trata-se, portanto, do momento mais importante da colaboração, em que o magistrado avaliará a eficácia do acordo quanto aos seus objetivos, fixando os benefícios que o colaborador receberá, sempre de acordo com o previsto em lei, a saber: perdão judicial, redução em até 2/3 (dois terços) a pena privativa de liberdade ou sua substituição por restritiva de direitos.

E aqui deve ser destacado que padece de legalidade qualquer cláusula que estabeleça benefícios em momento anterior a sentença, ou mesmo benefícios que extrapolem as previsões legais. A colaboração premiada não pode ser um cheque em branco nas mãos do negociador, mas sim ater-se exclusivamente aos permissivos legais.

Por outro lado, necessário ainda apontar a indispensabilidade do acordo celebrado entre as partes legitimadas pela lei para concessão dos benefícios ora em comento. Veja-se, a título de registro, noticia recente de que magistrado concedeu

§11. A sentença apreciará os termos do acordo homologado e sua eficácia.

Recentemente o STF se manifestou, ao analisar a Petição 7003, sob relatoria do Min. Edson Fachin, onde novamente se discutiu os limites da atuação jurisdicional na colaboração premiada, sobretudo no que tange à sua homologação. Como regra, os acordos homologados pelo Supremo Tribunal Federal tem assentado, conforme decidido na Pet. 7.074, que:

> 6. Conforme já decidiu o Plenário deste Supremo Tribunal Federal, A homologação judicial do acordo de colaboração, por consistir em exercício de atividade de delibação, limita-se a aferir a regularidade, a voluntariedade e a legalidade do acordo, não havendo qualquer juízo de valor a respeito das declarações do colaborador (HC 127.483/PR, Pleno, Rel. Min. Dias Toffoli, j. 26.08.2015). Ademais, como expressamente disposto no art. 4º, §16, da Lei 12.850/2013, nenhuma sentença condenatória será proferida com fundamento apenas nas declarações de agente colaborador, razão pela qual os depoimentos colhidos em colaboração premiada não são, por si sós, meios de prova.

Também o Min. Dias Toffoli, Ministro Dias Toffoli, quando do julgamento do HC 127.483/PR, acompanhado por unanimidade pelos demais Ministros que integram o Plenário, assim ponderou:

> Esse provimento interlocutório, que não julga o mérito da pretensão acusatória, mas sim resolve uma questão incidente, tem natureza meramente homologatória, limitando-se a se pronunciar sobre a regularidade, legalidade e voluntariedade do acordo (art. 4º, §7º, da Lei nº 12.850/13). (...) Nessa atividade de delibação, o juiz, ao homologar o acordo de colaboração, não emite nenhum juízo de valor a respeito das declarações eventualmente já prestadas pelo colaborador à autoridade policial ou ao Ministério Público, tampouco confere o signo da idoneidade a seus depoimentos posteriores.

Ainda, no voto condutor do Min. Edson Fachin, o mesmo destaca que:

> Logo, nessa fase homologatória, repiso, não compete ao Poder Judiciário a emissão de qualquer juízo de valor acerca da proporcionalidade ou

conteúdo das cláusulas que compõem o acordo celebrado entre as partes, sob pena de malferir a norma prevista no §6º do art. 4º da Lei n. 12.850/2013, que veda a participação do juiz nas negociações, dando-se concretude ao princípio acusatório que rege o processo penal no Estado Democrático de Direito. Entendimento contrário, data venia, colocaria em risco a própria viabilidade do instituto, diante da iminente ameaça de interferência externa nas condições acordadas pelas partes, reduzindo de forma significativa o interesse no ajuste. Essa "postura equidistante" do juiz em relação às partes no processo penal, informa o comando legal citado que prestigia o sistema acusatório;

Parece óbvio, portanto, a postura a ser adotada pelo magistrado no momento da homologação do acordo. Por outro lado, não se deve descuidar que, no momento da homologação, sob o prisma de legalidade, devem ser analisadas eventuais cláusulas que atentem contra o sistema jurídico vigente.

Nessa fase de homologação, a Polícia Federal tem defendido uma fase de "validação" das informações apresentadas pelo colaborador, que pode ser compreendida como:

um processo de confronto dos dados repassados, com escopo de atribui sentido, com base no conjunto de indícios obtidos durante uma investigação. Utiliza obrigatoriamente outras técnicas como forma de demonstrar a coerência e acurácia do dado, bem como corroborar a hipótese estabelecida.[27]

Assim, a partir das declarações do colaborador, estabelece-se uma fase para que seja avaliada a plausibilidade dos dados apresentados, onde se dá o seu confronto com outros elementos de prova de forma a se auferir, em tese, se há possibilidade de atingimento de um ou mais resultados previstos no artigo 4º da Lei nº 12.850, instalando-se a fase intermediária, ou de investigação propriamente dita, visando alcançar a eficácia dos elementos apresentados pelo colaborador.

Essa fase intermediária perdura até o momento do julgamento do(s) processo(s). Nessa fase, a lei ainda é clara no sentido de que:

§12. Ainda que beneficiado por perdão judicial ou não denunciado, o colaborador poderá ser ouvido em juízo a requerimento das partes ou por iniciativa da autoridade judicial.

---

[27] RIBEIRO, Denisse D. R. Notas de aula. *Curso de Ferramentas de Combate a Desvios de Recursos Públicos*. Academia Nacional de Polícia, Polícia Federal, 2017.

Nessa fase são buscados outros meios de prova que possam dar concretude e coerência ao depoimento do colaborador e eventuais elementos de prova por ele apresentados, como por exemplo, medidas cautelares de busca e apreensão para localização de objetos, quebra de sigilo fiscal, bancário e telefônico ou telemático, entre outras.

Após a fase de homologação e da fase intermediária, a atuação do juiz se dá no momento da sentença, em que há profunda análise dos elementos trazidos pelo colaborador, à luz dos achados da investigação. Assim, a concessão dos benefícios acordados deve ser analisada pelo juiz no momento da sentença, quando presentes os elementos que lhe permitirão auferir a eficácia da mesma à luz dos fatos apurados.

Somente após essa fase é que o colaborador fará jus aos benefícios previstos na lei, mediante apreciação judicial aprofundada. Nesse momento, o magistrado (ou colegiado) apreciará se o colaborador cumpriu com as obrigações que assumiu no acordo perante o Estado, notadamente ao se atingir os resultados previstos no artigo 4º da Lei 12.850.

O papel do poder judiciário, ao aplicar a lei ao caso concreto e assim ensejar a discussão das lacunas na lei de organizações criminosas, assume papel fundamental no processo de interpretação do instituto. Além disso, o poder judiciário não pode ser visto como um mero "chancelador" dos acordos de colaboração sem aprofundada discussão, sobretudo quanto à sua legalidade e seus limites.

3.11 Os direitos do colaborador

O estatuto legal busca estabelecer um conteúdo mínimo de direitos a serem assegurados ao colaborador a fim de assegurar sobretudo sua segurança e um regular andamento do processo, sobretudo após a colaboração. Importante destacar que, como se tratam-se de direitos assegurados ao colaborador em razão de sua condição, entendemos que são disponíveis, por parte do colaborador e que podem ser invocados pelo mesmo a qualquer momento. Entre essas medidas, destacam-se:

I - usufruir das medidas de proteção previstas na legislação específica;
II - ter nome, qualificação, imagem e demais informações pessoais preservados;
III - ser conduzido, em juízo, separadamente dos demais coautores e partícipes;
IV - participar das audiências sem contato visual com os outros acusados;

V - não ter sua identidade revelada pelos meios de comunicação, nem ser fotografado ou filmado, sem sua prévia autorização por escrito;
VI - cumprir pena em estabelecimento penal diverso dos demais corréus ou condenados.

3.12 Das formalidades do acordo de colaboração

O artigo 6º trata das formalidades do acordo de colaboração, visando sobretudo garantir o pactuado entre as partes na negociação.

> Art. 6º O termo de acordo da colaboração premiada deverá ser feito por escrito e conter:

O primeiro elemento previsto no diploma legal e a forma escrita, visando sobretudo a maior garantia às partes em relação ao que foi pactuado. Assim, inaceitável que seja realizado acordo tácito ou mesmo verbal, com o garantia a todas as partes envolvidas na negociação.

Há constantes negativas, no âmbito da jurisprudência, para tentativas em alegações de aplicação de causas de redução de pena ou perdão judicial por parte da defesa sem a existência da formalização de acordos de colaboração, que tem sido constante rechaçadas pela jurisprudência.

O Supremo Tribunal Federal decidiu, no julgamento do Inquérito 3204-SE, pela Segunda Turma, sob relatoria do Min. Gilmar Mendes, que a delação voluntária, anterior à Lei nº 12.850, mesmo sem formalização de acordo, terá seus benefícios auferidos pela colaboração na fase de julgamento:

> 11. Colaboração premiada. A delação voluntária de outros implicados, sem formalização de acordo com a acusação, não impede o oferecimento da denúncia. Eventuais benefícios pela colaboração serão avaliados na fase de julgamento.
> (...)
> 14. Denúncias recebidas, salvo quanto ao denunciado Regivaldo.

Os cinco incisos terminam por melhor detalhar as formalidades a que deve se submeter o acordo de colaboração:

> I - o relato da colaboração e seus possíveis resultados;

No que tange ao relato da colaboração entende-se necessária a contextualização da figura do colaborador, seus antecedentes, bem como os inquéritos policiais em que é investigado e que pode ser implicado, bem como eventuais ações penais, em andamento ou já julgadas, cujos efeitos serão suportados pelo acordo.

O artigo 4º da Lei 12.850 assegura ainda que a colaboração deve alcançar os seguintes resultados (já objeto de análise anterior):

I - a identificação dos demais coautores e partícipes da organização criminosa e das infrações penais por eles praticadas;
II - a revelação da estrutura hierárquica e da divisão de tarefas da organização criminosa;
III - a prevenção de infrações penais decorrentes das atividades da organização criminosa;
IV - a recuperação total ou parcial do produto ou do proveito das infrações penais praticadas pela organização criminosa;
V - a localização de eventual vítima com a sua integridade física preservada.

Deve, portanto, o acordo de colaboração apresentar os elementos mínimos que apontem para o preenchimento dos requisitos apontados pela lei como objetivos que, conforme já exposto, não necessariamente devem ser alcançados cumulativamente, de forma que um acordo pode ser válido mesmo quando alcance apenas um dos objetivos, como por exemplo, em um caso de sequestro, a localização da vítima.

II - as condições da proposta do Ministério Público ou do delegado de polícia;

O acordo de colaboração deve discorrer de forma mais minuciosa possível acerca das condições estabelecidas e dos fatos a serem esclarecidos pelo colaborador, sobretudo, caso existam, com a apresentação de documentos.

Como melhor técnica, recomenda-se a adoção de dois documentos, um primeiro deles contendo o acordo propriamente dito e um segundo, na forma de anexos ou tópicos, em que o colaborador relata os fatos de que tem conhecimento de interesse para a investigação ou que possam indicar a prática de crimes.

Tal medida é fundamental no sentido de atender-se ao disposto no artigo 7º, §3º, que estabelece que "O acordo de colaboração premiada deixa de ser sigiloso assim que recebida a denúncia, observado o disposto no art. 5º'".

Assim, caso a colaboração venha a abranger fatos múltiplos, ficam resguardados pelo sigilo aqueles que não se relacionem com eventual denúncia e ainda estejam em investigação visando alcançar sua extensão e elementos probatórios que o consubstanciem, caso estes não tenham sido apresentados pelo colaborador.

Outras cláusulas ainda podem ser inseridas, como por exemplo:

1) Restrição de acesso às cópias dos termos de colaboração à defesa, a fim de assegurar o sigilo;
2) Obrigatoriedade de indicar informações e eventuais elementos probatórios em seu poder ou outros que possam ser alcançáveis mediante medidas específicas;
3) Renúncia, em favor da justiça, de produtos ou proveito dos crimes que lhe são imputados;
4) Autorização de acesso a dados completos de contas mantidas no exterior;

III - a declaração de aceitação do colaborador e de seu defensor;

Como decorrência lógica do instrumento de acordo, deve prever expressamente a aceitação por parte do colaborador e de seu defensor dos termos propostos e acordados.

IV - as assinaturas do representante do Ministério Público ou do delegado de polícia, do colaborador e de seu defensor;

O acordo deve conter ainda as assinaturas de todas as autoridades envolvidas na proposta, sejam como proponentes (Ministério Público ou Delegado de Polícia) ou como colaborador, devendo o ato necessariamente ser acompanhado pelo defensor.

V - a especificação das medidas de proteção ao colaborador e à sua família, quando necessário.

Pode ainda o instrumento de acordo prever, caso necessário, medidas protetivas ao colaborador e sua família, sejam elas as previstas na legislação ou outras de comum acordo entre as partes, como, por exemplo, a utilização de veículo blindado por familiares, a escolta policial no caso de prisão domiciliar, entre outros.

3.13 Do sigilo da colaboração

Com o objetivo de assegurar o sigilo da colaboração, a Lei nº 12850 estabeleceu diversas cautelas a serem adotas pelas autoridades envolvidas no procedimento quando de sua judicialização, desde o protocolo, até mesmo a manutenção do sigilo após a homologação:

> Art. 7º O pedido de homologação do acordo será sigilosamente distribuído, contendo apenas informações que não possam identificar o colaborador e o seu objeto.

Uma vez firmado o acordo e adotadas as providências dele decorrentes (colheita de termos de declarações do colaborador, apresentação de documentos, etc.), deve o instrumento ser submetido à homologação judicial, em procedimento sigiloso.

A lei assegura que o procedimento seja distribuído em caráter sigiloso, sem a identificação do colaborador e seu objeto. Assim, tais cautelas devem ser tomadas, notadamente na inserção de dados no cadastramento eletrônico de eventual pedido de homologação.

§1º As informações pormenorizadas da colaboração serão dirigidas diretamente ao juiz a que recair a distribuição, que decidirá no prazo de 48 (quarenta e oito) horas.

Visando assegurar o sigilo, o presente inciso estabelece que, uma vez distribuído o pedido de homologação do acordo de colaboração premiada, caso não se faça acompanhado da íntegra das informações obtidas, conforme previsto no *caput*, as informações devem ser apresentadas pelo Ministério Público ou pelo Delegado de Polícia no prazo de 48 (quarenta e oito) horas, diretamente ao juiz a quem recaia a distribuição.

Deve ser ressalvado, conforme já exposto acima, que, via de regra, o procedimento se dá por dependência a inquérito policial ou ação penal em andamento.

Os autos do pedido de homologação do acordo de colaboração premiada terá seu acesso restrito ao Juiz, ao membro do Ministério Público e ao Delegado de Polícia, como forma de garantir o sigilo. No caso do defensor, o mesmo deve ter acesso aos elementos necessários ao exercício do direito de defesa de seu cliente. Entendemos aqui que o direito de acesso somente diz respeito à defesa do colaborador, uma vez que o acesso por parte de terceiros interessados (citados pelo colaborador) deve ser garantido apenas após eventual recebimento de denúncia, nos termos do §3º.

A cessação do sigilo em relação ao acordo se dá com o recebimento da denúncia em eventual ação penal. Importante aqui destacar que não deixa de ser sigiloso todo o procedimento, mas apenas a existência de um acordo de colaboração devidamente homologado e eventuais termos de declarações que embasam a denúncia enquanto peça inaugural da ação penal.

Por outro lado, nada impede que, havendo justo motivo ou realizadas as diligências necessárias no sentido de confirmar os elementos trazidos pelo colaborador, seja o sigilo dos autos levantado. Ademais, é importante destacar que, muitas vezes, há necessidade de realização de diversas diligências cautelares de busca de elementos de prova, a partir dos elementos indicados pelo colaborador, a fim de corroborar suas afirmações, como por exemplo quebras de sigilo bancário e fiscal, interceptações telefônicas e telemáticas, medidas de busca e apreensão, entre outras.

Assim, uma vez realizadas essas diligências de caráter cautelar, entendemos que não subsiste razão para o sigilo quando embasem a decretação de medidas cautelares reais e pessoais em relação a investigados indicados pelo colaborador, mesmo que ainda não recebida a denúncia a fim de assegurar a ampla defesa, como por exemplo, em caso de decretação de prisão preventiva ou temporária.

O STF tem entendido que o sigilo previsto no presente artigo pode ser mitigado, conforme decidido na Pet. 5952-DF, pelo Min. Teori Zavascki, em 16.03.2016:

> 4. Por fim, nada impede o levantamento do sigilo, tal como evocado pelo aditamento de fls. 243-250. É que a Constituição proíbe restringir a publicidade dos atos processuais, salvo quando a defesa da intimidade ou o interesse social o exigirem (art. 5º, LX), e estabelece, com as mesmas ressalvas, que a publicidade dos julgamentos do Poder Judiciário é pressuposto inafastável de sua validade (art. 93, IX). Não há, aqui, interesse social a justificar a reserva de publicidade. É certo que a Lei 12.850/2013, quando trata da colaboração premiada em investigações criminais, impõe regime de sigilo ao acordo e aos procedimentos correspondentes (art. 7º), sigilo que, em princípio, perdura até a decisão de recebimento da denúncia, se for o caso (art. 7º, §3º). Essa restrição, todavia, tem como finalidades precípuas (a) proteger a pessoa do colaborador e de seus próximos (art. 5º, II) e (b) garantir o êxito das investigações (art. 7º, §2º). No caso, o colaborador já teve sua identidade exposta publicamente e o

desinteresse manifestado pelo órgão acusador revela não mais subsistir razões a impor o regime restritivo de publicidade.

No mesmo sentido também a decisão na Pet. 5899-DF, da lavra do Min. Teori Zavascki, em 02.03.2016, no sentido de que o regime de sigilo previsto pela Lei nº 12.850/2013 tem como finalidades precípuas a proteção à pessoa do colaborador e garantir o êxito das apurações. Uma vez o órgão acusador manifestado o desinteresse pelo sigilo e a exposição pública do colaborador, inexistem razões para subsistir o sigilo:

> É certo que a Lei 12.850/2013, quando trata da colaboração premiada em investigações criminais, impõe regime de sigilo ao acordo e aos procedimentos correspondentes (art. 7º), sigilo que, em princípio, perdura até a decisão de recebimento da denúncia, se for o caso (art. 7º, §3º). Essa restrição, todavia, tem como finalidades precípuas (a) proteger a pessoa do colaborador e de seus próximos (art. 5º, II) e (b) garantir o êxito das investigações (art. 7º, §2º). No caso, os colaboradores já tiveram suas identidades expostas publicamente e o desinteresse manifestado pelo órgão acusador revela não mais subsistir razões a impor o regime restritivo de publicidade.

O STF, em decisão monocrática do Min. Celso de Mello, no HC 130.063-RS, em 25.02.2016, decidiu que a regra atinente ao sigilo do procedimento até o recebimento da denúncia tem aplicação imediata, inclusive para acordos de colaboração celebrados sob a égide de lei anterior:

> 10. Não se nega que, a despeito da homologação do acordo na vigência da ordem anterior, a lei nova, de natureza processual, tem aplicação imediata. Ou seja, a partir do momento em que recebida a denúncia, o investigado tem direito de conhecimento das peças da colaboração.
> 11. Nesse sentido, a jurisprudência do Superior Tribunal de Justiça: "Nada impede a aplicação da norma que afasta o sigilo dos acordos de delação premiada, no estágio em que a ação penal se encontra, pois, além de já ter sido recebida a denúncia, momento que a lei exige para que seja afastado o sigilo, o Código de Processo Penal adotou, em seu artigo 2º, o sistema de isolamento dos atos processuais, segundo o qual a lei nova não atinge, porém é aplicável aos atos processuais que ainda não foram praticados, pouco importando a fase processual em que o feito se encontrar (...). Inexiste direito adquirido ao sigilo dos acordos de delação premiada e não se está a tratar da prática de um ato processual de efeitos preclusivos, situações que poderiam impedir a não aplicação

da nova norma processual à ação penal em questão" (HC nº 282.253/ MS, Rel. Min. Sebastião Reis Júnior, *DJe* 24.4.2014).

Em resumo, a posição do Supremo Tribunal Federal em relação ao sigilo é a de que, em princípio, o mesmo perdura até a decisão de recebimento da denúncia, nos termos do art. 7º, §3º). No entanto, essa restrição tem como finalidades a proteção da pessoa do colaborador e de seus próximos (art. 5º, II) e a garantia do êxito das investigações (art. 7º, §2º).

Para o STF, uma vez que os colaboradores, que respondem, por exemplo, a outras ações penais com denúncia recebida, e já tiveram sua identidade exposta publicamente e o órgão ministerial se manifesta pelo levantamento, não mais subsistem as razões que impunham o regime restritivo de publicidade.[28]

Referências

ANSELMO, Márcio Adriano. *Colaboração premiada*: o novo paradigma do processo penal brasileiro. Rio de Janeiro: Mallet, 2016.

ARANHA. Adalberto Jose Q. T. de Camargo. *Da Prova no Processo Penal*. 7. ed. São Paulo: Saraiva, 2006.

BONFIM, Edilson Mougenot. *Curso de Processo Penal*. 7. ed. São Paulo: Saraiva, 2012.

BITTAR, Walter Barbosa (Coord.). *Delação Premiada. Direito Estrangeiro, Doutrina e Jurisprudência*. Rio de Janeiro: Lumen Juris, 2011.

BRANCO, Paulo Braga Castello. A análise da antijuridicidade da conduta pelo delegado de polícia sob a perspectiva da teoria dos elementos negativos do tipo penal. *Jus Navigandi*, Teresina, ano 18, n. 3609, 19 maio 2013. Disponível em: http://jus.com.br/revista/texto/24487. Acesso em: 22 jul. 2013.

DIPP, Gilson Langaro. *A Delação ou Colaboração Premiada*: uma análise do instituto pela interpretação da lei. Brasília: IDP, 2015.

FERNANDES, Antonio Scarance. Crime Organizado e a legislação brasileira. *In*: PENTEADO, J. de C. (Coord.). *Justiça Penal 3*: críticas e sugestões: o crime organizado (Itália e Brasil): a modernização da lei penal. São Paulo: RT, 1999. p. 31-55.

GAZZOLA, Gustavo dos Reis. Delação Premiada. *In*: GOMES, Luiz Flávio; CUNHA, Rogério Sanches; TAQUES, Pedro. *Limites constitucionais da investigação*. São Paulo: RT, 2009. p. 163-164.

---

[28] Como por exemplo, as decisões nas Pet. 5263-DF, Agravo regimental na petição, decidido em 16.03.2015 e Petições 5208-DF, 5209-DF, 5244-DF e 5245-DF, decididas em 06.03.2015, todas do Min. Teori Zavascki.

GOMES, Luiz Flavio. *Lei de drogas comentada*. 3. ed. São Paulo: RT, 2008.

LIMA, Renato Brasileiro de. *Manual de Processo Penal*. 2. ed. rev. ampl. e atual. Salvador: Juspodivm, 2014.

MENDONÇA, Andrey Borges de. A colaboração premiada a e a nova lei do crime organizado. *Custos Legis*, v. 4, p. 8-11, 2013.

MINGARDI, Guaracy. O Estado e o crime organizado. *Boletim IBCCRIM*, São Paulo, n. 21, p. 3, set. 1994.

MORO, Sérgio Fernando. *Crime de lavagem de dinheiro*. São Paulo: Saraiva, 2010.

RIBEIRO, Denisse D. R. Notas de aula. *Curso de Ferramentas de Combate a Desvios de Recursos Públicos*. Academia Nacional de Polícia, Polícia Federal, 2017.

SANNINI NETO, Francisco; CASTRO, Henrique Hoffman Monteiro de. Delegado de polícia tem legitimidade para celebrar colaboração premiada. *Consultor Jurídico*, 04 mar. 2016. Disponível em: http://www.conjur.com.br/2016-mar-04/delegado-legitimidade-celebrar-colaboracao-premiada. Acesso em: 03 mai. 2016.

SANNINI NETO, Francisco. Colaboração Premiada e a Atividade De Polícia Judiciária. *Canal Ciências Criminais*, 02 mar. 2016. Disponível em: http://canalcienciascriminais.com.br/artigo/colaboracao-premiada-e-a-atividade-de-policia-judiciaria/. Acesso em: 17 mai. 2016.

SÉRGIO SOBRINHO, Mário. O crime organizado no Brasil. *In*: FERNANDES, Antonio Scarance; ALMEIDA, José Raul Gavião; MORAES, Maurício Zanoide de (Coord.). *Crime organizado*: aspectos processuais. São Paulo: RT, 2009.

SILVA, Eduardo Araujo da. *Organizações Criminosas*: Aspectos penais e processuais da Lei nº 12.850/13. São Paulo: Atlas, 2014.

VASCONCELLOS, Vinícius Gomes de. Colaboração premiada e não oferecimento de denúncia: o espaço de oportunidade do art. 4º, § 4º, da Lei 12.850/2013. *Boletim IBCCRIM*, São Paulo, v. 268, p. 13-14, mar. 2015.

Informação bibliográfica deste texto, conforme a NBR 6023:2018 da Associação Brasileira de Normas Técnicas (ABNT):

ANSELMO, Márcio Adriano. Colaboração premiada. *In*: PEREIRA, Eliomar da Silva; ANSELMO, Márcio Adriano (Org.). *Direito Processual de Polícia Judiciária II*: os meios de obtenção de prova. Belo Horizonte: Fórum, 2020. p. 299-335. (Curso de Direito de Polícia Judiciária, v. 5). ISBN 978-85-450-0620-6.

SOBRE OS AUTORES

Emerson Silva Barbosa
Doutor e mestre em Direito pela Universidade de Brasília (UnB). Professor dos cursos de pós-graduação da Academia Nacional de Polícia. Delegado de Polícia Federal.

Jaime Pimentel Júnior
Mestre em Direito Constitucional. Especialista em Direito Público e Privado. Coordenador-geral das pós-graduações na Academia da Polícia do Estado de São Paulo (Acadepol). Professor concursado nas matérias Direitos Humanos e Inquérito Policial na Acadepol. Professor em cursos preparatórios para concursos públicos voltados às carreiras policiais. Autor de livros, com destaque para a obra *Poder Constituinte: pressupostos para estruturar e manter o Estado Democrático de Direito* (Rio de Janeiro: Lumen Juris, 2016); e coautor do livro *Polícia judiciária e a atuação da defesa na investigação criminal* (São Paulo: Verbatim, 2017). Delegado de Polícia no Estado de São Paulo.

Juliana Resende Silva de Lima
Delegada de Polícia Federal desde 2003. Atual chefe da Delegacia de Repressão a Crimes Fazendários da Superintendência da Polícia Federal em Sergipe. Mestranda em Criminologia e Investigação Criminal pelo Instituto Superior de Ciências Policiais e Segurança Interna de Portugal.

Márcio Adriano Anselmo
Doutor em Direito (USP). Professor do Programa de Pós-Graduação da Escola Superior de Polícia (Polícia Federal do Brasil). Delegado de Polícia Federal.

Milton Fornazari Junior
Doutor em Direito (PUC-SP). Professor do Programa de Pós-Graduação da Escola Superior de Polícia (Polícia Federal do Brasil). Delegado de Polícia Federal.

Paulo Henrique de Godoy Sumariva
Doutor e mestre em Direito. Professor, por concurso, da Academia de Polícia Civil de São Paulo. Professor titular do Centro Universitário de Rio Preto. Delegado de Polícia da Polícia Civil de São Paulo. Lattes: http://lattes.cnpq.br/3743233904714752.

Rafael Francisco França
Delegado de Polícia Federal. Mestre em Ciências Criminais pela PUC-RS (2014). Doutor em Estudos Estratégicos Internacionais pela UFRGS (2018).

Rafael Francisco Marcondes de Moraes
Mestre em Direito Processual Penal pela Faculdade de Direito da Universidade de São Paulo (USP). Professor concursado da Academia da Polícia Civil de São Paulo (Acadepol). Delegado de Polícia do Estado de São Paulo. Lattes: http://lattes.cnpq.br/6946804943470891.

Ruchester Marreiros Barbosa
Delegado da Polícia Civil do Rio de Janeiro. Professor de Processo Penal da Escola da Magistratura do Estado do Rio de Janeiro e da Escola da Magistratura de Mato Grosso. Professor de Direito Penal do Complexo de Ensino Renato Saraiva (CERS), de diversas pós-graduações e de cursos no Brasil. Membro da International Association of Penal Law e da Law Enforcement Against Prohibiton. E-mail: ruchester.marreiros@gmail.com.

Sandro Lúcio Dezan
Doutor em Direito e Políticas Públicas, pelo Centro Universitário de Brasília (UniCEUB). Mestre e doutor em Direitos e Garantias Fundamentais, pela Faculdade de Direito de Vitória (FDV). Doutor em Ciências Jurídicas Públicas, pela Escola de Direito da Universidade do Minho (UMinho), Braga, Portugal. Professor do Programa de Pós-Graduação *stricto sensu* em Direito, mestrado e doutorado, do Centro Universitário de Brasília (UniCEUB). Professor de Direito Administrativo e de Direito Constitucional na Universidade Vila Velha (UVV). Professor do Programa de Pós-Graduação *lato sensu* da Escola Superior de Polícia, Academia Nacional de Polícia, Polícia Federal. Professor Visitante (Investigador Não Permanente) do mestrado em Ciências Policiais do Instituto Superior de Ciências Policiais e Segurança Interna (ISCPSI), Lisboa, Portugal. Investigador Não Integrado (visitante) do Centro de Investigação da Escola de Direito da Universidade do Minho – Centro de Justiça e Governação (JusGov), Grupo JusCrim (Justiça Penal e Criminologia). Delegado de Polícia Federal. Lattes: http://lattes.cnpq.br/9461707454019533. Orcid: http://orcid.org/0000-0002-8524-8309. CIÊNCIA ID C31D-6A12-B08B. E-mail: sandro.dezan@gmail.com.

Stenio Santos Sousa
Mestre em Ciências Policiais, Criminologia e Investigação Criminal pelo Instituto Superior de Ciências Policiais e Investigação Criminal (ISCPSI), Portugal, reconhecido como mestrado em Direito pela Universidade de Brasília (UnB). Coordenador do Curso de Especialização em Ciências Policiais (CECPOL) da Escola Superior de Polícia (CESP/ANP). Professor da disciplina Introdução às

Ciências Policiais. Editor-chefe da *Revista Brasileira de Ciências Policiais* (RBCP). Chefe do Serviço de Pesquisa e Publicações da Escola Superior de Polícia. Delegado de Polícia Federal. Lattes: http://lattes.cnpq.br/9988165017358024.

Esta obra foi composta em fonte Palatino Linotype, corpo 10
e impressa em papel Offset 75g (miolo) e Supremo 250g (capa)
pela Gráfica e Editora O Lutador, em Belo Horizonte/MG.